U0324415

股市长线
法宝

STOCKS
for the
LONG RUN

Jeremy J. Siegel

第6版
SIX EDITION

[美]
杰里米·西格尔
著
银行螺丝钉
译

中信出版集团 | 北京

图书在版编目（CIP）数据

股市长线法宝：第6版 /（美）杰里米·西格尔著；银行螺丝钉译. -- 北京：中信出版社，2024.10.（2024.11重印）
ISBN 978-7-5217-6828-2

Ⅰ. F830.91

中国国家版本馆 CIP 数据核字第 2024YU2557 号

Jeremy J. Siegel
Stocks for the Long Run: The Definitive Guide to Financial Market Returns & Long-Term Investment Strategies, 6th Edition, ISBN 9781264269808
Original edition copyright © 2023, 2014, 2008, 2002, 1998, 1994 by Jeremy J. Siegel. All rights reserved.
Simple Chinese translation edition copyright © 2024 by CITIC Press Corporation.
All rights reserved.
本书封面贴有 McGraw-Hill 公司防伪标签，无标签者不得销售。

股市长线法宝（第6版）

著者：[美]杰里米·西格尔
译者：银行螺丝钉
出版发行：中信出版集团股份有限公司
（北京市朝阳区东三环北路 27 号嘉铭中心　邮编　100020）
承印者：北京通州皇家印刷厂

开本：787mm×1092mm 1/16　　印张：37　　字数：462 千字
版次：2024 年 10 月第 1 版　　印次：2024 年 11 月第 2 次印刷
京权图字：01-2024-4863　　书号：ISBN 978-7-5217-6828-2
定价：128.00 元

版权所有·侵权必究
如有印刷、装订问题，本公司负责调换。
服务热线：400-600-8099
投稿邮箱：author@citicpub.com

序言

PREAMBLE

1997年7月，我打了个电话给彼得·伯恩斯坦（Peter Bernstein），说我即将前往纽约，希望能邀请他共进午餐。其实，我还藏了个小心思。因为我非常喜欢他写的《投资革命：源自象牙塔的华尔街理论》（*Capital Ideas：The Improbable Origins of Modern Wall Street*）这本书，以及他所创办并担任主编的《投资组合管理杂志》（*Journal of Portfolio Management*），所以我想，也许能顺便请他为我的第2版《股市长线法宝》写个序。

他的秘书帮忙安排了此次会面，地点选在曼哈顿上东区的"圆圈"（Circus）餐厅，这也是他最喜欢的餐厅之一。当天，他和妻子芭芭拉（Barbara）一起走进了餐厅，腋下还夹着一本第1版的《股市长线法宝》。当他来到我身边时，他问我能不能在书上签个名，我说："当然可以。"随即我表示，若是他愿意为第2版《股市长线法宝》写个序，我将感到非常荣幸。他笑着说："当然可以！"在接下来的一个小时里，我们聊得非常愉快，聊到了金融业的出版物、学术研究、职业发展，甚至还说起费城和纽约这两座城市最吸引人的地方，等等。

2009年6月，我听闻彼得与世长辞，享年90岁，不禁回想起我们那次会面。那时距我们第一次共进午餐，已经过去了12年，在此期间，彼得比以往还要更加高产，写了3本书，其中包括他最著名的《与天为敌：风险探索传奇》(*Against the Gods*: *The Remarkable Story of Risk*)。在如此不可思议的高效工作节奏下，他还能抽出时间来为第3版和第4版《股市长线法宝》更新序。现在，当我再次阅读他写的第4版序时，我意识到，彼得在近20年前第一次发表的对长期投资者所面临的挑战和收获的见解，放到如今仍然是适用的。我所能想到的纪念彼得的最好方式，莫过于在这里，再次将他的智慧传递给读者。

有些人认为，收集数据是一个枯燥透顶的活儿；还有一些人认为，收集数据是一件很困难的事，非常具有挑战性。杰里米·西格尔则把收集数据变成了一门艺术。在《股市长线法宝》这本书中，西格尔教授所呈现的支撑他论点的这些论据，范围如此之广、表述如此之清晰，让人只能深感敬佩，并彻底心服口服，读完后感到身心愉悦。

这本书所讲述的内容，远不只是书名这寥寥几个字就能概括的。在阅读的过程中，你将学习到许多经济学理论，了解到许多引人入胜的关于资本市场和美国经济的历史故事。通过回顾历史，西格尔教授赋予这些数字鲜活的生命，让它们具备了比通常情况下更加深刻的意义，发挥出它们最大的作用。他还直言不讳地讨论分析了可能与他观点相悖的所有历史事件，包括20世纪90年代那段疯狂的牛市，结论仍然是他占上风。

在第4版中，杰里米·西格尔一如既往地用他轻松又卓越的文风，创作出一本关于如何更好地投资股票资产的好书。相较于第3版而言，这一版的内容更加丰富，新增了对行为金融学、全球化、交易所交易基金（ETF）的介绍，并对一些重要的问题有了新的见解。针对原有的内容，这一版也做了修订，增加了有价值的事实论据和强有力的新论述，来支持他对长期投资的看法。无论你是刚开始投资的新手，还是已经身经百战的老手，都将从这本书里获益良多。

杰里米·西格尔从来就不是一个害羞的人，他在这一新版书中的论述，更是再次证明了他始终如一的大胆性格。整本书里，最有意思的一点就是他的"好消息"和"坏消息"双重结论。首先，全球化使得股票的平均市盈率（P/E）比过去提高了，然而，更高的市盈率是一把双刃剑，这也意味着，未来的平均收益率可能将比过去更低一些。

我不打算去评价这个观点里对收益的预测是对还是错。不过在过去，无论经济环境是处在景气周期，还是处在低迷周期，都曾出现过相似的观点。历史留给我们最大的经验之一就是，在长期投资中，经济环境并不是一成不变的。在遥远的未来，就比如说20年或更长时间之后吧，我们并不知道那时将会面临什么样的问题或取得什么样的成果，也不知道这些问题或成果将对平均市盈率有什么样的影响。

但这不要紧。相比"未来平均市盈率将会更高，收益率将会更低"这个有争议的观点，西格尔教授对未来最重要的结论，是他所写的这句话："虽然相比过去，这些回报可能会有所降低，但我们仍然有十分充足的理由来相信，对于所有那些追寻稳定、长期收益的人来说，股票仍然是最好的选择。"

"十分充足的理由"还是有些轻描淡写了。如果想要保持资本系统的正常运转，那么从长期的角度来看，股票的风险溢价就必须继续保持下去。在资本系统里，债券的长期收益不会，也不应该高于股票。债券从本质上来说，是一种在法庭上可以强制执行的合同约定。而股票并没有给予持有者任何承诺，股票是一种充满风险的投资方式，需要人们对未来有足够强的信心。因此，股票并不是天生就比债券"更好"，而是我们需要股票提供更高的收益，来作为它们更高风险的补偿。如果债券的长期预期收益比股票的长期预期收益更高，那资产的定价里，承担风险就意味着得不到任何奖励。这种情况是不可持续的。股票必须仍然是"所有那些追寻稳定、长期收益的人……最好的选择"，否则，我们的资本大厦将在一声巨响中轰然倒塌，而不仅仅是抽泣两声而已。

——彼得·伯恩斯坦

译者序 PREAMBLE

1

1929年6月,一位新闻记者采访了通用汽车公司的财务总监拉斯科布。采访的内容是,普通投资者如何通过股票投资积累财富。

同年8月,采访稿刊登在《妇女家庭杂志》(*Ladies' Home Journal*)上,标题也很大胆:"人人都将富有"。

在这个访谈中,拉斯科布说,只需要每个月坚持将15美元投到好股票中,20年后,投资者的财富将有希望稳步增长到80 000美元。

当时的美国股市正处于一片繁荣当中,投资者并不怀疑股市能带来好回报。有相当多的投资者不仅把自己的财富投进去,甚至还借钱投资,其中包括"股神"巴菲特的老师格雷厄姆。

1929年9月,在拉斯科布的采访稿公开发表几天之后,美股道琼斯指数创下了381.17点的新高。

7周之后,美国股市开始崩盘,在接下来的3年时间里,美股道琼斯指数从381.17点下跌到41.22点。

美国股市下跌了89%,这个跌幅也远远超过中国A股历史上任何一次熊市的跌幅。数百万投资者的积蓄化为乌有，巴菲特的老师格雷厄姆濒临破产，不得不回到大学里当教授。美国经济陷入历史上最严重的萧条期。

当然，之前被采访时发表了看好股市观点的拉斯科布，也被世人所嘲笑，有人表示他应该为投资者的亏损负责。甚至在几十年后的1992年，《福布斯》杂志上的一篇揭示股市风险的文章，仍然把拉斯科布的观点拿出来，作为一个负面的案例。

2

那么，拉斯科布的建议真的错了吗？

假设有一个投资者，他是拉斯科布的铁杆支持者。从1929年开始，他真的每个月拿出15美元，投入美股指数。到1949年，20年过去了，这个组合将会价值9 000美元，20年里年复合收益率达到7.86%。这个收益率，已经超过了同期美国债券市场收益率的2倍。30年后，他的财富将积累到60 000美元，年复合收益率达到12.72%。这个收益率虽然没有拉斯科布当年说的那么高，但仍然远远超过了同期的国债收益率。

这也正是《股市长线法宝》这本书里最主要的一个结论：在一个经济正常发展的国家里，股票资产是最好的长期投资工具。

我们的家庭资产中，应当配置一定比例的股票资产。

当然，股票资产的风险也非常大，只有极少数人能在股票下跌89%后还能坚持投资股票资产。

3

在《股市长线法宝》这本书中，最出名，也是被引用次数最多的，就是作者对各个资产大类历史收益数据的统计。

在最新的第6版中，作者统计了美股1802—2021年五种不同类型的资产剔除通货膨胀之后的真实收益情况，分别是股票资产、长期国债、短期国债、黄金和美元现金。

剔除通货膨胀的影响之后：

- 股票资产的年收益率为6.9%；
- 长期国债的年收益率为3.6%；
- 短期国债的年收益率为2.5%；
- 黄金的年收益率为0.6%；
- 美元现金的年收益率为-1.4%。

其中，股票资产的年收益率是最高的。

这意味着，我们通过构建一个完全分散的股票资产组合，就可以让自己财富的真实购买力平均每10年翻一番。

4

有的投资者可能会问，A股市场也能得出类似的结论吗？

螺丝钉也统计了一下自2004年以来，A股股票基金指数、债券基金指数和货币基金指数的走势，详见图1。

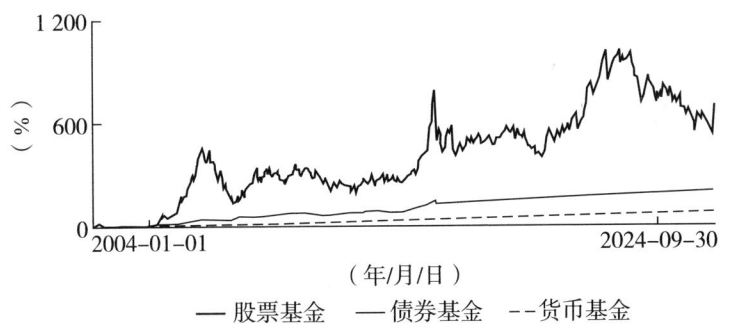

图1 中国A股市场股票基金指数、债券基金指数和货币基金指数走势

从图1中可以看到，20年来，A股股票市场的长期回报也超过

了其他的资产类别。

5

不过，普通投资者想要获得股票资产的长期回报，并不是一件容易的事情。这是因为股票资产涨跌幅度大，它的波动风险也远远超过其他资产。

以最近40年为例，我们来看一下全球主要市场所经历过的大大小小的危机。

- 1982年，拉丁美洲债务危机；
- 1987年，美股股灾，几周时间里美股暴跌超30%；
- 1989年，日本股灾，日经225指数从38 957点开始大幅下跌，跌到2008年不足7 000点，日股出现了长达19年的熊市，跌幅达到80%以上；
- 1992年，黑色星期三，欧洲货币体系危机；
- 1997年，亚洲金融危机，港股恒生指数腰斩；
- 2000年，互联网泡沫破裂，纳斯达克指数跌去80%，直到2017年才重回当年高点；
- 2001年，"9·11"事件突发，美股暴跌；
- 2003年，"非典"疫情暴发，A股、港股熊市持续到2005年；
- 2008年，全球金融危机，标普500指数跌幅超过50%；
- 2012年，欧债危机爆发，欧洲股市大跌，英国、法国等股市市盈率不到10倍；
- 2015年，下半年A股下跌，A股腰斩；
- 2020年，新冠疫情暴发，全球股市短期下跌超过30%；
- 2022年，美元大幅加息，美股纳斯达克下跌超30%，美债、美房地产信托基金出现了2008年之后的最大熊市。

在这些危机里，有不少都引发了全球股票市场出现30%甚至50%的下跌幅度。对单个国家的股市来说，甚至可以达到70%~80%的下跌幅度。

很明显，投资股票资产是收益和风险并存的事情。不过即便如此，若是把全球股票市场作为一个整体来看，在经历了若干次熊市之后，股市仍然是长期向上的。

那我们作为普通投资者，该如何克服股票市场的波动风险？如何拿到股票资产该有的回报？

长期投资，也就成为必然。这也是本书的核心。

6

这样一本给我们揭示了大量真实历史数据的书，适合哪些朋友阅读呢？

（1）对全球资产配置有需求的投资者。

《股市长线法宝》是一本关于全球股票投资的经典书。虽然书名中带有"股市"二字，但它并不是传统的介绍股票投资技巧的书，甚至书中也很少出现具体个股投资的案例。换句话说，这不是一本教你如何炒个股的书。

同时，这本书也并不是拘泥于某一两个股票市场的情况，而是站在全球视角、站在多个资产大类的视角去进行统计和分析，告诉投资者不同股票市场、不同资产大类的长期收益和风险，以及该如何投资这些资产。因此，这本书非常适合投资者补充全球投资的数据及相关知识。

（2）希望了解多个资产大类收益和风险的投资者。

《股市长线法宝》已经诞生30年了，有若干个版本。在最早的版本中，就已经研究了过去近200年股票、债券、黄金等资产大类的长期收益及风险。这也是本书的"招牌"。

之后的版本不断更新数据，其核心观点"股票必须仍然是所有那些追寻稳定、长期收益的人最好的选择"，经过几十年的验证，到今天也依旧有效。

本书是最新的第6版，书中与时俱进地增加了2020年新冠疫情对资本市场的影响、房地产投资、ESG投资、价值投资的未来、加密货币等讨论。这些新增的内容对投资者都很有帮助。

（3）希望做好长期投资的投资者。

投资股票，收益和风险并存。"股票资产长期收益超过其他资产"和"短期面对30%甚至50%的熊市下跌"，两者都是事实，并不冲突。

书中详细分析对比了持有1年、2年、3年、5年、10年、20年、30年等不同情况下，股票收益率高于债券收益率的概率。持有时间越长，股票战胜债券的概率越高，甚至从1871年以来概率高达99.3%。

同时，书中还分析了择时策略和长期持有策略的年收益率，以及行为金融学中投资者的心理因素等，发现"买入并持有"才是适合大多数投资者去真正实践的策略。这个策略跟投资者的智力、判断力和财务状况等无关。

想要获得好收益，就要做好长期投资的打算。

螺丝钉也经常说：好品种+好价格+长期持有=好收益。

（4）金融从业者。

毋庸置疑，这是每一位金融从业人员书桌上的必备书。书中覆盖了各个资产大类，罗列了翔实的历史数据，有助于从业人员的长期投资研究和投资者教育工作。

7

虽然这本书强调的核心是"从长期看股票资产是财富积累的最

佳途径"，但很多朋友都问过螺丝钉：在A股做长期投资，难点到底在哪里？

从2004年底到2024年9月底：

- 上证指数上涨163.44%；
- 沪深300指数上涨301.79%；
- 中证全指指数上涨370.68%。

但是很多做基金投资的朋友，这些年可能还是没赚到钱，其实原因就在于A股所特有的走势特征：

- 熊市波动大，持续时间长；
- 牛市上涨猛，持续时间短。

A股很少有慢牛，通常是在几个月到一两年时间，把之后5~10年的收益都涨完，然后阴跌3~5年。

比如，在2001—2005年、2009—2014年都出现了长达5年的熊市，将投资者的耐心、市场活跃度打压到极低水平。然后在2005—2007年和2014—2015年又分别迎来了暴涨的牛市。

正常情况下，全市场指数长期年收益率也就在8%~10%上下。

- 2005—2007年，2年时间上涨6倍，相当于2年涨完了近20年的涨幅；
- 2014—2015年，1年时间上涨2倍，相当于1年涨完了近12年的涨幅。

"三年不开张，开张吃三年"，这句话很形象地反映了A股的行情。

A股的魅力在于，别的市场需要数年才能达到的涨幅，在A股可能只需要几个月；A股的痛点在于，连续好几年不涨，需要投资者对其有足够的耐心。

　　螺丝钉从2014年开始，每日坚持更新指数估值表，到2024年已经全勤日更10年之久了。虽然做到日更很不容易，但螺丝钉希望用自己的实际行动陪伴广大投资者，一起坚持长期投资。

　　最后送给大家螺丝钉最喜欢的一句话：耐心是投资者最好的美德。

　　与君共勉。

银行螺丝钉

前言

PREFACE

将近30年前，第1版《股市长线法宝》问世，之后，这本书就一直深受读者喜爱，我对此深感荣幸。第6版，是迄今为止修订最多的一个版本，增加了整整6个章节的内容，包括因子或风格投资法、有效市场假说、价值投资的未来、ESG（环境、社会和公司治理）、新冠疫情，以及大量关于通货膨胀和利率对股价会产生什么影响的探讨。其他章节也做了更多的扩展，比如首次分析了房地产的收益率情况、最优的股债配置方式、全球市值最大的公司命运如何、比特币等加密货币的未来、明星基金经理是否能持续战胜市场等。并且，几乎所有的数据都更新到了2021年。

在第1版里，当时的数据截止到1992年，如今的第6版，比第1版要多了将近30年的数据。这30年，我们见证了许多巨大的市场动荡，包括1987年美国股灾、亚洲和长期资本管理公司（Long-Term Capital Management）危机、互联网泡沫、2008年金融危机和新冠疫情暴发等。然而，即便经历了如此巨大的波动，在过去30年里，股票的好收益不仅一直持续下来，而且比之前更高了。

但在此期间，也并不是一帆风顺的。最出乎意料的事情之一，就是利率的急速且持续下降，包括名义利率，尤其是实际利率。在第8章中，我们探讨了这背后的原因，比如发达国家经济增长变缓、人口老龄化问题，尤其是国债成为"对冲资产"的主要形式等。另一个让人们意想不到的变化则是，"价值投资"的收益率大幅下降。我认为这意味着，面对股市不断波动的固有属性，对长期投资者来说，密切关注金融基本面仍然是最好的投资策略。

第三个令人惊讶的情况是，海外市场的表现不及预期，包括欧洲市场，尤其是新兴经济体市场。拖累收益的原因有很多，比如政府对增长的干预，这一点在俄罗斯尤为明显，再比如海外市场的价值股（value stocks）数量要比美股多得多，而价值股过去这些年的表现却相对较差。

导致价值股收益较差的最重要原因，是美国科技公司的强劲表现。苹果、微软、谷歌、亚马逊和特斯拉是美股市值最大的5只股票，如果再加上沙特阿美（Saudi Aramco），就组成了全世界最大的6只股票。第1版《股市长线法宝》上市时，还只有苹果和微软这两只，股价分别是每股30美分和2.5美元，而科技巨头英伟达（NVIDIA）和Meta［即脸书（Facebook）］在1994年时还不存在。

不过，美股里排在这5家科技巨头之后的，是位列第六的伯克希尔-哈撒韦公司（Berkshire Hathaway），这是沃伦·巴菲特的大型企业，价值投资的典型代表。没有任何一种投资风格能永远占上风，科技股的大牛市可能已经达到顶峰了。诚然，对短线投资者来说，基本面可能无关紧要，市场动量才是关键。但对长期投资者来说，进行分散配置和价值投资仍然是更好的选择。

1937年，约翰·梅纳德·凯恩斯（John Maynard Keynes）在

《就业、利息和货币通论》（The General Theory of Employment, Interest and Money）一书中指出："现在，真正基于长期预期的投资是如此困难，以至于人们几乎无法做到。"这句话放在近一个世纪之后的今天仍然适用，如今这件事并没有变得更容易。

但长期坚持投资股票资产的人们仍然收获了回报。在长期投资中，没有任何其他品种的收益能比得上股票。我希望最新的第6版，能在投资者被悲观情绪再次笼罩时，增强人们的信心，避免轻易退缩。历史的故事也向我们展示了，股票过去一直是，且未来也会是长期投资者最好的投资品种。

结语

我在普林斯顿大学的同事伯顿·马尔基尔（Burton Malkiel）最近给我发来一封电子邮件，问他能不能在他的经典著作《漫步华尔街》（A Random Walk Down Wall Street）的50周年纪念版中，使用我的"过去220年不同资产收益情况图"。马尔基尔即将迎来90岁生日，如此高龄的他所具备的这种活力，让我深怀敬畏。他曾建议我说："保持活力，杰里米，保持活力！"

我当然会尽力去做，但同时我也是个现实主义者。我在宾夕法尼亚大学的沃顿商学院和芝加哥大学已经任教了49年，2021年7月，我在沃顿商学院以金融学荣誉教授的身份退休。在近半个世纪的时间里，我一共教授了一万多名学生，他们中的许多人已经成为投资行业、公共和非营利部门的领导者，这让我深感自豪。

没人知道距离生命尽头，我们还有多少年的寿命。但写完这一版后，我终于可以安心地去做那些过去一直被排在工作之后的事情了：花时间陪伴家人和朋友、追逐自己的爱好，以及整理多年来积累的具有纪念意义的物件，包括照片、信件和我一生中所做的研究等。不过此时此刻,出版第6版《股市长线法宝》,令我感到无比自豪。我相信,这是最好、最全面的一版,能面向更为广泛的读者,而不仅仅是那些我在大学里接触到的人。

目录

PART ONE 第1部分
历史的定论

第1章　关于股票这件事：
　　　　历史真相和媒体幻想　　002
第2章　1802年以来的资产收益率　　026
第3章　风险、收益和资产配置：为什么从
　　　　长期来看，股票的风险比债券低？　　050
第4章　全球投资：失望与希望　　071

PART TWO 第2部分
股票收益率：测量和估值

第5章　股票指数：市场的代言人　　092
第6章　标普500指数：超过半个世纪的
　　　　美国企业史　　110
第7章　股票资产的收益来源：盈利和股息　　125
第8章　利率和股价　　141
第9章　通货膨胀和股价　　155
第10章　股市的估值指标　　168

PART THREE 第 3 部分
市场有效性和价值与成长

第 11 章 哪些股票适合长期投资? 190
第 12 章 价值投资没用了吗? 203
第 13 章 市场是有效的还是有噪声的? 222
第 14 章 "因子动物园":规模、估值、动量等 235

PART FOUR 第 4 部分
风格、趋势和日历效应

第 15 章 ESG 投资 258
第 16 章 技术分析和趋势投资 269
第 17 章 日历效应 285

PART FIVE 第 5 部分
股市和经济环境

第 18 章 货币、黄金、比特币和美联储 302
第 19 章 股票和经济周期 321
第 20 章 世界局势对金融市场的影响 335
第 21 章 股票、债券和经济数据的流动 356

PART SIX 第 6 部分
市场危机和股市波动

第 22 章	股市的波动	374
第 23 章	2008—2009年的金融危机	398
第 24 章	新冠疫情暴发	425

PART SEVEN 第 7 部分
通过股票积累财富

第 25 章	心理因素是如何阻碍投资目标的？	446
第 26 章	ETF、股指期货和期权	466
第 27 章	基金的收益，指数投资和投资者的收益	489
第 28 章	构建一个长期增值的投资组合	509

注　释	517
致　谢	563

THE VERDICT OF HISTORY

—

第 1 部分

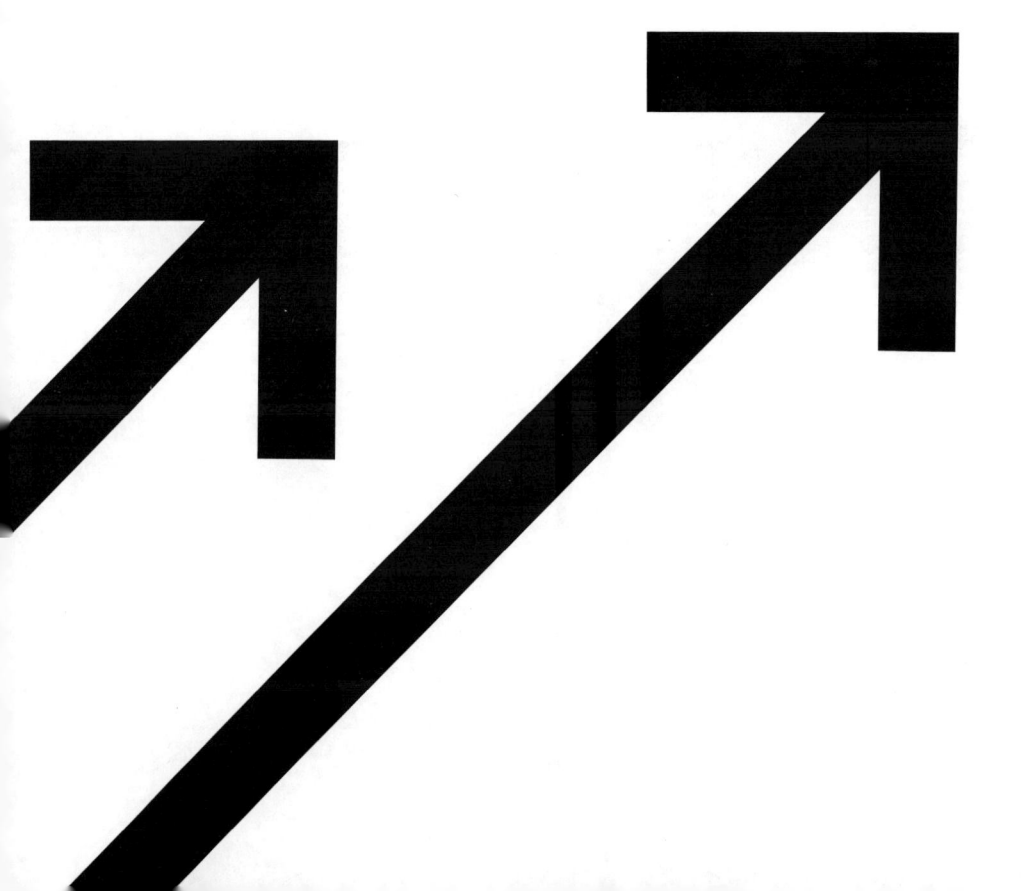

PART ONE

历史的定论

[第1章]

关于股票这件事：
历史真相和媒体幻想

CHAPTER
—— ONE ——

"新时代"的信条是:"好"股票(或蓝筹股),无论价格多高,都是非常值得投资的。

但这个观点,归根结底只不过是给赌博披上了投资的外衣,企图使这种令人沉沦的赌博狂热表面上看起来似乎是合理的。

——本杰明·格雷厄姆(Benjamin Graham)、戴维·多德(David Dodd),1934[1]

股票投资已经风靡全国,人人都为之痴迷。用马克思的话来说,这已经成为普罗大众的信仰。

——罗杰·洛温斯坦(Roger Lowenstein),1996[2]

西格尔的这本《股市长线法宝》?哼,如今它最大的作用是可以当个门挡。

——美国消费者新闻与商业频道(CNBC)一位观众的评论,2009年3月,正值过去80年最大熊市的底部

"人人都将富有"

1929年夏天,一位名叫萨缪尔·克劳瑟(Samuel Crowther)的记者采访了通用汽车公司的高级财务主管约翰·雅各布·拉斯

科布（John J. Raskob），请他谈谈普通人如何通过投资股票来积累财富。同年8月，克劳瑟在《妇女家庭杂志》上发表了一篇文章，表明了拉斯科布的观点，文章标题起得很大胆：人人都将富有（Everybody Ought to Be Rich）。

在采访中，拉斯科布声称，美国正值各行各业百花齐放的时候，有巨大的发展空间。他相信，投资者只要坚持每月投入15美元购买好股票，那么20年后，他们的财富将稳步增长至8万美元。这样的增长意味着，平均年复合收益率将达到24%。虽然这么高的收益率是前所未有的，但在20世纪20年代牛市氛围的烘托下，不费吹灰之力就能积累起大量财富的期望，似乎完全是可行的。股票让众多投资者热血沸腾，数百万人拿出自己的积蓄投入股市，希望很快就能赚到钱。

文章刚发表后没几天，1929年9月3日，道琼斯指数就达到了历史新高381.17点。7周后，股市崩盘了。接下来的34个月，见证了美股历史上最惨痛的下跌。到1932年7月8日，道琼斯指数的下跌止步于41.22的最低点，这场惨剧才终于画上句号。这些在世界上名列前茅的公司的市值缩水了89%，这简直令人难以置信。数百万投资者毕生的积蓄化为乌有，还有数以千计借钱投资的投资者不得不面临破产。美国陷入了历史上最严重的经济萧条时期。

在随后的这些年里，拉斯科布的建议一直受到公众的嘲笑和抨击。人们把这个建议看作相信市场会永远上涨的疯狂想法，以及忽视股票巨大风险的愚蠢做法的典型代表。印第安纳州参议员亚瑟·罗宾逊（Arthur Robinson）甚至公开指责拉斯科布应该为股市崩盘负责，因为他误导普通人在市场高位去买股票。[3]63年后的1992年，《福布斯》杂志发表了一篇头条文章《大众幻想和群体疯狂》（Popular Delusions and the Madness of Crowds），告诫投资者要警惕股票过高的估值。文章在回顾股市的历史周期时提到了拉斯科布,指出他就是误导人们把股市当成造富机器的"罪魁祸首"。[4]

席卷华尔街的投资狂热总是周期性地出现,一直以来,在历史的记载中,都把拉斯科布鲁莽的建议看成这种大众投资狂热的一个缩影。然而,这样的历史评判真的对吗?

答案是,显然不对。事实上,无论一个人是否在牛市顶点开始投资,长期坚持投资股票资产都是一个正确且成功的策略。假如有一个投资者在1929年遵循了拉斯科布的建议,耐心地坚持每月投15美元到股市中,同时有另一个投资者每月也投15美元到美国短期国债中,那我们分别来计算一下他们持有的资产市值,会发现,不到4年的时间,投资股票的投资者所积累的财富,就已经超过了投资短期国债的投资者!继续定投,到1949年他所积累的股票资产市值将达到近9 000美元,平均年复合收益率为7.86%,是债券年复合收益率的两倍多。30年后,也就是到了1959年,他的财富将超过6万美元,平均年复合收益率提高到了12.72%。虽然这个收益率不如拉斯科布当初所声称的那么高,但这30年通过股票资产所积累的财富,是通过长期国债所积累的财富的8倍多、通过短期国债所积累的财富的9倍多。那些从不投资股票资产的人,把股市大崩盘当作他们保守胆小的挡箭牌,最终却发现他们的财富要远远少于那些长期耐心积累股票资产的人。[5]

拉斯科布的建议备受嘲讽,这反映出华尔街历史上一个重要的现象,即牛市和熊市总能创造出许多耸人听闻的故事,要么是不可思议的高收益,要么是令人绝望的巨亏。不过,那些有能力把眼光放长远、不被各种头条报道所吓倒,并继续耐心投资股票资产的投资者,终将比那些匆忙逃离股市而转向债券或其他资产的投资者积累起更多的财富。即便是灾难性事件,比如1929年股市大崩盘、2008年金融危机、新冠疫情暴发等,也没能撼动股票的领头羊地位,对长期投资者来说,股票资产仍然是更好的选择。

1802年至今不同资产的收益率情况

图1.1是本书最重要的一张图。这张图展示了过去两个世纪以来,五种不同类型的资产剔除通货膨胀之后的真实收益情况,分别是股票资产、长期国债、短期国债、黄金、美元现金。图中横坐标是年份,逐年递增,纵坐标是所积累的财富金额。假设有一位投资者最初在每类资产上都投入了1美元,图中展示出了他的"真实全收益",即这个收益不仅包括了资产自身价值的变动,还包括了资产所产生的现金流(如分红和利息)在内。所有数据都是基于恒定的购买力来计算的。图中也注明了这些不同资产类别的真实年复合收益率。

纵坐标上的收益金额,每个刻度之间是固定的比例,即采

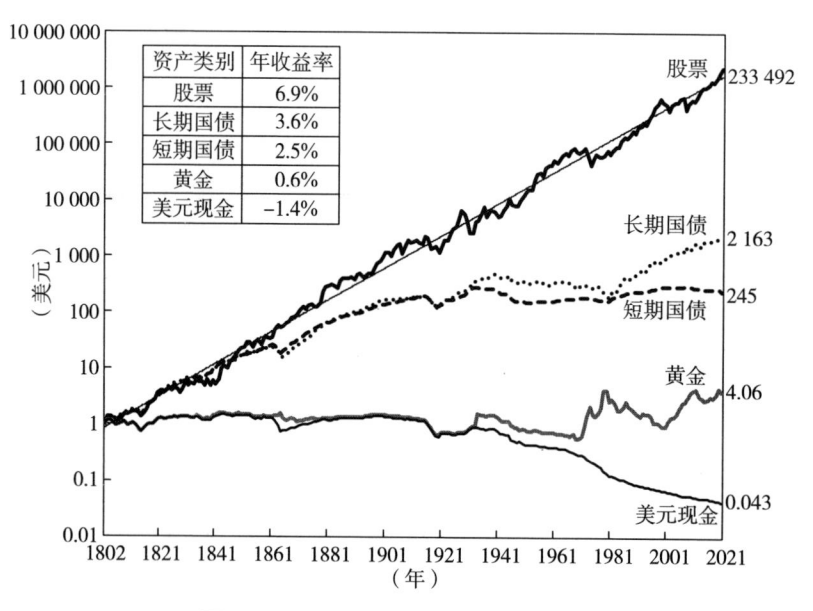

资产类别	年收益率
股票	6.9%
长期国债	3.6%
短期国债	2.5%
黄金	0.6%
美元现金	−1.4%

图1.1 1802—2021年真实全收益走势

用的是对数刻度的方式。经济学家常常用这种方式来展示长期数据，在这种方式下，当数据以一个恒定的百分比增长或减少时，在图中展现出来就是一条直线。我们可以从图中看到，股票的收益情况相比起其他资产类别来说，是如此惊人的贴近于趋势直线。

回测过去220多年这些资产的收益情况，我们发现，一个具备多样性的分散配置的股票投资组合，真实的平均年复合收益率是6.9%。这意味着，一个完全分散的股票组合，比如一只指数基金，在过去两个世纪里，平均每10年购买力就能翻一番。

值得一提的是，假如我们把统计时间拉长一些，计算截至2022年上半年熊市的数据，会发现股票的真实平均年复合收益率降低到了6.7%。这个数字，刚好跟我30年前出版的第1版《股市长线法宝》里的数据一模一样。

固定收益类投资品种的真实平均收益率就要低得多了。长期国债的真实平均年复合收益率是3.6%，短期国债则是2.5%。

黄金的真实平均年复合收益率只有0.6%。在长期投资中，黄金的价格涨幅刚刚能够超过通货膨胀率，但也只是高了一点点而已。美元现金的购买力则自1802年以来，平均每年下降1.4%，尤其是第二次世界大战后，货币贬值的幅度大增。

如果只看短期，会发现股票收益的波动是非常大的，很不稳定，常常受到盈利、利率、风险、意外事件以及乐观或悲观等投资者情绪因素的影响。图1.1中，股票收益曲线里那些短暂向下的线段就代表了历史上的大熊市，这让许多投资者感到害怕从而逃离了股市。然而，若是看长期，会发现跟股票收益整体强势的上涨劲头比起来，中间这些小小的下挫，就显得微不足道了。

我们将在下一章详细探讨这些主要资产类别的收益情况。在本章接下来的内容里，我们来一起看看历史上经济学家、投资专家以及市场权威人士都是如何看待股票的投资价值的，大牛市和大熊市又是如何影响媒体和投资者的。

历史上关于股票投资的观点

整个19世纪，愿意投资股票的人，要么是投机者，要么是内部人士，反正肯定不会是保守的人。直到20世纪早期，研究者才渐渐发现，股票可能在某种特定的经济环境下，是一个很适合广大投资者的投资品种。

20世纪20年代，伟大的美国经济学家、耶鲁大学教授，也是一位非常成功的投资大师欧文·费雪（Irving Fisher）认为，在通货膨胀时期，股票的表现要优于债券，而在通货紧缩时期则反过来了，股票的表现会不如债券。这个观点在20世纪早期很流行，得到了大众的一致认可。[6]

不过，同时代的另一位金融分析师和基金经理埃德加·劳伦斯·史密斯（Edgar Lawrence Smith）提出了不同的见解。史密斯通过他对历史的研究，第一次证明了一个分散化的股票组合，无论是在通货膨胀时期，还是在通货紧缩时期，其收益都要高于债券。1924年，史密斯将其研究成果汇总起来，出版了《普通股的长期投资》（*Common Stocks as Long-Term Investments*）一书。在这本书的简介里，他写道：

人们以前有个想当然的理论，认为在通货紧缩时期，高等级债券是更好的投资品种，然而这个理论缺乏事实依据，本书中的这些研究证明了这一点。[7]

史密斯坚信，股票资产是一个投资者的投资组合里必不可少的品种。他研究了自美国内战时期以来的股票收益率,发现一个投资者需要等待很长的时间(用史密斯的原话来说就是6~15年)才能获利卖出的概率其实很小。史密斯总结说:

> 我们发现在持有的普通股中,有一种力量一直在驱使着它们的价值不断增加。除非我们真的非常不幸,买在了牛市高位,否则我们经历浮亏的时间不会太长。即便是真的买在了高位,我们面临的风险也只有时间这一项而已。[8]

史密斯的这个结论,不仅在过去是正确的,放在未来也仍是正确的。假如有人在1929年顶点开始投资股票,那他随后所经历的大崩盘要比史密斯曾回测过的所有历史都糟糕得多,但即便如此,他也只需要花15年多一点儿的时间就能赚到钱了。并且,自第二次世界大战之后,股票回本所需的时间更短了。在分红再投入的情况下,一个投资者可能会经历的最长的回本时间为5年8个月,即从2000年8月至2006年4月。

史密斯的研究带来的影响

史密斯写这本书是在20世纪20年代,当时正值美股历史上最大的牛市之一,书出版后,立即在学术界和投资圈都引发了轰动。著名的《经济学人》周刊在1925年写道:"每一位聪明的投资者和股票经纪人,都应该看看史密斯先生这本非常有趣的小书,仔细学习一下里面的研究和惊人的结论。"[9]

史密斯的观点很快就跨过大西洋,在英国引发了广泛的讨论,其中就包括约翰·梅纳德·凯恩斯。凯恩斯是英国伟大的经济学家,他所创立的经济周期理论,成为之后所有经济学家遵循的典范。凯恩斯兴奋地评论道:

这个结果太惊人了。史密斯先生发现几乎在任何情况下，不仅包括通货膨胀时期，也包括通货紧缩时期，普通股票都是长期表现最好的品种，而且，是大幅好于其他品种……过去，投资者和投资机构更钟爱债券，认为债券是比普通股票更安全的投资品种，即便是表现最好的股票也只不过是一种投机行为。而美股过去50年的经历表明，真实情况正好相反，人们高估了债券的价值，低估了股票的价值。[10]

史密斯的大作相继在各大权威媒体上刊登出来，比如《经济统计评论》（Review of Economic Statistics）和《美国统计学会会刊》（Journal of the American Statistical Association）[11]等，获得了学术界的一致认可。齐格弗里德·斯特恩（Siegfried Stern）追随史密斯的脚步，把研究扩展到了美股之外的市场。斯特恩对13个欧洲国家自第一次世界大战爆发至1928年的股票收益率情况做了一系列研究，他发现在这些国家里，普通股票相对于债券或其他金融产品的领先优势，要远远大于美股市场。[12]渐渐地，这类旨在证明股票表现更优的相关研究，被称为"普通股投资理论"。[13]

史密斯的研究也改变了欧文·费雪的看法。费雪还认为，史密斯证实了他长期以来的观点，即在发生通货膨胀的情况下，人们夸大了债券作为安全投资品的作用。1925年，费雪对史密斯关于投资者行为的分析研究做了个总结：

所以看起来，市场似乎夸大了这种"安全"证券的安全性，给了它们过高的评价，同时夸大了"风险"证券的风险性，给了它们过低的评价。人们过于注重短期的回报，却忽视了长期的回报。最终导致人们错误地把债券所提供的持续现金流，当成一种稳定的真实收益，然而事实并非如此，债券并不具备提供稳定真实收益的能力。想要真实收益保持稳定，或者说想要自己的购买力不下降，那么一个具备多样性的普通股票资产组合，其效果要比债券好得多。[14]

欧文·费雪的"永恒高地"

费雪被许多人誉为美国最伟大的经济学家和资本理论之父，但他并不只是一个学者。他热衷于分析和预测金融市场走势，撰写了数十篇时事通讯，内容涵盖了从健康到投资等一系列主题，他还基于自己的一项专利发明，开了一家非常成功的索引卡制作公司（card-indexing firm）。尽管出身贫寒，但截至1929年夏天，费雪的个人财富就已经超过了1 000万美元，当时的1 000万美元，相当于2021年的1.5亿美元。[15]

和20世纪20年代的许多经济学家一样，费雪认为，1913年美联储的成立，对减少经济的剧烈波动起到了至关重要的作用。确实，20世纪20年代正是经济稳步增长的时期，像工业生产和生产价格等经济变量都比较稳定，没有出现太大的波动，这一情况进而推动了股票这类风险资产的价格上涨。我们将在第23章里介绍，20世纪20年代所表现出来的稳定状态跟2008年金融危机之前那10年的状态非常相似。在这两个时期里，不仅经济周期放缓，人们还对美联储信心十足，相信美联储虽然无法从根本上消除经济周期，但也能减轻周期所带来的影响。

20世纪20年代的牛市，吸引了数百万美国人进入股市。费雪自身的投资成功，为他赢得了巨大的财富，人们给他冠以"市场先知"的名号，许多投资者和分析师都纷纷成为他的追随者。到了1929年10月初，市场开始出现动荡，于是投资者都非常想知道费雪对未来走势持怎样的看法。1929年10月14日晚上,费雪来到纽约建筑商交流俱乐部(Builders' Exchange Club),出席采购代理协会(Purchasing Agents Association)的月度会议,包括新闻记者在内的大量人群也都一同挤进了会场。

早些时候,另一位"市场先知"、商人罗杰·巴布森(Roger Babson)在9月初曾预测说,股价将迎来一次"可怕的"暴跌。这使得投资者越来越焦虑不安。[16]费雪对巴布森的悲观言论表达了反对意见,指出巴布森这种看空股市的想法已经持续一段时间了。但对公众来说,仍然希望这位长期看好股市的大人物,能再给他们吃一颗定心丸。

在场的听众没有失望。简单的几句开场白之后,费雪就发表了那句后来令他自己懊悔不已的名言,这句名言也成为股市历史上被人们引用最多的一句话之一。费雪宣称:"股价似乎已经立足于一个永恒高地了。"[17]

10月29日,就在费雪发表演讲的两周之后,股市崩盘了。费雪的"高地"很快就变成了一个无底深渊。接下来的三年,人们见证了历史上最让人绝望的股市下跌。尽管费雪取得了许多成就,但这件事令他声名扫地,同样被人们唾弃的还有另一句名言,即"股票资产是积累财富的可靠方式"。

急剧反转的观点

20世纪30年代,经济和股市的双重低迷,在投资者的心里留下了不可磨灭的印记。史密斯的研究,也就是人们所称的"普通股投资理论",遭受了全方位的攻击。"股票是一种可靠的投资品"这个观点,立刻被许多人否定了。著名的投资银行家及作家劳伦斯·张伯伦(Lawrence Chamberlain)表示:"对长期投资而言,普通股并没有优于债券。归根结底,股票根本就不是投资,而是投机。"[18]

1934年，基金经理本杰明·格雷厄姆和哥伦比亚大学的金融学教授戴维·多德共同出版了《证券分析》(Security Analysis)一书。这本书已经成为面向股票和债券的价值投资"圣经"。历经多次再版，无论是学生还是市场专家等人，《证券分析》都对他们有着深远的影响。

格雷厄姆和多德在书中明确谴责了史密斯的书，认为它进一步助长了20世纪20年代牛市的疯狂，理由是史密斯提出了一个看似合理实则谬误百出的理论，并用来验证投资股票资产的正确性。他们写道：

不过，众多投机者的自欺欺人行为，肯定有他们的理由……在新时代的牛市中，他们所谓"理性"的依据，来自多样化普通股组合长期上涨的业绩表现。可以说，新时代的这个理论其实诞生于一本相当粗略的小书。这本书叫《普通股的长期投资》，作者是埃德加·劳伦斯·史密斯，出版于1924年。[19]

崩盘后，人们如何看待股票收益？

大崩盘发生后，媒体和分析师都纷纷开始对股市以及那些宣扬投资股票资产的人大肆抨击。不过尽管如此，在20世纪30年代，对股票指数收益的研究却得到了极大的发展。当时，阿尔弗雷德·考尔斯三世（Alfred Cowles Ⅲ）成立了考尔斯经济研究委员会（Cowles Commission for Economic Research），他构建了一个市值加权的股票指数，该指数涵盖了从1871年开始在纽约证券交易所上市的所有股票。这是一个全收益指数，包括了分红再投入的收益在内，考尔斯计算这个指数收益时所采用的方法，跟如今人们所用的方法几乎一模一样。考尔斯肯定了史密斯在大崩盘发生之前所得出的研究结论，并且认为在绝大多数的情况下人们都轻视了股票的力量，通过投资股票，人们是可以获得丰厚回报的。[20]

第二次世界大战后，密歇根大学的两位教授威尔福德·J.艾特曼（Wilford J. Eiteman）和弗兰克·P.史密斯（Frank P. Smith）发表了一份关于工业股票投资收益率的研究报告。研究发现，假如一位投资者无论牛市还是熊市，坚持长期定投92只工业股票（这种投资策略通常也被称为"成本平均法"），年复合收益率能达到12.2%，远远高于固定收益类品种。12年后，两位教授再次测算了定投这92只股票的收益率，他们并没有对这12年间出现的新公司或新行业做出调整，结果发现，收益率更高了。他们写道：

在这项研究中，用这样一个明显很笨的方法所挑选出来的普通股组合，都能达到14.2%这么高的年复合收益率，那么，一个普通的、没有太多投资知识的个人投资者，完全可以把自己的积蓄投入一个多样化的分散配置的股票资产组合中，并在一定程度上可以期望，假以时日，这些资产不仅会帮他保障本金的安全，还会为他提供丰厚的年收益。[21]

许多人并不认可艾特曼和史密斯的结论，理由是他们在测算时并没有包括1929—1932年的大崩盘时期。但到了1964年，芝加哥大学的两位教授劳伦斯·费雪（Lawrence Fisher）和詹姆斯·罗瑞（James Lorie）测算了包括1929年大崩盘、大萧条以及第二次世界大战时期在内的股票收益率。[22] 费雪和罗瑞发现，1926—1960年的35年间，股票资产提供了比其他任何投资品种都要高得多的年复合收益率，达到9%。这个收益率甚至是在考虑了税和交易成本之后所得出的。他们总结说：

很多人可能会非常惊讶，股票的收益率竟然一直都如此之高……然而许多人在投资时，却选择了平均收益率比股票低得多的品种，这说明这类投资者本质上是很保守的人，他们对于股票固有的亏损风险比较担心。[23]

10年后，罗杰·伊博森（Roger Ibbotson）和雷克斯·辛克菲尔德（Rex Sinquefield）发表了一篇范围更广的关于收益率的综述论文——《股票、债券、票据和通货膨胀：逐年的历史收益率（1926—1974）》[Stocks, Bonds, Bills, and Inflation：Year-by-Year Historical Returns（1926–1974）]。[24] 他们表示这份研究是基于罗瑞和费雪的研究成果，并再次确认了在长期投资中，股票资产是更优的选择。他们把这些结论性的数据做成年鉴，每年进行更新并出版，人们把这些数据看成证券行业的基准收益率，常常会引用它们。[25]

1982—2000年的大牛市

20世纪70年代，无论是经济还是股市，日子都不好过。通货膨胀率不断飙升、油价大幅上涨，这导致从1966年底一直到1982年夏天的15年时间里，股票资产的真实收益是负数。不过，随着美联储采取了紧缩货币政策来抑制通货膨胀，利率大幅下降，于是股市迎来了有史以来最大的牛市，股价最终的涨幅达10倍以上。股市从1982年8月的低点790点开始大幅上涨，到1982年底，道琼斯指数就突破了1 000点，创下新高。花了将近10年的时间，道琼斯指数终于超过了1973年时的高位。

尽管有许多分析师不认为这种上涨将会一直持续，但也有一些人对此非常乐观。1983年10月，哈顿（E.F. Hutton）的总裁兼董事长罗伯特·福曼（Robert Foman）宣称，人们正处于"黎明之中，一个股票新时代即将到来"，他还大胆预测，道琼斯指数将会在80年代结束时突破2 000点。

然而即便如此大胆的福曼，都仍然显得保守了。道琼斯指数在1987年1月就突破了2 000点，随后继续上涨，突破了3 000点。当然，在这个过程中也会有短暂的波动。1987年10月19日发生的大股灾，见证了美股历史上最大的单日跌幅。但很快，持续的牛市就发挥出力量，让这次下跌涨了回来。

到了20世纪90年代，股市继续度过了又一个辉煌的10年。其间，苏联解体，全球冲突也在减弱，美国作为唯一的超级大国，成为资本主义和创业精神的代表。

高估值预警

不过，随着股市一路上涨，许多人开始担忧牛市是否能一直持续。1995年底，许多分析师都对持续上涨的股价发出了警告。奥本海默（Oppenheimer）的迈克尔·梅茨（Michael Metz）、美林（Merrill Lynch）的查尔斯·克拉夫（Charles Clough）以及摩根士丹利（Morgan Stanley）的拜伦·韦恩（Byron Wien），都认为这样的上涨毫无依据、缺乏足够的根基。1995年9月，投资公司所罗门兄弟（Salomon Brothers）的首席股票策略师大卫·舒尔曼（David Shulman）发表了一篇文章《恐惧与贪婪》（Fear and Greed），文中表示当时的市场环境，与1929年及1961年股市顶点时期的市场环境如出一辙。舒尔曼认为来自学术界的理论研究是支撑牛市的一个重要因素，包括20世纪20年代埃德加·史密斯和欧文·费雪的研究、20世纪60年代劳伦斯·费雪和詹姆斯·罗瑞的研究，以及我在1994年出版的《股市长线法宝》一书。[26]但看跌者再一次预测错了，股市继续上涨。

到1996年，标普500指数的市盈率达到20倍，显著高于二战后平均水平。人们给出了更多的警示。著名金融作家罗杰·洛温斯坦在《华尔街日报》上表示：

股票投资已经风靡全国，人人都为之痴迷。人们可能会吐槽政府、学校以及那些傲娇的体育明星，但几乎无一例外的，都对市场抱有很强的信心。这已经成为普罗大众的信仰。27

《纽约时报》的首席金融专栏作家弗洛伊德·诺里斯（Floyd Norris）在1997年1月写了一篇文章《我们所信任的市场》（In the Market We Trust），对洛温斯坦的观点表示赞同。28所罗门兄弟公司的经济学家亨利·考夫曼（Henry Kaufman），曾在20世纪80年代时多次发表过针对固定收益类投资品种的言论，撼动了当时的债券市场，如今考夫曼表示"人们对金融市场的过度乐观情绪已经越来越明显"，他还引用了一些乐观主义者的言论，认为这样的言论无异于当年欧文·费雪所声称的"股价似乎已经立足于一个永恒高地了"。29

告诫人们要警惕牛市可能会结束的，并不只有媒体和华尔街。越来越多的学者也对上涨的股价展开了研究。耶鲁大学的罗伯特·希勒（Robert Shiller）和哈佛大学的约翰·坎贝尔（John Campbell）发表了一篇学术论文，表示股市已经被严重高估了，并且在1996年12月初将这项研究报告提交给了美联储理事会。30

随着道琼斯指数突破6 400点，1996年12月5日，美联储主席艾伦·格林斯潘（Alan Greenspan）在华盛顿举行的美国企业研究所（American Enterprise Institute，简写为AEI）年度晚宴前发表的讲话里，向人们发出了警告。他问道："到底是从何时起非理性繁荣已经过度提升了资产价格，导致随后价格遭遇意想不到的长期下跌，就像日本过去10年所经历的那样？我们又该如何在货币政策里考虑这个情况？"格林斯潘的这番话令人震撼，也很有效果，并且"非理性繁荣"这个词后来成为他在任期间最著名的词语。随着他的这番话通过互联网和计算机传播出去，亚洲股市和欧洲股市当即出现大幅下跌，第二天早上，美股开盘也大幅走低。然而没过多久，投资者就重新拾回了信心，因为到当天收盘时，纽约证券交易所仅仅是小幅微跌。

牛市后期：1997—2000年

自此之后，股市节节攀升，道琼斯指数一路向上，1997年2月突破了7 000点，7月突破了8 000点。《新闻周刊》甚至刊登了一个带有警示作用的封面故事《与市场结婚》(Married to the Market)，描述了美国与一头牛在华尔街举办婚礼的场景，然而这个隐喻也未能降低投资者的乐观情绪。[31]

股市成为许多美国人日益关注的焦点。市面上出现了大量商业领域的图书和杂志，商业电视台，尤其是CNBC，吸引了大量观众。酒吧、机场和其他公共场所的电视机，全部被锁定在了商业频道。全美各大商学院的餐厅、酒吧甚至休息室里，都播放着股市行情和商业频道的节目。邮轮上，以及一些处在偏僻地点的度假区，也都能收看到所有的商业频道。甚至是乘坐飞机身处万米高空时，旅客们也能从椅背上的显示屏里看到道琼斯指数和纳斯达克指数的最新动态。

通信技术的爆炸式发展，为腾飞的股市增添了另一份活力。通过互联网，投资者无论身处世界上的哪个地方，都能及时了解到市场走势和自己持有的投资组合的情况。投资者只需要动动手指头，就可以通过网络聊天室、金融网站或电子邮件里的时事通讯，获取到大量的信息。CNBC如此受投资者的欢迎，各大投资公司甚至都强制要求自己的经纪人观看其节目，通过电视或者计算机观看都可以，这样他们就可以在客户来电问询突发新闻时抢先一步知晓。

人们对牛市的信心，似乎完全不受金融和经济冲击的影响。1997年10月27日，亚洲金融危机的第一波冲击使股市下跌了破天荒的554点，并临时暂停了交易，但这并没有让投资者对股票的热情有所减退。1999年3月29日，道琼斯指数首次突破10 000点，随后继续上涨，2000年1月14日，达到创纪录的11 722.98点。

互联网泡沫顶点

在牛市的顶点，人们往往能看到，颜面扫地的看空者退缩了，而看多者随着股价的持续上涨逐渐膨胀，愈发大胆，这种景象屡见不鲜。1999年，记者詹姆斯·格拉斯曼（James Glassman）和经济学家凯文·哈塞特（Kevin Hassett）出版了一本书，名为《道琼斯指数36 000点》(*Dow 36, 000*)。他们认为，道琼斯指数虽然正在飞速上涨，但当前仍然处于被严重低估中，其真实价值应该是当前点数的3倍，即36 000点。令我感到十分惊讶的是，他们声称这个分析的理论基础来自我的书《股市长线法宝》！他们表示，既然我证明了在长期投资中，债券跟股票的风险是差不多的，那么股价就应有很大的涨幅。我否定了他们的结论，指出债券的真实收益率已经高于了股票的预期收益率。[32]

虽然道琼斯指数在不断上涨，但实际上市场里真正活跃的股票却是在纳斯达克上市的科技股，包括思科（Cisco）、太阳微系统（Sun Microsystems）、甲骨文（Oracle）、捷迪讯（JDS Uniphase）等公司，同样活跃的还有一大批不断涌现的互联网公司。从1997年11月到2000年3月，道琼斯指数上涨了40%，但由科技股所组成的纳斯达克指数却上涨了185%，由24家互联网公司所组成的互联网指数（dot-com index）则从142点飙升至1 350点，上涨了近10倍。

泡沫破裂

2000年3月10日，这一天不仅见证了纳斯达克指数的最高点，也见证了许多互联网指数和科技股指数的最高点。就连我，一个长期看涨的人，当时都认为科技股的股价已经高到了荒谬的地步，这是崩盘的前兆。[33]

当科技热潮意外放缓后，泡沫破裂了，随后一个严酷的熊市开始了。股价暴跌，市值创纪录地蒸发了9万亿美元，标普500指数下跌了49.15%，这已经超过了之前1972—1974年熊市所经历的48.2%的跌幅，成为大萧条以来下跌最严重的一次。纳斯达克指数下跌了78%，互联网指数下跌了95%以上。

就像牛市催生出许多乐观主义者一样，暴跌的股价也引来了成群结队的看空者。2002年9月，就在达到熊市最低点的几周之前，道琼斯指数始终徘徊在8 500点左右，当时世界上最大的共同基金管理人太平洋投资管理公司（PIMCO）的传奇掌门人比尔·格罗斯（Bill Gross），发表了一篇文章《道琼斯指数5 000点》（Dow 5,000），里面说尽管市场已经经历了可怕的下跌，但股价还得继续下跌40%以上，才能达到与经济基本面相匹配的水平。他说："忘掉《股市长线法宝》吧，直到股价下跌到你能真的承认股票的表现会高于债券的时候，也就是道琼斯指数下跌到5 000点的时候。"[34]这真是太让人吃惊了，短短两年的时间，一位颇有声望的经济学家声称道琼斯指数的合理位置应该高达36 000点，而另一位备受赞誉的分析师则表示道琼斯指数应该跌至5 000点！

股指从未跌到5 000点。就在格罗斯的警告发出后一个月，一场超级大牛市开始了。然而，刚刚过去的这场被人们称为"科技废墟"（Tech Wreck）的熊市，让人们对市场失去了兴趣。一位酒吧老板曾生动地描述说："人们都在舔舐伤口，再也不想谈起股票了。大家聊天的话题又回到了体育运动、美女以及谁又赢得了比赛等。" 35

从互联网泡沫破裂到金融危机

从2000—2002年互联网泡沫破裂的废墟中，股市逐渐又起来了，经济增长推动着股市从2002年10月9日的低点7 286点上涨到2007年10月9日的历史高点14 165点，花了整整5年的时间。再看估值上的差异，在互联网泡沫顶峰时期，标普500指数的市盈率高达30倍，而到了2007年市场顶峰时期，标普500指数的市盈率只有16倍，要低不少。

然而，有迹象表明事情不总是一帆风顺的。房地产价格在过去10年已经上涨了近3倍，2006年夏天达到顶峰后，开始下跌。次级抵押贷款突然之间出现了大量违约。金融危机发生了，道琼斯指数从2007年10月的高点至2009年3月的低点，暴跌了53.5%。这个跌幅，已经超过了互联网泡沫破裂时的跌幅，成为大萧条以来最严重的一次下跌。

美国从金融危机中复苏的过程漫长而艰难，是二战以来最慢的一次。欧洲经济则更为艰难。2011年，欧盟遭遇债务危机，其国内生产总值（GDP）大幅下降，甚至超过了两年前金融危机时GDP下降的程度。不过美国的经济复苏一直在持续，到2013年2月，标普500指数已经上涨到超过金融危机发生之前的高点。

随着市场继续上涨，看空者又出现了。这次他们的理由是周期调整市盈率（cyclically adjusted price-to-earnings ration，简写为CAPE ratio）过高了。周期调整市盈率是耶鲁大学的希勒教授所提出的，因此又被称为希勒市盈率。希勒市盈率使用了过去10年的平均盈利来计算市盈率，而不是使用过去一年的盈利或是未来预测的盈利来计算。由于金融危机这段时期盈利空缺，希勒市盈率计算出来的值很高，进而使得美股未来10年的预期收益率显得非常低。

尤其是创建于1843年的老牌杂志《经济学人》（Economist），对希勒市盈率推崇备至，牛市期间一如既往地坚持看空。早在2011年5月，杂志就刊登了一篇《保卫希勒市盈率》（In defense of the Shiller PE）的文章，以自鸣得意、对看涨者不屑一顾的语气总结道："简而言之，如果你不喜欢希勒告诉你的这些事情，那说明你只不过是一个认为'这次不一样'的看多者而已。"[36]

还有一个指标，也跟希勒市盈率一样对股市持悲观态度，这就是华尔街分析师非常喜欢的Q比值（Q ratio）。Q比值是由耶鲁大学的教授詹姆斯·托宾（James Tobin）首先提出来的，反映了上市公司市值相对于资产重置成本的比率。受人尊敬的著名英国基金经理安德鲁·史密瑟斯（Andrew Smithers）和史蒂夫·赖特（Steve Wright）在他们所写的《华尔街价值投资》（Valuing Wall Street）这本书中极力推荐这个指标。Q比值给出的结果跟希勒市盈率类似，都预示着股票资产将会遭受极端的下跌行情。事实上，2013年初史密瑟斯对10只美股的预期收益进行了测算，给出的结果是–3%。[37]

同样支持希勒市盈率和Q比值的，还有来自AQR投资公司的美国著名基金经理克里夫·阿斯内斯（Cliff Asness）[38]以及来自锐联资产管理公司（Research Affiliates）的罗伯特·阿诺特（Robert Arnott）。[39]但GMO资产管理公司的杰里米·格兰瑟姆（Jeremy

Grantham），可能是2008年金融危机后对一片繁荣的股市最大的看跌者。格兰瑟姆曾对2000年互联网泡沫和2007年次贷危机都做出过准确的预测，并因此而闻名。

2010年底，格兰瑟姆预测，美股未来7年的真实年收益率将是0。然而事实上，真正的收益率高达12%。[40]2017年1月25日，道琼斯指数突破了20 000点，格兰瑟姆变得非常悲观。2018年初，他在接受《机构投资者》(*Institutional Investor*)的采访时坚称，市场"感觉像是一个快要胀破的泡沫"，还说市场很可能将暴跌50%。[41]

但这次，看空者又错了。经济加速增长、特朗普的亲商政策以及企业和个人的减税政策，都推动着股市不断上涨。2020年2月，道琼斯指数上涨到了29 400点高位。然而紧接着，一场突如其来的危机发生了：新冠疫情。

尽管疫情使得经济极速紧缩、股市严重下跌（这一内容将在第22章详细介绍），但美国政府采取了大规模的财政和货币应对措施，这使得股市再次飙升。到2020年11月，道琼斯指数已经上涨到超过2月份的高点，这也是美股历史上最短的熊市以及最短的经济衰退期。2021年11月，道琼斯指数突破了36 000点。不过，到了2022年，美联储为了抑制通货膨胀而采取了紧缩的信贷政策，于是对"深度"成长股以及加密货币的过度炒作都戛然而止，牛市也就此结束。

乐观、悲观和投资心理学

20世纪90年代初，当时我正在写第1版的《股市长线法宝》，一位出版商告诉我，看空股市的书的销量是看涨股市的书的3倍。虽然我没有去验证这个观点是否正确，但日常所见所闻告诉我，无论是电视台、电台还是报纸等媒体，确实全都被"悲观论调者"所主导。人们总是认为，看涨股市的人是盲目乐观的，善意但头脑简单，不仅忽视了历史上出现的风险所带来的教训，也无视政府、企业或其他破坏性机构的行为。

人之初，性本善。大多数普通人天生都是乐观的，所以当有人对未来持悲观看法时，人们会认为这个人有着不一般的洞察力，从而更加信任他。一个准确预测了股市崩盘的人，即便事实上他的其他预测全都错得离谱，也往往会得到人们大力的赞扬。

乔·格兰维尔（Joe Granville）预言了1982年的熊市，受到了人们的赞扬，但他在随后到来的大牛市中仍然坚定地看空股市。伊莱恩·加萨雷利（Elaine Gazarelli）预警了1987年的股市崩盘，但几乎看错了股市后续的每一次波动。艾伦·格林斯潘著名的"非理性繁荣"言论虽然发表于1996年12月，当时离股市达到顶峰还有3年之遥，却仍然受到许多人的称赞。

我发现，众多吹嘘自己成功预测了股市崩盘的人，几乎都没有说过他们后续的投资策略是怎样的：何时可以重新进入市场，或是他们后来到底有没有重返市场。2020年2月底，我参加了一个晚宴，其间一位医生说新冠病毒将引发一场灾难性的疫情，于是他卖出了所有的股票资产。在接下来的一个月里，随着病毒的蔓延，大多数人被迫隔离，股市暴跌，我对他的远见表示钦佩。但又过了几个月，当市场回升，超过了2月底的高点时，我才知道他在卖出后并没有重新进入市场。再一次地，"买入并持有"的投资者，战胜了那些也许能正确预测股市下跌的投资者。

即便是认可熊市只是暂时的投资者也发现，想要利用短期波动来赚钱，就算有可能，那也是非常困难的。我认识的一位基金经理，在新冠疫情期间正确认识到，当时大量的抛售其实是极其不理性的行为，于是随着股市下跌，他用手里的现金增持了股票资产。当然了，这个做法使得他的基金表现要落后于平均水平。但在当时的熊市底部,他的主要投资者非常不满意基金大幅跑输的情况,于是赎回了资金,迫使基金清盘了。虽然后来股市的快速复苏证明他的投资策略完全是正确的,但也无济于事了。

简而言之,人性的弱点阻碍着我们成为"买入并持有"的投资者。当意外来袭、市场动荡之时,"什么都不做"的策略,就算不是完全不负责任的也是反直觉的。但数据告诉我们,任何择时都是徒劳的,"买入并持有"就是最好的策略。在下一章,我们将看到为何股票资产能提供长期持续的回报,了解股市出现短期波动背后的原因,学习如何通过股票资产获得更好的收益。

[第 2 章]

1802 年以来的资产收益率

CHAPTER
—— TWO ——

我明白只有以史为鉴，才能判断未来。

——帕特里克·亨利（Patrick Henry），1775[1]

1802年至今的金融市场数据

在这一章里，我们将分析股票、债券以及其他资产类别在过去200多年的收益率情况。我们把收益率分为了三个不同的阶段。第一个阶段是1802—1870年，美国从农业社会转向工业社会，这跟过去半个多世纪以来拉丁美洲和亚洲的许多新兴市场所经历的转变类似。第二个阶段是1871—1925年，美国成为世界上重要的政治和经济强国。第三个阶段是1926年至今，涵盖了大萧条时期、战后扩张时期、互联网泡沫、金融危机以及2020年的新冠疫情时期。

之所以这样来进行划分，不仅是因为这三个阶段分别代表着不同的历史意义，还因为与股票资产收益率相关的历史数据在这三个阶段里的质量和完整性是不同的，每个阶段都比上一个阶段有巨大的突破。早期的数据，尤其是1834年之前的数据，是最难获取也最有争议性的，我们将在下个小节里介绍。1871—1925年的股票收益率是通过一个股票指数来计算的，这个指数包括了纽约证券交易所里的所有股票，采用市值加权法，并且包括了分红再投入后的收益。这些数据来自考尔斯委员会编制的权威指数，并于1989年由希勒公布出来。[2]

第三个阶段即1926年至今的数据是学者们研究最全面的，来自证券价格研究中心（Center for Research in Security Prices，简写为CRSP）。研究使用的是一个市值加权指数，包括了纽约证券交易所里的所有股票，以及1962年以来所有的美国股票和纳斯达克股票。另外，罗杰·伊博森（Roger Ibbotson）也对1925年以来的股票和债券收益情况做了研究，从1972年开始每年都会出版一本年鉴，是美国各类资产收益率的参考基准。[3]还有一点需要说明，在计算收益率的时候，如果只考虑那些经营成功留存了下来的公司，而不考虑那些随时间消失了的公司，那计算出来的收益率就会有幸存者偏差，而本书里介绍的所有股票和债券收益率，包括19世纪早期的收益率，都是不存在任何幸存者偏差的。

最早的股市数据

1802—1871年的股票收益率数据是最难获取的，因为这个时期里的股息数据很少。在前几版《股市长线法宝》里，我使用的是一个股票指数，这个指数是基于威廉·施沃特（William Schwert）教授的研究而建立的。[4]但施沃特教授的研究里并不包括股息，所以我借鉴了后面1871—1925年的股息数据和宏观经济信息，对第一阶段的股息做了估算，估算的结果与其他已经发表的关于早期股息收益的历史信息相一致。[5]

2006年，研究美股收益的两位著名学者耶鲁大学的比尔·戈茨曼（Bill Goetzmann）和罗杰·伊博森，发表了一份特别详细的报告，介绍了1871年之前的股票收益率情况。[6]这份报告花了十几年的时间才完成，里面分析了一个多世纪的股票数据，最终确定了

600多只个股每月的股价和股息数据。基于他们的研究，我在本书中介绍的1802—1870年的股票资产年复合收益率为6.9%，这比我之前所估算的数据仅低了0.2%。[7]

最近，圣塔克拉拉大学的名誉教授爱德华·F.麦夸里（Edward F. McQuarrie）对早期的股市收益率数据提出了一些质疑。[8] 麦夸里认为这个收益率过高了，因为在计算的时候排除了美国第一和第二银行（即早期的美联储银行）异常糟糕的收益情况。确实，如果将这些大型银行纳入市值加权指数，那么1802—1834年的收益率会有所降低，尤其是美国第二银行倒闭的时候，而1802—1870年整个期间的真实收益率将从6.9%降低到5.4%。

麦夸里总结，如果把这些银行排除在外，那么我所介绍的收益率是正确的。他认为这恰恰正是"大多数前人（比如史密斯和科尔、戈茨曼等人）所做的"。[9]

这两家银行由于规模非常大，因此在一个市值加权指数中会占据相当大的比例，成为主导指数的力量，而对一个普通投资者来说，是否应该把这两家银行作为自己投资组合里的主力还存在争议。这样的一个投资策略，实际上已经丧失了多样性。不过，1834年之后的收益率就没有争议了，剔除通货膨胀之后，年复合收益率接近7%。如果我们遵循麦夸里的调整建议，纳入这两家银行，那么1802—2021年这220年间股票资产的年复合收益率将从6.9%下降到6.4%，并且过去187年间的任何数据都不受影响。

资产全收益

不同类型资产的历史收益情况如图2.1所示。图中展示了1802—2021年股票、长期国债、短期国债、黄金和商品的名义全

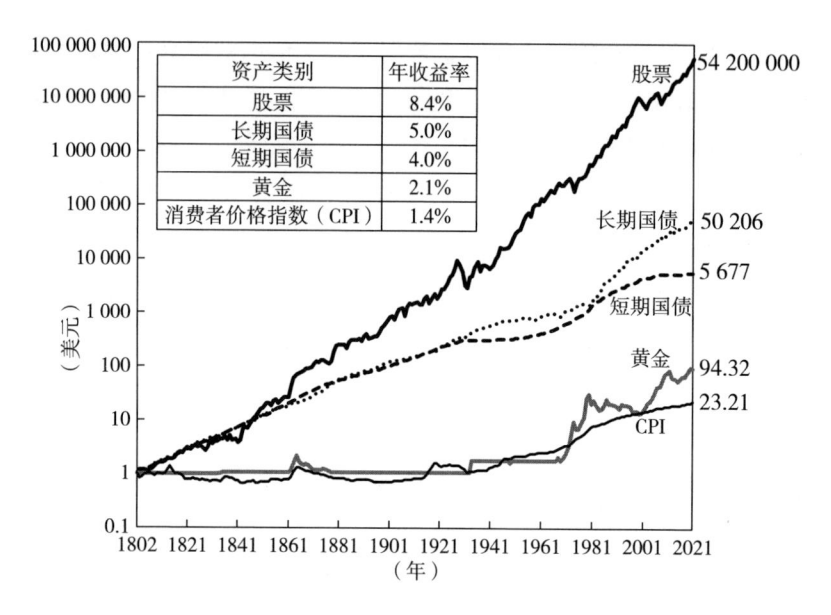

资产类别	年收益率
股票	8.4%
长期国债	5.0%
短期国债	4.0%
黄金	2.1%
消费者价格指数（CPI）	1.4%

图 2.1　1802—2021年名义全收益走势

收益走势，即未剔除通货膨胀的收益。全收益，包括了市值的变化以及利息或分红在内，并且这些产生的现金流都自动再投了进去。

很明显可以看出，过去两个世纪以来，股票资产的收益率远超其他任何资产。如果在1802年投入1美元到一个市值加权的组合，采用分红再投入的方式，那么到2021年底将积累下超过5 400万美元。在这个收益面前，即便是导致整整一代投资者都不敢投资股票资产的1929年大股灾，以及2008年金融危机，都只不过是过眼云烟。正如前文所说的那样，令投资者感到惧怕的熊市，在面对图中这条强劲上涨的收益走势线时，其实并没有什么可怕的。

还有很重要的一点我们需要明白，图2.1所示的股票全收益情况并不代表着美股总市值的增长情况。美股总市值的增长实际上要慢得多，与GDP的增速很接近。这是因为投资者作为一个整体，把绝大部分的分红都消费掉了，于是这些分红并没有被再次投入股市，上市公司也就无法用这笔钱来进行经营，产生新的盈利了。另外，还有一个很简单的方式可以帮助理解美股的收益率是如何大幅超过美元的增值速度的。假设在1802年，投入100万美元到股市，采用分红再投入的方式，那么到2021年底，这笔钱将变成54万亿美元，这个数字已经超过了此时美股的总市值。但是，按照如今的购买力来换算的话，1802年的100万美元只相当于如今的2 200万美元，远远低于当时美股的总市值，当时美股的总市值估计至少能有1亿美元。[10]

虽然金融理论（以及监管规定）要求在计算总收益率时，必须按照分红（以及其他现金流）再投入的方式来计算，但在现实生活中，没有多少人能在如此长的时间里一直保持分红再投入，一直不取用资金。能坚持长期持有、不取用任何本金和收益的最长时间，通常是人们通过养老金计划来积累财富，或是通过保险来做财富传承这两种场景。即便那些能做到在有生之年不取用资金，把财富全部留给后代的人也应该意识到，这些积累下来的财富很有可能会被下一代挥霍一空，或是被管理遗产的基金会花掉。股市有能力通过几代人耐心的等待将1美元变成几百万美元，但很少有人具备这样的耐心。

债券资产的长期收益率

固定收益类的投资品，是除了股票资产外规模最大也最重要的金融资产。债券会承诺在一段时间内支付固定的利息。债券的现金流会根据合同的约定有个最大价值，这一点跟股票是不同的。除非发生了违约的情况，否则债券的收益并不会随着公司盈利能力的变化而变化。

图2.2中展示的数据来源,基本上是短期国债和长期国债,不过早期有些数据获取不到,所以使用了高等级地方债来代替。这里也考虑了违约风险,并从风险更高的债券利率里剔除了违约的影响,这样尽量保证整个时间段里使用的都是等级相对比较高的债券的数据。[11]

从图2.2中可以看到过去220年长期债券和短期债券的利率走势情况。在19世纪和20世纪初,利率波动的范围相对比较小。但从1926年至今,利率的变化起伏非常大。1930年的大萧条导致短期债券的利率接近于零,而20世纪70年代末的通货膨胀则导致利率飙升。不过一旦通货膨胀得到了抑制,利率就开始持续下降,到新冠疫情期间创下新低。第8章将详细讨论影响利率变化的决定性因素。

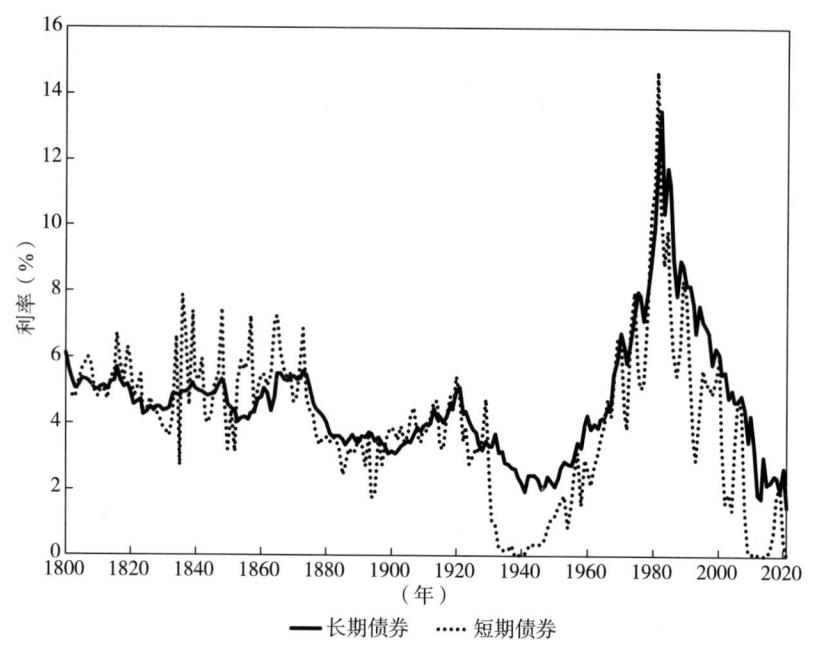

图2.2 1800—2020年美国短期债券和长期债券的利率走势

黄金、美元和通货膨胀

图2.3展示了过去220年美国和英国的消费者价格走势情况。在第二次世界大战前,这两个国家的物价水平在长达150年的时间里都基本上没有太大的变化。但二战结束后,通货膨胀的发生根源出现了巨大的变化,于是物价水平开始持续上涨。大部分时候,这种上涨是循序渐进的,但也有一些时候,比如20世纪70年代,增速会高达两位数。如果把战争时期排除在外,那么20世纪70年代见证了美国和英国历史上经历的第一次快速而持续的通货膨胀。

通货膨胀之所以发生如此巨大的转变,是因为货币标准的改变。在19世纪和20世纪初,美国、英国以及世界上的其他工业

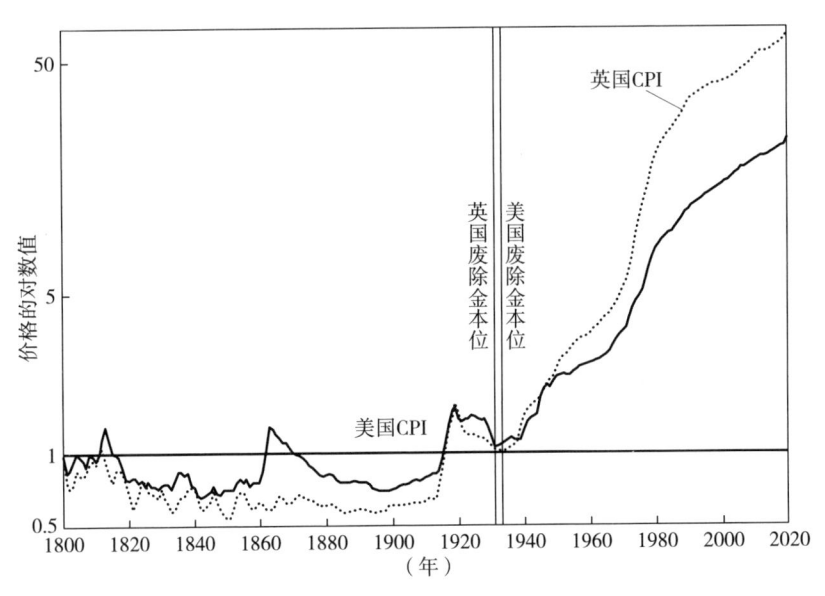

图2.3　1800—2020年美国和英国的消费者价格指数(CPI)

国家采用的都是金本位，这段时间里，黄金的价格和物价水平之间的联系非常紧密。这是因为金本位制度下，货币的供给量是有限的，从而通货膨胀也被限制了。但从大萧条到二战后，全世界都改为采用纸币本位。在纸币本位制度下，货币的发行量没有受到法律的约束，因此通货膨胀既会受到政治的影响，也会受到经济力量的影响。价格是否稳定，依赖于央行是否想要限制货币供给量来抵销赤字支出，以及政府开支和监管所带来的物价上涨的压力大小。

自从二战后，美国和其他发达国家就经历着长期的通货膨胀，但这并不意味着金本位就要优于现行的纸币本位。废除金本位的原因在于，当遇到经济危机时，尤其是遇到20世纪30年代的银行破产倒闭时期，货币的流动性不够。而纸币本位制度，如果管理得当，可以有效防止出现银行挤兑以及严重的萧条，同时能将通货膨胀控制在一个较低或中等的水平。

但货币政策的运作并不理想。20世纪70年代发生了剧烈的通货膨胀，随后黄金价格在1980年1月飙升至每盎司850美元。到2021年底，黄金价格突破了1 800美元。假如在1802年购买了1美元的金条，那么到2021年底这块金条将价值98美元，而同期的物价水平上涨了21倍以上。可以看到，黄金的涨幅虽然跑赢了通货膨胀，但也没有跑赢太多。如果不考虑黄金所具备的对冲属性，那它的长期收益是远远落后于股票资产的。一个长期投资者如果在自己的投资组合里加入了黄金，可能会极大拖累组合的整体收益。[12]

真实全收益

对一个长期投资者来说，关注的重点应该是资产购买力的增长情况，也就是剔除了通货膨胀因素之后，财富到底增长了多少。图

2.4跟第1章里的图1.1是一样的，里面加入了美元货币的收益率，并且对收益率进行了修正，剔除了通货膨胀的影响。在图中左上角，可以看到不同资产的真实年收益率。

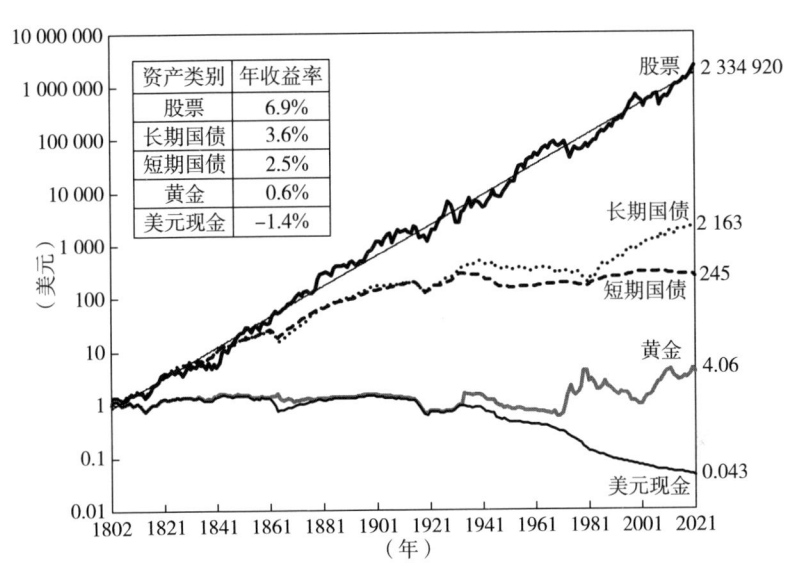

资产类别	年收益率
股票	6.9%
长期国债	3.6%
短期国债	2.5%
黄金	0.6%
美元现金	-1.4%

图2.4　1802—2021年真实全收益走势

剔除了通货膨胀之后，股票资产1802—2021年的真实年复合收益率为6.9%。这比我在《股市长线法宝》第1版里给出的截至1992年的数据6.7%高了0.2%。[13]

有些人坚持认为，这样的收益率是不可持续的，因为这几乎已经是实际GDP增速的两倍了。[14] 其实这种观点并不正确。哪怕是经济完全不增长了，资本也会获得正收益，因为资本是一种稀缺的资源。举个例子，这就像劳动力总是能获得工资收入一样，或是像无论土地数量是增是减，土地总是能获得租金收入一样。另外前文也提过，这里所展示的股票资产的真实全收益包括了分红再投入在内，这个增长要比股市的总市值或GDP自身都要

第1部分　历史的定论

更高。[15]

表2.1汇总了美股不同时期的年复合收益率情况。值得注意的是，在主要的三个时期里股票资产的真实收益率都惊人地保持着稳定：1802—1870年的年复合收益率为6.7%、1871—1925年的年复合收益率为6.6%、1926—2021年的年复合收益率为7.1%，假如统计时间再往后延一些，那收益率会稍微有所下降，即1926—2022年上半年熊市的年复合收益率为6.76%。

表2.1 股票资产的收益汇总 （%）

		名义全收益		名义资本增值		分红收益	真实全收益		真实资本增值		黄金真实收益	通货膨胀率
		收益率	风险	收益率	风险	收益率	收益率	风险	收益率	风险		
	1802—2021	8.4	17.5	3.3	17.1	4.9	6.9	17.8	1.9	17.8	0.6	1.4
	1871—2021	9.2	18.7	4.7	18.2	4.2	7.0	18.8	2.6	18.8	0.8	2.1
主要的三个时期	1802—1870	6.9	14.5	0.4	14.0	6.4	6.7	15.4	0.3	15.4	0.2	0.1
	1871—1925	7.3	16.5	1.9	15.9	5.3	6.6	17.4	1.3	17.4	-0.8	0.6
	1926—2021	10.2	19.7	6.4	19.2	3.6	7.1	19.6	3.4	19.6	1.8	2.9
战后各个时期	1946—2021	11.3	17.0	7.7	16.5	3.3	7.3	17.3	3.9	17.3	1.6	3.7
	1946—1965	13.1	16.5	8.2	15.7	4.6	10.0	18.0	5.2	18.0	-2.7	2.8
	1966—1981	6.9	19.8	2.9	19.0	3.9	-0.1	19.0	-3.8	19.0	8.8	7.0
	1982—1999	17.5	12.7	14.1	12.6	3.0	13.8	12.8	10.5	12.8	-4.9	3.3
	2000—2021	7.8	18.2	5.9	17.8	1.8	5.2	17.6	3.5	17.6	6.3	2.3

注：收益率=年复合收益率，风险=收益率数值的标准差。

股票资产的真实收益率在第三个时期里还能保持着稳定，意义是很重大的。因为美国过去220年所经历的所有通货膨胀，事实上都发生在二战结束后，但这丝毫没有降低股票资产的真实收益率。

股票资产背后所代表的是真实的上市公司资产，长期来看会跟随着通货膨胀以相同的速度上涨，因此股票资产的长期真实收益率并不会随着物价水平的变化而下降。

过去两个世纪里，无论我们的社会发生了多么巨大的变化，股票资产的长期收益都一直保持着稳定。美国从农业社会发展到工业社会，再到如今的后工业社会、以服务业和科技业为主。全世界从金本位转变为纸币本位，如今正在尝试采用数字货币。过去曾需要数周时间才能传递的信息，如今可以在转瞬之间就传遍全国。尽管为股东创造财富的这些基本因素都已经发生了翻天覆地的变化，但股票资产的收益率却展现出惊人的稳定性。

不过，股票资产的长期收益稳定，并不意味着短期收益也会稳定。在1982—1999年美股历史上最大的牛市期间，剔除通货膨胀之后，股票资产给投资者带来了高达13.8%的年复合收益率，差不多是历史平均的两倍了。而在此之前，1966—1981年这15年的时间里，股票资产的收益表现非常糟糕，每年都落后于通货膨胀0.4%左右。物极必反。大牛市把股价推得太高了，市场估值在2000年互联网泡沫顶峰时达到了创纪录的高估水平，随后就迎来了三次熊市。不过尽管如此，从市场顶峰到2021年，股票资产的真实年复合收益率仍然有5.2%，这已经超过了固定收益类资产的真实收益率。

固定收益类资产的真实收益率

长期真实收益率稳定，这句话放在股票资产上是合适的，但放在固定收益类资产上就不合适了。如表2.2所示，短期国债的真实收益率从19世纪早期的5.1%急剧下降到1926—2021年的0.4%，这个收益率只比通货膨胀率略高一点。

表2.2 固定收益类资产的收益汇总 (%)

		长期国债					短期国债			通货膨胀率
		票面利率	名义收益		真实收益		名义利率	真实收益		
			收益率	风险	收益率	风险		收益率	风险	
	1802—2021	4.6	5.0	6.8	3.6	9.1	4.0	2.5	5.9	1.4
	1871—2021	4.5	5.1	8.0	3.0	9.4	3.4	1.4	4.4	2.1
主要的三个时期	1802—1870	4.9	4.9	2.8	4.8	8.3	5.2	5.1	7.7	0.1
	1871—1925	4.0	4.3	3.0	3.7	6.4	3.8	3.1	4.8	0.6
	1926—2021	4.9	5.6	9.8	2.6	10.8	3.3	0.4	3.8	2.9
战后各个时期	1946—2021	5.4	5.8	10.7	2.0	11.4	3.9	0.2	3.1	3.7
	1946—1965	3.1	1.6	4.9	−1.2	7.1	2.0	−0.8	4.3	2.8
	1966—1981	7.2	2.5	7.1	−4.2	8.1	6.8	−0.2	2.1	7.0
	1982—1999	8.5	12.1	13.8	8.5	13.6	6.3	2.9	1.8	3.3
	2000—2021	3.6	7.0	11.4	4.6	11.5	1.5	−0.8	1.9	2.3

注：收益率＝年复合收益率，风险＝收益率数值的标准差。

长期国债的真实收益率也是类似的，不断下降，只不过下降的幅度没有这么大。从1802—1870年的4.8%，下降到1871—1925年的3.7%，再降到1926—2021年的2.6%。关于这一点，我们将在第8章中继续讨论。

对股票资产来说，数十年里出现短期波动是很正常的事情。但让投资者感到意外的是，国债的收益率波动竟然也如此之大。1946—1981年的35年间，国债的真实收益率是负数。换句话说，债券的利息并不能抵销通货膨胀和利率上升所带来的债券价格的下跌。下一小节里我们将看到，没有任何一个长达20年的时间段里，股票资产的真实收益率会是负数，更不用说长达35年了。

最近40年债券的表现非常好，如果没有这段时期，那从1926

年以来的真实收益率还会下降得更厉害。1981年之后，通货膨胀和利率都有所下降，推动了债券的价格上涨，大大提高了债券投资者的收益率。虽然1981—1999年大牛市使得股票的收益远超债券，但在接下来的10年里，债券的收益则轻松击败了股票。事实上，债券的收益率在20世纪80年代初达到顶峰后，在接下来的整整40年时间里几乎跟股票一样。

固定收益类资产的收益率持续下滑

这样的债券收益率是无法长期持续的。1997年1月，美国财政部推出了通货膨胀保值债券（Treasury Inflation-Protected Securities，简写为TIPS），于是国债的预期真实收益率就变得很容易确定了。这些债券的利息和本金都有美国政府的信用担保，并与美国消费者价格指数挂钩，因此这些债券的收益率就是剔除了通货膨胀之后的真实收益率，如图2.5所示。

可以明显看到，这些债券的收益率在稳步下滑，其原因将在下一小节详细探讨。这些债券刚开始发行时，收益率略低于3.5%，这个数字，跟我在研究中所发现的自1802年以来的国债历史真实收益率几乎一致。发行后，TIPS的收益率开始上升，于2000年1月达到最高点4.4%，而在这个月里科技和互联网泡沫也达到了顶峰。

从那之后起，TIPS的收益率就开始止不住地下滑。2002—2007年，收益率降到了2%。随着金融危机来袭，收益率继续下降，2011年8月跌破正收益，2012年12月跌至近−1%，新冠疫情暴发后，收益率甚至比−1%还更低。这个负的收益率，跟标准的非通胀指数化国债（nonindexed Treasury bonds）的预期真实收益率差不多。近年来，10年期国债收益率已经远低于当前的通货膨

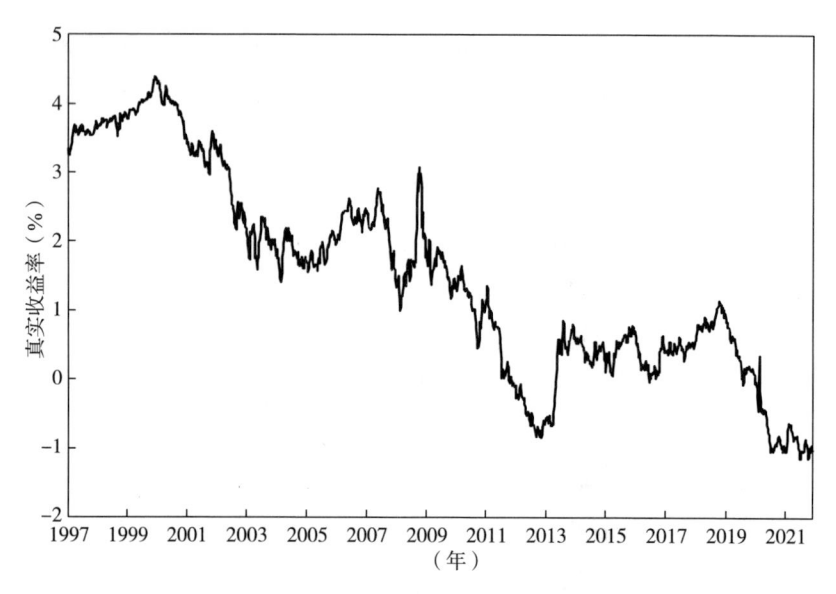

图2.5 1997—2021年10年期通货膨胀保值债券（TIPS）收益率

胀率，也远低于未来的预期通货膨胀率，导致10年期国债的预期真实收益率变为负数。我们将在第8章继续详细介绍真实收益率的下滑问题。

股票风险溢价

股票收益率超过债券收益率的那部分，通常被称为"股票风险溢价"（equity risk premium，简写为ERP）。1802—2021年，历史ERP超过长期国债的幅度为3.3%，超过短期国债的幅度为4.3%，这里的收益率指的都是年复合收益率。站在2021年底展望未来，股票风险溢价可能将继续增大。举个例子，假设未来股票的预期收益率下降了2%，也就是从过去历史上6.8%的水平降到了4.8%，那债券的真实收益率将下降更多，不止2%。前文说过，10年期通货膨胀保值债券的收益率，也就是剔除了通货膨胀之后的债券收益率，在2021年底达到-1%，这意味着，预期ERP将接近6%，这几乎是历史平均水平的两倍。而针对短期国债的预期ERP就要更高了。

当然了，到底未来股票将会超过债券多少，只有时间才能告诉我们答案。不过，经济学家一直在苦苦思索，为何基于股价和社会生产的长期真实增长率的ERP会如此之高？[16]这个现象被人们称为"风险溢价之谜"（equity premium puzzle），有数百篇学术论文都试图探寻其答案。诚然，经济衰退是历史中的标志性事件，但出现的次数太少，远远无法达到能引发股市出现较大波动的程度。这也导致了另外一个叫作"超额波动之谜"（excess volatility puzzle）的现象，这个现象最早是在罗伯特·希勒教授1982年的著名研究里提出的，我们将在第10章详细介绍。[17]

全球股票和债券收益率

早在我1994年出版《股市长线法宝》时，一些经济学家质疑我的结论，认为这仅仅是美股的数据，若是放在全世界范围来看，股票资产的历史收益率可能要低得多。他们说美股的收益率属于幸存者偏差，因为这个收益率来自像美股这样的成熟市场，而忽视了新兴经济体尚未成熟的股票市场。[18]美国在过去200多年里从一个小小的英国殖民地变成世界上最大的经济强国，幸存者偏差可以表明，美股的收益率是独一无二的，而其他国家股市的历史收益率可能会更低。

受此启发，三位英国经济学家回测了19个国家自1900年以来股票和债券的收益率情况。2002年，伦敦商学院的埃尔罗伊·迪姆森（Elroy Dimson）和保罗·马什（Paul Marsh）教授，以及伦敦股价数据中心（London Share Price Database）的负责人迈克·斯汤顿（Mike Staunton）共同出版了《乐观主义者的胜利：101年的全球投资收益》(*Triumph of the Optimists: 101 Years of Global Investment Returns*) 一书。[19]这本书描述了全球19个不同国家金融市场的收益情况，既严谨又通俗易懂。

图2.6展示了我所整理的最新的数据。尽管这里面有不少国家遭受了重大灾难，比如战争、恶性通货膨胀和经济萧条等，但每一个国家的股票收益率，在剔除了通货膨胀之后都是正收益。在股票收益率较低的国家，比如意大利、比利时、法国和德国等，固定收益类资产的收益率要低得多。所以，回测里的每个国家，股票风险溢价都是相当大的。

在图2.6里可以看到21个不同国家的股票、长期国债和短期

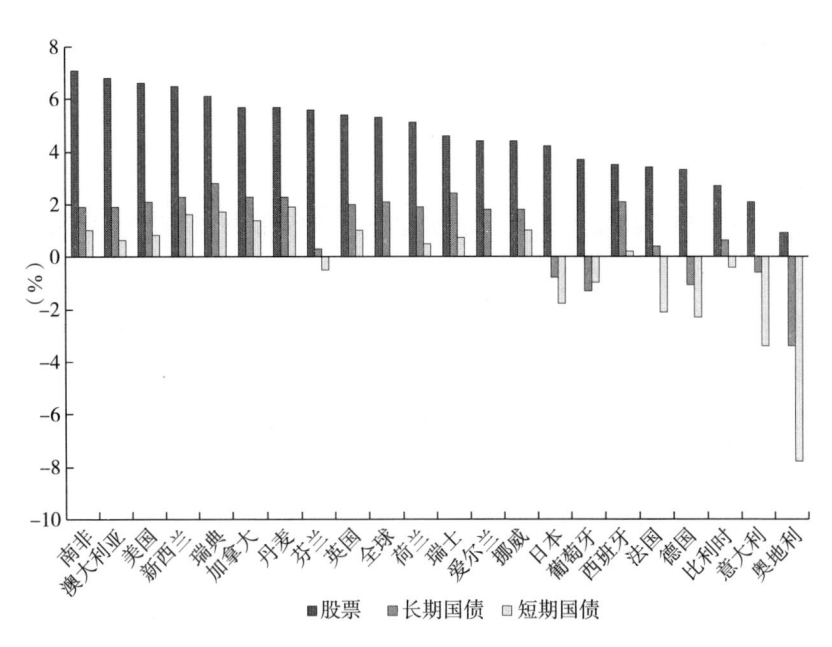

图2.6　1900—2020年股票、长期国债和短期国债的真实平均年复合收益率

国债在1900—2020年的真实平均收益率。股票的真实收益率，最低的是奥地利的0.9%，最高的是南非的7.1%。美股的收益率虽然也很不错，但排在第三名。全球股市的真实平均收益率是5.3%，比美股低1.3%。在任何一个国家里，股票的收益率都要高于债券的收益率，那些股票收益率相对更低的国家里，其债券收益率则要更低。在整整121年的时间里，股票风险溢价，即股票收益超过债券收益的程度，在美股达到4.4%，在图中列举的21个市场里股票风险溢价的平均值达到3.7%，在全球市场里则达到3.2%。

当分析了所有的信息后，三位作者在他们的第一版书中写道：

从美股里得到的经验，即股票的收益率高于债券，这一点在所有回测的19个国家里同样成立……在每一个国家里，股票的表现都要优于债券。整整101年的时间里，只有两个长期国债市场和一个短期国债市场，比回测出来的所有股票市场中表现最差的那一个收益更好些。

他们还写道：

美国和英国的表现确实不错……并没有迹象表明它们跟其他国家有多么大的不同……人们对成功股市和幸存者偏差的担忧虽然合乎情理，但可能在某种程度上过于夸大了，投资者可能并没有被美股的数据所误导。[20, 21]

最后这句话很重要。对美股的研究，要比对全世界其他国家股市的研究数量多得多。迪姆森、马什和斯汤顿表示，在美股发现的研究结果，同样适用于所有其他国家里的所有投资者。他们的书名"乐观主义者的胜利"表明了他们的结论,即能在股市里取得一席之地的正是乐观主义者,而非悲观主义者,并且毫无疑问,他们在过去一个世纪里战胜了那些更为保守的投资者。对国际市场的研究非但没有削弱,反而进一步支持了股票资产更优的观点。

房地产收益率

在之前版本的《股市长线法宝》里,我并没有把房地产作为一个单独的资产类别来介绍。我并不是觉得房地产不重要,事实上在美国,房地产的总市值仅仅略低于美股的总市值。而在其他许多国家,尤其是新兴经济体里,房地产是最大的资产类别。[22]

之所以没包括房地产,是因为跟其他资产类别相比,计算房地产的长期收益率是极其困难的事情。虽然房地产价格的长期走势是有数据的,但实际上房地产的真实收益全部来自其净租金收入,而与净租金收入相关的综合数据很少,也很难确定具体是多少。

罗伯特·希勒研究了从1890年到现在的一系列自住住房的价格,结果发现,房价的真实年复合收益率为1.9%,远低于总收益率。[23]奥斯卡·约尔达(Òscar Jordà)、卡塔琳娜·诺尔(Katharina Knoll)、德米特里·库夫希诺夫(Dmitry Kuvshinov)、莫里茨·舒拉里克(Moritz Schularick)和阿兰·泰勒(Alan Taylor)发表了一篇文章《大类资产收益率分析,1870—2015》(The Rate of Return on Everything, 1870—2015),里面采用估算租金的方法,研究了16个发达国家的房地产收益率。他们发现,大多数国家里房地产的收益率跟股票资产的收益率差不多,甚至有的超过了股票资产的收益率,并且波动率还更小。[24]最近,弗朗西斯和伊博森在研究中也得出了类似的结论，他们对自住住房和农场的租金进行了估算，发现房地产的收益率跟股票资产的收益率很接近。[25]他们表示，1991—2018年住宅的年复合收益率为9%，基本上跟股市差不多，而农场的表现甚至还要更好一些。

但是还有一些研究人员，比如大卫·钱伯斯（David Chambers）、克里斯托夫·斯派杰斯（Christophe Spaenjers）和伊娃·施泰纳（Eva Steiner），分析了长期持有房地产的投资者的真实收益率，对上面所说的高回报提出了强烈的反对意见。[26]钱伯斯仔细研究了1901—1983年牛津大学和剑桥大学的高校捐赠基金在英国所持有的大量、多样化分散配置的房地产资产的收益率，发现农场的真实年复合收益率只有4.5%，而住宅只有2.3%。他们认为其他研究者低估了维护成本和其他交易费用，也没有考虑空置率。并且，在估算租金时还忽视了新出租房不断改善的房屋质量，从而高估了老房子的租金收入。钱伯斯估计，包括美国在内的全球大多数国家里，房地产的净收益率要比股票资产低得多。

来自证券市场的房地产收益

不过，租金和费用估算的难题，在回测房地产投资信托基金（REITs）时就不存在了。REITs是代表房地产的一种证券，可以在证券交易所里进行交易。[27]美国房地产投资信托基金协会（National Association of Real Estate Investment Trusts，简写为NAREIT）公布了自1971年1月以来的收益率情况，于是，我们有了近半个世纪的房地产行业的收益率数据，如图2.7所示。

从1971年到2020年11月，所有REITs的年复合收益率是9.8%，落后于标普500指数11.2%的年复合收益率。但这主要是抵押型REITs所造成的。抵押型REITs是一种房地产抵押贷款的金融工具，年复合收益率比较低，只有5.3%，于是拖累了所有

年收益率	
所有REITs	9.77%
产权类REITs	11.77%
标普500指数	11.13%

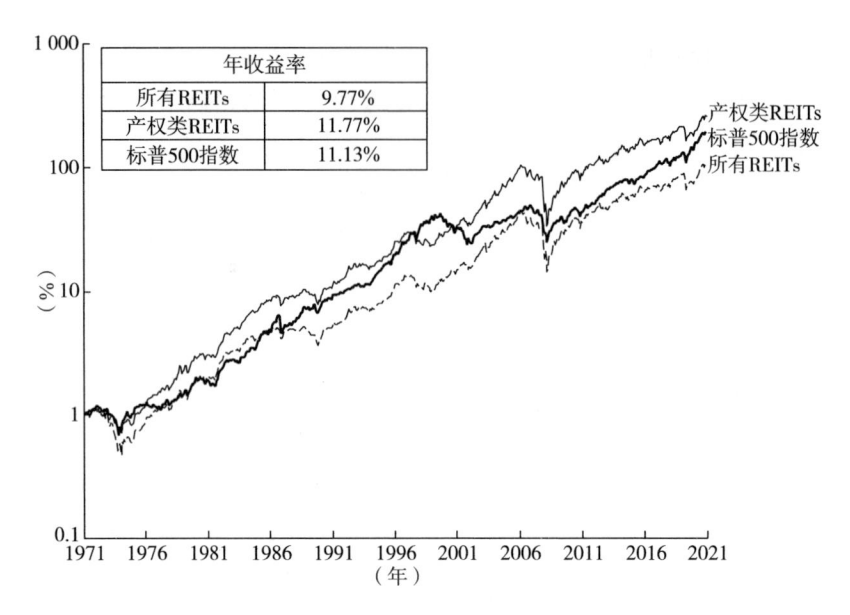

图2.7 1971—2021年所有REITs、产权类REITs和标普500指数的全收益率

REITs的收益率。而产权类REITs持有并管理房地产，表现则更好，年复合收益率达到11.7%，比标普500指数的11.2%高出大约0.5%。[28]

但这是品种自身的历史收益率，投资者真的能拿到这个收益率吗？1996年，先锋领航推出了一只产权类REITs指数基金，名为VGSIX，跟踪REITs指数。自成立以来，这只指数基金的年复合收益率为9.9%，比REITs指数的收益率要低0.5%。如果把这个差异运用到NAREIT的数据中，就意味着在过去50年的时间里，投资者从REITs上能获取到的收益基本上跟大盘股的收益是一致的。

房地产收益率的波动率

人们通常会认为，房地产的波动率比股票资产要小。如果真是这样,那房地产就成为一种极具吸引力的投资品,收益率跟股票资产类似,波动却更小。这会促使投资者给所持有的房地产资产加杠杆,因为借钱的成本要低于预期收益,于是通过加杠杆的方式,既可以放大收益,又能把风险控制在不高于股票资产风险的范围内。然而,根据一系列销售报告得出来的结论,比如凯斯—希勒房价指数(Case-Shiller)或美国联邦住房金融局(Federal Housing Finance Agency,简写为FHFA)通过每月房价销售数据所给出的房价走势,实际上大大低估了房地产的真实波动率。

早在近一个世纪前,凯恩斯就已经说过这一事实。凯恩斯掌管牛津和剑桥大学的高校捐赠基金,基金里就持有大量的房地产。他在给国王学院地产委员会的一份备忘录里写道:

> 对一些财务主管来说,如果能在每次审计时都有一份可以随时变现的出售报价单,那他们就不会担心买下未上市的、不便于销售的房地产投资品,可能会使他们愁白了头发。跟人们的一贯认知不同的是,事实上你不知道可成交价的波动幅度具体有多少,这并不会使得这项投资更安全。[29]

凯恩斯的观点,通过研究证券交易所里REITs的真实收益率数据得到了证实。在2007—2009年金融危机期间,REITs指数下跌74.5%,而标普500指数只下跌了57.7%。在新冠疫情引发的熊市期间,REITs指数下跌43%,而标普500指数只下跌了35.4%。在1973—1974年和1990—1991年的熊市期间也是类似的情况,REITs指数下跌更多。

只有一个时期,REITs和股票资产的收益出现过巨大的差异。20世纪90年代末,当时股市上涨,而REITs的价格严重落后。可当2000年互联网泡沫破裂股价崩盘时，REITs价格大涨。在这个周期里，房地产可以看作对冲股价下跌的有效工具，但仅此一次，在其他的熊市里并没有出现这样的情况。

房地产收益率总结

特别早期的房地产数据，费用和净租金收入数据的估算并不准确，但过去半个世纪的数据分析表明，房地产的收益率跟股票资产不相上下。显而易见，REITs是一种切实可行的投资工具，可以作为一种单独的资产类别存在，具备独有的特征。[30]

2021年，标普500指数中REITs的市值占比仅有2%，远远低于房地产价值在经济中的占比。美联储季度财报显示，房地产市场的总市值跟股票的总市值很接近。

不过，对个人而言，在做资产配置时，需要考虑到自己居住的房屋的价值，因此在自己的股票资产组合里，房地产所占的比例不应该高于一个国家的房地产资产占全国总财富的比例。不管怎样，股票投资者可以通过REITs来持有非自住的房地产资产，这样也有效增加了资产配置的多样性。

总结：股票资产的长期收益

在过去的220年里，美股里一个分散配置的多样化的股票资产组合，剔除通货膨胀后的真实年复合收益率接近7%，并且随时间发展表现出了惊人的稳定性。当然，股票资产的收益也取决于资本的质量和数量，社会生产力以及对承担风险给予的回报。不过，要想拥有创造价值的能力，还需要具备高水平的管理方式、一个尊重财产所有权的稳定政治体系，以及在一个有竞争力的环境中为消费者提供价值的能力。政治或经济危机导致的投资者情绪变化，可能会让股市暂时偏离了长期轨道，但那些推动经济发展的根本性力量，总是能够让股市重新回到正轨上。这也是为什么，无论过去两个世纪里发生了怎样激烈的政治、经济和社会变革，影响了全世界，股票资产都能一直保持如此稳定的收益率。

不过，人们也需要留意政治、体制和法律大环境，这些因素会对收益率有影响。在过去两个世纪里股票资产之所以表现更好，可能要归功于实行自由市场经济的国家日益增多，占据主导地位。在大萧条和二战那些黑暗的日子里，没有人会预料到市场经济能取得胜利。要问历史给了我们什么指引，那就是在现如今的纸币经济体制下，如果遇到任何经济或政治动荡，国债的表现可能远远不如股票。下一章将介绍，即使在一个稳定的政治环境中，对长期投资者来说，国债的风险也往往高于股票。

[第 3 章]

风险、收益和资产配置：为什么从长期来看，股票的风险比债券低？

CHAPTER THREE

确切地说，我们能找到什么样的投资，可以提供真正确定的或是固定的收益呢？……每位读者都会清晰地发现，投资债券其实是一种针对物价水平或是货币购买力的投机行为。

——欧文·费雪，1912[1]

衡量风险和收益

风险和收益是金融和投资组合管理的基石。一旦确定了风险、预期收益和不同资产类别之间的关系，现代金融理论就可以帮助投资者建立一个最佳投资组合。但是，股票资产和债券资产的风险和收益，并不像光速或万有引力常数那样是一个物理常数，在自然界中等待着人们去发现。投资者也不能像在物理学科里那样，保持其他因素不变，通过反复做实验来探寻每个变量的"真实"价值是多少。

这意味着，尽管有大量的历史数据，人们还是永远无法保证影响资产价格的内在因素是不变的。正如诺贝尔奖得主保罗·萨缪尔森（Paul Samuelson）喜欢说的那样："我们只有历史这一个样本。"

不过，为了规划未来，人们还是必须从分析历史开始。上一章介绍了，固定收益类资产不仅收益率远不如股票资产，并且由于通货膨胀的不确定性，对长期投资者来说，债券的风险还相当大。在这一章里将看到，投资者的规划与眼界，会对他们的资产配置起到至关重要的作用。

风险和持有时间长度

对许多投资者来说，描述风险最直观的方式，就是最差的情况会是怎样的。图3.1展示了1802年以来股票、长期国债和短期国债分别在持有1~30年不同时间长度的情况下，剔除了通货膨胀因素后能获取到的最好和最差的真实收益率。这里股票资产收益率的计算跟之前一样，使用的是一个市值加权的美股宽基指数，采用了分红再投入的方式，并确保所有数据都是剔除了通货膨胀之后的。

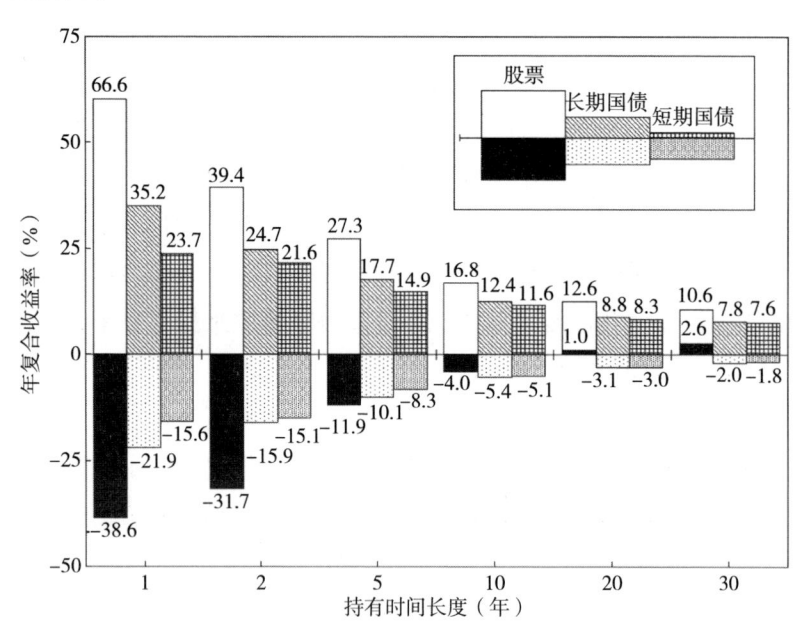

图3.1　1802—2021年不同持有时间长度下的最好和最差的真实收益率

值得注意的是，图中柱形的高度，代表了最好收益率和最差收益率之间的差值，随着持有时间的增加，股票资产的柱形高度下降的速度远比债券快得多。

只持有1年或2年时，毫无疑问，股票资产的风险比长期国债和短期国债都要更大。但是自1802年起，无论何时买入，当持有时间拉长到5年，股票资产最差的年复合收益率都为-11.9%，只比长期国债和短期国债的最差年复合收益率低一点点。当持有时间拉长到10年，股票资产的最差年复合收益率，实际上比长期国债和短期国债的最差年复合收益率都更好。

当持有时间达到20年，股票资产始终能跑赢通货膨胀，但长期国债和短期国债却做不到。1961—1981年，债券的年复合收益率为-3%，即落后通货膨胀3%。在这一时期，国债投资组合的真实价值包括了利息再投入，下跌了将近50%。当持有时间达到30年，股票资产的最差年复合收益率仍然要高于通货膨胀2.6%，这个最低值是在1902—1932年出现的，并且比固定收益类资产的平均收益率也低不了多少。

非常重要的一点是，在长达200多年的时间里，只要持有时间超过短短的17年，股票的历史收益率就从未出现过负数，这跟长期国债和短期国债不同。虽然乍看起来，长期通过股票资产来积累财富可能比通过债券资产来积累财富的风险更大，然而在保持同样购买力的情况下，事实正好相反：显然，一个做好了分散配置的多样化股票资产组合，才是最安全的长期投资品种。

有些投资者有疑问，说是否要持有20年、30年甚至更长的时间，这跟投资者自己的投资计划有关。但投资者常犯的最大的错误之一，就是低估了他们的持有时间长度。这是因为，许多投资者往往只关注自己持有的某一只特定的股票、债券或者基金的时间长度，但实际上，所谓持有时间长度，说的是整个投资组合的持有时间，包括了投资者持有任何一只股票或债券的时间在内，而无论这个投资组合里的品种发生了多少次变化。

表3.1展示了不同持有时间长度下，股票收益率高于长期国债或短期国债收益率的概率。随着持有时长的增加，股票战胜债券的概率大幅提升。但如果只持有1年或者2年，股票战胜债券的概率只有60%左右，也就是平均大概每5年里，只有3年股票能跑赢债券，这意味着另外2年时间里，投资股票的投资者收益率可能不及投资债券的投资者。短期里，债券的收益常常会比股票更高，这正是为什么许多投资者难以坚持长期投资股票资产。[2]

表3.1 不同持有时间长度下，股票收益率高于债券收益率的概率

持有时间长度	统计区间（年）	股票战胜长期国债的概率（%）	股票战胜短期国债的概率（%）
1年	1802—2021	59.5	63.2
	1871—2021	62.3	68.2
2年	1802—2021	61.2	64.4
	1871—2021	64.9	72.2
3年	1802—2021	67.2	70.2
	1871—2021	68.7	73.3
5年	1802—2021	69.0	69.4
	1871—2021	70.9	75.5
10年	1802—2021	73.5	74.9
	1871—2021	79.5	85.4
20年	1802—2021	84.1	88.1
	1871—2021	95.4	99.3
30年	1802–2021	91.6	91.6
	1871–2021	99.3	100.0

当持有时间拉长到10年，股票战胜债券的概率达到75%左右；

当持有时间拉长到20年，概率增加到85%左右；当持有时间拉长到30年，从1802年以来的概率达到91.6%，而从1871年以来的概率达到99.3%。

在之前的几版《股市长线法宝》里我曾提到，1861年之后，也就是自从美国内战爆发之后，就再也没有任何一个30年的时间长度里，长期国债能跑赢股票。但如今，情况又发生了变化。由于过去几十年里利率急剧下降，在1982年1月1日到2011年底的这30年时间里，长期国债的年收益率达到11.03%，刚刚超过了同期的股票年收益率10.98%。这个惊人的事实使得一些研究人员认为，不能再指望股票收益率可以超过债券了。[3]

但我们如果仔细分析一下为什么这段时间里债券的收益率可以超过股票，就会发现这个情况在未来几十年几乎不可能再次重现。1981年，美国10年期国债收益率高达16%以上。随着利率下降，债券投资者同时受益于高利息收入和持有的债券市值的上涨。假设采用这样的方法来回测长期国债的收益率：每年都把手里的长期国债卖出，再把获得的资金重新投入一只新的长期国债。这样可以得出1981—2011年债券的真实收益率为7.8%，跟股票的真实收益率差不多。7.8%的收益率，只比过去220年股票的历史平均收益率高1%，却是过去220年的债券历史平均收益率的2倍，几乎是自1926年以来债券历史平均收益率的3倍。

随着利率下降到历史低点，债券投资者在2021年面临着完全不同的环境。2021年底，名义债券的收益率大约为1.5%，通胀挂钩债券（inflation-indexed bonds）的收益率接近 –1%。要想获得接近股票的收益率，名义债券的利率得降至远低于0的程度（比日本和欧洲的下降幅度还要大得多），通胀保值债券（inflation-protected bonds）的收益率也得降至远低于0的程度。

风险的评估标准

随机游走理论

在20世纪60年代，越来越多的证据表明股价是不可预测的，这使得人们开始相信股市收益遵循随机游走的理论。随机游走，意味着未来的价格变化跟当前的价格是完全无关的。1965年，第一位获得诺贝尔奖的美国经济学家保罗·萨缪尔森发表了一篇非常有影响力的文章《合理的预期价格随机波动的证明》(Proof That Properly Anticipated Prices Fluctuate Randomly)，为随机游走理论提供了支持。[4]随后学者展开了大量的研究，试图确定股票价格的统计行为至少在短期内是符合随机游走特征的。[5]

如果股价是随机游走的，那么就不会得出这个结论：一个长期投资者的投资组合，应该要比短期投资者的投资组合配置更多的股票资产。萨缪尔森表示，在一个具备随机游走特征的市场里不存在"时间分散化"策略，也就是说，长期来看，上涨不能抵销下跌，从而让投资者的收益更稳定。[6]虽然随着持有时间的拉长，股票跑赢债券的概率会增加，但是一旦遇到下跌，就可能会毁掉整个投资组合和财富。在一个随机游走的世界里，一个人投资组合里股票所占的比例，跟持有时间长度无关。

1. 股票收益的均值回归

数据表明，关于股票收益的随机游走假设，长期来看是不成立的。图3.2展示了过去220年股票、长期国债和短期国债的历史风险情况。风险的计算方式为剔除了通货膨胀后的真实平均年收益率的标准差。

当持有时间较短时，股票的风险比债券高，而一旦把持有时间

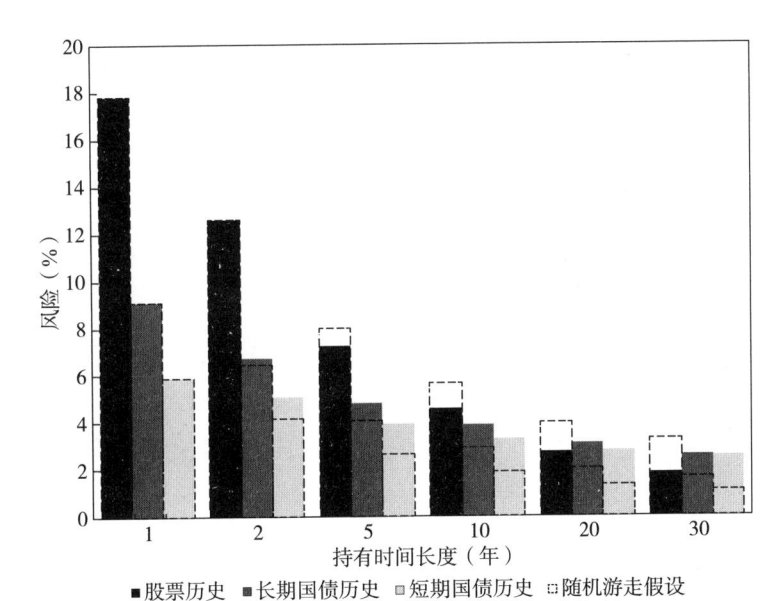

图3.2 1802—2021年不同持有时间长度下，真实平均收益率的标准差（历史风险与基于随机游走假设的预测风险对比）

拉长到15~20年时，股票的风险就要低于债券了。当持有时间达到30年，股票的风险只有不到债券风险的75%。随着持有时间不断增加，股票的风险下降得更快，速度几乎是债券风险下降速度的两倍。

如果资产收益遵循随机游走理论，那每一种资产类别的风险，下降的幅度将达到持有时间长度的平方根。图3.2中的虚线，就表示了随机游走理论下的风险下降情况。很显然，这个假设是站不住脚的。

当股票风险下降的速度比随机游走假设下预测的风险下降速度更快时，我们把这种现象称为股票收益的"均值回归"。要注意的是，均值回归并不意味着股票资产组合的总风险会随着时间拉长而降低。股票全收益的标准差实际上会随着时间拉长而增加，但增加的速度是在下降的。[7]会随时间拉长而降低的，是平均"每年"的风险。

第1部分 历史的定论

第一次提出股票的长期收益遵循均值回归过程的并不是我，而是另有他人。早在1988年，詹姆斯·波特巴（James Poterba）和劳伦斯·萨默斯（Lawrence Summers），以及尤金·法马（Eugene Fama）和肯尼思·弗兰奇（Kenneth French）就已经在论文里表明，股票的长期收益看起来并不遵循随机游走理论。[8]但当我在1994年出版第1版的《股市长线法宝》时，随机游走已经是当时的主流观点，许多人对于股票数据中是否真的存在均值回归现象都抱有怀疑的态度。

保罗·萨缪尔森就一直对此保持怀疑。1992年当我发表了相关长期数据时，他提醒道：

长期数据样本的数量如果要再增加一倍，又需要花相当长的时间，所以我们必须谨慎看待均值回归的可信度。并且，出现了这种现象的数据量可能也不多，尤其是1920—1945年的大萧条和二战是不太可能再次发生的事件，因此这一期间的数据要打个折扣。基于这些原因，对于新发现保持一定的谨慎态度，可能是明智的做法。[9]

他强调说："我们只有一个资本主义历史可供参考。只基于一个样本而得出的推论，绝不能被认为是确定无误的。1913年的沙皇高官们，在巴黎左岸的退休生活过得怎么样？"[10]①

20世纪90年代初，业内对股票收益是否遵循均值回归，一直有争议。[11]但人们的观念在转变。1999年，约翰·H.科克伦（John H. Cochrane）写道：

---

① 1913年，俄国在沙皇尼古拉二世统治下，处于帝国主义的高峰时期。但在几年后，也就是1917年沙皇就倒台了，统治俄国长达300多年的罗曼诺夫王朝结束了。这句话是隐喻在历史样本较少的情况下无法预测未来。——译者注

过去15年，金融经济学家对投资行业的理解发生了巨大的改变。我们曾经认为，股票和债券的收益本质上是不可预测的，但如今我们认识到，站在长期角度来看，股票和债券的收益有大量可预测的成分在内。[12]

最近，他告诉我说，他相信超过90%的金融经济学家都会认可，股票收益具备长期均值回归的特征。[13]

2.债券的均值回避

虽然股票收益展示出均值回归，但债券的情况正好相反。从图3.2中可以看到，债券平均收益的标准差下降的速度不及随机游走假设下预测的风险下降速度。这说明，债券的收益具有"均值回避"的特征。均值回避意味着一旦资产的收益偏离了长期平均值，那么将有更大的可能性继续偏离更多，而不是回归正常值。

债券收益的均值回避特征在恶性通货膨胀时期尤为明显，物价加速上涨时，纸面资产变得愈发不值钱了。不过，在如今美国和其他发达国家里较为温和的通货膨胀中，均值回避也是存在的。一旦通货膨胀开始加速，这个过程就会累积起来，那么债券投资者就基本上没有机会来弥补他们购买力的损失了。相反，股票投资者持有的实物资产很少因通货膨胀而遭受永久性损失。

历史波动情况

一些研究人员还是有疑问，股票收益是否真的如数据显示的那样，具备长期稳定性呢？罗伯特·斯坦博（Robert Stambaugh）和卢博斯·帕斯托尔（Luboš Pástor）教授曾写过一篇文章，名为《股票的长期波动真的更低吗？》（Are Stock Really Less Volatile in the Long Run？）。¹⁴他们认为，经济学家用来计算风险的标准方法，比如历史数据的标准差，低估了长期的波动率。原因有很多，包括参数的不确定性、用来计算收益的模型的不确定性以及其他一系列因素等。这些额外的不确定因素，抵销了股票收益历史数据所显示出来的均值回归特性，股票的长期风险可能要比经济学家所计算出来的更高。他们说，如果真是这样，那么长期投资者的投资组合里要配置更高比例的股票资产的说法就不合理了。

在他们的分析中做了一个假设，假设存在一个确定的、剔除了通货膨胀之后的（也就是真实的）无风险金融工具，投资者买入这个工具后，就可以保证自己未来任何时候的购买力都不会下降。但是，即便最安全的、能够提供购买力保护的TIPS，也是有缺点的。CPI的计算方法，导致了TIPS常常滞后于通货膨胀，并且还有一种可能性是一直存在的，未来政府有可能为了政治目的而操纵TIPS的组成结构，从而向人们展现出更低的通货膨胀率。

更严重的是，TIPS在进行通货膨胀调整时，使用的是过去的数据，而不是现在的数据。如果通货膨胀已经加速了，尤其是当进入恶性通货膨胀时，TIPS也提供不了多少保护。

此外，对于股票历史风险的分析要谨慎对待，其实这一点对任何一类资产而言都是成立的。所有的资产类别，都有可能遭受所谓的"尾部风险"或"黑天鹅事件"所造成的极端后果。确实，正如萨缪尔森所说的那样，有些股票市场会归零，比如20世纪中期民国时期的中国股市。①但国债变得一文不值的概率却要更高。并且，其他的资产形式，比如土地，可能会被不允许私有财产存在的政府所征收，甚至黄金，作为历史上为数不多自身就具备内在价值的资

---

① 在20世纪中期，解放战争结束之前，上海股票交易所也就只有几十年的历史。
——译者注

产,可能也会被青睐于数字货币的后人所摒弃。而股票,作为一种对生产资本的合法所有权,在一个货币不断遭受通货膨胀威胁的世界里,更有可能保持住真正的价值。

股票和债券收益的相关性

虽然债券资产的收益不如股票资产,但债券可以为一个投资组合增添多样性,从而降低组合整体的风险,尤其是短期的风险。当股票和债券呈现负相关性时,即两者的走势呈相反方向时,债券的作用更加明显。[15]

资产的多样化程度,是通过"相关系数"(correlation coefficient)来衡量的。相关系数的范围为–1~+1,用来表示这个资产的收益与投资组合里其他资产收益之间联动的情况。相关系数越低,那这个资产在组合里起到的多样化作用就越强。如果一个资产与股票资产的相关系数为0,甚至是负数,那它就是一个特别好的分散配置工具。当相关系数变大时,资产起到的多样化作用也会降低。

图3.3展示了1926—2021年的三个阶段里,股票和债券年收益率之间的相关系数。1926—1965年,相关系数刚刚大于0,表明债券和股票是一对很好的分散配置搭档。原因在于这段时期里包括了大萧条,当时经济活动减弱、物价下跌,这样的环境不利于股票资产,但对国债来说却是利好。

不过,从20世纪60年代一直到90年代中期,经济不景气的原因不再是通货紧缩,而变成了通货膨胀。政府试图通过扩张性货币政策来抑制经济衰退,尤其是想要缓解OPEC(石油输出国组织)石油限制政策导致油价大幅上涨所带来的问题,从而进一步加剧了通货膨胀。在这种环境下,股票和债券往往会同向变动,降低了债券的分散配置作用。

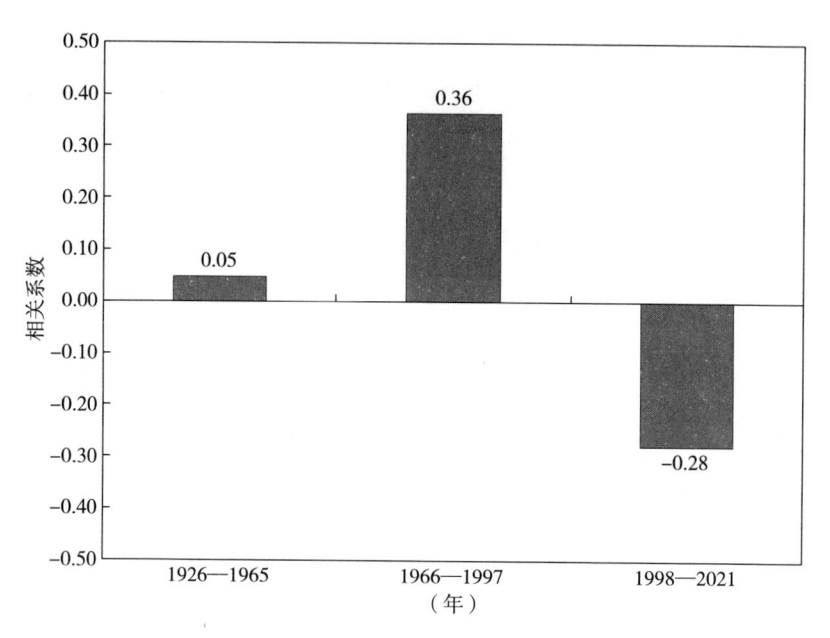

图3.3 股票和债券收益率的相关性

近几十年来，股票和债券又从正相关转变成了负相关。自1998年以来，股票的价格和国债的价格呈反方向运动。导致这个变化的原因有两方面。一个是金融危机。在这个阶段的初期，亚洲的经济和货币动荡、日本的通货紧缩以及2001年9月11日的恐怖袭击搅乱了世界市场。2008年的金融危机引发了人们的担忧，担心会出现20世纪30年代那样的情景，那时通货紧缩盛行，国债是唯一升值的资产。一些投资者担心经济可能会发生更大的动荡，股价可能进一步下跌，于是纷纷转向投资国债，国债再一次成为这些投资者的避风港。另一个是流行病的暴发，例如在新冠疫情肆虐时，也出现了同样的情况。第8章将介绍，为何股票和债券之间的这种负相关性，会成为过去几十年长期国债利率下降的主要原因。

要注意的是，这里的相关性是按年来计算的。金融危机或疫情使投资者急匆匆地奔向安全的资产，尤其是国债。但从长期来看，债券投资者面临的风险，其实是通货膨胀。当通货膨胀变得严重时，避开了股票资产短期波动的债券投资者，无论从债券里获得了怎样的短期安慰，这种安慰都将消失。

风险和收益的权衡

现代投资组合理论告诉投资者可以如何通过调整不同资产之间的搭配，来改变投资组合的收益和风险。图3.4展示了1802—2021年的历史回测，在持有1~30年不同的时间长度下，不同的股票和债券配置比例所带来的风险和收益情况。

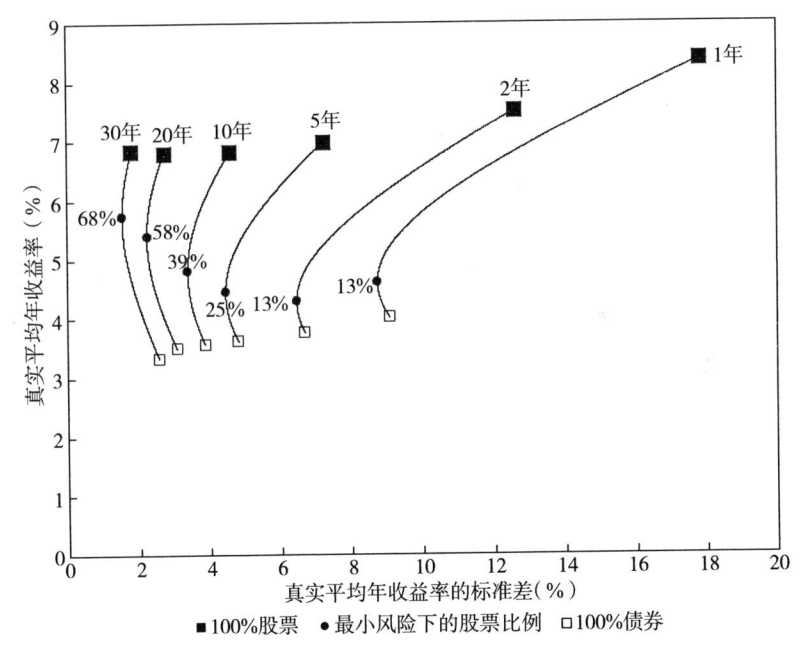

图3.4　1802—2021年不同持有时间长度下，历史回测的风险—收益情况

每条曲线最底部的空心方框代表一个100%配债券的组合的风险和收益情况，而每条曲线最顶部的实心方框则代表一个100%配股票的组合的风险和收益情况。曲线中间的圆圈代表了一个股债组合所能达到的最小的风险。曲线本身则展示了从100%股票到100%债券的不同股债比例下，风险和收益的变化情况。这条曲线被称为"有效边界"（efficient frontier），是现代投资组合分析的核心，也是资产配置模型的基础。

值得一提的是，达到最小风险的股债配置比例，是通过持有时间长度的一个函数来计算的。只打算持有1年和2年的投资者，想要把风险最小化，投资组合里必须几乎全部持有债券资产。打算持有5年的投资者，想要把风险最小化，可以持有25%的股票资产。时间再长一些到10年，那股票资产的比例就提升到了39%。时间拉长到20年，风险最小的投资组合里股票资产的比例超过了50%，拉长到30年，股票资产的比例达到68%。需要注意的是，相比起达到最小风险时的股票资产比例，投资者实际上持有的比例应该要更高，因为提高股票比例所获取的收益，远比带来的风险要多得多。[16]

面对这么惊人的结果，不禁让人很疑惑，为何在20世纪50年代和60年代现代投资组合理论发展之时，并没有把持有时间长度考虑在内呢？这是因为，就像前面提到的，当时学术界的主流观点是认为证券的价格遵循随机游走理论。当价格处于随机游走状态时，任何持有时长的风险，都是单位时长的一个简单函数，那么不同资产类别之间的相对风险也跟持有时间长度无关了。在这种情形下，有效边界就是一个不变量，并不会随着持有时间长度的不同而变化，同时资产配置方式也跟投资者的投资期限无关了。但是，当证券市场并不遵循随机游走理论时，那么在做资产配置时，就必须考虑投资时间长度这个因素了。

股债配置

基本注意事项

投资组合里到底该配置多少比例的股票和债券呢？这需要考虑一系列的因素。风险偏好是很重要的一点。如果一个投资者倾向于避开短期风险，那么投资组合里就应该包括债券。对长期投资者来说，如果所处环境的通货膨胀是不确定的，那么投资组合里的债券比例就应该低一些，并且像TIPS这样能帮投资者抵御通货膨胀的债券就显得尤为重要了。

另一个影响因素是年龄。股票收益的均值回归现象，意味着年轻的投资者应该比年纪大的投资者配置更高比例的股票。[17]原因之一就是，年轻投资者所拥有的财富中，人力资产的占比更高。这表示你的努力程度是可以自己决定的，经济学家把这称为"劳动—休闲选择"（labor-leisure choice）。特别是当一个人在股市经历了一段糟糕的体验后，会更加努力工作来重新积累金融资产。这也是为什么年轻人需要配置更多股票资产。

60/40养老投资组合

许多人储备养老金有两个目的：首先是为自己建立一个退休基金来改善老年生活品质；其次是如果这笔钱没有花完，还可以作为遗产留给后代。为了同时实现这两个目的，就需要做一些权衡了。由于股票资产长期收益比债券资产高，所以如果提高养老投资组合里的股票资产比例，那么未来能留给后人的遗产显然会更多。然而，股票资产的短期波动比债券资产更大，所以提高股票资产比例，又很可能导致养老金无法稳定取用。那么，到底怎样的股债配置比例才是最合适的呢？

历史上一个主流的股债配置方式，尤其是养老投资组合的股债配置，是60/40法，即组合里应该配置60%的股票资产和40%的债券资产。这个方法最早是由威廉·班根（William Bengen）在他1994年发表的文章《根据历史数据来确定资金取用比例》（Determining Withdrawal Rates Using Historical Data）里提出来的。[18] 班根用1962年以来股票和债券的历史收益率数据做了回测，发现股票资产的最佳配置比例在50%~75%，具体多少还要取决于投资者自身的承受能力。许多投资顾问把股票资产的比例设为60%，于是60/40股债配置法成为一个通用的标准。

60/40股债配置法，比根据年龄来分配股债比例（age in bonds）的方式要激进得多。根据年龄来分配股债比例这种方式，在20世纪50年代和60年代很盛行，意思是投资组合里债券资产的比例要等于投资者的年龄。不过这种方式其实并没有太多的理论和实践来支撑。

也许是由于近几十年来人们逐渐意识到股票资产优异的表现，以及人均寿命的延长，年龄等于债券资产比例这个规则，如今演变成"年龄减去20等于债券资产比例"。也就是说，一个60岁的投资者仍然可以配置60%的股票资产和40%的债券资产。史蒂文·多尔文（Steven Dolvin）等人指出，如今许多采用目标日期策略的投资组合，基本上都是遵循这样的配置方式。[19]

图3.5展示了一个退休人员的资金在两种情况下被全部取用完毕的概率，一种情况是剔除通货膨胀后每年提取4%，另一种情况是剔除通货膨胀后每年提取5%。回测使用的数据是1926—2021年所有股票和债券的历史真实收益率。在此期间，股票的真实平均收益率为7.12%，债券的真实平均收益率为2.58%。计算概率结果的过程使用的是蒙特卡洛（Monte Carlo）算法，把所有的历史收益

数据随机化，然后进行了数千次的模拟运算。这些模拟运算中，包括了过去一个世纪里股票市场和债券市场发生的所有熊市。

从图3.5中可以看到，当每年取用的资金为4%时，资金全部被提取完的概率都不大，其中概率最小的是当股债比例为50/50时，概率只有3.6%。当100%全部配置股票资产时，资金全部被提取完的概率提高到了10%，但留给后人的遗产却预期会翻倍。所以最佳的股债配置比例，可能在50/50和100%配置股票之间，具体要看投资者自己如何衡量取用资金和留下遗产这两者的重要性了。

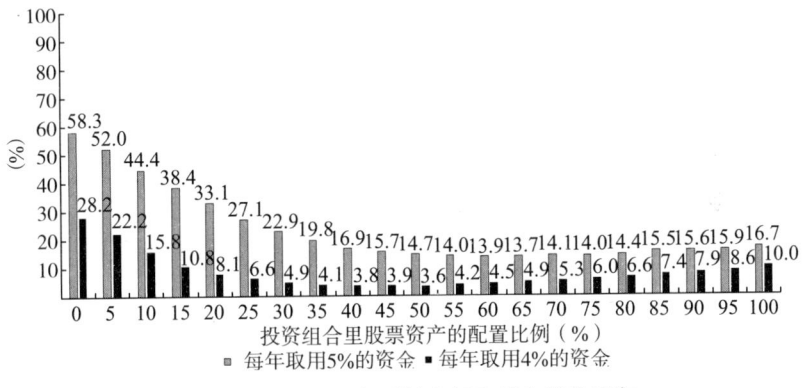

图3.5 资金在30年后被全部取用完毕的概率

当每年取用的资金为5%时，资金全部被提取完的最小概率是13.7%，发生在配置65%的股票资产和35%的债券资产的情况下。相比起来，当100%全部配置股票资产时，资金全部被提取完的概率只提高了3%，而留给后人的遗产增加了大约40%。

这看起来似乎很让人惊讶，一个100%配置股票资产的投资组合，不仅能大幅提高留给后人的遗产价值，同时没有显著提高资金耗尽的风险。事实上，已经有一些研究人员曾建议退休人员配置100%的股票资产。贾维尔·艾斯特拉达（Javier Estrada）研究了1900—2009年这110年间19个国家的情况后，得出的结论是，构建养老投资组合时,"退休人员应该认真考虑采用100%完全投资于股票资产这个策略"。[20]

甚至是前文提到过的对股票的均值回归持怀疑态度的保罗·萨缪尔森,也曾在半个多世纪前,不经意间提出过构建100%配置股票资产的养老投资组合的想法。他在1967年《新闻周刊》的一篇专栏文章里问道:"100%投资股票资产,这明智吗?"令人惊讶的是,他接着写道:"也许是的。"但他也表示:"一个投资者如果只把过剩储蓄(即不包括人寿保险的流动资产)的60%~80%投资到股票资产里,可能会睡得更安稳。"他接着说:"我知道有些年长的信托管理人可能会对这种偏离了50/50策略的方案皱眉头,但请记住,我们正生活在一个人均寿命延长以及通货膨胀的时代。"[21] 并且,在他发出这一警示的50年后,通货膨胀的威胁仍然跟当时一样存在着。

图3.5里使用的是历史数据,但2021年之后,未来的资产收益率可能会比之前要低,尤其是债券资产。第8章我们将讨论过去几十年里债券真实收益率的大幅下降情况。第10章将介绍导致股票的真实收益率可能会比过去低的一系列因素。

图3.6采用了同样的计算方法,但使用的数据是假设的。假设未来30年,股票的真实收益率降低到了4.5%,比历史平均低了2.5%以上;债券的真实收益率降低到了–0.5%,这个数字是2021年底30年期TIPS的真实收益率。[22]

收益率降低,对最优股债配置比例的影响是巨大的。能明显看到,无论是每年取用4%还是取用5%,在任何一种股债配置比例下,资金全部被提取完的概率都比之前更高了。不过,这并不意味着投资者要更加保守,事实正好相反,投资者需要更大胆才行,即当预期收益降低时,投资者通过配置更多的股票资产可以降低资金全部被提取完的概率。当每年取用的资金为4%时,资金全部被提

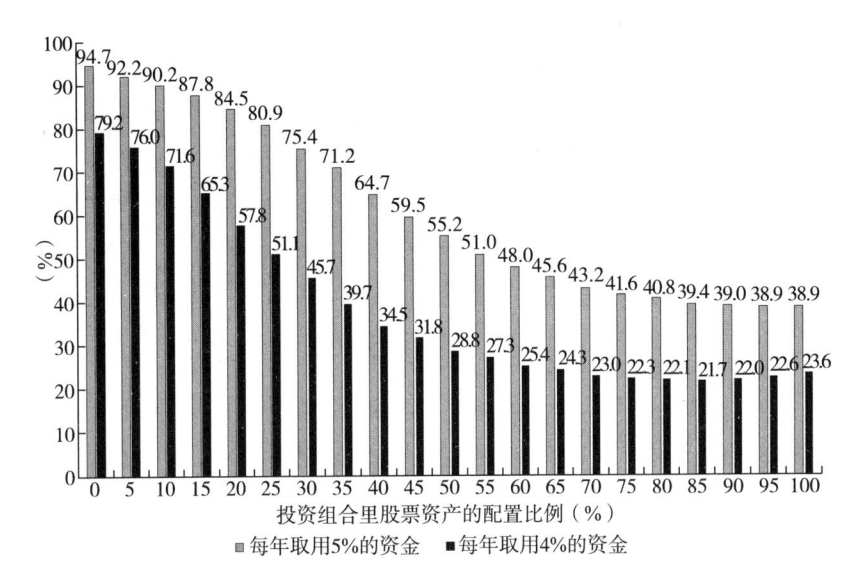

图3.6 资金在30年后被全部取用完毕的概率

取完的最小概率发生在80/20的股债配置情况下，当每年取用的资金为5%时，资金全部被提取完的最小概率发生在配置95%~100%的股票资产情况下。在计算中，债券的未来收益率下降的幅度，要比股票的未来收益率下降幅度稍高一些，但即便我们把股票的未来真实收益率也下降同样的幅度，最优股债配置比例也是倾向于配置更多的股票资产。

总结

没有人否认，短期里股票资产的风险要比固定收益类资产更高。但放在长期看，历史告诉我们，对想要保护自己财富的购买力不下降的长期投资者而言，股票是比债券更安全的资产。在纸币经济下，通货膨胀的不确定性始终存在，这意味着固定收益类资产并不等于固定的购买力，这一点正如欧文·费雪在一个多世纪以前所推测的那样。

尽管过去10年通货膨胀率已经大幅降低了,但未来1美元将价值多少无法预测,尤其是在巨额赤字和世界各国央行采取宽松货币政策的情况下。历史数据表明,相比起30年期美国国债的购买力而言,我们更能确定一个分散配置的股票资产组合30年后的购买力。未来股票资产预期收益率的下降,尤其是债券预期收益率的下降,也告诉我们一个养老投资组合里需要配置更高比例的股票资产。

[第 4 章]

全球投资：失望与希望

> 今天我们来谈谈一个正在成长中的行业。全球投资，就是一个成长中的行业。构建全球投资组合，是目前增长很快的行业。
>
> ——约翰·邓普顿（John Templeton），1984[1]

> 做全球分散化投资的人，已经很久都没能骄傲地炫耀自己所配置的海外股票资产了。
>
> ——埃里克·D. 尼尔森（Eric D. Nelson），2021[2]

当约翰·邓普顿在1984年向金融分析师联盟（Financial Analysts Federation）发表演讲时，全球投资确实是一个"增长很快的行业"。在20世纪50年代和60年代，美股基本上占据主导地位。20世纪60年代中期，美国在全球GDP中的占比达到了二战前的两倍。美股总市值几乎占了全球股市总市值的75%。二战中，欧洲和日本的生产力遭到了摧毁，于是日本和许多欧洲国家都经历了经济动荡，并且随着政府试图重建经济，许多国家还发生了恶性通货膨胀。

20世纪70年代，OPEC石油价格和过度宽松的货币政策导致全球进入滞胀。但是到了20世纪80年代，股票投资者看到了希望。罗纳德·里根（Ronald Reagan）在美国采取了积极的亲资本立场，玛格丽特·撒切尔（Margaret Thatcher）在英国重振了资本主义精神。

不过，在全球市场上成为第一个明星的要数日本。20世纪70年代末，当全球大多数国家都还在为通货膨胀困扰时，日本不仅罕见地抑制住了通货膨胀，还成为制造业的巨头，生产高质量的汽车、电视和创新型电子产品（比如索尼随身听），风靡全球。

日本股市泡沫

在这些成就的影响下，日本股市开始受到热烈追捧。在20世纪70年代到80年代，日本股市的平均年收益率比美股高出10%以上，并且比其他任何一个国家都要高。日经指数创立于1949年5月16日，最初设定的起步点数跟道琼斯指数一致。从1970年到1989年底，日经指数从2 000点飙升至近39 000点，涨幅几乎是同期美股道琼斯指数的4倍。不仅如此，日元在此期间几乎升值了3倍，所以用美元来投资日本股市的投资者，收益率几乎达到了6 000%，是投资同期美股的12倍。

在日股这场大牛市中，超高的收益率吸引了数十亿美元的海外投资。到20世纪80年代末，许多日本股票的估值达到了极高的水平。日本电话电报公司（Nippon Telegraph and Telephone，简写为NTT）的市盈率惊人地超过了300。这家公司的地位类似于美国的前电话巨头公司AT&T，仅这一家公司的市值，就已经比全世界少数几个国家之外的所有国家的股票市场的总市值之和还要高。当时日股的估值已经超过了美股2000年互联网科技泡沫时期的估值。

日股的牛市太引人注目了，到1989年底已经超过美股，成为全球市值最高的股票市场。这是自20世纪初以来，一直排在第一的美股首次被超越。日本，一个在二战中经济基础被摧毁、人口只有美国一半、国土面积只有美国4%的国家，却拥有世界上最大的股票市场，相比起美股只占全球股市总市值的29%，日股能占到全球股市总市值的40%，真是太令人震惊了。

1987年，芝加哥商品交易所（Chicago Mercantile Exchange）主席利奥·梅拉梅德（Leo Melamed）在访问日本时，曾问到日股如此之高的估值该如何维持。日本方面回答道："你不了解情况，在日本，我们采用了一种全新的方式来对股票估值。"正是在那时，梅拉梅德意识到日本股市注定会崩盘。[3]当投资者把历史的教训置于脑后时，就会重蹈覆辙。

当泡沫破裂后，日经指数在随后几年里大幅下跌，日股的神话被打破了。到2008年，日经指数跌至7 000点，不到20年前牛市顶峰时期的20%。2020年，日股在全球股市中的占比降至少得可怜的7%，而同期美股的占比已经重回50%以上。

有些人会用日股的案例来驳斥股票资产长期看是更优的投资品这个观点，但日股的泡沫，有着非常明显的警示。在牛市顶峰，日股的市盈率远远超过了100倍，这比美股2000年最大牛市顶峰时期的市盈率还要高出3倍以上。

物极必反。日股超高的收益率在随后的几十年里不复存在。图4.1以美元为单位展示了日经指数的走势情况，2021年，美股道琼斯指数追赶上了日经指数，再一次证明，均值回归是不变的规则。

新兴市场泡沫

日本股市崩盘后不久，全球投资者就将注意力转移到了新兴市场，比如中国股市、印度股市以及其他当前发展程度不如美股、英

图4.1 道琼斯指数和日经指数走势

股和日股，但未来前景无量的市场。

2001年，高盛（Goldman Sachs）的一位经济学家吉姆·奥尼尔（James O'Neill）写了一篇文章《金砖四国：构建更好的全球经济》（Building Better Global Economic BRICs），引发了投资者寻求新的市场机遇的热情。[4] 金砖四国（BRIC）指的是巴西、俄罗斯、印度和中国，奥尼尔认为这四个国家将成为新世纪的领军者。

两年后，高盛的另外两位经济学家写了一篇更加热情洋溢的文章《与金砖四国一起畅想未来：通往2050年的道路》（Dreaming with BRICs: The Path to 2050），[5] 里面说道：

> 我们的研究结果令人震惊。如果一切进展顺利，不到40年，金砖四国的经济体量之和（以美元来计算）就将超过六国集团（即美国、日本、英国、德国、法国和意大利，简称G6）。如果金砖四

国的发展跟预想的一致，那么将对经济活动和增长模式产生巨大的影响，各种投资组合里，金砖四国的占比也将有大幅提升。[6]

不出所料，在奥尼尔的文章发表后的那几年里，听从这位高盛经济学家建议的投资者收益颇丰。从2003年初到2007年底，道琼斯金砖四国50指数大幅上涨600%，远远超过了同期涨幅60%的标普500指数。但自此之后，高速上涨停滞了。从图4.2中可以看到，2021年底，金砖四国指数仍然低于14年前2007年的高点。[①]并且，虽然2003—2007年有过一段时间的高速上涨，但一直到2021年底的整个期间里，这几个国家股市的收益率都要落后于或勉强持平于标普500指数的收益率。均值回归，再次展现出威力。

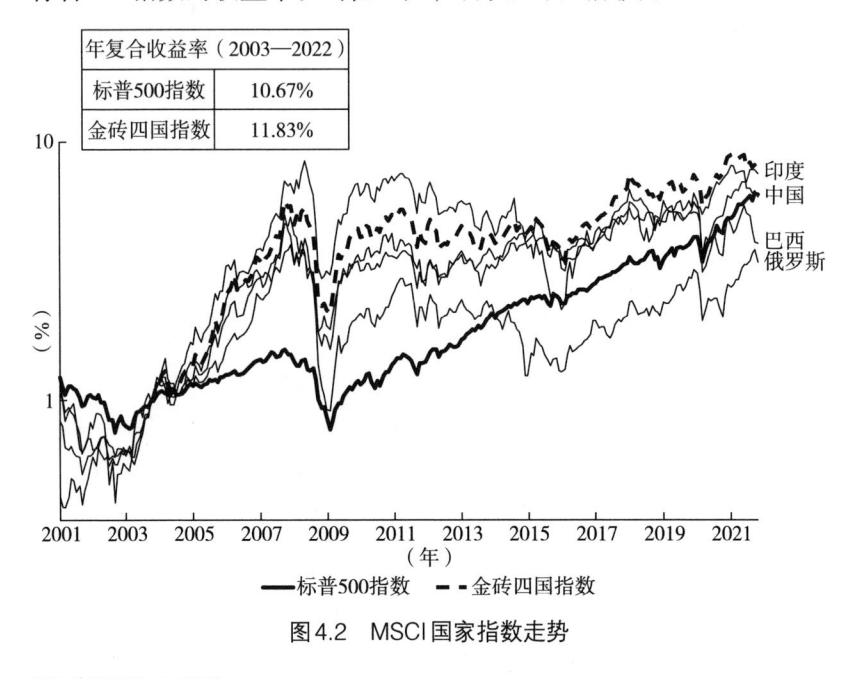

年复合收益率（2003—2022）	
标普500指数	10.67%
金砖四国指数	11.83%

图4.2　MSCI国家指数走势

---

① 金砖四国指数2007年最高点为3 520点，2021年底为2 794点，2021年中曾达到过4 027点。图4.2中的走势图并未完全展示到2021年底。——译者注

日本股市和新兴市场的泡沫，以及金融危机后美股的强劲表现，吸引了许多投资者开启全球投资。不过，对有些投资者来说，不仅仅是想要追求高收益，还想要在美股之外做好分散配置，让资产更加多样化，那么全球投资还是很有价值的。

2021年的全球股市

图4.3展示了目前全球股市的市值分布情况。截至2021年12月，全球所有股市的总市值是70万亿美元，其中美股的市值占比达到了61.2%。欧洲成熟市场，包括奥地利、比利时、丹麦、芬兰、法国、德国、爱尔兰、意大利、荷兰、挪威、葡萄牙、西班牙、瑞典、瑞士和英国，占16.1%；日本股市占5.5%；澳大利亚和新西兰股市占1.8%；中国香港和新加坡股市占1.0%；以色列股市占0.2%。美股之外的上述股市，共同被称为欧澳远东（EAFE），是最受投资者欢迎的非美股成熟市场指数。欧澳远东指数在全球总市值中的占比为24.6%。加拿大股市不在欧澳远东指数中，不

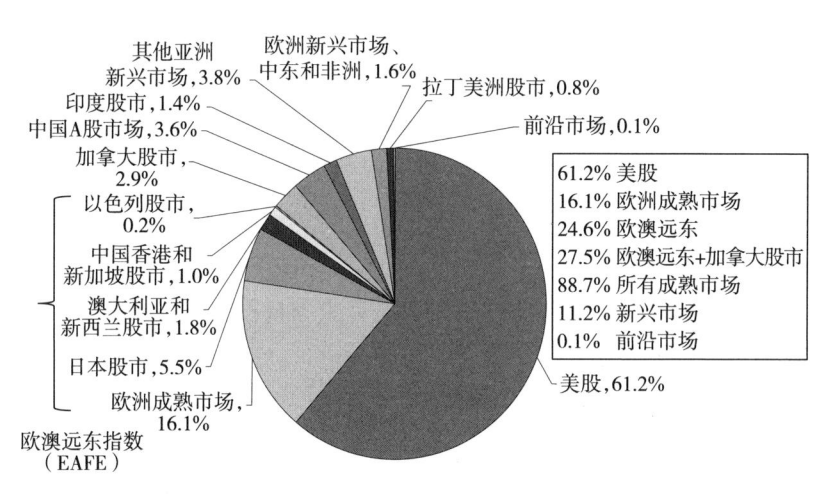

图4.3 2021年全球股市市值分布情况

过被包括在其他成熟市场指数中，比如FTSE（富时）成熟市场指数，占全球总市值的2.9%。加拿大股市、美股以及欧澳远东三者加起来，意味着所有成熟市场在全球总市值中的占比达到88.7%。

在成熟市场之外，还有新兴市场。MSCI新兴市场指数包含了25个股票市场，[7]最大的5个市场占了整个指数76%的比例，其中中国A股市场占32%、中国台湾股市占16%、韩国[8]和印度股市各占12%、巴西股市占4%。[9]截至2021年12月，新兴市场总市值是7.8万亿美元，占全球总市值的11.2%。

除此之外，还有出现时间不久的前沿市场，包括一些市值较小的发展中国家股市。MSCI前沿市场指数包含了28个这样的股票市场，[10]其中越南股市占30%，摩洛哥股市占10%。前沿市场总市值是1 030亿美元，占全球总市值的0.1%。

全球股市收益率

表4.1展示了使用美元进行投资时，全球股市1970—2021年的历史风险和收益情况，其中新兴市场的统计时间是1988—2021年。在此期间，不同地区的美元投资收益率差别不大。

1970—2021年的51年间，美股投资者获得了10.83%的年复合收益率，欧澳远东（非美股成熟市场）投资者获得了9.36%的年复合收益率，稍低一点。美股和欧澳远东的相关系数为64.80%，美股和欧股的相关系数要更高一些，但美股和日股的相关系数就大幅降低了。1988年以来，新兴市场的收益率跟美股的收益率差不多，跟美股的相关系数比欧澳远东要略低一些。通过这些数据我们可以知道，正是由于这些市场的相关性不高，于是构建一个全球投资组合是有意义的。

表4.1　1970年1月至2021年12月美元投资股票的收益率和风险　　　（%）

不同地区	美元投资收益率		本土风险	汇率风险	总风险	相关系数[①]
	1970—2021	1988—2021				
全球	10.00	8.72	13.82	4.10	14.77	89.43
欧澳远东	9.36	6.03	14.23	8.10	16.75	64.80
美股	10.83	11.61	15.25	—	15.25	—
欧股	9.86	9.00	14.99	9.09	17.34	69.99
日股	9.07	2.13	18.24	10.77	20.30	38.60
新兴市场[②]	—	10.50	20.93	8.14	22.20	60.22

注：①美股和其他市场美元投资收益之间的相关性。
　　②新兴市场的统计时间为1988—2021年。

分散配置全球股市

21世纪头10年，全球投资的表现不尽如人意，因此许多人开始觉得应该放弃全球投资，专注于更具活力的美股市场。有三个原因，可以说明这个观点是错误的。

第一个原因，所谓"外国"公司的定义是相当武断的，目前完全是根据公司总部所在地来划分的，而不是根据这个公司的生产地或销售地来划分。举个例子，一家总部坐落在伦敦的公司，即便它99%的产品都是在美国生产和销售，它仍然被定义为一家"英国"公司。长期以来，我一直建议在做地域投资时，确定一家公司所属的地域，更好的方式是看公司的产品生产地和销售地在哪里，而不是看公司总部设在了哪里。

遗憾的是，这种方式从未成为主流。虽然全球化在不断发展，但人们在做地域投资时却向着相反的方向进行，绝大多数国家指数都不包括外国公司。20世纪90年代初，标准普尔宣布其标普500

指数将不再新纳入非美国公司，到了2002年，则进一步把原本已经在指数中的7家外国公司也剔除了，其中就包括了荷兰皇家石油公司（Royal Dutch Petroleum）和联合利华（Unilever）等巨头公司。[11]这么做的理由是，即便一家公司大部分的销售、盈利和生产都在国外，这家公司所在国家的政府法规和法律结构仍然起着非常关键的作用。

随着全球化的继续推进，总部所在地的影响将会逐渐减弱。事实上，已经有证据表明，人们不像过去那样看重总部所在地了。2011年，何塞·门切罗（Jose Menchero）和安德烈·莫罗佐夫（Andrei Morozov）发表了一篇论文，对"行业与国家"的相对重要性进行了研究。在20世纪90年代初，国家的重要性远远超过行业。[12]但到了2000年，互联网泡沫把行业推向了风口浪尖，即便是泡沫破裂后，行业的影响力仍然持平或超过了国家的影响力。自从推行欧元以来，在欧洲市场里，行业因素显得尤为重要。不过在新兴市场里，国家仍然是首要考虑因素，但影响比以前要弱一些了。

这种趋势大概率会持续下去。我的设想是，未来一家跨国公司可能会遵循一系列国际条款的管理，这些条款是多个国家共同商议后一起制定的，至于这家公司的总部具体设在了什么地方，就一点儿也不重要了，或是影响非常小了。国际公司准则，将类似于国际会计准则理事会（International Accounting Standards Board，简写为IASB）所颁布的全球会计准则一样，日益普及开来。

如果这样的国际公司开始兴起，那么考虑"总部所在国"就没有意义了，在做资产配置时应该根据全球行业，或是生产地和销售地来做决策。在这样的情形下，只投资美股就确实显得范围太小了。退一步说，假如这样的国际公司没能实现，现如今这种武断的分类方式仍然告诫着投资者，一个只投资美股的投资组合的多样性可能是不够的。

第二个原因是，美国许多商品和服务的提供商总部都设在外国。截至2021年底，美国的进口总额接近3.5万亿美元。美国人对外国汽车、进口食品和其他奢侈品的需求是巨大的。如果这些商品和服务在美国是有市场需求的，那生产和提供它们的公司就应该在你的投资组合里。

有些人表示，只投资美股就已经足够获得全球关注了。确实，近几十年来越来越多的海外投资者开始投资标普500指数，到2021年来自海外投资者的资金占比达到了41%。但是，美国的进口额仍然远远超过出口额。即使你相信在新世纪里美国仍然是高速增长龙头企业的家园，也不等于说要排除掉那些为美国经济提供商品的公司。

第三个同时也是最重要的原因，就是分散配置可以从全球更多公司里进行挑选和配置，从而进一步分散风险。图4.4展示了美股、欧澳远东和新兴市场每10年的滚动收益率情况。要注意的是，这

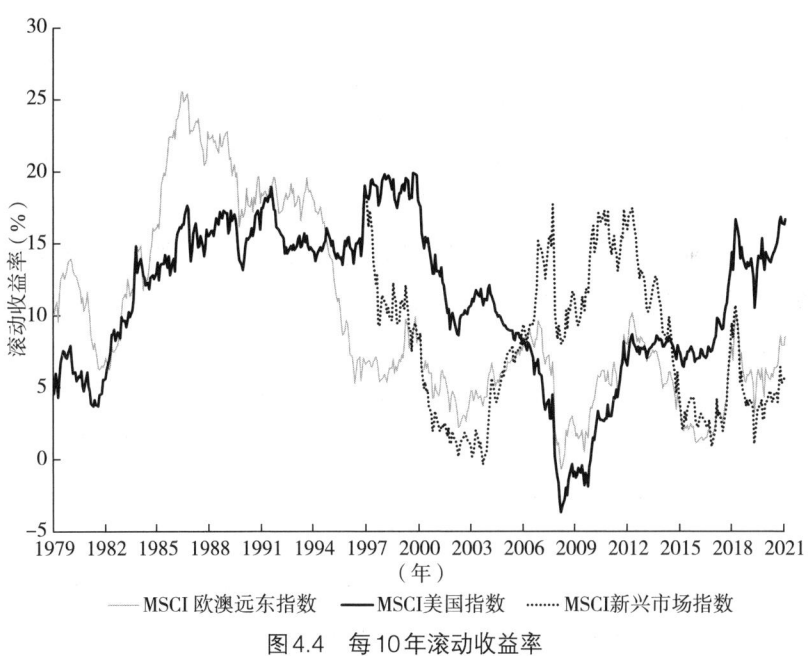

图4.4 每10年滚动收益率

些市场并不是同涨同跌的，走势往往是不一致的。这是做分散配置最核心的原因。

无论是在本土市场里投资不同的行业，还是进行全球投资，都能为投资组合提供多样性，实现分散配置的效果。只买一只股票，或只投一个行业，都是糟糕的投资策略。同样地，无论自己国家的股市最近这段时间表现有多好，只买自己国家的股票，也不是一个好的策略。

不同的股票市场并不是同涨同跌的，正是这种涨跌不同步的特性，可以帮助降低一个全球分散配置的投资组合整体的波动率。只要两种资产不是完全正相关的，那么同时配置它们，就可以实现在不影响收益的情况下降低组合的风险，或是在不增加风险的情况下提升收益。

汇率风险需要对冲吗？

用美元来投资海外市场的风险，可以用美元年收益率的标准差来衡量。具体包括两种形式的风险：一是以当地货币来计算的股价波动，二是美元和当地货币之间的汇率波动。在表4.1中，分别表示为"本土风险"和"汇率风险"。

由于汇率风险往往是叠加在本土风险之上的，所以对投资海外市场的投资者来说，也许会希望能对冲掉汇率波动。货币对冲（currency hedging）的方式是，签订一份货币合约或是买入一种证券，从而抵销外币价值相对于美元的意外波动。近年来，有一些公司会提供这样的组合，能部分或全部对冲汇率风险，这样投资者就不用进行额外的外汇交易了。

不过，对冲外币的贬值风险不一定总是对的策略。对冲也是有成本的，成本取决于外币利率和美元利率之间的差异大小，如果一种货币预计将贬值（通常是由高通货膨胀导致的），那么对冲的成本可能会非常高。

举个例子，在过去一个世纪里，英镑的价值从4.80美元贬值到了1.60美元左右，对冲这种程度的贬值所花费的成本已经超过了英镑下跌的价值。也就是说，采取了对冲策略的美元投资者，收益反而不如没有采取对冲策略的美元投资者。

对长期投资者来说，并不是很需要对冲汇率风险。长期的汇率波动情况，主要跟各个地区之间通货膨胀的差异有关，这种现象被称为"购买力平价"（purchasing power parity）。既然股票代表的是对实物资产的所有权，那么股票的长期收益率就已经包含对通货膨胀变化的补偿了，从而保护投资者免受外币贬值的影响。

但对短期投资者来说，是可以通过对冲汇率风险，来降低美元投资的风险的。通常，一则关于经济的负面消息可能会同时压制股市和货币，而后者是可以对冲掉的。另外，如果是央行为了刺激出口和经济而采取了降低货币价值的政策，那么采用了对冲汇率策略的投资者，既可以免受货币贬值的影响，也不会遭受股市被压制的影响。例如，2012年底，日本首相安倍晋三主张采取日元贬值以刺激经济的措施，于是那些采取了对冲策略的日股投资者的收益要远远超过没有采取对冲策略的投资者。

事实上，在非美股成熟市场里，货币对冲可以帮助美元投资者提高收益、降低波动风险。从1988年12月到2021年12月的33年间，MSCI欧澳远东指数的年收益率为5%，但如果采取了对冲策略，收益率会提升到5.4%，同时年收益率的标准差会从16.7%降低到14.7%。[13]

全球行业配置

我们来仔细看看不同地区里不同行业的重要程度。表4.2展示了全球行业分类标准（GICS）里的11个行业，在美股、欧股、日股、欧澳远东和新兴市场5个不同的地区里权重的占比情况。表中包括两个时间点的权重占比情况，分别是2013年和2021年，方便做对比，看看这过去8年间哪些行业发生了巨大变化。

表4.2　2013年和2021年全球行业权重占比情况　　　　　　　　（%）

行业	标普500		欧股		日股		欧澳远东		新兴市场		全球	
	2013年	2021年	2013年	2021年	2013年	2021年	2013年	2021年	2013年	2021年	2013年	2021年
可选消费	11.8	12.5	9.6	11.4	21.4	19.4	11.4	12.5	8.2	13.5	11.4	12.4
必需消费	10.6	5.9	14.6	w	6.6	6.6	11.9	10.3	9.3	5.9	10.6	6.8
能源	10.6	2.7	9.7	4.6	1.2	0.7	7.1	3.4	11.6	5.6	10.1	3.4
金融	16.7	10.7	21.4	15.8	20.7	9.1	25.2	16.9	27.9	19.4	21.2	13.9
医疗保健	12.6	13.3	12.8	14.7	6.3	9.6	10.4	12.8	1.3	4.2	10.2	11.7
工业	10.1	7.8	11.4	15.4	18.9	22.4	12.5	16.2	6.4	5.1	10.5	9.6
材料	3.3	2.6	8.4	7.9	6.0	4.8	8.3	7.6	9.7	8.6	6.1	4.7
房地产	-	2.8	-	1.2	-	3.3	-	2.8	-	2.0	-	2.7
信息技术	18.0	29.2	2.8	8.5	10.9	15.8	4.4	9.7	14.6	22.7	12.2	23.6
电信服务	2.8	10.2	5.3	3.5	4.9	7.6	5.1	4.5	7.6	10.8	4.3	8.6
公用事业	3.2	2.5	4.0	4.2	3.0	0.8	3.7	3.4	3.5	2.4	3.3	2.7

注：数据截至2021年12月31日。

从表4.2中可以发现，美股的信息技术行业开始崛起，占据了主导地位。虽然在2018年，原本属于信息技术行业的Alphabet（谷歌母公司）和Meta platforms（脸书母公司），被转到了电信服务行业里，但这并没有影响信息技术行业的崛起。另外，还有一些被归入可选消费行业中的公司，比如特斯拉（Tesla）和亚马逊（Amazon）实际上也具备大量的信息技术特征。总的来说，我们可以认为，2021年底美股里有超过50%的股票跟信息技术行业相关，也就是俗称的科技股，如果再加上医疗保健行业里的生物科技子行业，那比例就更高了。

信息技术行业在美股中的占比，是所有市场里最高的，这也是美股科技股的估值比其他市场更高的主要原因。这些科技巨头公司发展很快，无论是收入增速还是盈利增速，都超过了其他行业里的大多数公司。从表中还可以看到，电信服务行业的增长幅度也比较大，不过这主要是因为有一些大公司被归入了这个行业里，比如Alphabet、Meta、迪士尼（Disney）和康卡斯特（Comcast）等。

相比之下，过去这些年，能源和金融行业的占比却在下降。在全球范围内，仅仅过了8年，能源行业占比就只有8年前的1/3了。金融行业在2013年时的占比，是当时的必需消费行业的两倍，但到了2021年，尽管金融在地区性企业中占比仍不小，可在全球范围内的占比相比2013年已经严重缩水了。

表4.3和表4.4分别展示了2013年和2021年总部设立在美国的20家市值最大的公司以及总部设立在美国之外的20家市值最大的公司。2021年美国公司里最大的7家，即苹果、微软、Alphabet、亚马逊、特斯拉、Meta和英伟达，都跟信息技术行业密切相关。而在2013年，最大的7家公司里，有4家都跟信息技术行业无关，即排名第二的埃克森美孚（ExxonMobil）、排名第四的通用电气（General Electric）、排名第五的强生（Johnson & Johnson）以及排名第六的雪佛龙（Chevron）。

2021年底，市值超过1万亿美元的公司里，有5家是美国公司，1家是非美国公司。2019年，沙特的国家石油公司阿美（Aramco）公开上市时，曾经是当时世界上市值最大的公司。但到了2021年底，它就已经被苹果和微软超过了。2021年20家最大的美国公司里，一共有11家属于信息技术行业或电信服务行业，而在非美国公司里，只有5家属于这两个行业。

不过，这样的增长也带来了高估值。5家市值万亿美元的美国公司，根据预估的2022年盈利情况，平均动态市盈率大约为50倍，其中苹果、微软和谷歌低一些，大约是30倍，亚马逊达到69倍，而特斯拉高达90倍。相比之下，沙特阿美的市盈率只有18倍，股息率接近4%。这样看起来，这些高估值的科技股很可能会迎来下跌。

表4.3　2013年全球最大的美国公司和非美国公司　　　　　（10亿美元）

序号	美国公司	行业	市值
1	苹果	信息技术	415
2	埃克森美孚	能源	407
3	微软	信息技术	298
4	通用电气	工业	247
5	强生	医疗保健	239
6	雪佛龙	能源	236
7	谷歌	信息技术	291
8	IBM	信息技术	229
9	宝洁	必需消费	213
10	伯克希尔-哈撒韦	金融	284
11	摩根大通	金融	205
12	辉瑞	医疗保健	200
13	富国银行	金融	218
14	美国电话电报公司	电信服务	191
15	可口可乐	必需消费	184
16	花旗集团	金融	157
17	菲利普·莫里斯国际	必需消费	151
18	默克	医疗保健	146
19	威瑞森通信	电信服务	144
20	美国银行	金融	144

序号	非美国公司	所属国家及地区	行业	市值
1	中国石油	中国	能源	243
2	中国工商银行	中国	金融	237

（续表）

序号	非美国公司	所属国家及地区	行业	市值
3	雀巢	瑞士	必需消费	218
4	罗氏	瑞士	医疗保健	213
5	荷兰皇家壳牌	荷兰	能源	211
6	汇丰控股	英国	金融	205
7	中国移动	中国	电信服务	204
8	中国建设银行	中国	金融	196
9	诺华	瑞士	医疗保健	194
10	丰田	日本	可选消费	194
11	三星	韩国	信息技术	188
12	必和必拓	澳大利亚	材料	160
13	安海斯布希	比利时	必需消费	152
14	沃达丰	英国	电信服务	145
15	中国农业银行	中国	金融	143
16	赛诺菲	法国	医疗保健	142
17	英国石油	英国	能源	136
18	中国银行	中国	金融	129
19	葛兰素史克	英国	医疗保健	127
20	道达尔	法国	能源	119

注：数据截至2013年12月31日。

表4.4　2021年全球最大的美国公司和非美国公司　　　　（10亿美元）

序号	美国公司	行业	市值
1	苹果	信息技术	2 935
2	微软	信息技术	2 527
3	ALPHABET	电信服务	1 931
4	亚马逊	可选消费	1 689
5	特斯拉	可选消费	1 046
6	META PLATFORMS	电信服务	948
7	英伟达	信息技术	735
8	伯克希尔-哈撒韦	金融	677

第1部分　历史的定论　　087

（续表）

序号	美国公司	行业	市值
9	联合健康集团	医疗保健	473
10	摩根大通	金融	473
11	维萨	信息技术	461
12	强生	医疗保健	450
13	家得宝	可选消费	438
14	沃尔玛	必需消费	405
15	宝洁	必需消费	397
16	美国银行	金融	374
17	万事达卡	信息技术	355
18	辉瑞	医疗保健	331
19	迪士尼	电信服务	281
20	博通	信息技术	273

序号	非美国公司	所属国家及地区	行业	市值
1	沙特阿美石油公司	沙特	能源	1 907
2	台积电	中国台湾	信息技术	576
3	腾讯控股	中国大陆	电信服务	562
4	三星	韩国	信息技术	442
5	路威酩轩	法国	可选消费	417
6	贵州茅台	中国大陆	必需消费	404
7	雀巢	瑞士	必需消费	393
8	罗氏	瑞士	医疗保健	364
9	艾司摩尔	荷兰	信息技术	332
10	阿里巴巴	中国大陆	可选消费	330
11	丰田汽车	日本	可选消费	298
12	欧莱雅	法国	必需消费	264
13	诺和诺德	丹麦	医疗保健	259
14	中国工商银行	中国大陆	金融	244

(续表)

序号	非美国公司	所属国家及地区	行业	市值
15	宁德时代	中国大陆	工业	214
16	诺华	瑞士	医疗保健	214
17	信实工业	印度	能源	201
18	招商银行	中国大陆	金融	193
19	塔塔咨询服务	印度	信息技术	186
20	爱马仕国际	法国	可选消费	184

注：数据截至2021年12月31日。

总结

尽管2021年地缘政治的紧张局势有所加剧，但我不认为全球化已经是死路一条。世界经济和市场的一体化必然将在这个新千年里继续推进，势不可挡。没有哪个国家能主宰每一个市场，全球任何地方都有可能出现行业领袖。世界经济的全球化意味着，公司管理、产品线和市场营销等能力才是取得成功的关键因素，至于公司总部设立在什么地方并不重要。

对投资者来说，只投资美股是一种很有风险的策略。没有哪个投资顾问会建议投资者只投资那些公司名称首字母为A~L的股票，但只投资美股，就相当于是这样的做法，因为美股只是全球市场的一半而已。只有在全球范围内做好了分散配置的投资者，才能获取更好的收益，同时承担更低的风险。

**STOCK RETURNS:
MEASUREMENT AND VALUATION**
—

第 2 部分

PART TWO

股票收益率：测量和估值

[第 5 章]

股票指数：市场的代言人

CHAPTER
FIVE

人们说，数字统治世界。

——约翰·沃尔夫冈·歌德（Johann Wolfgang Goethe），1830

市场平均

"市场表现怎么样？"一位股票投资者问同伴。

"今天很不错，上涨超过500点。"

只要是熟悉市场的投资者都不会问"是什么涨了500点"，人人都知道答案，那就是道琼斯工业平均指数，这也是世界上被人们谈论最多的股票平均指数，通常被简称为道琼斯指数或道指。道琼斯指数非常出名，以至于新闻媒体常常把道琼斯指数直接称为"股市"。尽管道琼斯指数并不能完美刻画出整个股市的走势，也没有哪个基金经理会把自己的业绩比较基准设置为道琼斯指数，但是道琼斯指数仍然是所有投资者评价股市表现的依据。

其实，现在除了道琼斯指数，还有许多覆盖范围更广的指数。1957年3月，标准普尔创建了标普500指数，它成为美股大盘股的代表。[1] 1971年，一个自动化的电子证券交易所成立了，也就是纳斯达克，初衷是为科技股提供上市交易的途径。纳斯达克指数反映了大型科技公司的表现，比如"FAANG"公司，即脸书（现为

Meta）、亚马逊、苹果、网飞和谷歌（现为Alphabet）。道琼斯、标普500和纳斯达克，一并被称为美股的"三大指数"。

虽然"工业"这个词会让人不禁联想起老式的制造业公司，但如今的道琼斯指数已经能够代表那些现代化的大型公司了。1999年，道琼斯指数纳入了微软和英特尔这两家纳斯达克的公司，从此走进了科技时代。随后，道琼斯指数又纳入了苹果，2020年则纳入了一家大多数美国人都叫不出名字的公司赛富时（Salesforce.com）。在这一章里，我们将讲述这三个非常不同的指数的故事，每一个指数都有其独特的一面，可以反映出股市的表现如何。

道琼斯工业平均指数

查尔斯·道（Charles Dow）在19世纪末创立了道琼斯平均价格（Dow Jones averages），他是道琼斯公司的创始人之一，也是《华尔街日报》的创立者。1885年2月16日，他开始每日更新12只活跃且市值较大的股票的平均价格，包括10只铁路股和2只工业股。4年后也就是1889年，每日平均价格所对应的股票扩展到了20只，包括18只铁路股和2只工业股。

随着工业和制造业公司日益重要，逐渐超过了铁路公司，1896年5月26日，道琼斯工业平均指数成立了。表5.1展示了最初的12只成分股。而1889年的旧指数，在1896年10月26日被改名为"铁路平均指数"（Rail Average），重新调整了成分股。1916年，道琼斯指数的成分股数量增加到20只，1928年又增加到30只，目前仍然保持着30只。1970年，铁路平均指数又改名为"交通运输平均指数"（Transportation Average），包括20只成分股，并一直沿用至今。

早期道琼斯指数里的公司以商品生产为主，有棉花、糖、烟

表5.1 道琼斯指数的成分股

1896年	1916年	1928年	1965年	2021年
美国棉油公司	美国甜菜糖公司	联合化学公司	联合化学公司	3M
美国糖业公司	美国罐头公司	美国罐头公司	美国铝业公司	美国运通
美国烟草公司	美国汽车与铸造公司	美国冶炼公司	美国罐头公司	安进公司
芝加哥燃气公司	美国火车公司	美国糖业公司	美国电话电报公司	苹果
蒸馏与牲畜饲料公司	美国冶炼公司	美国烟草公司	美国烟草公司	波音公司
通用电气	美国糖业公司	大西洋炼油公司	亚纳康达铜业	卡特彼勒公司
莱克莱德燃气公司	美国电话电报公司	伯利恒钢铁公司	伯利恒钢铁公司	雪佛龙
美国国家铅公司	亚纳康达铜业	克莱斯勒	克莱斯勒	思科公司
北美公司	鲍德温机车	通用电气	杜邦	可口可乐
田纳西煤炭和钢铁公司	中央皮革公司	通用汽车	伊士曼柯达	陶氏公司
美国皮革公司	通用电气	通用铁路信号公司	通用电气	高盛
美国橡胶公司	古德里奇	古德里奇	通用食品	家得宝
	美国共和钢铁公司	国际收割机公司	通用汽车	霍尼韦尔公司
	斯蒂贝克	国际镍公司	固特异	IBM
	得克萨斯公司	迈克卡车	国际收割机公司	英特尔
	美国橡胶公司	纳什发动机公司	国际镍公司	强生
	美国钢铁	北美公司	国际纸业公司	摩根大通
	犹他铜矿公司	派拉蒙公司	佳士迈威	麦当劳
	西屋电气公司	波斯塔姆公司	欧文伊利诺伊玻璃公司	默克
	西联汇款	无线电公司	宝洁	微软公司
		西尔斯罗巴克公司	西尔斯罗巴克公司	耐克
		新泽西标准石油公司	加利福尼亚标准石油公司	宝洁
		得克萨斯公司	新泽西标准石油公司	赛富时
		得克萨斯湾硫黄公司	斯威夫特公司	旅行者集团
		联合碳化物公司	德士古公司	联合健康集团
		美国钢铁	联合碳化物公司	威瑞森通信
		胜利留声机公司	联合飞机公司	维萨
		西屋电气公司	美国钢铁	沃博联
		伍尔沃斯	西屋电气公司	沃尔玛
		莱特航空	伍尔沃斯	迪士尼

草、铅、皮革、橡胶等。这最初的12家公司，有6家存活了下来，但被保留在指数中的一家都没有了。²

虽然这些公司最终都先后被剔除出了指数（具体历史细节可以在本章末尾的附录里查看），但许多公司都存活得还不错，成长为大型公司继续蓬勃发展。不过，有一家公司是个例外。美国皮革公司（U.S. Leather Corp.）在20世纪50年代被清算，股东收到每股1.5美元及一股凯塔油气公司（Keta Oil & Gas）的股份。凯塔油气公司是之前被美国皮革公司所收购的一家公司。但是1955年，公司总裁洛厄尔·比勒尔（Lowell Birrell）侵占了凯塔的资产，之后逃到了巴西躲避美国的追查，于是曾经在1909年位列美国第七大公司的美国皮革公司，其股票变得一文不值。

道琼斯指数的计算方式

最初道琼斯指数的计算方式，只是简简单单地用成分股的价格之和除以成分股的数量。但随着时间的推移，人们发现这种计算方式需要改进，否则在成分股发生变化或是股价进行了拆分后，平均价格的走势就会出现断层，不是连续的了。

价格加权指数（price-weighted index），也正是道琼斯指数的独特之处，即用成分股价格之和除以成分股数量。在计算机发明之前，这是人工计算市场走势最快的方式了。于是，高价股价格的变动比低价股价格的变动对指数的影响更大，而公司规模的大小，对指数并没有影响。2022年2月，联合健康集团（UnitedHealth Group）在指数中的占比为9%，每股价格是460美元，而股价最低的英特尔占比不到1%。³近年来，价格加权指数这种方式的缺陷越来越凸显出来，即指数无法纳入股价太高的股票，比如特斯拉和亚马逊，因为它们的股价相对于已经在指数中的股票来说，高出太多了。2022年2月，谷歌宣布进行股价拆分，把原本的1股拆分为20股，这样新的每股的价格就大幅下降了，外界人士立即猜测这一举动是为了能被纳入道琼斯指数所做的准备。为了解决道琼斯指数这个价格问题，一个可能的方案是转变为一个等权重指数，这样就避免了对股价的依赖。

让人惊讶的是，通过采用这样一种看似奇怪的价格加权方式，在1971—2021年这50年间，道琼斯指数竟然取得了11.26%的年收益率，打败了同期标普500指数11.14%的年收益率，也打败了同期以科技股为主的纳斯达克指数10.85%的年收益率。虽然道琼斯指数给人一种古板守旧的感觉，并且其成分股的规模占比还不到美股整体的1/4，但是道琼斯指数委员会这么多年来在选股上一直都非常明智，很少有基金经理能长期跑赢道琼斯指数。

道琼斯指数的长期走势

图5.1展示了1885—2021年剔除通货膨胀之后，道琼斯指数的走势。数据选取的是每月的最高点和最低点。图中的小图，展示的则是未剔除通货膨胀情况下的走势。

图中还有一条趋势线，是通过统计拟合方法所生成的，趋势线的上方和下方各有一条线，代表离趋势线1个标准差的情况，也可以理解为高出趋势线50%及低于趋势线50%的情况。由此，形成了一个通道。趋势线的斜率为每年1.94，这意味着1885年以来道琼斯指数剔除通货膨胀之后的真实年复合收益率为1.94%。像绝大多数指数一样，道琼斯指数在计算时并不包括分红，所以指数的收益要远远低于总收益。1885—2021年，所有股票的平均分红收益率大约为4.3%。而且，道琼斯指数里的股票，分红收益率通常会高于平均水平，所以道琼斯指数总的真实年复合收益率应该至少有6.2%。

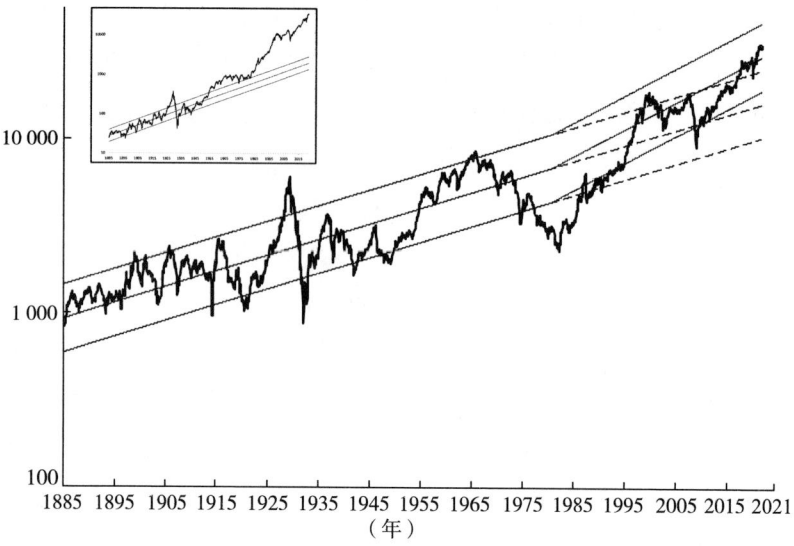

图5.1 1885年2月~2021年12月道琼斯指数名义走势和真实走势

注：小图中为名义走势。

道琼斯指数的真实走势，大约有3/4的时间是在通道之内的。当指数上涨突破到了通道之上时，比如1929年、20世纪60年代中期和2000年，之后往往会出现短期的下跌，导致短期收益很糟糕。同样，当指数下跌突破到通道之下时，之后往往会出现短期的上涨，短期表现非常好。

这次真的不一样？

用过去的走势去预测未来，无论多么诱人都可能会有偏差。我们常常会笑话有人说"这次不一样了"，但有时候，确实会不一样。

经济因素会打破长期趋势。在图5.1中的小图里可以看到，从20世纪50年代中期开始，未剔除通货膨胀的道琼斯指数上涨超过了通道，并从此一直保持在通道之上。导致这个现象出现的原因，正是长期的通货膨胀。从金本位向纸币本位的转变，促使名义股价雄赳赳气昂昂地超过了之前的趋势线。那些做趋势分析的投资者，以及只看到名义股价而不去关注剔除通货膨胀后真实股价的投资者，可能会在1955年全部卖出，并且再也没能重新进入市场。[4]

即便是在真实走势中，通道也向上移动了，这可能是另一个经济因素所带来的。前文说过，指数在计算时只包括了股价的变动，而没有包括分红，但是如今公司分红在利润中的占比越来越小，公司会留下更多的资金来回购股票，并用于公司发展。近年来，股票投资的收益率中，大部分来自股价的上涨，分红收益这部分越来越少。自1980年以来，股票的平均分红收益率下降了1.5%，于是在图5.1中可以看到出现了一条新的趋势线，斜率比之前要高1.5，代表着预期股价收益的提升。2021年底，道琼斯指数略高于新趋势线。

市值加权指数

标准普尔指数

虽然早在1885年道琼斯指数就发布了，但它显然不是一个全面的指数，因为它最多也就包括了30只股票。1906年，标准统计公司（Standard Statistics Company）成立，之后于1918年发布了第一只基于市值加权的股票指数，这跟道琼斯指数的价格加权方式不同。市值加权方式如今是公认为的展示市场表现如何的最佳方式，几乎所有的基准指数都是采用的市值加权方式。[5]1939年，考尔斯经济研究委员会（Cowles Commission for Economic Research）的创始人阿尔弗雷德·考尔斯（Alfred Cowles），使用标准统计公司的技术建立了一只市值加权指数，包括了自1871年以来在纽约证券交易所上市的所有股票。

1923年，标准普尔创立了自己的股票指数，1926年将其命名为标普股票价格指数，包含90只股票。1957年3月4日，其成分股被扩展到500只，于是改称为标普500指数。当时，标普500指数里成分股的市值之和占到了纽约证券交易所全部股票总市值的90%。这500只成分股具体包括425只工业股、25只铁路股以及50只公用事业股。在1988年之前，每个行业里的股票数据按照最初的分布保持不变，但1988年之后，每个行业里的股票数量就没有什么限制了。

1941—1943年标普指数的平均值被设置为10点，1957年标普500指数被推出时，股票的平均价格为45~50美元，这跟指数的点数基本上是一致的。当时，一个投资者可以很容易理解标普500指数的变化，指数变化一个点，意味着成分股的平均股价变化了大约1美元。

标普500指数并不仅仅是包括美股市值最大的500家公司，它还有很严格的筛选标准。[6]不过由于指数并不是实时更新的，所以它也会包括少量市值比较小的公司，这意味着这些公司的市值已经下降了，将来会被剔除出指数。截至2021年底，标普500指数里所有公司的总市值约为42万亿美元，大约占到了美股所有股票市值的90%，这跟半个多世纪前差别不大。在下一章，我们将介绍标普500指数的历史，分析这个世界闻名的指数里包含的股票以及带给我们的启示。

纳斯达克指数

1971年2月8日，股票交易方式发生了革命性的变化。那一天，一个名为"纳斯达克"的自动报价系统，为2 400只"场外交易"（OTC）股票提供每日更新的买入卖出报价。以前，这些未在场内挂牌的股票主要是由带着详细报价清单的大型交易商或经纪人来提交报价；如今，纳斯达克把全美500多家做市商的终端，连接到了一个中央计算机系统上。

跟纳斯达克不同的是，纽约证券交易所和美国证券交易所里的股票，会指定由某一家做市商来维护这只股票的有序报价。而纳斯达克改变了报价分发的方式，使得股票交易无论是对投资者来说，还是对交易员来说，都更有吸引力了。

当时，相比纳斯达克，能在交易所上市交易，尤其是在纽约证券交易所上市交易，显然是更加有声望的。在纳斯达克里，更多的是刚上市不久或不满足大型交易所上市要求的小公司或新公司。不过，许多初创的科技公司把电子化的纳斯达克视为它们天然的家园。因为在纳斯达克上市的要求更少，费用也更低，[7]甚至有一些科技公司，比如英特尔和微软，即便满足了登上纽约证券交易所行情大看板的资格，也仍然选择留在纳斯达克。

纳斯达克指数包括了在纳斯达克上市的所有股票，是一个市值加权指数，1971年2月8日的点数，被设置为100点。之后，过了将近10年，纳斯达克涨到了200点，又过了10年，也就是在1991年，涨到了500点。1995年7月，达到了1 000点，这也是纳斯达克指数第一个重要的里程碑。随着人们对科技股的逐渐关注，纳斯达克指数开始加速上涨，仅仅过了3年就已经翻倍，涨到了2 000点。1999年秋天，科技股热潮把纳斯达克推上了天，从1999年10月的2 700点，飙升至2000年3月10日的最高点5 048.62点。

人们对科技股的追捧，使得纳斯达克的交易量大增。1971年，这个电子交易所的交易量还只是纽约证券交易所的一个零头，到1994年，股票份额的交易量已经超过了纽约证券交易所，再到1999年，交易的美元总量也超过了纽约证券交易所。[8]

纳斯达克不再是小公司在登上行情大看板之前暂时等待的场所。1998年，纳斯达克的市值已经超过了东京证券交易所。在

2000年3月市场顶峰，在纳斯达克交易的所有公司的总市值达到近6万亿美元，比纽约证券交易所的一半还多，也超过了世界上任何其他证券交易所。在千禧年之初，纳斯达克的微软和思科，是全世界市值最大的两家公司，纳斯达克的英特尔和甲骨文，也在全世界市值最大的前10名公司之内。

当互联网泡沫破裂之后，纳斯达克的交易量和股价都大幅下跌。纳斯达克指数从2000年3月的5 000点以上跌落到2002年10月的1 150点，直到2012年底才重回3 000点。交易量则从顶峰时期的平均25亿股以上，下降至2007年的约20亿股。不过近年来，科技股的强劲表现又把纳斯达克推向新高，2021年底达到了16 000点以上。

现如今，人工交易方式和场内交易方式逐渐被摒弃，绝大部分纽约证券交易所的股票采用的都是电子化交易方式。2008年，纽约证券交易所收购了美国证券交易所，2012年底，洲际交易所又收购了纽约证券交易所。虽然新闻记者在纽约证券交易所的大厅里播报新闻，可能会听起来很激动人心，但是这座建立于1903年、用来交易全球最大最重要的上市公司的柱廊式建筑，可能不久后就会黯淡无光了。

其他股票指数：证券价格研究中心（CRSP）

1959年，芝加哥大学商学院的教授詹姆斯·罗瑞收到了美林公司（Merrill Lynch, Pierce, Fenner & Smith）的请求，美林希望了解股票的收益率是多少，但缺乏可靠的历史数据，于是罗瑞教授邀请了他的同事劳伦斯·费雪一起构建了一个证券数据库，来解决这个难题。

当时计算机技术刚刚起步，罗瑞和费雪创立了证券价格研究中心（Center for Research in Security Prices，简写为CRSP），编制了第一份计算机可读的股票价格文件，记载了自1926年以来的股票价格信息，成为学术界和专业研究领域公认的数据库。这个数据库包括了纽约证券交易所、美国证券交易所和纳斯达克里所有的股票。截至2021年底，这个数据库中包含4 317只股票，总市值超过50万亿美元。

图5.2展示了这个数据库即CRSP全市场指数的情况，将其中的股票按照市值大小进行了划分，并标注了每类股票的市值占比情况。最大的500家公司，跟标普500指数很相似，占据了所有股票总市值的84.8%。最大的1 000家公司，跟罗素投资集团（Russell Investment Group）发布的罗素1000指数（Russell 1000）基本一致，占据了所有股票总市值的近94%，罗素2 000指数则包括了排名从1 001往后的2 000家公司。前面的这些公司共占据了所有股票总市值的近99.9%。剩下还有1 317只股票，市值加起来也只有所有股票总市值的0.1%。[9]

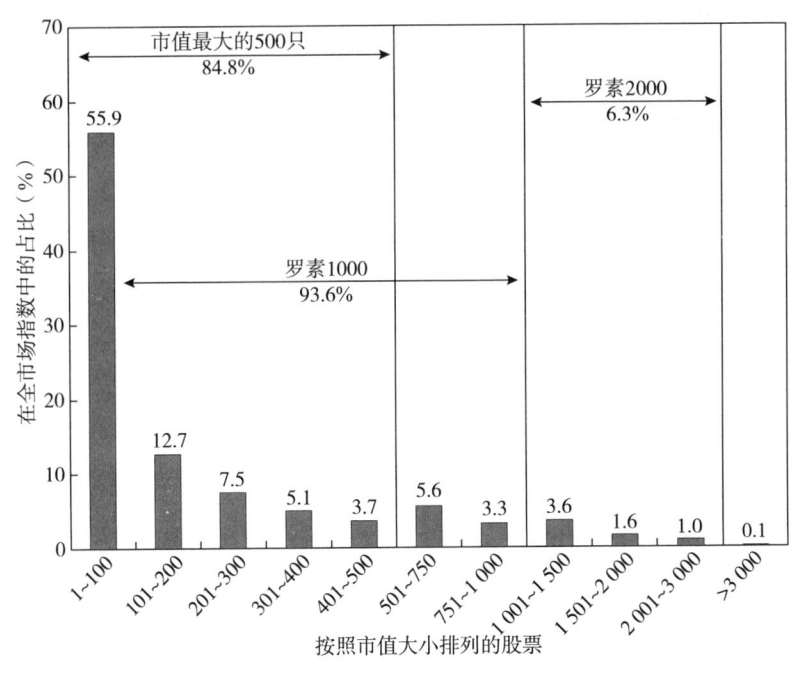

图5.2 2021年12月31日CRSP全市场指数

股票指数的收益偏差

像标普500这样的股票指数会持续地进行更新换代,剔除走向灭亡的旧公司,纳入正在发展中的新公司,于是有些投资者就有疑问了,认为通过这些指数所计算出来的收益率是有偏差的,投资者从市场中能拿到的真实收益会更低。

这种观点并不正确。确实,标普500指数中一直包括了那些表现最好的公司,但同时标普500指数也错失了中小盘股的强劲上涨。举个例子,微软在上市8年后才终于在1994年6月被纳入标普500指数。还有特斯拉,标普500指数中排名第5的大公司,直到2020年10月时都没被纳入指数,尽管那时特斯拉已经是一家市值超过5 000亿美元的公司了。而对小盘股指数来说,虽然确实会包含一些超高速发展的公司,但同时会包含那些被大盘股指数剔除出来的公司,这些公司就像是"坠落的天使"(fallen angels),正在走下坡路。

如果一个投资者能复制指数或跟上指数的收益,那么这个指数就不存在收益偏差。要想复制指数,那么指数增减成分股的日期就必须提前公布出来,这样投资者才能卖出旧股票,买入新股票。这一点对进入破产程序的公司来说尤为重要,因为破产后的股价(通常为0)是需要计入指数的。所有的主流股票指数,比如标普、道琼斯和纳斯达克,都是可以被投资者复制的。所以,从统计学上来说,市值加权指数所代表的市场收益率有偏差这个观点是站不住脚的。

为什么单只股票是输家,而整个市场是赢家?

如前文所述,美股数据库里有超过3 000只股票,研究人员试图从中分析出有哪些因素能战胜市场。普通投资者认为,如果一个人随机挑选一到两只股票，那么平均来说，可以获得股票的平均收益率，即剔除通货膨胀后近7%的年收益率。

然而，无论是从理论上分析，还是从实际来看，这个观点都是错误的，只需要举一个简单的例子就能一清二楚。假设在每个时期，一只股票上涨10%和下跌10%的概率是一样的，一共有几千只这样的股票可供挑选。虽然时间越长结论越明了，但为了简单起见，我们只计算两个时间段的情况。

在两个时间段里，你都选中了上涨的股票的概率，是1/4，你的资产会从100涨到110，再涨到120。第一次选中了上涨的股票第二次选中了下跌的股票，或者反过来，第一次选中了下跌的股票第二次选中了上涨的股票，这两种情况发生的概率是1/2，你的资产会从100变成110再变成99，或是从100变成90再变成99。两次都选中了下跌的股票的概率是1/4，你的资产会从100变成81。换句话说，即便在假设市场收益率为0的情况下，你也有3/4的概率挑选到下跌的股票。如果我们假设每只股票都是正收益的，结论也并没有改变，这种情况下你有3/4的概率跑输市场。只有买下全市场的股票，才能获取到市场整体的收益。

事实上，研究人员发现在股市里这个结论是完全正确的。亚利桑那州立大学的亨里克·贝森宾德（Henrik Bessembinder）写了一篇文章《股票比国债收益更好吗？》（Do Stocks Outperform T-bills？）。[10]他发现CRSP数据库里自1926年以来的所有股票中，采用买入并长期持有的策略，有一半多一点的股票能拿到正收益，并且只有1/4的股票能战胜国债。他总结道：

只选一只股票来投资，这个策略在过去90年间，只有50.8%的概率取得正收益，平均收益率也只有9.5%，而同期买入并持有国债的收益率达到了1 928%。如果只投资一只股票，那么只有

27.5%的概率，这只股票90年的累计收益能超过1月期国债的收益率。也就是说，从长期来看（这里具体为90年，这是CRSP和国债的收益率数据都能获取到的时间段），只有1/4的单只股票，收益率能超过国债。此外，只有4%的股票累计收益率能战胜市值加权的市场指数。[11]

虽然贝森宾德把这种情况归因于股票收益率的"偏态"（skewness）特征，但即便股价遵循完全对称的百分比变化，失败者占多数的结果也是在预料之中的。完全对称的百分比变化通常被称为"几何布朗运动"（geometric Brownian motion），也是如今人们描述股价运动最常见的方式。对于单只股票来说，也许确实存在着"偏态"和"肥尾"，但这并不是单只股票跑输大盘的决定性因素。

摩根大通的研究也再次印证了这一点。他们观察了1980—2020年罗素3000指数包括的所有股票，采用分红再投入的方式，发现单只股票的收益率中位数大多时候为0~10%。[12]

这些研究说明了一个很简单的道理：分散配置才是保护投资者能获取到接近股票历史好收益的唯一方式。一个集中投资、不够分散的投资组合也许能赚得更多，但也大概率会亏得更多。

附录：1896年道琼斯指数最初的 12只成分股，后来怎么样了？

道琼斯指数里最初的12家公司，如今已经都不在指数中了。通用电气在被纳入指数122年后，终于在2018年被剔除了，这是12家公司里最后一家被剔除的。最初的12家公司里，只有通用电气始终没有改名；有5家公司发展成为原行业里的大型公司，分别是美国棉油公司、美国烟草公司、芝加哥燃气公司、美国国家铅公司和北美公司；田纳西煤炭和钢铁公司被并入美国钢铁公司；美国糖业公司和美国橡胶公司这两家，都在20世纪80年代变成了非上市企业。有些让人吃惊的是，还有一家公司转行了，蒸馏与牲畜饲料公司改变了原有的产品线，从生产酒精饮料变成了制造石油化工产品，虽然两者都含有酒精。美国皮革公司则进行了破产清算。接下来是这最初的12家公司的发展简介。

美国棉油公司 1923年更名为最佳食品公司（Best Food），1958年更名为玉米产品加工公司（Corn Products Refining），最终在1969年再次更名为CPC国际公司（CPC International），成为一家大型食品公司，生意遍布全球58个国家。1997年，CPC将玉米加工业务剥离出来，成为独立的玉米产品国际公司（Corn Products International），自己则更名为贝斯特食品公司（Bestfoods）。2000年10月，联合利华以203亿美元收购了贝斯特食品公司。联合利华总部位于荷兰，2021年市值约为1 000亿美元，这是道琼斯指数最初12只成分股中后续发展得最大的一家。

美国糖业公司 1970年更名为艾姆斯特公司（Amstar），并于1984年转为非上市企业。1991年9月，再次更名为多米诺食品公司（Domino Foods, Inc.），跟它所生产的世界闻名的多米诺糖相呼应。

美国烟草公司 1969年更名为美国布兰兹公司（American Brands），1997年更名为富俊公司（Fortune Brands），成为一家全球性的消费品控股公司，核心业务包括酒类、办公用品、高尔夫设备和家居装修等。1994年，美国布兰兹公司将旗下的美国烟草子公司，包括威豪香烟（Pall Mall）和好彩香烟（Lucky Strike）两个品牌，出售给了曾经的子公司英美烟草公司（B.A.T），自己则仍然保持上市公司的身份。2011年富俊公司更名为金宾酒业（Beam Inc），专门销售烈酒。2014年，金宾酒业被日本酒厂及消费品制造商三得利（Suntory）收购，转为非上市公司。

芝加哥燃气公司 1897年更名为人民燃气灯和焦炭公司（Peoples Gas Light & Coke Co.），1980年再次更名为人民能源公司（Peoples Energy Corp.），成为一家公用事业控股公司。2006年，人民能源公司被WPS资源公司（WPS Resources）收购，并更名为英迪斯能源集团（Integrys Energy Group）。2015年，英迪斯能源集团被威斯康星能源集团（WEC Energy Group）收购。人民能源公司还曾经是道琼斯公用事业平均指数（Dow Jones Utility Average）的成分股之一，于1997年5月被剔除出指数。

蒸馏与牲畜饲料公司 经历了一段漫长而复杂的发展路程。先是更名为美国酿酒公司（American Spirits Manufacturing），然后又更名为酿酒证券公司（Distiller's Securities Corp.）。禁酒令颁布后的两个月，公司修改了章程，更名为美国食品公司（U.S. Food Products Corp.），之后再次更名为国家酿酒化工公司（National Distillers and Chemical）。1989年，公司继续更名为量子化工公司（Quantum Chemical Corp.），成为一家石化产品和丙烷的主要生产商。公司在濒临破产之际，被英美联合企业（Hanson PLC）以34亿美元的价格收购。1996年10月，被分拆为独立的公司千禧化工（Millennium Chemicals）。2004年11月，利安德化工（Lyondell Chemical）收购了千禧化工。2007年，利安德被一家荷兰公司收购，并更名为利安德巴赛尔工业公司（LyondellBasell Industries）。

通用电气 创建于1892年，被纳入道琼斯指数长达122年，直到2018年6月被剔除出指数。通用电气是一家集制造、广播和金融为一体的大型企业，在20世纪90年代和21世纪初，曾是美股市值最大的公司。2001年，杰弗里·伊梅尔特（Jeffrey Immelt）接替传奇人物杰克·韦尔奇（Jack Welch），成为公司掌舵人，然而之后公司市值就下降了70%。2007年，伊梅尔特被免职。

莱克莱德燃气公司 后来更名为莱克莱德集团（Laclede Group, Inc.），成为一家在圣路易斯地区销售天然气的零售商。2017年，莱克莱德更名为斯派尔公司（Spire Inc.）。

美国国家铅公司 1971年更名为国家铅工业公司（National Lead Industries），生产与安全、精密滚珠轴承、二氧化钛和特种化学品相关的产品。虽然国家铅公司于1916年被道琼斯指数剔除，但公司仍然在运营中。

北美公司 1956年更名为联合电力公司（Union Electric Co.），为密苏里州和伊利诺伊州供电。1998年1月，联合电力公司与伊利诺伊州公共服务中心合并，成立了阿曼瑞恩（Ameren）公司。

田纳西煤炭和钢铁公司 1907年被美国钢铁（U.S. Steel）收购，1991年5月，更名为USX美国钢铁集团（USX-U.S. Steel Group）。2002年1月，又改回了原来的名字美国钢铁集团（U.S. Steel Corp.）。美国钢铁于1991年被道琼斯指数剔除。

美国皮革公司 是20世纪初最大的鞋制造商，但在1952年1月破产清算，股东拿到每股1.5美元及1股油气公司股票，油气公司股票后来变得一文不值。

美国橡胶公司 1961年更名为永耐驰（Uniroyal），并于1985年8月转为非上市公司。1990年，被法国米其林集团（Michelin Group）收购。

[第 6 章]

标普 500 指数：超过半个世纪的美国企业史

CHAPTER
—— SIX ——

过去20年，将近94%的国内主动基金经理跑输了他们各自对应的标普基准指数。

——标普全球（S&P Global），截至2021年中的分析报告

市场，是一种将金钱从没耐心的人向有耐心的人身上转移的工具。

——沃伦·巴菲特

在道琼斯、纳斯达克和标普500这三大美股指数中，只有一个成为衡量美股大盘股表现的基准指数，我们将在后面的章节里看到，很少有主动基金经理能跑赢这个基准指数。

标普500指数诞生于1957年3月。前身为1926年创建的标普股票价格指数，这是一个市值加权指数，最初包括90只大型成分股。讽刺的是，1926年的标普股票价格指数并不包括当时全世界市值最大的公司美国电话电报公司，原因是当时标普并不希望如此巨大的一家公司的表现主导整个指数的表现。为了改善这一点，以及反映战后新兴企业的成长情况，标普编制了一个包括500只成分股的指数，涵盖了纽约证券交易所里最大的工业、铁路和公用事业公司。

1957年，标普500指数里的成分股总市值，占纽约证券交易所里全部股票总市值的近90%。很快，标普500指数就成为衡量投

资大盘股的机构和基金经理的表现的基准。最初，标普500指数包括425只工业股、25只铁路股和50只公用事业股。但到了1988年，成分股的组成结构就不再仅限制于这3个行业了，标普声称，取消限制是为了让指数能持续包含"500家领先企业，这些企业分布在经济中占主导地位的不同行业里"。

从诞生以来，标普500指数就不断进行着新陈代谢。根据标普的筛选准则，符合市值、盈利和流动性等要求的公司，会被新纳入指数，同时不符合要求的公司会被剔除出指数。[1] 从1957年至今已有约1 360家公司被新纳入指数，平均每年20多家。这些被新纳入的公司市值在指数中的占比平均约为5%。

纳入公司数量最多的一年是1976年，当时一年内标普500指数纳入了60家公司，包括15家银行和10家保险公司。在此之前，标普500指数里唯一的金融业成分股是消费金融公司。之所以没有银行和保险公司，是因为以前银行和保险公司都是场外交易，无法获得实时价格数据。但1971年纳斯达克成立之后，这一点就改变了。到了2000年互联网泡沫顶峰时期，标普500指数当年新纳入49家公司，是1976年之后数量最多的一年。当时也是指数第一次纳入纳斯达克的公司。互联网泡沫破裂后，2003年标普500指数仅新纳入8家公司，是历史上纳入数量最少的一年。

标普500指数的行业轮动

过去半个世纪以来，美国经济的变革与发展，使行业格局发生了重大的变化。在20世纪中叶，钢铁、化工、汽车和石油公司主导着经济命脉，而如今，医疗保健、信息技术、金融和其他消费品公司则占据上风。

越来越多的主动投资者在构建投资组合时会进行行业分析。

1999年，标普联合摩根士丹利一起创建了"全球行业分类标准"（Global Industrial Classification Standard，简写为GICS），成为目前人们使用最多的行业分类标准。这个标准的前身是美国政府早先设计的"标准行业代码"（Standard Industrial Code，简写为SIC），但随着服务型经济开始兴起，早先的这个标准就不再适用了。[2]

GICS将经济划分为10个行业：材料（化工、造纸、钢铁和采矿）；工业（资本货物、国防、运输、商业和环境服务）；能源（石油、燃气和煤炭的勘探、生产、营销、精炼）；公用事业（电力、燃气、水、核能发电或传输公司）；电信服务（固定电话、移动电话、无线和宽带）；可选消费（耐用消费品、汽车、服装、酒店、餐馆、媒体和零售）；必需消费（食品、烟草、个人用品、零售和大型超市）；医疗保健（设备生产商、医疗保健提供商、制药和生物技术）；金融（商业和投资银行、抵押贷款、经纪商、保险）；信息技术（软件服务、互联网、家庭娱乐、数据处理、计算机和半导体）。2016年，房地产（房地产投资信托基金，简写为REITs）从金融行业里分离出来，成为第11个行业。

图6.1展示了1957—2021年，标普500指数里每个行业权重分布的变化情况，可以看到其中的变化非常大。1957年占比最高的材料行业，当时占比达到26.6%，到2021年底，却跟公用事业并列成为占比最小的行业之一。事实上，1957年时材料和能源两者加起来几乎占到了一半的比例，但到2021年两者占比缩水到仅5.3%。相比之下，金融、医疗保健和信息技术这3个1957年占比最小的行业，当时加起来仅占6%，到2021年已经在指数中占据了超过半壁江山。

虽然一个行业在指数中的占比跟这个行业的收益率呈正比，但并不是强相关的。我们可以来看一下表6.1，它展示了每个行业的期初和期末的占比数据，以及每个行业相对于标普500指数的超额收益情况。

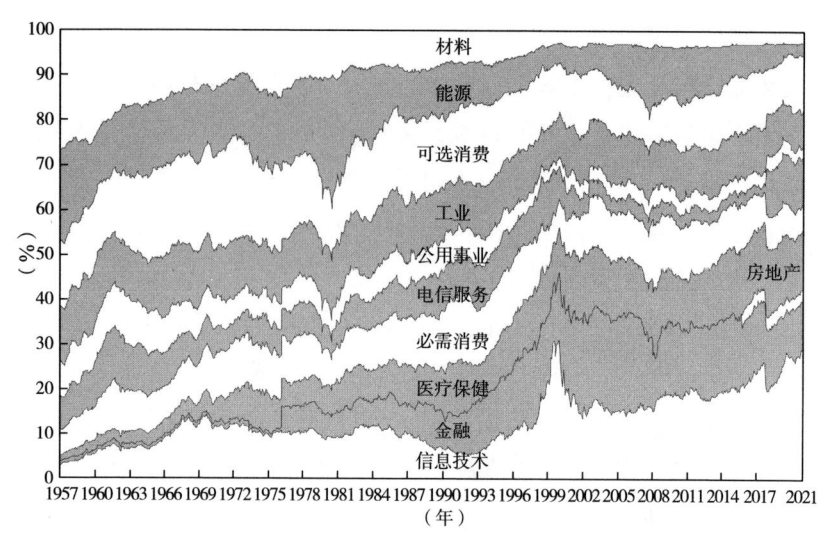

图6.1 1957—2021年标普500指数的行业权重分布

表6.1 标普500指数中各行业的权重占比及收益情况 （%）

行业	1957年权重	2021年权重	权重占比变化	超额收益
信息技术	3.1	29.2	26.1	1.5
医疗保健	1.2	13.3	12.1	2.6
金融*	5.9	10.7	4.8	−1.5
电信服务	7.6	10.2	2.6	−1.2
必需消费	5.9	5.9	0.0	1.8
可选消费	14.9	12.5	−2.3	0.7
工业	12.2	7.8	−4.4	−0.7
公用事业	7.7	2.5	−5.2	−0.9
能源	20.0	2.7	−17.3	−0.8
材料	26.6	2.6	−24.1	−2.2

注：标普500指数于1976年7月纳入了金融行业的股票，占比从不到1%上升至6%。金融行业的超额收益从1976年12月31日开始往后计算。

很明显可以看出，在指数中占比大幅增长的信息技术和医疗保健表现不错，而在指数中占比大幅缩水的材料表现最差。但我们再来看看金融、电信服务和能源这3个行业。尤其是能源，虽然在指数中的占比缩水了85%以上，但它的收益只落后指数不到1%。在指数中占比大幅增长的金融和电信服务，收益反而还不如"正在消失中"的能源！

为何行业的权重占比变化，跟行业的收益表现并不是强相关呢？这是因为，占比变化反映出来的是这个行业里公司数量的变化，而不是单个公司价值的变化。此外，能获得多少收益取决于你买的价格是便宜还是贵。在本书中你将反复看到，对长期投资者来说，估值，即买得便宜，通常比成长性更加重要。这也是油气公司的表现竟然这么好的原因。

表6.2更加详细地展示了油气公司惊人的优异表现。表中把1957年标普指数最初包括的成分股里市值最大的20家，而不是收益最好的20家，按照收益大小进行了排序。可以很清晰地发现，当初的9家油气公司的收益率全部排在前10以内，并且在65年的时间里，8家油气公司的收益率都跑赢了标普500指数。[3]

表6.2 标普500指数最初市值最大的20家成分股的收益率情况

收益率排名	1957年的公司名称	从1957年3月1日到2022年2月4日的收益率（%）	1957年市值排名
1	海湾石油	11.90	6
2	苏康尼美孚石油	11.66	13
3	加利福尼亚标准石油公司	11.52	10
4	荷兰皇家石油	11.46	12
5	新泽西标准石油公司	11.24	2
6	壳牌石油	11.10	14

（续表）

收益率排名	1957年的公司名称	从1957年3月1日到2022年2月4日的收益率（%）	1957年市值排名
7	德士古	11.01	8
8	菲利普斯石油	10.95	20
9	印第安纳标准石油公司	10.32	16
10	联合碳化物	10.30	7
11	IBM	10.18	11
12	西尔斯	9.96	15
13	美国电话电报公司	9.50	1
14	通用电气	8.19	5
15	杜邦	7.75	4
16	伊士曼柯达	7.49	19
17	美国铝业公司	6.14	17
18	通用汽车	5.05	3
19	美国钢铁	4.99	9
20	伯利恒钢铁	−100.00	18
	前10名平均收益率	11.22	
	前20名平均收益率	10.33	
	标普500指数	10.85	

计算收益率时，假设的是当初一次性买入，之后分红再投入，并且当公司遇到分拆时子公司也是采用分红再投入的方式，所以会看到表里4家破产倒闭的公司中，有3家仍然是正收益。通用汽车拆分出了雷神（Raytheon）；伊士曼柯达拆分出了伊士曼化工（Eastman Chemical）；西尔斯拆分出了好事达（Allstate）和摩根士丹利，这两家公司发展得如此成功，以至于虽然西尔斯原本的股票

变得一文不值了，但总收益并没有落后标普500指数太多。遗憾的是，没有做拆分的伯利恒钢铁，收益率为0。

标普500指数与最初500只成分股的收益对比

许多投资者以及专业人士可能会认为，标普500指数由于可以新陈代谢，所以能获得更好的收益。但事实并非如此。2006年，杰里米·施瓦茨和我发表了论文《标普500指数最初500只成分股的长期收益率》（Long-Term Returns on the Original S&P 500 Companies），文章里指出，假如一个投资者在1957年3月标普500指数建立之初，买入并一直持有指数里最初包括的500只成分股，那当他持有到2006年底时，年收益率将超过标普500指数近1%！[4]

为什么会发生这种情况呢？推动美国经济增长，使美国成为世界领先经济体的众多新兴公司，表现怎么会还不如原来的老公司？原因有两个。首先，我们能看到许多老公司被更强大的公司收购了，取得了长期的成功。其次，虽然许多新公司的盈利和收入增长都比老公司更快，但投资者往往为这些公司支付了过高的价格，于是难以获得好收益。事实上，1957—2006年，只有可选消费行业里新纳入公司的表现超过了原有的老公司。

指数里的老公司表现优于新公司，这种现象一直持续到了2015年左右。之后，指数纳入了一些新的科技公司，比如谷歌、苹果、亚马逊和微软等，这些公司飞速上涨，打破了之前的情况。不过，这些科技巨头卓越的表现能否持续呢？在我们回答这个问题之前，需要先来分析一下自标普500指数创立以来，到底哪些股票的表现是最好的。

表现最好的公司

表6.3展示了标普500指数最初500只成分股里，存活下来且公司架构保持完整的公司里，收益率最高的25家公司。每一家公司的表现，都超过了标普500指数自身同期10.78%的年收益率。

表6.3 标普500指数初始成分股中收益率最高的公司

股票代码	初始的公司名称	如今的公司名称	1957年3月~2021年12月年收益率（%）
MO	菲利普·莫里斯	奥驰亚集团	18.02
ABT	雅培实验室	雅培	15.76
SPGI	麦格劳–希尔出版	标普全球	14.72
PEP	百事可乐	百事	14.03
BMY	百时美施	百时美施贵宝	13.77
KO	可口可乐	可口可乐	13.75
DE	伊利诺伊迪尔公司	迪尔公司	13.74
CL	高露洁	高露洁	13.61
HSY	好时巧克力	好时	13.60
PFE	辉瑞查斯	辉瑞	13.52
CR	克瑞	克瑞	13.47
KR	克罗格	克罗格	13.40
MRK	默克	默克	13.36
CVS	梅尔维尔鞋业	西维斯健康	13.27
PG	宝洁	宝洁	13.00
ETN	伊顿制造	伊顿	12.99
ITT	国际电话电报公司	国际电话电报公司	12.76
GIS	通用磨坊	通用磨坊	12.59

（续表）

股票代码	初始的公司名称	如今的公司名称	1957年3月~2021年12月年收益率（%）
MSI	摩托罗拉	摩托罗拉解决方案	12.57
CCK	皇冠柯克西尔	皇冠控股	12.44
ADM	阿彻丹尼尔斯米德兰	阿彻丹尼尔斯米德兰	12.11
BA	波音飞机	波音	12.05
KMB	金佰利	金佰利	11.63
PPG	匹兹堡平板玻璃	PPG工业	11.37
TT	英格索兰	特灵科技	11.31

到2021年12月为止，表现最好的股票是菲利普·莫里斯（Philip Morris）。2003年，菲利普·莫里斯更名为奥驰亚集团（Altria Group），2008年把国际业务部门分拆了出来，名为菲利普·莫里斯国际（Philip Morris International）。[5]早在标普500指数成立前两年，菲利普·莫里斯就推出了世界上最知名的品牌之一——"万宝路牛仔"（Marlboro Man），随着万宝路香烟畅销全球，菲利普·莫里斯的股价也大涨。

在将近65年的时间里，菲利普·莫里斯获得了18.02%的平均年收益率，几乎是标普500指数10.78%年收益率的两倍。也就是说，假设有一位投资者在1957年3月1日投入了1 000美元到标普500指数，到2021年底，他将积累起约75万美元的财富，而如果当初这1 000美元投入菲利普·莫里斯的股票，那他积累的财富将超过4 500万美元，是前者的约60倍。

从菲利普·莫里斯的成功中受益的，不仅仅只有投资了菲利普·莫里斯的投资者。菲利普·莫里斯后来收购了另外10家标普500指数初始成分股里的公司，比如通用食品（General Foods）、德尔蒙（Del Monte）、标准品牌（Standard Brands）、国家乳业（National Dairy）以及纳贝斯克（Nabisco）等。许多投资了这些公司的投资者，手里原公司的股票被换成了菲利普·莫里斯的股票，因此赚了很多钱。搭上如此成功公司的顺风车，对许多投资者来说是一笔意外之财。我们将在第11章更详细地讨论菲利普·莫里斯如此高收益背后的来源。

表现最好的公司中的幸运儿

从表6.3里可以看到，这些表现优异的公司里，有许多都仍然保留了原有的公司名称和品牌，继续在原行业里经营，但有两家公司是例外。麦格劳-希尔出版转型成为标普全球，把图书业务单独剥离了出来。更让人吃惊的是1892年成立的梅尔维尔鞋业。

过去一个世纪以来，鞋业公司是表现最糟糕的公司之一，就连沃伦·巴菲特也很后悔1991年收购了德克斯特鞋业（Dexter Shoe）。梅尔维尔鞋业则非常幸运，在1969年买了几家专门经营个人保健品的小型零售商店，名为"消费者价值商店"（Consumer Value Stores，简写为CVS）。这些连锁店很快就成为梅尔维尔最赚钱的业务。1996年，梅尔维尔更名为西维斯（CVS）。就这样，由于管理层幸运而偶然地买了一家小型零售连锁药店，原本经营不善的鞋厂，一跃成为美国最大最成功的零售连锁药店。

市场"冠军"们怎么样了？

根据CRSP的记录，自1926年以来的所有股票里，有11家公司都曾登上过市值最大公司的宝座。表6.4展示了这11家公司分别是谁，每家公司成为"冠军"的时间共计有多少个月、第一次和最后一次当上冠军分别是什么时候，以及蝉联冠军宝座的最长时间是多少个月。这11家公司，也是在标普500指数里当过冠军的公司。

表6.4　1926—2021年市值最大的冠军公司（按月统计）

排名	公司名称	当上冠军的月数总计	连续保持冠军的最长月数	第一次成为冠军的时间	最后一次成为冠军的时间
1	美国电话电报公司	456	251	1926年12月	1994年10月
2	IBM	236	89	1967年7月	1991年2月
3	通用电气	117	46	1993年9月	2005年12月
4	新泽西标准石油公司	116	68	1957年1月	2013年7月
5	苹果	103	63	2011年9月	2021年12月
6	通用汽车	69	24	1927年7月	1958年11月
7	微软	40	17	1998年9月	2021年10月
8	杜邦	1	1	1955年6月	1955年6月
9	菲利普·莫里斯	1	1	1992年3月	1992年3月
10	沃尔玛	1	1	1992年11月	1992年11月
11	亚马逊	1	1	2019年1月	2019年1月

美国电话电报公司在1984年因管制被拆分之前，曾是美国最大的电话运营商，占据市值榜首多达436个月，其中1929—1950年的21年里，有长达251个月连续霸占榜首之位。排在第二的是IBM，第三、第四分别是通用电气和新泽西标准石油公司[①]。新泽西标准石油公司于1957年1月首次接替美国电话电报公司的位置，成为当月市值最大的公司。两个月后，标普500指数就成立了。

排在第五的是苹果公司，2011年9月首次成为市值最大的公

---

① 新泽西标准石油公司即今天的埃克森美孚。——译者注

司，并且2021年底仍占据着冠军地位。不过2011年之后，苹果也曾多次掉落出冠军的位置，先后被埃克森美孚和微软所超越。通用汽车一共有69个月成为市值最大的公司，排在第六。而微软排在第七，共有40个月成为市值最大的公司。还有4家公司仅登上过冠军宝座1个月，即杜邦、菲利普·莫里斯、沃尔玛和亚马逊，其中亚马逊是在2019年1月超越了苹果成为当月市值最大的公司。

那么这些公司的收益如何呢？表6.5展示了这些公司在首次成为冠军后，1年、10年、20年、30年和至今的收益率情况。

再来看一下这些公司的平均收益率。我们会发现，无论是否算上仅当过一次冠军的4家公司，这些公司似乎都不会像登上了《体育画报》（*Sports Illustrated*）的封面那样，受到冠军魔咒的影响！[6] 事实上，它们在成为市值最大的公司之后，1年、10年、20年的平均收益率虽然随着时间拉长会逐渐降低，但是都超过了标普500指数。30年以及更长时间的平均收益率，则跟标普500指数很接近了。

但我们不能只看平均，实际上每家公司各自的收益率情况相差很大。从长期看，除了菲利普·莫里斯和新泽西标准石油公司，几乎所有的老公司表现都大幅低于指数。从20世纪20年代到50年代中期，美国电话电报公司和通用汽车轮番霸占冠军位置，直到1957年1月，埃克森美孚成为冠军。美国电话电报公司和通用汽车在首次成为冠军之后的20年里的平均收益率，超过了标普500指数；其中通用汽车更是在后续30年里的平均收益率，也超过了标普500指数。然而随时间流逝，两家公司都逐渐衰落，通用汽车最终还破产了。

新泽西标准石油公司则跟其他公司完全不同，自从成为冠军之后，大多数时候表现就持续超越市场。虽然刚开始有好些年都落后于市场，但到了20世纪80年代，收益率突然飙升，于是长期收益率几乎跟标普500指数持平了。对通用电气来说，1993年成为冠军，之后10年的收益率大幅跑赢市场，然而再之后不幸衰落的

表6.5 首次成为市值最大的公司后，后续收益率情况

首次成为市值最大公司的时间	公司名称	后续1年 个股	后续1年 市场	后续10年 个股	后续10年 市场	后续20年 个股	后续20年 市场	后续30年 个股	后续30年 市场	截至2021年12月的收益率 个股	截至2021年12月的收益率 市场	月数
1926年12月	美国电话电报公司	25.6%	32.6%	10.6%	6.0%	8.0%	5.7%	7.7%	9.2%	7.7%	10.1%	947
1967年7月	IBM	34.5%	8.5%	4.8%	3.6%	9.2%	10.7%	8.2%	11.9%	7.3%	10.6%	653
1993年9月	通用电气	3.4%	2.4%	16.4%	9.6%	8.6%	8.9%	—	—	4.2%	10.8%	339
1957年1月	新泽西标准石油公司	−8.2%	−2.3%	5.4%	10.8%	8.4%	7.8%	12.4%	10.7%	10.5%	10.8%	779
2011年9月	苹果	75.6%	29.9%	28.3%	16.9%	—	—	—	—	30.4%	17.4%	123
1927年7月	通用汽车	81.0%	23.6%	8.9%	4.2%	7.9%	4.9%	13.5%	8.8%	—	9.2%	983
1998年9月	微软	64.6%	27.7%	1.4%	3.9%	9.7%	8.0%	—	—	13.6%	9.3%	279
1955年6月	杜邦	−5.0%	16.0%	8.1%	11.0%	2.7%	7.7%	4.8%	9.7%	7.8%	10.3%	747
1992年3月	菲利普·莫里斯	−12.7%	15.6%	12.9%	12.6%	14.5%	8.7%	—	—	13.1%	10.9%	357
1992年11月	沃尔玛	−10.6%	11.0%	13.5%	9.6%	9.0%	8.3%	—	—	9.5%	10.8%	349
2019年1月	亚马逊	16.9%	20.1%	—	—	—	—	—	—	25.5%	23.3%	35
平均		24.1%	16.8%	11.0%	8.8%	8.7%	7.9%	9.3%	10.1%	13.0%	12.1%	508.3
平均（剔除杜邦、菲利普·莫里斯、沃尔玛和亚马逊）		39.5%	17.5%	10.8%	7.9%	8.6%	7.7%	10.4%	10.1%	12.3%	11.2%	586.1

第2部分 股票收益率：测量和估值

遭遇不禁让人叹息。如今的科技三巨头，微软于1998年9月成为冠军，苹果于2011年9月成为冠军，亚马逊则于2019年1月当了仅一个月的冠军。这三家公司的后续表现都超越了市场。

不过，这三家科技巨头公司成立的时间还不长，未来会如何还有待验证。早在1967年就成为冠军的IBM，则是一个警示。这个"蓝色巨人"在成为冠军后1年的时间里远远跑赢了市场，但再之后，就逐渐下滑，最终表现大幅落后于市场。最后是菲利普·莫里斯，虽然仅在1992年3月当过短短一个月的冠军，却成了唯一真正取得了长期胜利的赢家。

总结

标普500指数的历史，让我们得以了解20世纪中期以来，美国各个行业的变化情况，同时帮我们更加深入地观察到那些为投资者创造优秀回报的公司。令大多数投资者惊讶的是，指数里最初的那500家公司之后几十年的表现，竟然比不断进行新陈代谢的指数的表现还要更好。一个行业的权重占比提高了，并不意味着投资者可以从这个行业里获得更高的收益。比如能源行业，从1957年至今占比大幅缩水，同期能源行业的收益率却几乎能赶得上指数。

这一章里，我们还了解到成为市值最大的公司，并不会意味着这家公司将走向尽头，反而这些公司往往在之后的多年里都还继续保持着优异的成绩。但是，也别持有这些赢家太久，许多类似的公司最终会失去魔力，开始跑输市场。

那么，对如今标普500指数里包含的众多大型科技股而言，这是一种警示吗？也许是的。放在长期的角度，华尔街有句老话说得很好："没有哪棵树能长到天空那么高，也没有哪次牛市能永远持续。"（No tree grows to the sky and no bull market lasts forever.）

[第 7 章]

股票资产的收益来源：盈利和股息

CHAPTER SEVEN

股息带给投资者财富的重要性，是不言而喻的。股息不仅可以抵销通货膨胀、增长和估值变化各自带来的影响，也能抵销这三者综合起来所造成的影响。[1]

——罗伯特·阿诺特（Robert Arnott），2003

此时，刚过美国东部时间下午4点，大型交易所结束了一天的忙碌，收盘了。一家主流金融网站的撰稿人兴奋地宣布："特斯拉刚刚公布了它的盈利！高出华尔街80美分，股价在盘后交易中跳涨5%。"

盈利会推动股价上涨，华尔街此前急切地期待着盈利数据的公布。但是，究竟该如何计算盈利，公司又是如何把盈利转化为股东的收益的？在这一章里，我们将探讨这些问题。

现金流折现

资产价值最根本的来源，是持有资产时未来的预期现金流。对股票资产来说，现金流来自分红，或是由公司盈利、公司资产出售等引起的其他现金分配。股价，通常也会受到未来现金流折现率的影响。未来的现金流是需要进行折现的，因为未来到手的钱，不如当前手里的钱值钱。折现率通常由两个因素构成：一是无风险利率，通常是参考安全资产比如国债或其他信用评级为AAA的债券的收益率;二是风险,即未来现金流是否可兑现的风险,这使得投资者会要求拿到高于无风险利率的额外溢价补偿。对股票来说,总折现率也叫作"要求回报率"(required return on equity)或"股本成本"(cost of equity)。

股票资产的收益来源

公司盈利是现金流的来源。盈利也叫作"利润"或"净收入",等于公司的收入减去成本。成本包括所有的员工支出和原材料支出、负债利息支出、税,以及有形资产和无形资产的折旧。

公司可以通过多种方式,把盈利转换为给股东的现金流。第一种方式,也是历来最重要的方式,就是现金分红。

盈利中不用来进行分红的部分,被称为"留存盈余"。留存盈余可以继续创造价值,提升未来的现金流,有下面几种方式:

- 偿还债务,减少利息支出;
- 投资于证券或其他资产,这些资产可以提升未来现金流;
- 投资于可以提升未来公司盈利的资本项目;
- 进行回购,也就是买入公司自身的股票,从而提升未来的每股盈利,这也是很重要的一种方式。

我们来详细说说回购。比较容易理解的是,参与回购的投资者把自己手里的股票卖给公司,会拿到现金。这种情况下,回购很像是一种"自己有选择权的现金分红"。而对不参与回购、继续持有股票的投资者来说,未来会获得更高的每股盈利和每股分红,因为总的份额数量少了,那么盈利除以一个更小的份额数,结果自然更高。对这些投资者来说,回购像是一种自动分红再投入。需要注意的是,理论上回购并不会改变现有的股价,因为未来现金流的现价并没有变。[2]但我们能确定的是，随着时间的推移，回购能提升每股盈利的增长速度，从而提升未来的股价，用资本利得的收益来替代原本的分红。

近年来，关于回购出现了许多争议和反对意见。[3]大多数持反对意见的人，其实是基于错误的理解。有些人认为回购取代了资本投资，假如哪一天回购被限制了，那么公司的资本投资将增加。

这种观念是不对的。回购是分红的直接替代方式，做回购的主要原因就是分红税。前文说过，随着时间的推移，回购会提升股价，从而替代分红。而股价提升跟分红不同的地方在于，投资者在持有股票的过程中是不需要缴税的，只有当投资者卖出股票的时候，才会需要缴纳资本利得税，这比分红税更友好些。在我看来，假如税法能有所修改，改为当现金分红立即被再投入股票（比如设置好了自动分红再投入）的时候，分红税可以暂不收取，而是推迟到最终卖出股票时再收取，那么这将大大降低公司进行回购的动机，并且增加现金分红的金额。

另一个导致近年来回购增多的原因，是公司管理层和员工持有的股票期权增多了。大多数期权的价值，都是基于股价来计算的，并不包括分红，那么管理层为了自己的利益，自然会更倾向于低分红策略，从而提升股价。假如法规能有所改变，鼓励或要求公司期权基于包括分红在内的全收益来计算，将有助于改善低分红现象。

回购也并不会抑制公司的投资，反而有证据表明市场认为如今的公司投了太多的资本项目，关于这一内容我们将在本书第三部分进行探讨。投资者通常不喜欢这种投资占比过高的公司。对公司而言，只有那些收益确定能超过成本的资本项目，才值得做。所以，限制回购不会导致公司增加资本支出。相反，限制回购会提升现金流，资金可能会更多地投资于其他收益更好的证券中。修订税法可能是降低回购水平最有效的方式。

盈利和分红的历史情况

图7.1展示了1871—2021年，美股剔除通货膨胀之后的指数真实走势、根据通用会计准则（GAAP）所公布的真实每股盈利，以及真实每股分红情况。在这150年间，盈利推动着股价上涨，甚至股价的涨幅超过了盈利，这代表了估值或者市盈率的提升。我们将在第10章中介绍为何估值会提升。真实每股分红的涨幅落后于盈利，但这是由于上市公司回购增多，虽然这抑制了20世纪80年代和90年代分红的增长，但就像前文介绍过的那样，这也提升了后续的分红增长率。

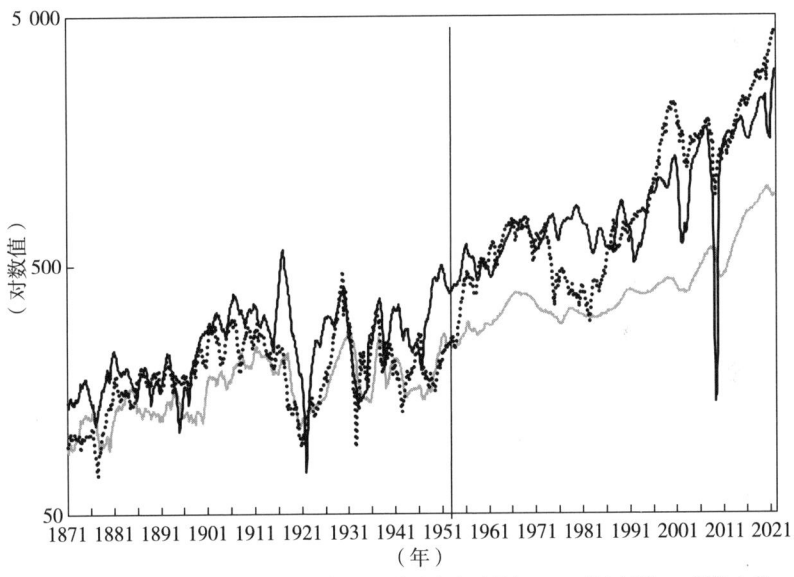

图7.1 真实每股盈利、每股分红以及股价走势

计算股价的戈登股利增长模型

想要了解分红是怎样影响股价的,就需要知道戈登股利增长模型(Gordon dividend growth model),这是罗杰·戈登(Roger Gordon)于1962年提出的。[4]这个公式很重要,需要有一定的数学基础才能推导出来,不过人们常常会误用这个公式。

假设股价P是所有未来现金流即分红的折现值,未来每股分红以恒定的速率g增长,未来分红的折现率为r,那么股价P可以用下面的公式来计算:

$$P = d/(1+r) + d(1+g)/(1+r)^2 + d(1+g)^2/(1+r)^3 + \cdots\cdots$$

或者 $P = d/(r-g)$

股价等于分红除以折现率与分红增长率之差。举个例子,假设分红是每股5美元,折现率是10%,分红增长率是每年5%,那么股价计算出来应该等于每股100美元。

在戈登模型里,股价是每股分红和每股分红增长率的一个函数,那么看起来似乎分红政策对股价的影响至关重要,但实际上并不总是如此。在一个特定条件成立的情况下,分红政策,或者说从公司盈利里拿出多少比例来进行分红,并不会对股价和公司市值产生影响。这个特定条件就是:公司留存盈余所带来的收益,将跟公司其他资产的收益相一致。[5]这是因为,今天没有拿来分红的盈利,成为留存盈余,会在未来变成更高的分红,并且无论这些分红未来将在何时发放,它们的现价都是不变的。

当然,公司管理层可以决定分红的发放时间路径。股息支付率(即分红除以盈利)越低,当前的分红就越少。但降低当前的分红意味着提高了留存盈余,于是未来的分红将提升,最终可能还会超过原本不降低股息支付率时的分红水平。假设公司留存盈余带来的收益跟公司权益资产的收益相同，那么无论当前的股息支付率定在了多少，这些分红现金流的现价都是一样的。

使用戈登模型也可以证明这一点。我们假设股票的要求回报率（即折现率）r为10%，所有盈利100%进行分红，那么分红增长率g为0，分红d为每股10美元。这种情况下，计算出来的股价为100美元。

然后，我们再假设股息支付率从100%降到了90%，那么每股分红d也就随之降到9美元，留存盈余增加到1美元。如果留存盈余能跟其他资产一样带来10%的收益率，那么下一年的每股盈利将变成10.1美元，90%进行分红，那么分红将为每股9.09美元。如果股息支付率保持90%不变，那么每股分红的增长率就为1%。把$g=0.01$和$d=9$美元带入戈登模型，得出股价为100美元，跟上面一样。只要r保持10%不变，那么股价将每年上涨1%，跟每股盈利的增长率和每股分红的增长率相等，并且股东的总收益率将会保持在10%，其中9%来自分红，1%来自股价的上涨。公司可以从0到100%调整股息支付率，从而改变收益率里来自分红的占比和来自股价上涨的占比。不过无论怎么调整，股东的总收益率不会变，都是10%。

如果公司用留存盈余进行回购，那结论也是不变的。1美元的留存盈余，被用来购买1%的股份，那么总股份数减少了1%，意味着每股分红及每股盈利将会上涨1%。所以，回购政策和分红政策一样，都不会改变公司的价值。

表7.1中展示的长期数据，也能支持这个结论。表中汇总了分红增长率和盈利增长率的历史情况，以及它们与股息支付率之间的关系。从整体上看，分红是到目前为止最重要的收益来源。自1871年以来，股票的真实收益率为7.0%，其中约4.3%来自平均股息率，约2.5%来自剔除通货膨胀后的真实资本利得收益，即股价上涨带来的收益。[6]股价的上涨则主要来自每股盈利的增长，过去150年平均增速为每年2.05%。

表7.1 股市里剔除通货膨胀后的真实长期数据 （%）

年份	财报公布的每股盈利增长	真实分红增长	股息率	真实资本利得收益	股票真实收益率	股息支付率
1871—2021	2.05	1.56	4.29	2.59	7.0	57.2
1871—1945	0.67	0.74	5.31	1.32	6.8	66.8
1946—2021	3.43	2.38	3.28	3.85	7.3	49.0

二战前后，分红和盈利增长情况发生了重大的变化。每股盈利增长率在战后提升了许多，而股息率和股息支付率在战后都下降了许多。战前，公司会拿出2/3的盈利进行分红，19世纪时这个比例更高。当时，留存盈余太少了，不足以支持公司扩张，所以公司通常会通过发行更多的股份数来融资，于是抑制了每股盈利的增长。但是到了战后时期，公司缩减了分红，并且能赚取到更多的盈利，于是就不太需要再通过增发来进行融资了。这也是二战后每股盈利和分红增长率都有显著提升的原因。

来看看具体历史数据。二战前，平均股息支付率为66.8%，二战后降低到了49%。股息率从5.31%降低了2个百分点以上，到了3.28%。更低的股息率，使得每股盈利增长率从0.67%提升到了3.43%，资本利得的增长率也相应提升了超过2%。股息率的降低，再加上分红和盈利增长率的提升，这一事实跟正统金融理论的推导完全一致。同样一致的还有，股票的收益率在二战后只比二战前略高一点。

需要注意的是，虽然随着股息支付率下降，长期看每股分红的预期增长率会提高，但真实的分红增长率，会在降低股息支付率的许多年内暂时比之前更低。这一点在表7.1的历史数据中也能看到，随着公司用回购或其他能创造价值的方式来替代现金分红，每股分红的增长率要落后于每股盈利的增长率及股价的上涨。不过，如果股息支付率继续维持在相同的水平，理论上未来的分红增长率应该会比过去更高。

对未来分红进行折现，而不是盈利

虽然盈利决定了公司能发放的分红高低，但股价总是等于所有未来分红的现价，而不是未来盈利的现价。暂时留存下来的盈利，只有未来作为分红或以其他现金形式发放给股东时，才具备价值。用未来盈利的折现值来评估股票价值显然是错误的，这样会夸大公司的真实价值。

20世纪早期最著名的投资分析师之一、经典著作《投资价值理论》(*The Theory of Investment Value*)的作者约翰·布尔·威廉姆斯（John Burr Williams），曾在1938年就这一观点进行过强有力的论述：

> 大部分人会立即反对上面给出的股价计算公式，他们认为在计算中应该使用未来盈利的现价，而不是未来分红的现价。但是，基于这些批评家话语中的假设，无论是盈利还是分红，难道不应该得出相同的结论吗？按照批评家的意思，如果暂时留存下来的盈利全部都成功地做了再投资，为股东赚取了复利，那么这些盈利就应该在之后的时间里产生出分红，如果没能产生分红，那这笔钱就丢失了。盈利只是通往最终目标的一种途径，不应该被误认为就是最终的收益。[7]

有人可能会问，那么投资者该如何评估像沃伦·巴菲特的伯克希尔-哈撒韦这样从不进行分红的公司呢？伯克希尔-哈撒韦能产生大量的现金流，这些现金流要么被用来投资于新业务，要么被用来进行回购，未来也是有可能被作为分红来发放的。任何时候，如果一家公司的价值下降到低于这些现金流的价值，那么一个投资集团就可能会通过收购股票来获得公司控制权，然后进行分红或是变卖子公司。因此，虽然公司当前没有分红，但无论是当前的股东还是未来的股东，都拥有变卖公司资产或进行分红的潜在可能性，这使得公司股价能维持在反映出其真实市场价值的水平上。[8]

如何定义盈利

毫无疑问，如果公司没有盈利，分红是无法长期持续的。因此，如何定义盈利就是至关重要的了。合适的定义能让投资者更好地评估一家公司是否能产生持续的现金流以支撑分红。

盈利是收入和成本之间的差额。但盈利的定义，并不仅仅是简单的计算"收入金额减去支出金额"，因为许多支出和收入是分摊在多年里进行的，比如资本支出、折旧、期货合同等，并且还有些支出和收入是一次性的或是特殊项目，比如资本损益或重大重组，这些费用对于衡量一家公司的价值来说并没有什么帮助。公司的盈利能力和盈利的可持续性才是衡量公司价值的重要因素。正是由于存在这些问题，所以从来没有哪个盈利的定义是唯一正确的。

盈利的报告方式

公司公布盈利主要有两种方式。一种是"净收入"，也被称为"报告盈利"，是经财务会计准则委员会（Financial Accounting Standards Board，简写为FASB）认可的盈利。FASB成立于1973年，主要职责就是制定会计准则。这些准则也被称为"通用会计准则"，通常用来计算年报里公布的盈利，年报会被提交给政府机构。[9]

另一种使用更广泛的盈利是"营业盈利"，营业盈利里通常剔除了一次性的事件，比如公司关闭一个工厂或出售一个部门所涉及的相关重组费用、投资收益或亏损、存货核销、公司合并和分拆相关的费用、折旧或商誉减值等。但是，FASB并没有对"营业盈利"给出明确的定义，所以公司可以自己决定到底哪些费用能包括进来，哪些费用能剔除出去。于是在有些情况下，一项相似的费用，可能在一家公司里被算在营业盈利中，而在另一家公司里却不算在营业盈利中。

营业盈利有好几种不同的计算方式。标普在计算时比较保守，相比起GAAP报告盈利而言，只剔除了资产减值（含存货核销）以及与此相关的遣散费。但是大多数公司在计算时通常会剔除更多的费用，比如诉讼费用、由市场利率或预期收益变化而引发的养老金费用、股票期权费用等。我们把这种由公司自己公布的盈利称为"公司营业盈利"（firm operating earnings），或是"非GAAP"、"拟制"（pro forma）以及"持续经营的盈利"（earnings from continuing operations）。

表7.2汇总了非金融公司的不同盈利中，各项费用通常被包含和剔除的情况。对金融公司来说，无论是哪一种盈利，基本上各项费用都是被包含在内的。

表7.2 非金融公司不同盈利定义中各项费用的包含和剔除情况

项目	GAAP盈利	标普营业盈利	公司盈利
资产减值	包含	剔除	剔除
遣散费	包含	包含	剔除
资产交易费	包含	包含	剔除
诉讼费	包含	包含	剔除
养老金公允价值费	包含	包含	剔除
股票期权费	包含	包含	通常包含

三种盈利的历史走势对比

图7.2展示了标普500指数中的公司，1974—2021年的三种盈利走势情况。其中标普营业盈利是1988—2021年的。

从图中可以看到，公司营业盈利是最高的，其次是标普营业盈利，GAAP盈利是最低的。FASB自20世纪80年代开始实行按市值计价（mark-to-market）的规则，导致GAAP盈利远低于其他盈利，尤其是在经济衰退时期。

人们通常会认为，GAAP盈利要比营业盈利更能真实地反映出公司的盈利情况，但其实不然。实际上，FASB准则日益保守，尤其是要求包括资产减值在内，这使得报告盈利严重偏低。2001年颁布的"财务会计准则公告"（Statement of Financial Account

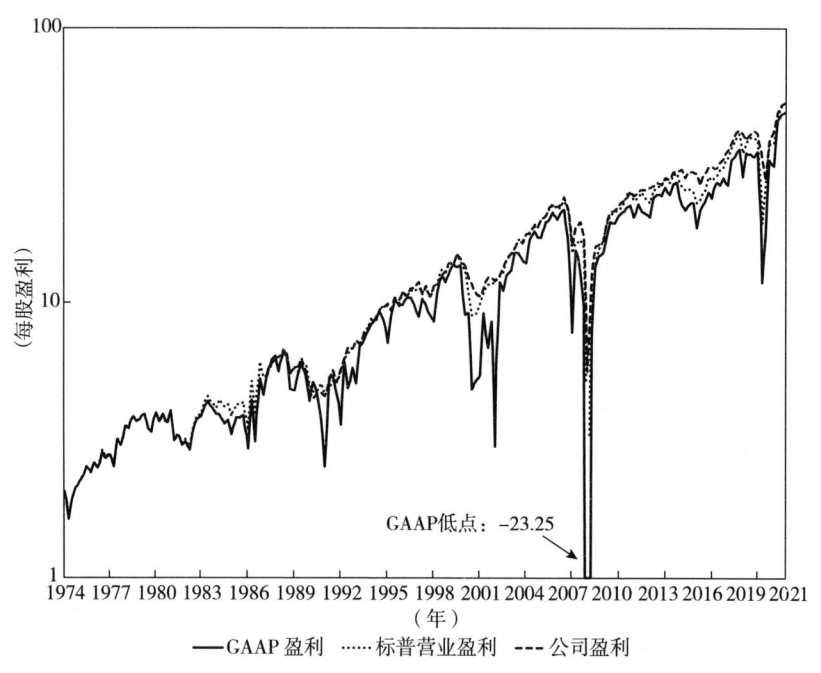

图7.2 1974—2021年真实每股盈利

Standard，简写为SFAS）中第142条和第144条，规定不动产、厂房、设备和无形资产（比如通过购买高于其净资产的股票而获得的商誉）的任何减值，都要按市值计价。之前1993年颁布的第115条，则是规定金融机构持有的可以交易或可以出售的证券，要按公平市场价值计算。[10]在这些新的规定下，无论资产是否已被出售，公司都得对资产进行减值。在经济衰退时期，物价低迷，这些规定的影响尤为严重。[11]另外，即便有形固定资产的价格回升了，公司也不能对这些资产进行调高，只有卖出资产后才能作为资本利得收入来记录。[12]

近年来，FASB还在进一步推行按市值计价的方式。在2016年发布的ASU 1920-01号文件里，委员会要求在计算报告盈利时，有更多的项目都需要按市值计价。这个规定立即激起了许多在做证券投资的公司CEO（首席执行官）的强烈反对，他们认为，市值波动，尤其是投资者情绪引发的市场波动，并不能代表公司的持续盈利能力。

沃伦·巴菲特的反对尤为强烈，他表示这个新规定可能会导致伯克希尔–哈撒韦的盈利发生"剧烈且毫无逻辑的变化"，并且"从分析的角度来看，伯克希尔–哈撒韦财务报表里的盈利情况将变得毫无参考价值"。[13]巴菲特作为一名投资者，多年来一直批评CEO采用不严格的会计准则，他的反对意见是非常值得重视的。在第10章，我们将看到FASB的这些新规是怎样导致报告盈利的波动变大的，从而干扰了市盈率的作用，尤其是干扰了许多资深投资者常常使用的希勒市盈率（CAPE ratio）。

1. GAAP、营业盈利和NIPA盈利

从图7.3中可以很明显地看到，GAAP盈利的波动近年来越来越高了。在20世纪30年代的大萧条时期，经济分析局国民收入和生产账户（National Income and Product Accounts，简写为NIPA）

图7.3 GAAP、营业和NIPA的真实每股盈利

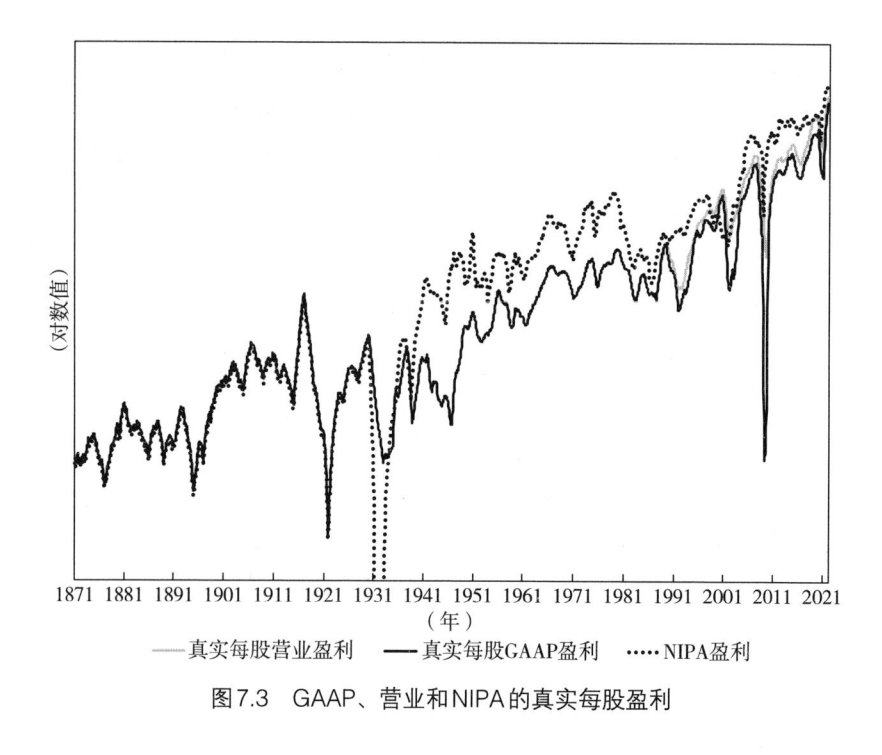

计算出的公司盈利下滑情况比GAAP要大得多。除了1937—1938年，在1990年之前的每次经济衰退期，GAAP报告盈利的下降幅度都要小于NIPA盈利的下降幅度，前者的平均跌幅只有后者的一半多一点。但1990年之后就发生了巨大的反转，GAAP盈利的下降幅度是NIPA盈利下降幅度的2倍以上。

在2008—2009年的经济衰退期，GAAP盈利的下降幅度格外惊人。对比一下大萧条时期，GDP的跌幅达到25%左右，GAAP盈利的跌幅达到63%，而2008—2009年GDP的最大跌幅只有5%，GAAP盈利的跌幅却比大萧条时期63%的跌幅还要大。这个差异，证实了FASB这些年来的新规会导致报告盈利越来越低，尤其是在经济低迷周期。所以投资者在进行市场估值时，是有必要考虑这个因素的影响的。[14]

2.季度盈利报告

上面讨论的都是盈利的长期影响,在本章的最后,我们来讨论本章开头所描绘的场景,即盈利对股市的短期影响。每当一个季度结束之后,在接下来的一个月里就会迎来财报季,在此期间影响股价变化的因素,主要就是公司公布的经营情况和投资者预期之间的差异,并且投资者关注的核心,通常是营业盈利。如果我们听说某个公司"打败了华尔街",这就表示它的盈利情况超出了人们的预期。[15]

虽然人们会公布市场一致预期,但这并不总是意味着财报发布时股价就会按照这个预期来变化。这是因为分析师和交易员往往会比普通人更密切地追踪公司情况,他们会给出跟市场一致预期不同的数字。这种预期通常被称为"私密预期"(whisper estimates),不会被广泛传播,但会在财报发布之前就对股价产生一定的影响。另外,这些私密预期往往会高于市场一致预期,尤其是在科技股上,这个特征格外明显,科技股通常需要大幅战胜华尔街,从而推高股价。

私密预期比市场一致预期更高的原因之一在于,一家公司在财报发布之前的业绩指引通常偏悲观,目的在于之后正式公布的数字更高,就可以让华尔街"大吃一惊",战胜一致预期。否则,怎么解释过去10年有大约65%(近年来甚至有70%~75%)的公司季报都打败了一致预期?此外,还有许多公司只比一致预期高出1美分,这要比统计学计算出来的概率高得多。

虽然盈利很重要,但它并不是投资者在季报中关注的唯一数据。另一个很重要的数据则是收入,甚至有些投资者认为收入比盈利更重要。结合收入和盈利,投资者可以计算出销售的利润率,这也是一个很重要的数据指标。

最后,公司对于下个季度或下一年的盈利和收入指引,也会影响投资者。如果指引低于之前的预期，那么对股价就会有负面影响。多年前，公司管理层会把可能对公司有影响的好消息或坏消息，悄悄地透露给分析师。但2000年，美国证券交易委员会（SEC）开始采取严格的新公平披露法规（fair disclosure，简写为FD），这种只把信息透露给一部分人的做法就不再被允许了。如今每季度的电话会议，正是管理层向股东披露所有重要信息的最佳时机。

总结

决定股票价值的基本因素是投资者未来能获得的预期现金流，以及这些未来现金流的折现率。这些现金流叫作分红，来源于盈利。如果一家公司的留存盈余能带来跟公司其他资产相同的收益率，那么分红政策不会对现有的股价产生影响，会有影响的是未来每股盈利和每股分红的增长率。[16]通过分析历史数据，也能证明这些结论。

关于盈利，有好几种不同的定义。公司营业盈利是由分析师计算并出具的，也是季报里最重要的数据。这类盈利数据往往会高于GAAP报告盈利。不过FASB近年来的新规导致报告盈利波动变大，并且越来越低，这使得报告盈利对于投资者来说，可参考性急剧下降。我们将在第10章介绍盈利对股市估值的影响。接下来的两章，我们来讨论利率和通货膨胀对股价的影响。

[第8章]

利率和股价

CHAPTER
EIGHT

> 这一切的根源都是利率。作为一名投资者，你所做的一切就是现在一次性支付一笔钱，以便未来能获得现金流。
>
> ——瑞·达利欧，对冲基金经理及桥水基金创始人

过去几十年，最令人吃惊的变化之一就是利率持续且急剧地下降。直到新冠疫情暴发之前，过去几十年的通货膨胀率是在下降的，所以包含了对预期通货膨胀的补偿的名义利率或市场利率随着通货膨胀率的下降而下降，也是正常的。但是，剔除了通货膨胀之后的真实利率，也大幅下降了。并且，真实利率下降的现象不仅发生在美国，也发生在世界各地。图8.1展示了各国剔除通货膨胀之后的真实利率的历史走势情况，可以看到在2000年之后，所有利率都下降了2%~4.5%，到2021年则都下降到了负利率的水平。

真实利率和股价

我们在上一章介绍过，根据金融基础理论可知，任何资产的价格应该等于未来预期现金流的折现值。这些现金流的折现率，使用的是像国债这样的无风险资产的名义利率，再加上未来现金流的一个风险溢价。对实物资产来说，未来现金流一般会跟随着通货膨胀而上涨，所以实物资产的价格可以表示为预期真实现金流的现值，即使用剔除通货膨胀后的真实折现率对未来现金流进行计算后得出

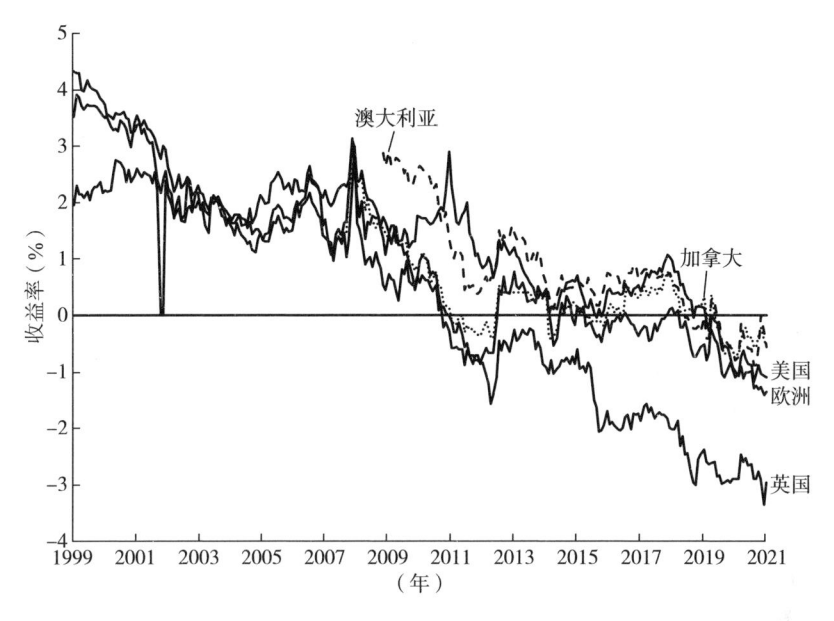

图8.1 10年期国债的真实收益率

的值。对股票和其他实物资产来说，假设所有其他因素都不变的情况下，剔除通货膨胀后的真实利率的下降，是有助于提升股价的。

然而，其他因素总是在变化中的，很难保持不变。因为真实利率的变化基本上是跟未来现金流和风险溢价的变化相互关联的。所以，为了完全了解利率对股价的影响，我们必须先弄清楚到底哪些因素会导致真实利率下降。

影响真实利率的因素

人们通常以为导致真实利率持续下降的原因是世界各国央行的宽松货币政策，尤其是2008—2009年金融危机期间以及新冠疫情暴发期间。然而这个解释在很大程度上是错误的。虽然央行在设定市场短期利率时起到了很重要的作用，但对真实利率来说，尤其是长期证券的真实利率情况，真正起决定性作用的是实体经济而不是货币政策。

一个多世纪以前，奥地利经济学家欧根·冯·庞巴维克（Eugen von Böhm-Bawerk）、瑞典经济学家克努特·维克塞尔（Knut Wicksell）和美国经济学家欧文·费雪提出了有关利率的基础理论。[1]三位学者一致认为，真实利率主要受到三个因素的影响：经济增长、时间偏好、风险。

经济增长

经济增长包括三个部分：人口增长、劳动力人口占比以及生产率，其中生产率衡量的是每小时工作产出的增长情况，也是决定生活水平最重要的因素。近年来，这三个部分都呈现出下降趋势，有的甚至是急剧下降。劳动力和生产率增速的减弱，意味着公司对资本的需求下降了，个人做贷款的意愿也降低了。这些因素结合起来，导致利率也下降了。

金融市场的反应，也证实了经济增长对利率的影响，即当高于预期的经济数据被公布时，债券价格会下跌，利率会上升；而当低于预期的经济数据被公布时，情况正好相反，债券价格会上涨，利率则会下降。

人口增长

人口增长跟生育率强相关，也就是一位女性一生中所生孩子的平均数量。图8.2中展示了世界各主要地区的历史生育率走势情况。

二战后，生育率急剧下降，这让许多人口统计学家大为吃惊。除了非洲，其他地区的生育率已经下降到了2.1及以下的水平，2.1被称为"人口更替水平"（replacement level），是保持人口不下降的一个临界值。

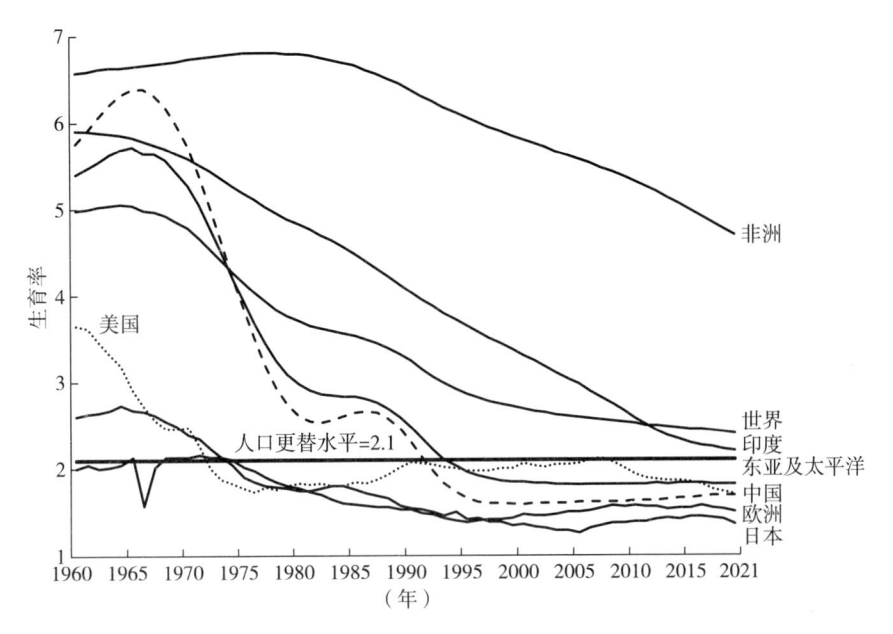

图8.2　1960—2021年全世界生育率走势

　　欧洲、日本和东亚大部分地区的生育率已经多年都处于更替水平线以下了，并且还在持续降低。再来看美国，虽然在新冠疫情暴发之前，美国的生育率处于更替水平线以上，但在2020年7月～2021年7月，人口数量只增加了39.3万人，成为历史上年增长率最低的年份，也是过去100多年来增长数量最少的时期。

　　在中国和印度这两个世界上人口最多的国家里，生育率也在急剧下降。1980年中国实行独生子女政策后，生育率下降了很多，即便是最近放宽了限制，出台了新的鼓励生育的政策，中国的生育率目前也仍然处于更替水平以下。[2]

　　1960年，印度的生育率约为6，即便是在2000年，也仍然在3以上。但最近20年，印度的生育率下降很快。虽然国际货币基金组织（IMF）的官方数据显示2021年印度的生育率高于更替水平，但印度全国家庭健康调查（National Family Health Survey）

第2部分　股票收益率：测量和估值　　　145

表明，全国的生育率已经降至2.0左右，而城市里的生育率仅为1.6。[3]

人口老龄化

导致世界人口老龄化的原因有两个：人均寿命的延长和出生率的降低。世界人口老龄化意味着人口中劳动力的占比在下降，而退休人员的占比在上升。人口老龄化进一步加剧了生育率的下降，抑制了劳动人口的增长速度。老龄化也严重影响着人们对债券的需求。

衡量老龄化程度常用的方式是计算"老年抚养比"（old-age dependency ratio）。老年抚养比指的是65岁以上的老人在总人口中的占比。目前这个比值在世界各国都在大幅上升，并且在未来30年还将继续上升。表8.1摘自联合国公布的《世界人口展望》（World Population Prospects），展示了一些主要国家在1950年、2020年以及2050年（预估）的老年抚养比情况。

表8.1 老年抚养比 （%）

国家	1950	2020	2050
美国	8	15	22
德国	10	22	30
意大利	8	22	37
日本	5	29	37
中国	4	10	26
韩国	3	15	38

老年抚养比增速最高的地区是亚洲。中国在1950年的老年抚养比仅为4%，如今已经增长到10%。1950年，韩国的老年抚养比是最低的，却预计在2050年将达到38%，成为表8.1中老年抚养比

最高的国家。比起欧洲和亚洲，预计美国到2050年老年抚养比的增长幅度是最小的，但相比如今也增长了不少，比起1950年来说，更是上涨了近3倍。

生产力

有一个因素可以帮助提升老年抚养比、抵消人口增长率下降的问题，那就是提高生产力。然而糟糕的是，虽然二战后的50年里发达国家的生产力增长强劲，但最近20年里生产力却在下降。

表8.2汇总了一些国家生产力的平均年增长率情况，包括38个经合组织（OECD）里的国家[4]、七国集团（G7）[5]、美国、欧元区[6]和日本。

表8.2　生产力增长率　　　　　　　　　　　　　　　　　　（%）

地区	2000—2010年	2010—2020年
美国	2.2	0.9
日本	1.1	1.0
七国集团	1.5	1.0
欧元区	1.2	1.0
经合组织	1.3	1.2

过去10年，全世界所有主要发达国家的生产力增速已经放缓，尤其是美国。虽然这10年里科技有了巨大的发展，但每小时的工作产出并没有加速增长。

人均GDP增速下降

劳动力人口的减少，加上生产力增长率的停滞，导致了人均GDP的增长放缓。表8.3展示了自1970年以来的50年间，全世界、美国、欧元区、日本、中国和印度等人均GDP的增长情况。中国和印度在1970—2010年的增速很快，不过近10年增长也慢了下来。过去20年里，人均GDP下降尤为剧烈的则是欧洲、日本和美国。

表8.3 人均国民生产总值增长率　　　　　　　　　　　　　　　　　　（%）

地区/国家	1970—2000年	2000—2020年	2000—2010年	2010—2020年
全世界	1.59	1.47	1.74	1.21
美国	2.21	0.92	0.81	1.04
欧元区	2.32	0.53	0.73	0.33
日本	2.70	0.45	0.47	0.42
中国	7.06	8.11	9.92	6.33
印度	2.48	4.41	5.09	3.75

经济增速放缓的其他影响

经济增速放缓，加上真实利率的降低，确实会带来一些好处。世界自然资源所面临的压力小了，退休生活的时间变长，工作时间变短，闲暇时间更多了。虽然不工作时人们的活动也会增加GDP，但休闲活动并不会被直接计入GDP，所以即便GDP增速较低，经济福利却可能会以更快的速度增长。然而，经济增速放缓减少了企业对资本的需求，生产力增速的降低也减少了人们贷款的需求，这两者都会导致真实利率下降。

时间偏好

时间偏好是另一个影响真实利率的因素。时间偏好指的是一种心理特征，即在可以选择的情况下，面对同样一笔钱，大多数人会选择当下消费，而不是留到未来再消费。这意味着，如果想要说服一个人延迟消费，就得给他提供更多的资金供未来消费。当下消费的时间偏好越高，就需要越高的利率来驱使消费者做投资，或是为了将来能获得更多的资金而延迟消费。但这个因素的值具体是多少很难测量出来，并且没有证据能表明这个因素的影响力在当前是越来越高还是越来越低。

风险厌恶

我们已经介绍了增速放缓会导致真实利率下降，但风险会同时影响着利率，尤其是投资者风险行为的变化，和债券风险特征的变化。这两个变化出现的原因，一方面是人口老龄化，另一方面是债券相对于股票的短期对冲能力越来越强了。

我们在第3章介绍过，随着年龄的增长，人们的投资组合会越来越保守，组合中债券资产的比例会提高。这是因为股票收益具有均值回归的特性，越是短期，股票相对于债券的风险会越高，并且年龄越大的投资者，当投资组合出现亏损时，通过提高自身人力资产的收入来弥补投资亏损的难度就越大。于是，年龄更大的投资者会更保守，他们在投资组合中会配置更多的债券资产，从而导致真实利率降低。

债券的对冲特性

我认为，股债之间日益增强的负相关性，是压制利率最强有力的因素之一，但也是最容易被人们忽视的因素。我们在第3章中介绍过股债的负相关性。

根据金融理论的推导以及真实数据的验证，我们知道，决定任何一种资产预期收益率最重要的因素之一，就是它的风险对冲能力。如果一种资产的价格走势，跟另一种风险资产的价格走势相反，那它就属于具有对冲能力的资产。换句话说，当风险资产（比如股票资产）的价格下跌时，对冲资产的价格会上涨，反之亦然。这种反周期资产是很有价值的，因为它能抵销或对冲一个投资者的投资组合里其他资产的波动。所以，对冲资产往往价格很高，从而降低了预期收益率。如果一种对冲资产非常有效,那么它的预期收益率可能降至0,甚至是负的。

对冲资产类似于保险,一个人购买保险并不是指望能从保险里赚到多少钱,而是希望能通过保险来抵销个人财富可能会遭受的负面打击。过去几十年最重要的发展之一,就是长期债券,尤其是美国国债,成为一种非常优秀的对冲资产。

图8.3展示了自1931年以来,股票资产和债券资产月收益率之间的5年滚动相关性。我们可以看到,在20世纪60年代和70年代初的大部分时间里,长期国债几乎没有对冲作用,也就是说长期国债与股票之间基本上没有相关性。到了20世纪80年代和90年代,股债之间的相关性急剧增强,此时长期国债并没有对冲作用,反而跟股票是同涨同跌的。在这段时期里,债券持有者会要求债券能提供更高的预期收益率,因为债券并不能对冲他们投资组合里股票的波动。

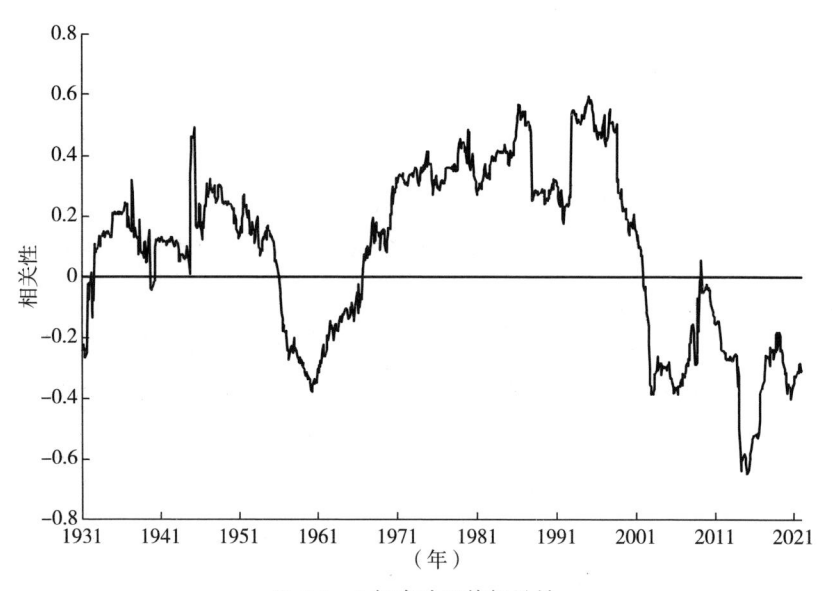

图8.3 5年滚动股债相关性

20世纪70年代和20世纪80年代初股债相关性大幅上升的原因之一，是美国经济受到了供给冲击，主要是石油危机，比如OPEC石油禁运和其他供应链中断等。能源危机导致通货膨胀加剧，从而降低了国债的真实价值，也损害了实体经济，导致股价下跌。于是出现股债双双下跌。此时的债券很不讨喜，它并不能为投资者的组合增加多样性，无法分散风险，那么债券为了能够吸引投资者，就必须提供足够的溢价，这样会迫使利率上升。

这种情况到了20世纪90年代尤其是21世纪初，发生了转变。虽然石油危机化解了，但其他风险出现了，1997年的亚洲金融危机以及更严重的2008年金融危机，加剧了人们对银行业和货币体系崩溃的担忧。这些危机让人们不禁回想起了20世纪30年代初可怕的大萧条时期，那时的名义国债是对冲实体经济崩塌的绝佳工具。历史已经表明，1929—1932年，表现最好的资产之一就是美国长期国债。

负贝塔资产

在金融文献中，这些对冲资产被称为"负贝塔"资产，贝塔指的是这个资产的价格与整个投资组合价格之间的相关系数。除了债券，还有一些其他的负贝塔资产，包括将在第22章介绍的VIX指数（volatility index）、能以某个固定价格进行卖出股票的看跌期权等。基于VIX指数和股票看跌期权的产品，由于能抵销股票下跌的影响，所以预期收益率是负的。图8.4展示了股票和债券之间的5年滚动贝塔系数，以及债券和一个股债比例为75/25的养老投资组合之间的5年滚动贝塔系数。

美国国债从20世纪70年代和80年代的非对冲资产，转变为20世纪90年代的有效对冲资产，其重要性不言而喻。在一项重要的研究中，约翰·坎贝尔（John Campbell）发现："相关性从高点降到低点，意味着10年期无息债券的期限溢价（term premium）将下降，下降程度将达到股票风险溢价的60%。"[7]举个例子，如果股票风险溢价是5%，那么相关性的改变可能会使得长期利率下降3%这么多。

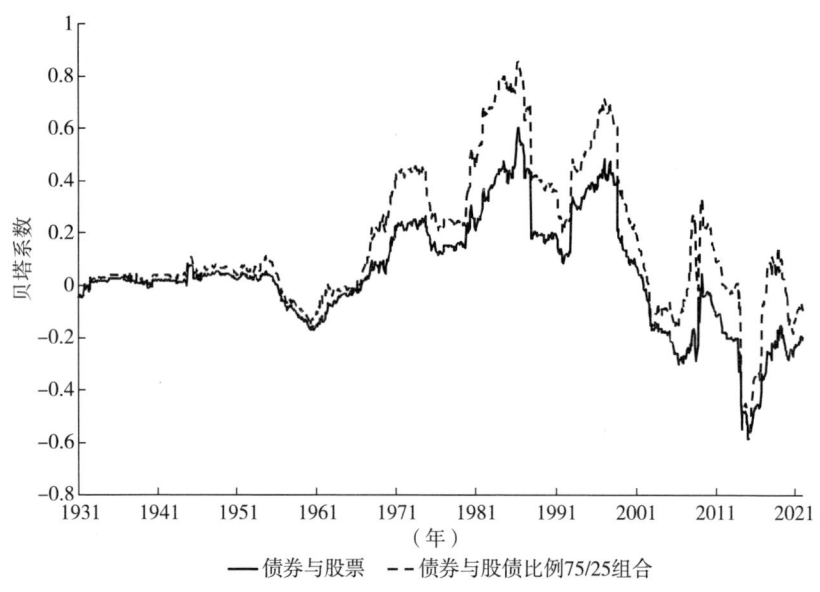

图8.4　股票、债券与股债比例75/25组合的5年滚动贝塔系数

2018—2022年担任美联储理事会副主席的理查德·克拉里达（Richard Clarida），曾在2019年11月于苏黎世举行的国际银行业会议上声称，长期债券的对冲特征，是导致其收益率下降的重要原因，他举例说，在金融危机时期，标普500指数暴跌37%，而当时30年期国债却暴涨38%。[8]

金融管理局的角色

可能有读者会很惊讶，在讨论推动利率下降的因素中，我们竟然没有提到美联储、央行或是任何有关货币政策的方面。

没有提到央行，并不是说它们对利率完全没有影响。毫无疑问，假设给定了通货膨胀率，那么央行就可以通过控制银行准备金的大小或是准备金的利率来调整短期真实利率。这项权力会对消费和经济产生影响。

但是，长期来看，美联储对真实利率的影响就比较微弱了。诚然，美联储在2022年初的紧缩政策，确实大幅推高了10年期通货膨胀保值债券（TIPS）的收益率，但在我看来，这种暴涨不太可能长期持续。克努特·维克塞尔（Knut Wicksell）首创了"自然利率"（natural rate of interest）一词，用来表示由生产力、时间和风险偏好等因素所决定的利率，这些因素都是不受央行控制的。如果央行试图使真实利率长期保持在自然利率之下，那通货膨胀就会加剧，迫使央行采取紧缩政策。反过来，如果金融管理局试图使真实利率长期保持在自然利率之上，那么通货紧缩和经济紧缩就会发生，迫使央行采取宽松政策。

可以肯定的是，无论是短期还是长期，央行都能通过控制通货膨胀率，来调整名义利率。长期过度发行货币，会导致长期通货膨胀，这就会迫使借款人需要在自然利率的基础上，加上通货膨胀溢价，来弥补货币购买力的下降。20世纪70年代，导致当时美国和全世界出现高利率的原因，主要就是通货膨胀溢价，以及债券无法起到对冲作用。不过，剔除通货膨胀之后的长期真实利率，主要还是由实体经济的力量来决定的。

利率和股价

通过上面的介绍，我们知道了利率和股价之间的关系不像表面上看上去那么简单，其实是非常复杂的。正如本章开头提到的，股价是由未来现金流的折现值所决定的。假如其他因素都保持不变，那么利率下降确实会使股价上涨。

但其他因素并不是一成不变的。如果利率下降是由增长放缓而引起的，那么未来的现金流会减少，股价会上涨还是下跌就不可知了。如果利率下降是由风险厌恶的提升而引起的，那么无风险利率的下降程度，需要达到能抵销更高风险厌恶的水平，股价才能上涨。如果利率下降是由债券对冲特征的加强而引起的，那么人们对债券的需求会提升，从而降低了利率，但这种情况下，人们对股票的需求可能并不会增加。

对于央行降低利率这一举动，如果只看短期，只要不是意味着经济出现过度、意想不到的疲软，人们就可以说这一举动对股市是利好。宽松的货币环境会刺激经济，减少企业借贷成本。如果这种宽松的环境并没有过度，也没有导致通货膨胀，那么像美国联邦基金利率（Fed funds rate）这样的短期利率的降低，往往对股价是强有力的利好。但假如这种宽松的环境导致出现了通货膨胀，那就有可能动摇经济稳定性，迫使央行在未来某个时间采取紧缩政策。

总结

过去几十年利率的长期下降，更多是与基本经济因素有关，而不是与央行政策有关。这并不是要否认央行在稳定经济方面的重要性，也不是要否认它们对股市和债市的影响力。只是我们通过分析影响真实利率的这些因素，明白了利率和股价之间的关系并不简单，人们需要理解利率变化背后的经济因素，才能分析对股市可能会产生什么样的影响。

[第 9 章]

通货膨胀和股价

CHAPTER
NINE

> 通过通货膨胀，政府可以秘密地、不为人知地没收公民的财富。
>
> ——约翰·梅纳德·凯恩斯

> 通货膨胀是无须立法的税收。
>
> ——米尔顿·弗里德曼（Milton Friedman）

货币和物价水平

1950年，杜鲁门总统在国情咨文中大胆预测，到2000年一个普通美国家庭的年收入将达到12 000美元，这惊呆了全国人民。当时，一个美国家庭年收入的中位数大约也就只有3 300美元，所以12 000美元听起来是一笔不可思议的巨款，意味着美国经济将在接下来的50年里取得前所未有的进步。事实证明，杜鲁门总统的这个预测仍然保守了。2000年，一个美国家庭年收入的中位数已经达到41 349美元。然而，2000年的这笔钱，如果按照1950年的物价来计算购买力的话，其实只有将近6 000美元。这个数字是杜鲁门总统预测数字的一半，同时证明了20世纪下半叶出现的通货膨胀情况。简而言之，虽然一个普通美国家庭的年收入金额从3 300美元上涨到了41 349美元，高达50年前的12倍，但真实购买力只有50年前的2倍。

自从有历史记载以来,通货膨胀和通货紧缩就一直是其中具有代表性的特征。但是1955年之后,就再也没有出现过CPI下降的年份。[1]过去70年到底发生了什么,使得通货膨胀已经成为常态?答案很简单:废除金本位后,货币供应量如今已掌握在政府手中,而不再依靠黄金的产量。于是,政府总是能够提供充足的货币流动性,来维持物价不下降。

我们在第2章中分析过美国和英国过去两个世纪的总体物价水平,发现从1800年到二战这段时间物价水平几乎没有上涨,但二战后就出现了经常性通货膨胀。在大萧条时期之前,只有出现了战争、农作物歉收或其他危机等情况时,才会发生通货膨胀,但二战之后物价走势就完全不同了。如今,通货膨胀已经随处可见,我们关心的唯一问题是通货膨胀率能否始终保持在2%左右,是否会越来越高呢?2%这个数字是大部分发达国家设定的通货膨胀率目标值。

货币和通货膨胀

经济学家早就发现,决定物价水平最关键的一个因素就是货币流通量。有证据表明,货币和通货膨胀之间有密不可分的联系。我们来看一下图9.1,它展示了自1830年以来美国的货币和物价走势情况,可以看到物价的总体走势与根据产出水平进行标准化的货币供应量趋于一致。

在全世界范围内,物价水平和货币供应量都呈现出密切关联性。没有新增的货币供应,通货膨胀就不会持续,每一次恶性通货膨胀都跟货币供应量爆炸式增长有关。大量证据已经表明,货币供应量高速增长的国家,通货膨胀也会更严重,而货币供应量受限的国家,通货膨胀则相对缓和。

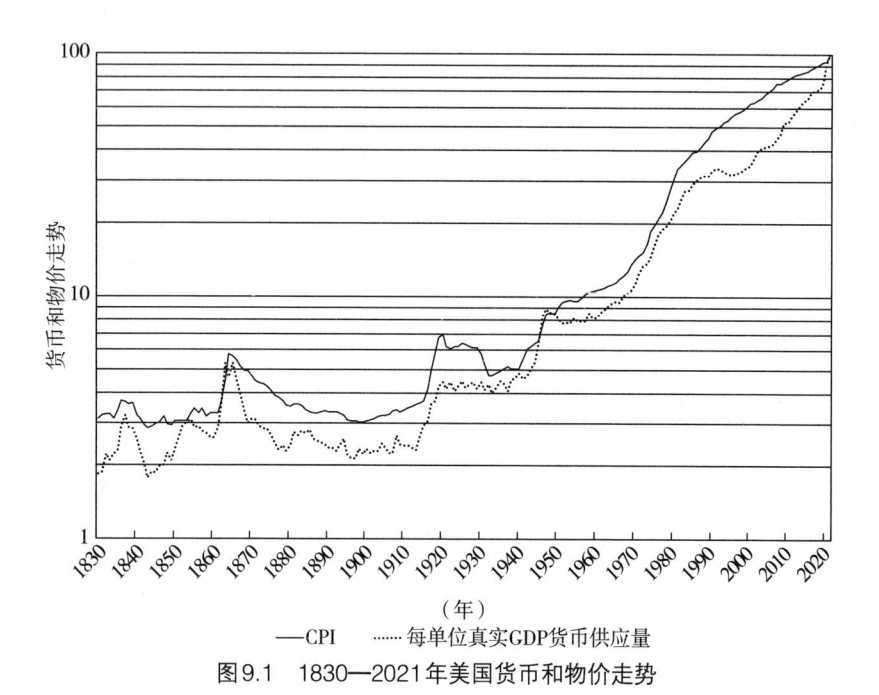

图9.1 1830—2021年美国货币和物价走势

——CPI ······每单位真实GDP货币供应量

为什么货币供应量和物价水平的联系如此紧密呢？这是因为货币的价值跟任何其他商品一样，是由供求关系所决定的。货币的供应量，被牢牢把控在央行手中。而对货币的需求，则源自在一个复杂的经济环境中，众多家庭和企业之间对价值数十亿美元的商品和服务进行交易的需求。如果货币供应量的增长超出了商品产量的增长，那么通货膨胀就会发生。有一句描述通货膨胀的经典语句永远都不会过时，它是这样说的："过多的钱，追逐着过少的商品。"

有读者可能会好奇，为什么在2008年金融危机之后，美联储以及其他央行的资产负债表大幅扩张，却没有引发通货膨胀呢？米尔顿·弗里德曼在《美国货币史：1867—1960》（*A Monetary History of The United States*，1867—1960）中明确说明，跟通货膨胀关系最密切的是现金加上存款的量，弗里德曼将其定义为广义货币供应量（M2）。关系最密切的并不是央行的资产负债表，资产负债表里包含了银行准备金和现金，通常被称为货币基础（monetary base）。2007—2013年，美国的货币基础已经是最初的3倍，但基本上所有的增长都成了银行的超额准备金，这些资金并没有被借出去，也就没有增加存款的量。事实上，美联储需要密切监控准备金的量，以防止信贷规模过大而引发通货膨胀。2007—2021年，虽然全世界的央行都采取了经济扩张政策，但这期间的通货膨胀率是比较低的，而且这跟历史经验并不矛盾，即并不违背货币供应量和物价水平之间的关联性。

不过，到了2020年3月新冠疫情暴发之后，情况就发生了很大的变化。我们将在第24章里详细介绍，美联储通过购买政府债券来为疫情救助提供资金，于是个人、企业、州和地方政府的存款飙升，出现了前所未有的超高货币供应量。具体数据是，2020年M2增长了20%以上，这是过去150年以来最大的单年增幅。2021年，M2继续快速上升，通货膨胀率也飞升至7%，创了过去40年的新高。这也再次验证了货币供应量和物价水平之间的关联。

股票可以对冲通货膨胀

虽然央行可以通过降低短期利率、为财政部提供更高流动性等方式，在一定程度上缓解（而非消除）经济周期，但从长期看，央行政策对通货膨胀的影响是最大的。20世纪70年代的通货膨胀，正是由于货币供应量的大幅提高而导致的，当时央行错误地以为它可以通过提高货币供应量，来抵销OPEC石油供应限制带来的影响。这一扩张政策使大部分发达国家的通货膨胀率上升至两位数的水平，美国最高达到13%，英国则高达24%以上。

大量历史已经表明，股票资产的收益率不同于债券资产的收益率，长期来看，股票资产的收益率是可以跟得上通货膨胀的。股票本质上是一种对实物资产盈利的所有权，尤其是对物质资本、地产和知识产权的盈利所有权。这些资产的价值，实际上是跟商品和服务的价格有关，所以从长期的角度看，不会受到通货膨胀的影响。举个例子，二战后至今的这段时期，是历史上通货膨胀最为严重的时期，然而股票资产剔除通货膨胀后的真实收益率，反而比之前的150年还要更高。在通货膨胀时期，股票资产能帮助投资者保持购买力的能力，使它成为极好的长期通货膨胀对冲工具。

为什么短期内股票不能对冲通货膨胀？

虽然放在长期看，股票收益率可以跑赢通货膨胀，但放在短期看却不一定。图9.2展示了1871—2021年，分别在持有1年和持有30年的情况下，股票、长期国债和短期国债剔除通货膨胀之后的真实年复合收益率情况。

从图中可以看到，股票作为长期抗通货膨胀工具是很有效的。但是，放在短期，无论是股票还是长期国债或短期国债，都不能很好地抵御通货膨胀。当通货膨胀率比较低时，这三类资产的短期真实收益率是最高的，而当通货膨胀率提高时，收益率就下降了。

如果说股票代表了实物资产，那为什么短期里股票不能对冲通货膨胀呢？一种常见的解释是，通货膨胀会使债券利率上升，而高债券利率会压低股价。换句话说，通货膨胀得让股价下跌到足够低的程度，才能提高股票未来的收益率，从而跟债券的高利率相匹配。

然而，这个解释在很大程度上是不对的。确实，对物价上涨的预期会使利率提高。20世纪初美国著名经济学家欧文·费雪曾指出，出借人为了保护自己不受通货膨胀的侵蚀，会在真实利率的基础上加上预期通货膨胀，再以这个新的利率来要求借款人支付。人们把这个发现命名为"费雪方程式"（Fisher equation）。[2]

更高的通货膨胀，也意味着股票资产未来的预期现金流会增多。

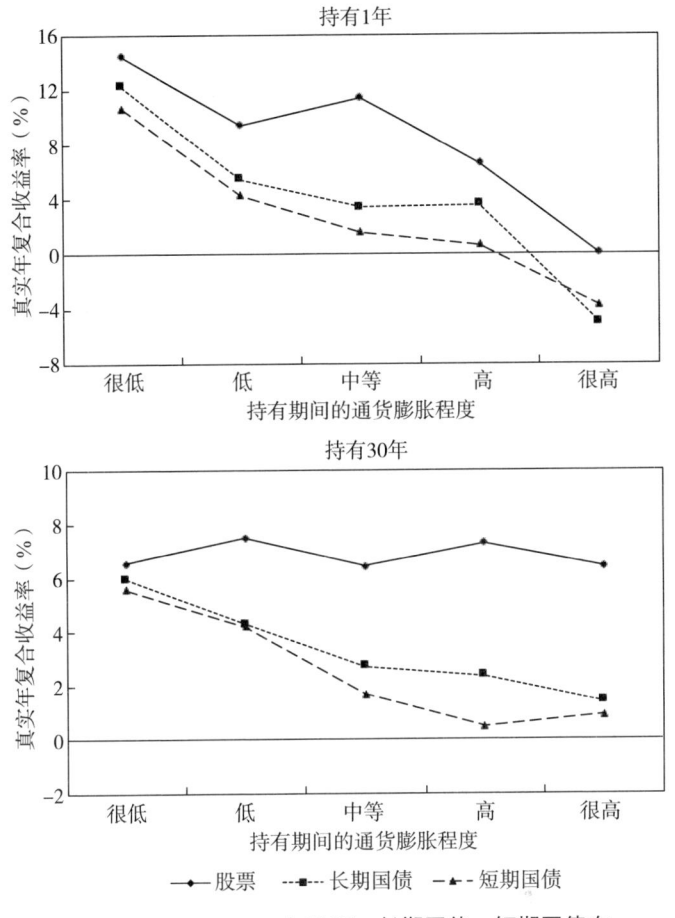

图9.2　1871—2021年股票、长期国债、短期国债在不同持有时间长度下的收益率和通货膨胀

股票是一种对实物资产盈利的所有权，无论这种实物资产是商品、劳动力、地产还是知识产权。通货膨胀则被定义为产出价格的上涨，只要投入价格的上涨小于产出价格的上涨，盈利就会增长，增长幅度不会低于通货膨胀率。

如果通货膨胀使得投入和产出的价格上涨幅度一致，那么即便有通货膨胀，股票未来现金流的折现值也是不受影响的。我们可以回顾一下第7章中介绍的戈登模型，就很容易理解这一点了。根据公式，我们得知股价等于分红除以折现率与分红增长率之差。通货膨胀会使利率提升，从而引发折现率提升，但通货膨胀同时也会使分红增长率提升相同的幅度。两者相抵，于是股价不变。随着时间的推移，盈利和分红都会上涨，股价也会跟随通货膨胀以同样的速度上涨。理论上，股票收益率是一个理想的通货膨胀对冲工具。

不过，当通货膨胀发生时，如果投资者预期央行会采取提升短期真实利率的方式来抵御通货膨胀，那么股价也有可能会下跌。我们在上一章了解到，对于像股票这样的实物资产，真实利率就是折现率，而不是名义利率。央行可以通过控制准备金利率来调节短期真实利率。如果通货膨胀率超出了央行的预期范围，央行就会提升短期真实利率，于是可能使得股价出现下跌。此外，这种限制性货币政策可能会导致经济增长放缓，从而减少未来的现金流，压低股价。

为何股价跟不上通货膨胀？

供给侧的影响

股价能跟随通货膨胀以同样的速度上涨，前提是通货膨胀本质上是纯货币性质的，会同时影响成本和收入，影响的幅度也一样。但是，还有很多情况下，盈利无法跟上通货膨胀的上涨速度。比如在20世纪70年代，由于OPEC石油供应限制，能源成本大幅增加，但公司不能把产出价格也提升至跟成本上涨相同的地步，所以公司盈利降低了，从而股价出现下跌。

美国的制造商多年来一直依靠着较低的能源价格而稳步发展，

当突然面对飙升的能源成本时，完全不知所措。OPEC首次减产后的经济衰退重创了股市，生产力急剧下降，从1966年1月的高点到1974年底，道琼斯指数跌去了65%，创下了1929年大崩盘之后的最大跌幅。悲观情绪四处蔓延，1974年8月有将近一半的美国人认为经济正在走向衰退，其程度堪比20世纪30年代所经历的那样。[3]

在其他国家，尤其是发展中国家，长期通货膨胀也跟大量政府预算赤字和过度支出密切相关。于是通货膨胀可能是一个信号，表示政府过多地干预经济，这往往会导致经济增长放缓、企业利润降低以及股价下跌。简而言之，有许多经济原因都可能会导致股价跟不上通货膨胀的步伐。

税

经济因素并不是导致股票资产无法成为短期通货膨胀对冲工具的唯一因素。在通货膨胀期间，美国税法也是不利于投资者的，主要体现在两个地方：资本利得税和公司利润。

资本利得税

在美国，根据资产买入和卖出时的价格差会收取资本利得税。买入价格和卖出价格都是名义价格，是没有剔除通货膨胀的。这意味着，即便一个资产的上涨幅度跟不上通货膨胀，也就是购买力下降了，在卖出资产时仍然会被收取资本利得税。

虽然放在长期看，股票资产的上涨幅度通常能赶得上通货膨胀，但基于名义价格的税法却让投资者在通货膨胀环境下遭受着损失。图9.3中展示了在不同的通货膨胀率和不同的持有时间长度下，由税法所导致的"通货膨胀税"的情况。[4]

即便通货膨胀率只有3%，比较温和，相比于没有通货膨胀的

第2部分　股票收益率：测量和估值　　163

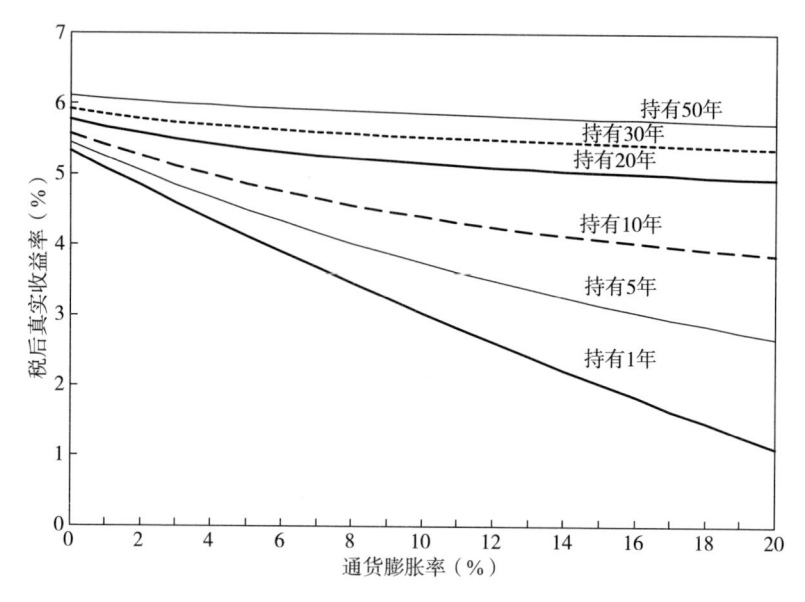

图9.3 股票资产的税后收益率和通货膨胀率

情况，一位持有5年的投资者每年也会损失0.6%。如果通货膨胀率达到6%，每年损失的幅度则会达到1.12%。

从图9.3中还可以看到，当持有时间比较短时，通货膨胀税的影响会更大。这是因为投资者越是频繁地买卖资产，政府就可以越频繁地收取资本利得税，而税收金额是根据名义收益来计算的，并不是根据剔除通货膨胀之后的真实收益来计算的。

如今无论是政府内部，还是金融行业里，都有许多人支持资本利得税针对通货膨胀做调整，税法里也已经有很多地方是这样做的。[5]根据这些提议，投资者只需要针对持有期内获取的超出物价水平增长的这部分盈利（如果有的话）来缴税。由于近年来通货膨胀率并不高，所以人们并没有那么迫切地去推动资本利得税针对通货膨胀做调整。不过随着新冠疫情的暴发，通货膨胀加剧，这个情况也许会有所改变。

失真的公司税

公认的标准会计实务,如果并没有充分考虑到通货膨胀对利润的影响,也可能会造成公司盈利的失真。这种情况一般会发生在处理折旧、存货估价和利息成本时。

厂房、设备和其他资本投资的折旧,是基于历史成本来计算的,并不会根据这个资产在使用期间可能发生的价格变化而做调整。通货膨胀会提升资产的成本,但报告里的折旧却并没有根据通货膨胀做调整,于是折旧免税额被计算低了,而应税的盈利金额却被计算高了,导致公司要缴更多的税。

存货核算是另一个会导致失真的地方。在计算已售出商品的成本时,公司需要使用历史成本,通常要么是"先进先出"的方式,要么是"后进先出"的方式。在有通货膨胀的情况下,历史成本和当下售价之间的差额会变大,于是公司就产生了"通货膨胀利润"(inflationary profits)。这些利润并不代表公司的真实购买力有了提升,仅仅表示公司的这部分资产,也就是存货,被卖了出去,变成了货币的形式,但并不是真正的利润。然而,这些存货的销售利润还是需要报税的,迫使公司要缴更多的税。这里要注意的是,对存货的会计处理方式,跟公司其他有形资产或知识产权不一样,有形资产或知识产权不需要为了确定税金是多少而每次重新核算价值。

美国商务部是负责收集经济统计数据的政府机构,商务部很了解这些失真,并且在计算国民收入和生产账户时,已经对折旧和存货核算都根据通货膨胀做了调整。但遗憾的是,美国国税局(Internal Revenue Service)并不认可任何因税务目的而做出的调整,即便公司的报告利润由于通货膨胀偏高了,公司仍然需要按照报告利润来缴税,这就导致公司承担的实际税负率提高了。

在会计实务中,还有一些方面在通货膨胀情况下是对公司有利的。我们前面提到过费雪方程式，根据这个方程式，预期通货膨胀率增加，会使得未来现金流的名义折现率提升，而这个提升会跟未来名义现金流金额的提升相抵。

不过，当通胀预期导致利率上升时，报告利润会下降。这是由于公司需要从收入中减去名义利息支出（而非剔除通货膨胀之后的真实利息支出），来得出利润金额。通货膨胀会引起公司债务的真实价值下降，由此导致推算收入发生变化，但推算收入并不会包括在公司财务报告里。理论上讲，通货膨胀增加了利息支出，但这个支出正好会被债务真实价值的下降所抵销，于是公司利润保持不变。

但公司需要缴多少税，是根据名义利息支出来计算的，名义利息支出增加了，相对应的债务真实价值的下降又并没有体现在报告里，这就会使报告里的数据跟理论情况产生偏差。报告利润下降了，需要缴的税也就减少了，这意味着公司真实的税后利润要比报告中的更高一些。公司的实际税负率降低了，对股价的提升是有利的。

总之，由于我们的税法是基于名义价值的，所以当通货膨胀增加后，即便未来现金流会提升同样的幅度，股价仍然会受到影响。一个比较大的负面影响就来自目前的资本利得缺乏通货膨胀指数化过程。从公司层面看，通货膨胀的增加有三个影响：折旧免税额被计算低了，存货利润被计算高了，利息支出也被计算高了。前两项会导致公司缴更多的税，第三项则会帮公司少缴一些税。这三者之间的平衡情况，则要取决于公司的杠杆率了。[6]

总结

在理想的纯粹通货膨胀情况下，投入和产出会以相同的速率上涨，那么通货膨胀对股票的真实价值是没有影响的，股票的真实收益率也不会受到影响。历史事实已经强有力地证明了这一点。自二战结束以来，物价已经上涨了20多倍，而股票的真实收益率不仅没有下降，甚至在没有通货膨胀的19世纪到20世纪前50年的这段时期内，还有所提高。

但从短期来看，情况就比较复杂了。投入和产出的增速会是不同的，具体多少要取决于供给冲击或需求冲击是否对经济产生了影响。此外，通货膨胀可能会促使美联储提升真实利率来抑制物价上涨的速度。最后，我们的税法系统并没有充分地根据通货膨胀做调整，于是导致资本利得税偏高，公司的税负也可能会更高。正是由于这些原因，所以从短期看，通货膨胀往往会导致股票的真实收益率降低。

[第10章]

股市的估值指标

甚至当人们投资股票的内在动机仅仅是对投机的贪婪时，人类的本性也会使他们希望用清晰的逻辑和正确的判断力来掩盖这说不出口的冲动。

——本杰明·格雷厄姆和戴维·多德，1940[1]

不祥之兆来了

1958年夏天，对那些长期遵循股市估值指标的投资者来说，发生了一件意义重大的事情。长期国债的利率，有史以来第一次明显超过了普通股票的股息率。

《商业周刊》在1958年8月刊登的一篇文章《不祥之兆来了》（An Evil Omen Returns）提到了此事，并警告投资者，当股息率接近债券利率时股市很有可能出现大跌。[2] 1929年股市大崩盘那年，股息率就是低于债券利率的。1891年和1907年股市崩盘发生的时候也存在类似的情况，当时股息率和债券利率之间相差不到1%。

从图10.1中可以看到，在1958年之前，股息率都一直高于长期国债利率。金融分析师告诉人们这就是正常的状态，股票的风险比债券高，所以收益率也应该更高些。根据这个观点，当股价过高使得股息率低于债券利率时，就到了该卖出股票的时候了。

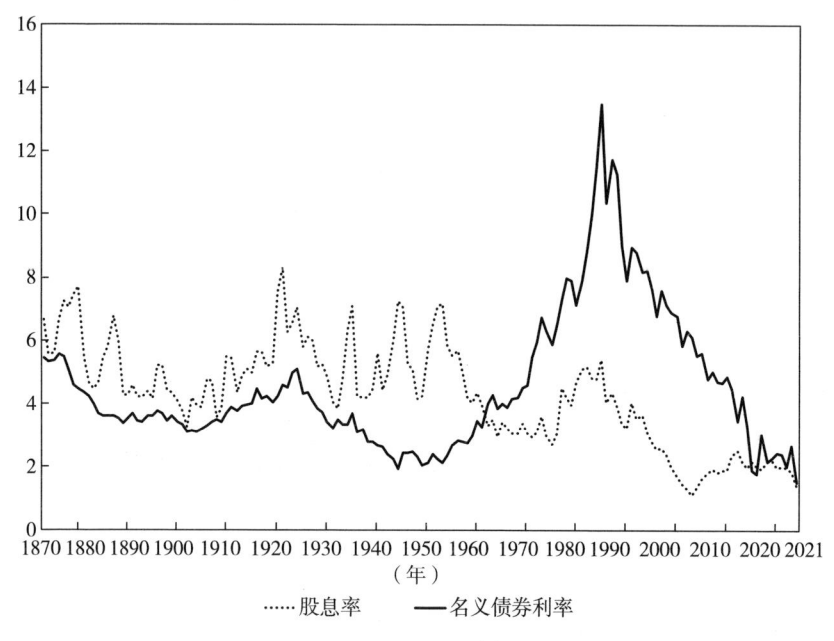

图10.1　1870—2021年股息率和名义债券利率

1958年出现的情况却跟以往不同。当股息率低于债券利率后，股市继续上涨，接下来的一年股市收益率就达到了30%，并在20世纪60年代继续攀升。

现在人们明白了，导致这一备受推崇的估值指标失效的原因，是一系列经济因素的影响。通货膨胀使物价上升，于是为了弥补出借人，债券利率也上升了，而投资者为了应对不断贬值的货币，于是买入股票资产。早在1958年9月，《商业周刊》曾指出："股票和债券利率之间呈现的关系，很明显是一个警告信息，投资者却还相信通货膨胀是不可避免的，以为股票资产是唯一可以对抗通货膨胀的工具。"[3]

尽管有一系列的经济理由可以解释股息率和债券利率之间的关系，但许多华尔街人士还是不明白为什么会出现这种跟以前完全不同的反转现象。怀特韦尔德公司（White, Weld & Co.）的副总裁及《金融分析师杂志》（*Financial Analysts Journal*）的编辑尼古拉斯·莫洛多夫斯基（Nicholas Molodovsky）曾说：

> 有一些金融分析师把股票和债券的收益反转称为一场由许多复杂因素所引发的金融革命。另外一些人则正好相反，对此压根儿就不做解释，而是心甘情愿地接受了，认为这就是金融业里的天意。[4]

假设有一位投资者一直遵循之前这个备受推崇的估值指标，1958年8月将所有资金撤出股市，放入债券，并发誓，只有当股息率再次高于债券利率时，才会再次投资股票，那这样一位投资者需要等待足足50年，才有机会再次踏足股市，因为一直到2007—2009年的金融危机期间，股息率才再次高于长期国债利率。在这50年里，股票的真实平均年收益率超过了6%，也大幅超过了债券的收益率。

这个案例告诉我们，只有当基础的经济和金融环境保持不变时，一个估值指标才是有效的。随着金本位向纸币本位的转变，二战后通货膨胀长期存在，永久性地改变了投资者判断股票和债券投资价值的方式。人们把股票看成一种对实物资产的所有权，认为股价可以跟随通货膨胀一同上涨，而债券不会。那些守旧的投资者仍然用老方法来对股票进行估值，于是彻底错过了史上最大的牛市之一。

股息率和回购

自1958年的大逆转出现以后，股息率就持续下降，中间只在20世纪70年代和80年代有过短暂的上升。股息率下降的主要原因是回购的增加，我们在第7章曾介绍过这一点，回购可以帮助股东以更低的税率拿到现金。事实上，近年来回购的重要性已经和股息率不相上下了。图10.2展示了从1960年至今，股息率、回购率以及两者之和股东收益率的走势。其中回购率等于回购的股票市值除以总市值。

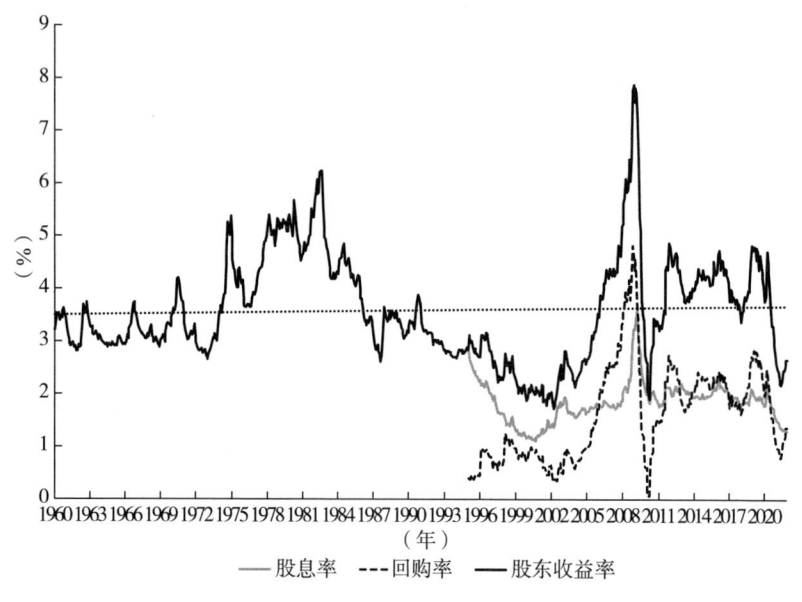

图10.2 股息率、回购率和股东收益率走势

20世纪80年代初监管明显放松，回购开始变得重要起来。从图10.2中可以看到，股东收益率，即股息率和回购率两者之和，自1960年开始是非常稳定的，且略有上升。我们还能看到，在2008—2009年金融危机期间，回购率降到了0。这是由于当时金融行业发生了巨变。一方面，有实力的公司会发行股票来收购实力差的公司，比如美国银行收购了美林，摩根大通收购了贝尔斯登（Bears Stearns）；另一方面，公司也会通过发行普通股和优先股来提升财务状况，抵御艰难时期。单用股息率这一个指标，是无法反映出市场整体估值的。

估值指标

许多对市场进行估值的指标,要么跟经济基本面高度相关,比如盈利、分红、净资产等,要么跟经济总量密切相关,比如GDP、利率、利润率等。

市盈率

市盈率(price-earnings ratio,或P/E ratio)是一个最基本的估值指标。一只股票的当前市盈率等于市值除以年盈利,可以用总市值除以总盈利,也可以用每股市值除以每股盈利。市盈率衡量的是一个投资者愿意为一美元的年盈利支付多少钱。

图10.3展示了1871—2021年的市盈率历史走势,使用的盈利数据分别来自标普500指数过去12个月的GAAP报告盈利和营业盈

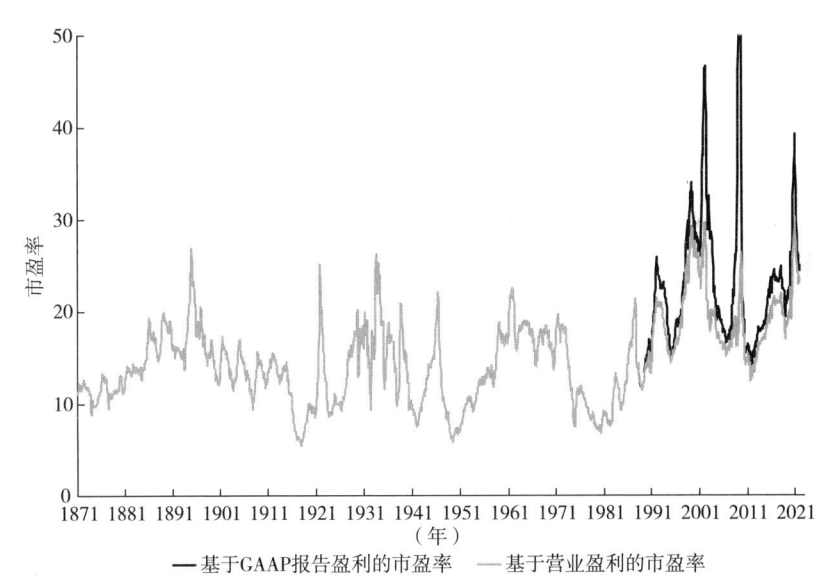

图10.3 1871—2021年基于GAAP报告盈利和营业盈利的市盈率走势

第2部分 股票收益率:测量和估值

利。基于GAAP报告盈利的市盈率在过去4次经济衰退期都出现了峰值，尤其是在金融危机后的2008—2009年的衰退期间，创下新高。虽然在衰退早期，由于盈利下降，市盈率会升高，但造成近年来出现如此巨大飙升的原因，其实是FASB推行的按市值计价规则的变化，关于这一点我们在第7章中有过详细介绍。

导致这种异常的超高市盈率出现的另一个原因，则是市盈率的计算方式。通常在计算一个指数的市盈率时，传统方式是把指数里每家公司的盈利相加，再用这些公司的总市值来除以盈利之和。但是当进入经济衰退期时，可能有不止一家公司的报告盈利变成了巨额亏损，那么按照这种方式计算出来的指数市盈率，就会异常高。

举个简单的例子，假设有两家公司A和B。A公司的盈利为100亿美元，市盈率为20倍，市值为2 000亿美元。B公司报告了90亿美元的亏损，市值只有100亿美元。那么在一个市值加权型投资组合里，将包括95%以上的A和不到5%的B。市值加权法是主流指数常用的方式，比如标普500指数就是一个市值加权型指数。

我们来计算一下这个投资组合的市盈率。由于总市值为2 100亿美元，而总盈利只有10亿美元，所以计算出来的市盈率高达210倍。但事实上这个组合里有超过95%的部分都是一家市盈率为20倍的A公司。这种计算方式会导致市盈率过高而失真，我将这种现象称为"加总偏误"（aggregation bias），这会导致市盈率看起来比真实情况高得多。[5]为什么这种先把盈利或亏损全部相加，然后再用总市值除以盈利或亏损之和的计算方式，无法得出正确的市盈率呢？原因就是，一家公司的亏损并不能抵销另一家公司的盈利。如果是同一家公司内部的不同部门，部门的盈利或亏损是可以直接相加的，但不同的公司之间却不能这样做。每家公司的股东，对自家公司的盈利享有独一无二的权利，不会由于其他公司的亏损而受到影响。按市值计价规则的变化，使得公司的报告盈利出现大额亏损，这进一步放大了加总偏误。在经济衰退期，通过这种方式计算出来的市盈率，会大大高于市场真实情况。

盈利收益率

市盈率的倒数被称为"盈利收益率"（earnings yield），衡量的是每一元钱的市值所对应的盈利情况。这是一个重要的估值指标，因为它能很好地帮助我们评估股票的长期真实收益率。如果所有盈利都以分红的形式发放了出来，那么一个股票的盈利收益率就会等于股息率。

1871—2021年的150年间，基于GAAP报告盈利的市盈率中位数为14.9倍，基于营业盈利的市盈率中位数为14.8倍。这说明盈利收益率的中位数为6.7%，这个数字跟股票的长期真实收益率相差无几。

盈利收益率和股市长期真实收益率之间的密切联系非常重要。市盈率和盈利收益率经过周期性效应的调整之后，可以帮助判断股票的未来预期真实收益率。这也正是罗伯特·希勒在创造希勒市盈率时所设想的。

希勒市盈率

1998年，罗伯特·希勒和约翰·坎贝尔共同发表了一篇开创性论文，名为《估值比率和股票市场长期前景》（Valuation Ratios and the Long-Run Stock Market Outlook）。[6]这篇论文延续了他们之前关于股市预测的一些研究，确定了股市的长期收益率并不是随机游走的，而是可以通过一种估值方法来预估的，使用的估值指标就叫作周期调整市盈率（cyclically adjusted price-earnings ratio，简写为CAPE ratio），也叫作希勒市盈率。希勒市盈率的计算方式是用一个宽基指数的价格，比如标普500指数，除以过去10年盈利的平均值，其中数据都是剔除通货膨胀之后的。用10年的平均盈利来代替1年的盈利,目的就是降低公司盈利随经济周期而产生的波动。

  希勒市盈率对未来10年收益率的预测准确率大约为33%,这个概率相对很多其他预测失败的模型来说已经不低了。当希勒市盈率高于长期平均值时,意味着未来10年股票的真实收益率将会低于平均收益率,反过来,当希勒市盈率低于长期平均值时,意味着未来10年股票的真实收益率将会高于平均收益率。图10.4展示了基于GAAP报告盈利和营业盈利的希勒市盈率的历史走势。

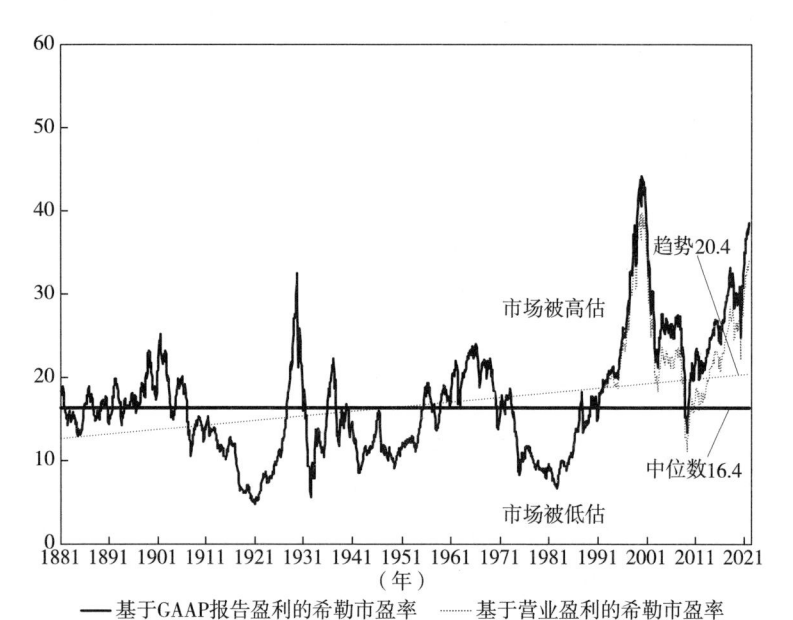

图10.4　1881—2021年基于GAAP报告盈利和营业盈利的希勒市盈率走势

  1996年12月3日,坎贝尔和希勒在美联储理事会上提交了他们初步的研究成果,并告诫人们说20世纪90年代末的股价已经大幅超过盈利了。这引起了投资界的关注。据说格林斯潘在这次会议之后所做的有关非理性繁荣的演讲正是在一定程度上借鉴了他们的研究结论。[7]在2000年牛市顶峰，希勒市盈率创下了43倍的新高，比历史平均值高出2倍以上，准确地预测了接下来10年惨淡的股票收益率。

历史上，希勒市盈率有过许多次成功的预测，比如1929年顶峰和2000年互联网泡沫之后糟糕的收益率，以及大萧条和20世纪70年代末的熊市之后出色的高收益率。但是近年来，希勒市盈率的预测就不准了。从图10.4中可以看到，过去30年希勒市盈率基本上都在长期平均值以上，意味着股票将表现不佳。但事实正好相反，这段时期内的股票收益率基本上都在历史平均收益率之上。1981—2021年的这40年间，除了4个月，其他所有时间里股市的10年真实收益率都超过了希勒市盈率模型给出的预测结果。从金融危机之后，希勒市盈率模型就对股市持非常悲观的态度，指出市场在2009年5月开始进入高估区域。但实际上，这时候市场底部才仅仅过去几个月，史上最大的牛市之一正在拉开帷幕。

希勒市盈率模型近年来看跌股市的原因主要有这么几个，首先，股息率的下降提高了盈利增速，改变了过去10年的盈利平均值。[8]其次，股票流动性的增加和交易成本的降低，确实证实了市盈率上升的趋势，如图10.4所示。关于这一点我们将在本章末尾进行讲述。

还有最重要的一个原因，则是FASB关于报告亏损的规则发生了变化，导致经济衰退期公司盈利的下降被夸大了。这种被夸大了的亏损，将在希勒市盈率的盈利数据中被保留长达10年，从而拉高了希勒市盈率的值。如果是按照过去的GAPP规则，计算得出的希勒市盈率的值会更低。

在公司营业盈利中，不像GAAP报告盈利中有那么多的减计，所以图10.4中展示的基于营业盈利的希勒市盈率，悲观程度要比基于GAAP报告盈利的希勒市盈率的悲观程度低一些。我在论文《重新看待希勒市盈率》(The CAPE Ratio: A New Look)中详细阐述了这些观点，分析了为什么近年来希勒市盈率这个指标过于悲观。[9]

2020年，希勒对他的希勒市盈率进行了优化，把真实利率的下降考虑了进去，给新的模型命名为"超额CAPE收益率"(the excess CAPE yield，简写为ECY)。[10]在这个模型里，希勒通过标准希勒市盈率得出盈利收益率，并且不是只看这一个指标，而是用这个盈利收益率减去真实利率，用这个值再跟历史平均值进行比较。

近年来真实利率已经大幅下降，ECY对股市的悲观态度大有改善。2021年，ECY指标预示着未来的股票收益率将会低于历史平均收益率，但由于债券的真实收益率比其历史平均要低得多，所以股票的预期收益率并不会低于历史平均太多。

2022年2月，贾森·茨威格(Jason Zweig)采访了希勒，咨询他关于过去10年希勒市盈率失效的看法。[11]希勒强调，即便是有过去150年的数据，可供观察的不重叠的10年时期也只有15个，这就使得统计结果的意义减弱了。当被问到有效的希勒市盈率会是什么样子时，他回答说："我们不知道。市场永远都正在朝着新时代迈进。"正如我们在本章开头谈及的那样，有时候确实应该忽略来自历史的警告。人们常常嘲笑的那句"这次不一样"，也许在有些时候是真的。

美联储模型、盈利收益率和债券收益率

由于美联储主席艾伦·格林斯潘越来越担心股市上涨对经济产生影响，于是1997年初，美联储的3位研究人员发表了一篇论文，名为《盈利预测和股市收益率的可预测性：来自标普指数交易情况的证据》(Earnings Forecasts and the Predictability of Stock Returns: Evidence from Trading the S&P)。[12]论文里阐述了股票盈利收益率和30年期国债之间的强相关性。

格林斯潘很认可这篇论文的观点，并建议央行，当盈利收益率低于债券收益率时，把股市标记为"高估"，而当盈利收益率高于债券收益率时，把股市标记为"低估"。根据这一规则对市场进行分析，会发现股市于1987年8月处于最高估的阶段，随后1987年10月股市就崩盘了，而在20世纪80年代初大牛市刚起步时，股市处于最低估的阶段。这项研究被人们称为"美联储模型"（Fed model）。

美联储模型的思路，类似于本章开头讨论的股息率和债券利率之间的关系模型，但美联储模型要准确得多，因为它比较的是盈利收益率和债券利率，而不是股息率和债券利率。逻辑就是，当债券收益率上升高于盈利收益率时，股价会下跌，因为此时投资者会从股票转向债券。而当债券收益率下降低于盈利收益率时，股价会上涨，因为此时投资者会从债券转向股票。图10.5展示了1871—2021年股票的盈利收益率、债券的名义收益率和真实收益率的走势情况。

从图10.5可以看到，1960—2000年，股票的盈利收益率和债券的名义收益率表现出很强的关联性。但在其他时间里，关联性却很弱。并且，美联储模型在概念上还有一个比较大的不足之处，即股票代表的是实物资产，价格会跟随通货膨胀一同上涨。所以，更适合跟股票的盈利收益率进行比较的，应该是剔除通货膨胀之后的债券的真实收益率，而不是名义收益率。其实，这也正是希勒ECY模型的理念。不过事实就是，除了1960—2000年这40年，其他时间段里这些数据之间的相关性都非常弱。我们在前文也说过，有许多因素可能会使真实利率发生变化，但并不会对股价产生影响。

尽管如此，当盈利收益率和债券真实收益率达到比较极端的值时，往往意味着市场的转折点到来了。在2000年互联网泡沫顶峰时期，股票的盈利收益率仅有3%左右，而10年期TIPS的收益率

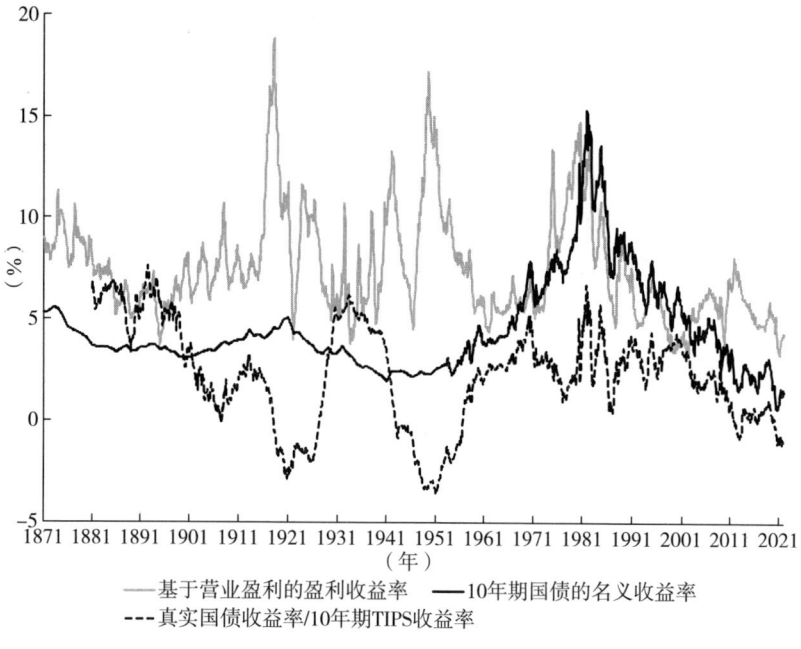

图 10.5　1871—2021年盈利收益率与债券收益率

超过了4%。盈利收益率减去TIPS收益率是个负数，也就是出现了异乎寻常的负风险溢价率，这更加预示了未来股价将出现下跌。

股市总市值、GDP和利润率

股票市场总市值和GDP之间的比值，也是一个估值指标。这个指标是沃伦·巴菲特在2001年提出的，也是他最喜欢的估值指标，[13]如图10.6所示。巴菲特在2001年表示，当这个指标降至70%或80%左右时，股市就处于值得买入的阶段，而当这个指标猛涨时，比如1999年达到了200%，那么股市就处于非常危险的阶段了。2021年，这个指标创下了历史新高，表明当时的股市处于高估。

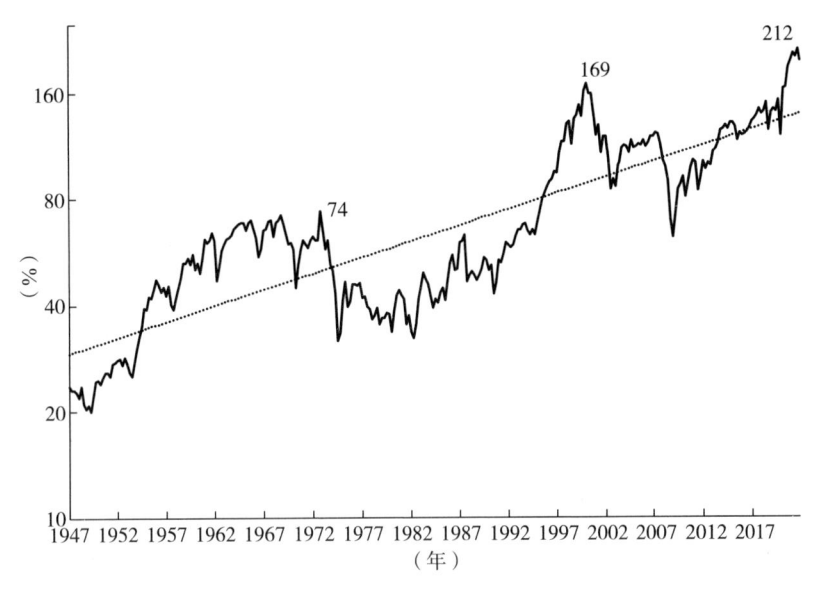

图10.6 巴菲特指标：股市总市值除以GDP

然而，这个指标也不是很好用。一方面，它没有考虑上市公司和非上市公司数量及规模的变化。如今，有越来越多的公司上市，尤其是金融公司，从而提高了股市的总市值。

更重要的另一方面则是，二战后美国公司的收入里，来自海外的收入和盈利占比有了大幅提高，如今甚至已经占到了将近50%的比例。这一点我们在第4章中也介绍过。随着美国经济体量在全世界经济体量中的占比不断缩水，美国跨国公司的盈利和市值相比GDP来说，应该是有所上升的。所以这就很容易解释为什么巴菲特指标呈现出上升趋势。

净资产、市值和托宾Q值

公司的净资产也常被作为估值指标。净资产等于公司资产减去负债，按历史成本来计算。这种方法的缺点在于净资产使用的是历史价格，忽略了资产价格变化所带来的影响。假设有一家公司以100万美元购买了一块土地，现在这块土地价值为1 000万美元，但单看净资产是无法体现出这一点的。

为了改善这些缺陷，耶鲁大学教授、诺贝尔经济学奖得主詹姆士·托宾（James Tobin），对净资产基于通货膨胀进行了调整，计算出公司资产负债表上所展示的资产和负债的"重置成本"（replacement cost）。[14]他提出，一家公司的"均衡"价值，或者说"正确"价值，应该等于经通货膨胀调整后的资产和负债的净资产。如果公司总市值超过了这个经通货膨胀调整后的净资产，那么公司管理层就可以通过卖出更多的股份来得到更多的资金，借助股价和真实价值之间的差异来获得盈利。相反的，如果公司总市值低于重置成本，那么公司最好是分拆卖出资产，或是停止投资并减产。

托宾用字母Q来表示股市总市值和经通货膨胀调整后的净资产之间的比值。他认为，如果股市处于正常估值，那么这个比值应该等于1。2000年，英国的安德鲁·史密瑟斯（Andrew Smithers）和史蒂夫·赖特（Stephen Wright）出版了《华尔街价值投资》（*Valuing Wall Street*）一书。他们认为，托宾的Q比值是最好的股市估值方法。他们断言，根据这个方法可以得知美股和英股以及许多其他欧洲股市都处于极其高估的位置。[15]这里没有给出Q比值的走势，不过它的历史走势跟原始的希勒市盈率几乎一致，并且过去10年Q比值同样失效了。

对于Q理论的一些质疑也是有道理的，毕竟它基本上是一种完全基于净资产的估值指标。像设备和厂房等资产，流动性不强，所以并没有太好的方式来评估大量物质资本的价值。并且，Q理论还有一个最重要的缺陷是，对于智力资本来说，无法用净资产来衡量。研究和开发成本无法被资产化，也就无法体现在股价中。

这种情况在科技公司里尤为显著。科技公司如今已逐渐占据市场主导地位。举个例子，2022年2月，微软的净资产为每股22美元，其股价为300美元。苹果的净资产只有每股4.40美元，而其股价约为160美元。我们将在第12章详细地讲述净资产这个估值指标。归根结底，净资产描绘的是过去的情况，而股价却是对未来盈利的展望。

利润率

近年来引起关注的另一个估值指标是利润率，即公司利润和收入的比值。图10.7展示了自1967年以来标普500指数里的公司的平均利润率情况。可以看到，目前的利润率已经上升到过去50年里的最高水平。看空者认为，这样的利润率是无法持续的，如果利润率下降，可能会导致公司利润大受影响、股价大跌。

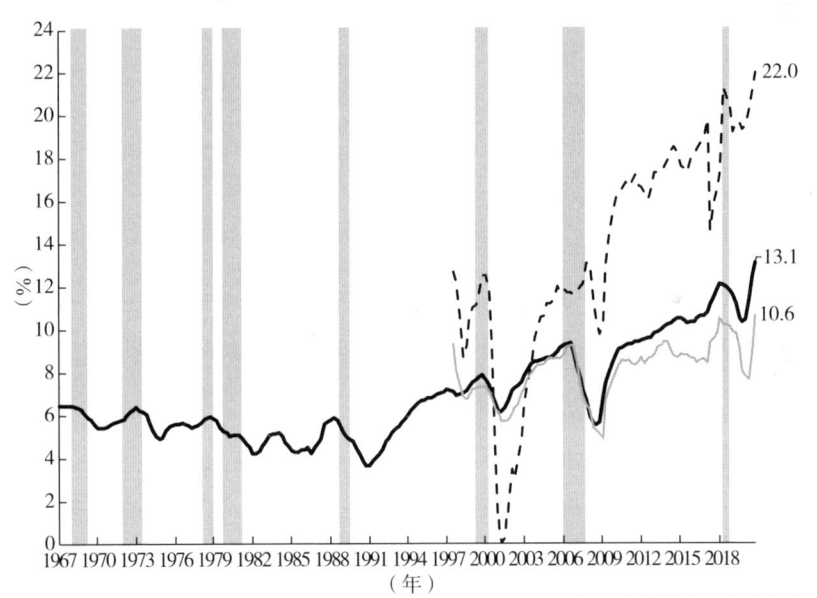

图 10.7 标普 500 指数利润率

但有几个原因可以解释为何利润率居高不下且不太可能大幅下降。如今，名义利率和真实利率都处于比较低的水平，公司税负也在下降。最重要的是，科技公司的占比大幅提高，海外市场的销售利润占比也在提高，并且海外市场的销售利润往往会比国内市场的销售利润更高。

从图10.7中可以看出，科技公司有更高的利润率，原因在于它们拥有智力资本和全球领先地位。如果排除科技公司，那么2021年的利润率会从13.1%降至10.6%。虽然这个数字仍然高于历史平均值，但更主要的原因是过去30年海外销售市场的扩大以及税率的降低。

合理的估值是多少？

我们说过，在过去150年里，市盈率中位数大约是15倍，不过近年来估值有上升的趋势。基于现在及未来可能的经济环境，市场的合理市盈率应该是多少呢？

这个问题已经困扰了经济学家几十年。半个多世纪前，保罗·萨缪尔森在《新闻周刊》上写道：

> 我怀疑，连魔鬼也不知道股票的合理市盈率到底应该是多少。是普遍公认的18倍吗？还是财政部长道格拉斯·狄龙（Douglas Dillon）贸然断言的15倍？还是电台里正播报的25倍、14倍呢？……没人知道。[16]

不过可以确定的是，市盈率会随时间推移有上升的趋势，有几个经济因素可以解释这一点。其中很少被人们提及却是最重要的一个因素就是，投资股票的成本已经大幅下降，并且投资组合可以实现完全分散化的投资。

交易成本下降

历史数据已经证实，过去两个世纪以来，剔除通货膨胀之后的股票资产真实收益率为6%~7%。这个收益率计算的是股票指数的收益率。不过在19世纪和20世纪早期，虽然不是不可能，但投资者若想要复制这个收益率，极其困难。

哥伦比亚大学的查尔斯·琼斯（Charles Jones）记录了20世纪股票交易成本下降的情况。[17] 这些成本既包括了支付给券商的费用，也包括了买卖价差（bid-asked spread），也就是买方出价与卖方要价之间的差价。琼斯的分析显示，买入或者卖出股票的单次费用，已经从1975年（券商佣金管制放开以前）的1%以上，降低到2002年的0.18%以下，到目前则更低了。

这意味着，在19世纪的大部分时间和20世纪初，想要买入并持有一个分散配置的股票投资组合以复制指数，每年的成本可能就会花掉1%~2%。因为成本比较高，所以早期投资者较少进行分散配置，所承担的风险要比指数大很多。换句话说，如果投资者想要完全复制指数，买入指数所有成分股，那么扣除交易成本后，真实收益率可能只有5%。假如投资者所期望的真实收益率只有5%，那么20倍市盈率，也就是5%的盈利收益率，是可以为如今的投资者实现这个期望收益率的，于是20倍可能就成了如今股市的合理市盈率。

导致估值上升的其他因素

另一个经常被用来解释估值上升的原因，是真实利率的急剧下降。诚然，罗伯特·希勒改进估值方法，采用超额CAPE收益率（ECY）后，正是由于利率的下降，使得这个估值指标已经远不像之前那么悲观了。但是，我们对这个方法持谨慎态度。许多导致真实利率下降的因素，尤其是增长放缓和避险情绪升温，并不一定会使股价上涨。不过，作为股票资产最重要的替代品的固定收益类资产，如今利率已经大幅下降了，这毫无疑问会使很多投资者选择继续投资股票，即便估值比之前高了。

股票风险溢价

交易成本下降和折现率下降都是估值提升的原因，还有另一个原因就是，股票风险溢价自身可能也在下降。在20世纪80年代中期，经济学家拉尼什·梅赫拉（Rajnish Mehra）和爱德华·普雷斯科特（Edward Prescott）发表了文章《股权溢价之谜》（The Equity Premium: A Puzzle）。[18] 他们在这篇文章里指出，虽然这么多年来经济学家构建了标准的风险和收益模型，但人们无法解释为什么历史数据表明，股票的历史收益率和债券的历史收益率之间会存在这么大的差距。他们发现，根据经济学模型的推导，要么股票的收益率应该更低，要么债券的收益率应该更高，或者两者都有。事实上，根据他们的研究来计算的话，股票风险溢价应该低至1%或更低才对。[19]

客观现实是，股票收益率要超出债券收益率3%~4%，许多学者都试图寻找其原因。[20] 有些人认为，这是由于人们非常不愿意降低消费，另一些人则认为，这是由于有些投资者比较短视，不愿承受短期亏损，看不到长期可能会获得的丰厚回报。一种比较可信的解释是，大多数投资者其实对股票资产的优异表现一无所知。此外，鉴于通货膨胀的不确定性，绝大多数投资者都没有意识到，长期下来债券并不比股票更安全。如果人们充分意识到这些因素，那么对股票的需求将增加，市盈率也会大幅上升，高于过去的历史平均水平。

近一个世纪前，布朗大学的教授切尔西·博斯兰（Chelcie Bosland）

教授有个深刻的观点。1936年，他指出，随着埃德加·劳伦斯·史密斯1924年出版的《普通股的长期投资》一书被大众广泛阅读，越来越多的人了解到了股票资产的好收益，那么这种变化会带来的影响之一就是估值上升。他写道：

尽管这听起来似乎有些矛盾，但已经有相当多的事实表明，当越来越多的人从研究中了解到股票可以提供很好的收益后，未来还能从股票中获取这样的好收益的可能性将会降低。人们知道了股票的收益更好就会争相购买，从而导致买入股票的价格更高，于是未来获得好收益的可能性就会变小。折现过程可能会损失大部分股票投资收益，股票的收益率和其他资产的收益率可能会趋于一致。[21]

总结

虽然过去80多年里，股票资产的表现一直都很不错，但如今的估值水平相比长期历史平均值而言已经上升了一些。比较讽刺的是，如果估值继续上升，导致股票风险溢价降低，低到宏观经济模型所认为的合适水平，那么股票未来的预期收益率将下降。换句话说，如果未来股票风险溢价降低了，那么将首先推高股价，从养老投资组合里取用资金的年纪比较大的股票投资者会因此而受益，但年轻一代的投资者投资股票能获取的长期收益率，却会比之前有所下降。

MARKET EFFICIENCY, VALUE, AND GROWTH

—

第 3 部分

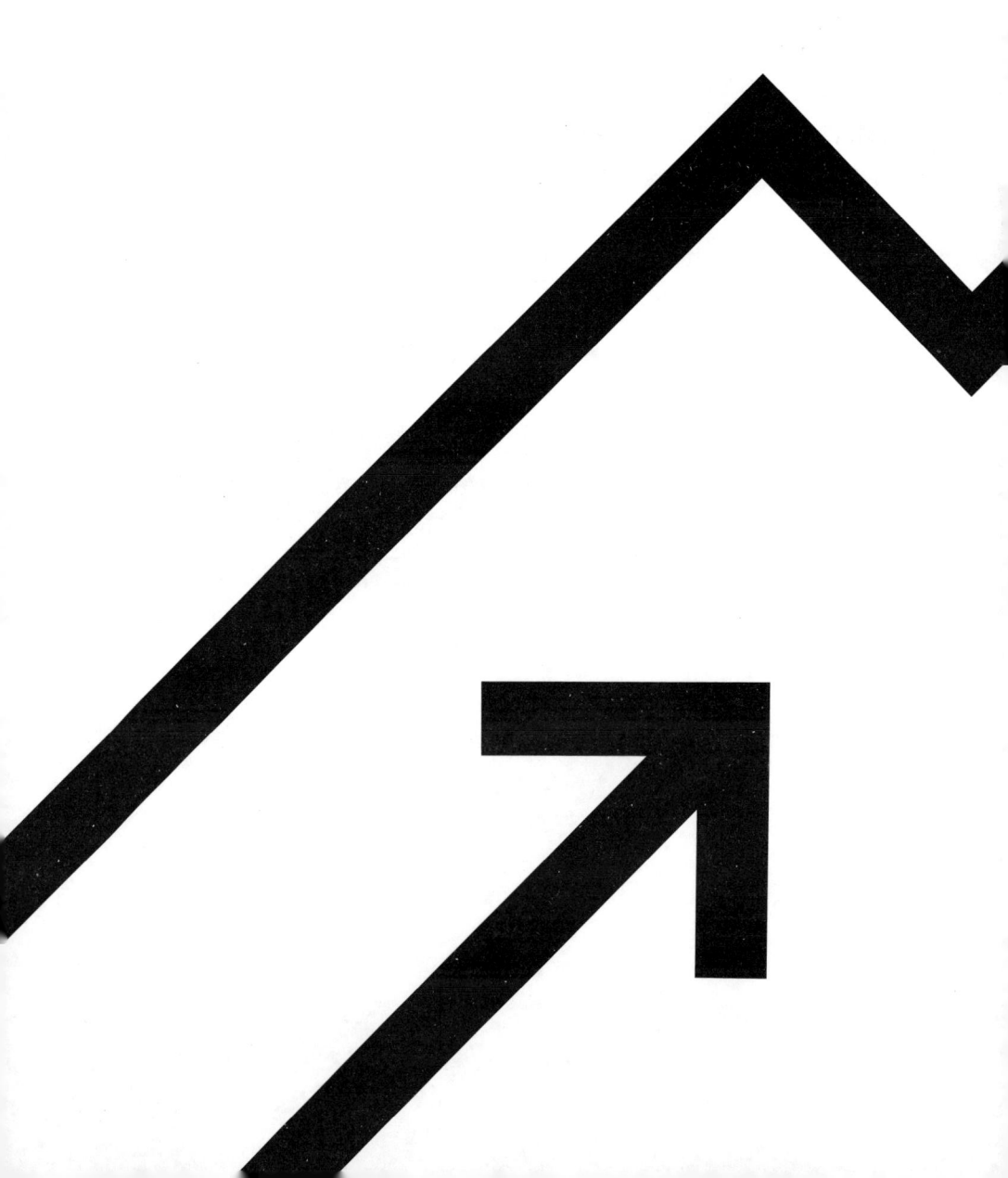

PART THREE

市场有效性和价值与成长

[第11章]

哪些股票适合长期投资？

CHAPTER
ELEVEN

> 让人陷入困境的不是无知，而是你以为一定没错的谬论。
>
> ——马克·吐温（Mark Twain）[1]

> 一家好公司，如果你买贵了，就不是一次好投资了。
>
> ——本杰明·格雷厄姆[2]

选哪只股票？

如果一个投资者想短期跑赢市场，有两种策略可以考虑：第一，投资一家盈利或其他增长指标超市场预期的公司；第二，买入你认为其他投资者也会买入的股票，不用管其他投资者买入的理由是否合理，这些投资者会推高股价，也就是说，去人多的地方。

如果你想长期跑赢市场，那你必须考虑完全不同的策略。你可能会比较惊讶，想要长期获得好收益，盈利增长并不是主要的考虑因素，实际上，盈利高速增长的公司往往估值会比较高，从而导致长期收益率比较低。历史表明，对长期投资者来说，最重要的是买入并持有那些股价相对于基本面来说处于合理水平的公司，而不是去追求那些增长最快的公司。

标准石油公司和IBM

设想一下,假如你穿越回到了1950年初,刚去世的叔叔给你刚出生的女儿留下了1万美元遗产。这笔钱有严格的使用条件:你只能用这笔钱来买入新泽西标准石油公司(如今名为埃克森美孚),或是另一家规模小得多但很有发展前景的新经济公司,名为IBM。同时,你还被要求把所有的分红再投入进去,长期持有不动,只有当2010年你的女儿60岁时才能动用。

你应该买哪家公司呢?

为了帮你做决策,假设有一个能帮人实现愿望的灯神出现了,告诉你未来60年这两家公司的真实年收入、盈利、分红增长率,以及科技行业和能源行业的市值变化情况。此外,灯神还告诉你,IBM将在两年内发明出第一台商用电脑,将在未来20年里前无古人、后无来者地成为科技行业领军企业。1950年,没有人会预料到IBM会有如此惊人的增长。表11.1展示了这60年间两家公司的盈利、分红和收入的增长情况。

表11.1 1950—2010年IBM和新泽西标准石油公司对比

增长指标	IBM	新泽西标准石油公司	更高者
每股收入	10.59%	7.99%	IBM
每股分红	9.73%	6.83%	IBM
每股盈利	11.26%	7.63%	IBM
行业年变化*	3.43%	−0.98%	IBM

注:行业年变化指1957—2010年科技行业和能源行业的市场占比变化。

估值指标	IBM	新泽西标准石油公司	更高者
平均市盈率	22.48	12.92	新泽西标准石油公司
平均股息率	2.17%	4.21%	新泽西标准石油公司

（续表）

收益率	IBM	新泽西标准石油公司	更高者
年收益率	12.98%	14.48%	新泽西标准石油公司
股价上涨幅度	10.66%	9.18%	IBM
分红收益率	2.13%	4.94%	新泽西标准石油公司

注：收益率的统计区间为1949年底至2010年底。

可以看到，在这些华尔街专家选股时常用的增长指标里，每一项IBM都远远超过了新泽西标准石油公司。每股盈利增长率是华尔街最喜欢的选股指标，IBM的每股盈利增长率在60年的时间里，每年超过石油巨头公司3%以上。并且在这期间，石油行业的市场占比大幅萎缩。1950年，石油公司在美股中的总占比大约为20%，到2010年，占比降至只有10%左右，同时科技行业的占比则提升到了之前的6倍以上。

有了这些信息，相信你会毫不犹豫地选择IBM，这个决定看起来就是板上钉钉的事了。

然而，这个选择却是错误的。2010年，女儿打开账户，看到账户里躺着市值将近1 500万美元的IBM股票可能会很开心，但是如果当初买的是新泽西标准石油公司，那么这个账户里躺着的将是超过3 300万美元的股票。另外值得一提的是，IBM和新泽西标准石油公司在这60年间都跑赢了市场，假如当初投资的是一个市值加权的指数基金，那么账户的资产将只有不到500万美元。

如果我们再把时间拉长些，统计到2021年底，结论仍然不会变。虽然2010—2021年，IBM和新泽西标准石油公司都大幅跑输标普500指数，但时间拉长到71年，投资新泽西标准石油公司不仅能打败IBM，也能战胜市场。图11.1展示了自1950年以来投资这两家公司的市值增长情况。

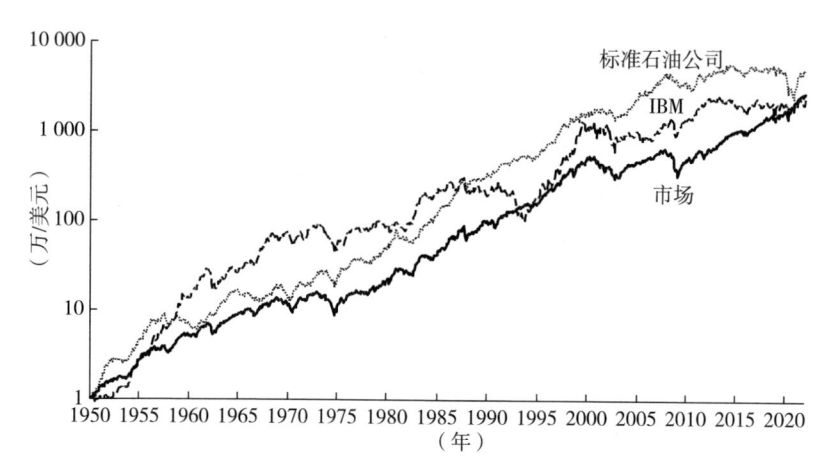

图 11.1 新泽西标准石油公司与IBM的总收益对比

为什么在每一项增长指标都落后于IBM的情况下，新泽西标准石油公司却能打败IBM呢？确实，1950年之后不久，IBM的表现要比标准石油公司好得多，但人们对IBM新产品的追捧，使公司估值大幅上升。虽然这60年间IBM仍然在高速增长，但投资者为此支付了过高的溢价，买得太贵了。我们从表11.1可以看到，新泽西标准石油公司的平均市盈率只有IBM的一半左右，同时股息率则比IBM高出2%。由于新泽西标准石油公司股价比较低，分红收益率高于IBM，所以在分红再投入的情况下，投资者最终积累下来的股票份额，将达到最初买入份额的11.87倍。而投资IBM，在分红再投入的情况下，投资者最终积累下来的股票份额只有最初买入份额的3.63倍。虽然新泽西标准石油公司的股价上涨幅度比IBM低了不到2%，但它更高的分红收益率帮它成为长期赢家。

选哪个国家？

2020年，在全球股市总市值里，美股总市值大约占了一半。

这个占比过去一直在稳步下降，但随着美股科技公司市值的大幅提升，这个占比不再下降，近年来甚至还有所上升。不过，我们在第4章了解过，由于投资分散化配置的需要，所以如今在构建一个投资组合时，海外市场的资产已经成为重要的组成部分。

如果让你选择一个海外市场来进行投资，你应该考虑哪些国家或地区呢？欧洲市场、日本市场或新兴市场？

为了帮助大家做决策，我们先来看这个问题。假如你现在可以选择的国家有两个，A国和B国。你所知道的唯一信息是，在接下来的几十年里，B国的GDP增速将比A国更快。那么，你会选择谁来投资？大多数读者应该都会回答"B国"。

然而，当观察了长期的历史数据后，我们会发现这个答案是不对的。图11.2展示了1900—2020年，21个国家的真实人均GDP增长情况和真实的股票总收益率情况，结果令人震惊。GDP增速和

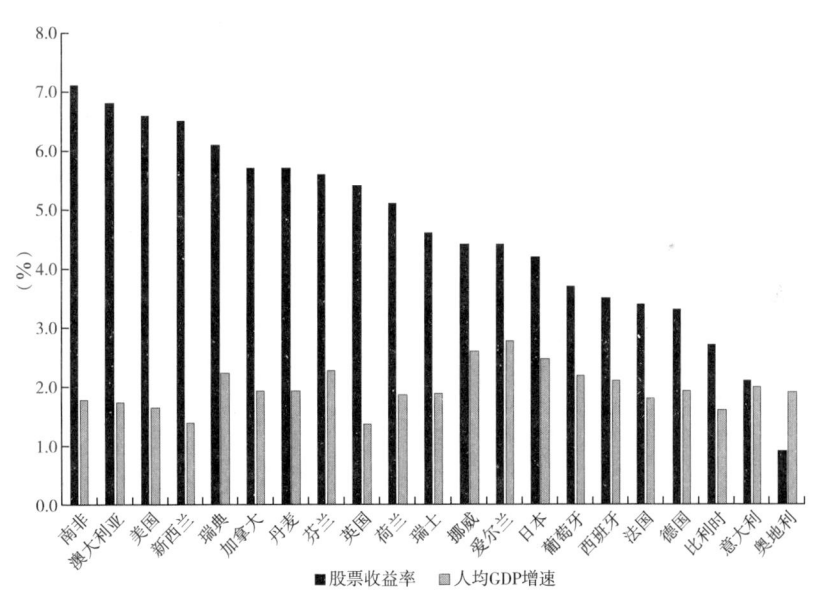

图11.2　1900—2020年各国的股票收益率与人均GDP增速

第3部分　市场有效性和价值与成长

股票真实收益率之间，基本上是负相关的关系。数据显示，股票真实收益率处于最高水平的国家，如南非、澳大利亚、美国和新西兰，人均GDP增速是处于最低水平的。

我在第2版的《股市长线法宝》里，第一次给出了这个令人费解的结论。我发现，1970—1997年，股票收益率和GDP增速之间的相关系数，在17个成熟市场里为–0.32，在18个新兴市场里为–0.03。在之后的很长时间里，杰伊·里特（Jay Ritter）、埃尔罗伊·迪姆森（Elroy Dimson）、迈克·斯汤顿（Mike Staunton）和保罗·马什（Paul Marsh）等人都陆续再次证实了这个负相关性。[3]

如果我们把观察时间拉长到2020年，结论也是如此。1971—2020年，除了新加坡市场和中国香港市场，其他成熟市场中股票收益率最高的是丹麦市场，年复合收益率达到13.5%，超过了美股将近3%。然而丹麦过去50年的GDP增速却是排在倒数第二的，跟德国并列，比美国低了将近1%。

对比来看，很多GDP增速排在世界前列的新兴经济体，股市收益率却不尽如人意。为什么增长快的经济体，却无法给股东带来更好的回报呢？有几个原因。公司需要资本，公司发展得越快，就越需要发行更多的股份来支持扩大生产，这就会稀释已有股东的股份。长期下来，从生产率加速增长中获益的是公司的员工，他们获得了更高的工资。自工业革命以来，实际工资，即每小时的工资，一直是稳步提升的，但价值1美元的股票资产所带来的收益，虽然比实际工资的增长会更高，却一直是一成不变的。

还有一个最重要的原因，跟新泽西标准石油公司能打败IBM的原因一样，就是投资者为增长付出了过高的成本，高估了增长快的市场，却低估了增长慢的市场。

GOAT：史上最佳

GOAT，意思是"史上最佳"，是英文"greatest of all time"的首字母缩写，如今已成为一个流行词。人们通常用这个词来形容体育明星或球队。若是把这个概念放到股市里，谁会是GOAT呢？我们可以通过CRSP数据集里所记录的个股收益率综合数据，计算出哪些股票在过去这么多年里长期总收益率是最高的。CRSP数据集自1926年就开始收集股票数据了。表11.2展示了1926—2021年表现最好的股票。

表11.2 1926—2021年表现最好的股票

初始的公司名称	如今的公司名称	1926年12月~2021年12月年收益率（%）
菲利普·莫里斯	奥驰亚集团	16.02
堪萨斯城南方铁路公司	堪萨斯城南方公司	14.50
火神材料	火神材料	14.21
伊顿制造	伊顿	13.08
IBM	IBM	12.97
可口可乐	可口可乐	12.89
百事可乐	百事	12.84
通用动力公司	通用动力公司	12.51
阿彻丹尼尔斯米德兰	阿彻丹尼尔斯米德兰	12.07
美国糖果公司	宝贝卷糖业	11.75
英格索兰	特灵科技	11.53
新泽西标准石油公司	埃克森美孚	11.29
德州仪器	德州仪器	11.04

（续表）

初始的公司名称	如今的公司名称	1926年12月~2021年12月年收益率（%）
加州标准石油公司	雪佛龙	10.75
亚当斯快递	亚当斯快递	10.56

注：堪萨斯城南方铁路公司的收益率截至2021年12月13日，之后其与加拿大太平洋铁路（Canadian Pacific Railway Limited，简写为CP）合并。

不过，股票界的GOAT跟体育界的GOAT不同，喜欢的人很少，大多数人反而是避开的。收益率冠军是菲利普·莫里斯，这是一家领先的烟草制造商，我们在第6章里介绍过它。1957年3月标普500指数成立时，就纳入了菲利普·莫里斯，从1957年3月至今，菲利普·莫里斯也是收益率最好的股票。

菲利普·莫里斯的优异表现要追溯到1926年。从1926年底到2021年底的这95年间，菲利普·莫里斯实现了16.02%的年复合收益率，比市场平均高出了近6%。假如你的奶奶在1925年花了1 000美元，买入了40股菲利普·莫里斯的股票，并且采用了分红再投入的方式，那么当这笔资产如今传到你手里时，2021年底将价值超过13.3亿美元！随着分红再投入，最初的40股如今将增加到2 500多万股，占这家全球巨头公司总股份的1%以上。

菲利普·莫里斯好收益的来源

说起来还有点讽刺，对想要长期投资菲利普·莫里斯的投资者来说，所经历的最好的事情，却是公司遭遇的一场财务危机。想必价值投资者已经注意到了这个矛盾点。沃伦·巴菲特曾说过："当一家好公司遭遇短期困境时，对我们来说就是最好的时机。我们希望在它们上了手术台的时候，去买它们。"[4]

多年来，菲利普·莫里斯不仅是上了手术台，更是进了重症监护病房（ICU）！一系列针对香烟制造商的联邦和州的诉讼案，使菲利普·莫里斯损失了近1 000亿美元，濒临破产。这使得它的股价持续低迷了近10年。

不过，公司还是有持续的现金流进账，也坚持进行分红。低迷的股价使股东可以用分红的钱，继续买入更多便宜的份额。逐渐地，对坚持持有的投资者来说，他们持有的股票变成了一堆黄金。

其实不只是菲利普·莫里斯，对于整个烟草行业来说，表现都很不错。伦敦商学院的迪姆森、马什和斯汤顿汇总了自1900年以来美国各个行业的历史收益率情况。从1900年到2014年底，投资到整个股市的1美元平均能获得9.6%的年收益率，但投资到烟草行业的1美元同期能获得14.6%的年收益率，是市场整体的160倍以上。[5]

其他变成了黄金的"ICU病号"

我们在前面已经介绍过，标普500指数里长期收益最好的公司之一梅尔维尔鞋业（Melville Shoe Corporation），是如何一步步转变为西维斯（CVS）的。梅尔维尔鞋业之所以没在表11.2中，是因为它的上市时间是在1928年，比1926年晚了2年。从1928年到2021年底，它的年收益率达到12.48%，而同期市场整体只有9.88%。

另一个精彩的案例则是撒切尔玻璃公司（Thatcher Glass Corporation），这是20世纪50年代初一家领先的奶瓶制造商。随着婴儿出生率的下降，且玻璃瓶逐渐被纸盒取代，撒切尔的生意一落千丈。不过投资撒切尔的股东们很幸运，1966年，瑞克苏尔制药公司（Rexall Drug），也就是后来的达特工业公司（Dart Industries），收购了撒切尔，之后在1980年，又与卡夫（Kraft）合并，最终在1988年被菲利普·莫里斯收购。尽管玻璃瓶被淘汰了，但假如一个投资者在1957年买入了100股撒切尔玻璃公司的股票，一直采用分红再投入的方式，那么到2021年底他将拥有超过4 000万美元。

最后一个例子是铁路行业，我们来看看它是如何从深渊中一步步成为赢家的。在19世纪末和20世纪初，铁路行业在整个股市中的占比是很大的。但到了大萧条时期，飞机和高速公路成为更加高效便捷的交通方式，铁路行业开始持续下跌。数十家铁路公司纷纷破产倒闭或被政府接管。

然而，让人难以置信的是，标普500指数中最初的那500家公司里，表现堪比菲利普·莫里斯，同时也是1926—2021年表现第二好的公司，竟然就是一家铁路公司——堪萨斯城南方公司（Kansas City Southern，简写为KSU），成立于1887年。KSU之前一直没有被其他大公司收购，也一直保持着原样，不像有的公司被管理层改造得大变样。一个多世纪以来，KSU都始终专注于铁路业务，创造出了丰厚的利润。不过，在存续了134年之后，它最终还是于2021年12月被加拿大太平洋铁路（Canadian Pacific）收购了。随后CRSP就删除了KSU的历史数据。KSU的经营很出色，但投资者向来不看好铁路行业，给的估值很低，于是便宜的股价帮助KSU登上了收益率排行榜中亚军的宝座。

你以为一定没错，而事实并非如此

1999年，在互联网泡沫顶峰到来之前，我受邀成为一家新公司的董事会成员。这家公司打算使用基于金融理论得出的算法，为投资者提供建议。我飞到旧金山参加了它的首次会议，公司的管理团队、程序员和商业模式，给我留下了深刻的印象。

会议一开始，首席执行官就给大家分发了一份新互联网公司的名单，让与会者猜一猜，名单里的哪家公司会在20年后成为最成功的公司，而哪家公司又将是最失败的公司。大家投票的结果，将在之后的聚餐环节公布。

这份名单里，至少有30家以上的公司。这些满怀抱负的新公司，最喜欢使用的后缀是".com"，这就跟20年后的今天，再一次出现的牛市中，许多公司都喜欢用"区块链"（blockchain）和"加密"（crypto）等字样是类似的。名单里的有些公司当时就已经上市了，比如Pets.com、Webvan.com、eToys.com、theGlobe.com以及Flooz.com等。名单里还有少数几家通信巨头公司，比如世通公司（WorldCom）和捷迪讯（JDS Uniphase），以及当时刚被标普500指数纳入的互联网巨头雅虎（Yahoo）和美国在线（AOL）。

我已经记不清当时哪家公司被大家公认为"最可能取得成功的公司"，但我清楚地记得，以压倒性优势被绝大多数人认为最可能会失败且在2020年将不复存在的公司是哪家。当时，在会后聚餐中宣布这个结果时，在场的所有人几乎都不禁窃笑以表示赞同，这家公司就是：图书零售商亚马逊。

总结

在2000年，不看好亚马逊的大有人在。差不多就在我去旧金山的那个时候，华尔街历史最悠久、最有影响力的期刊之一《巴伦周刊》（*Barron's*）刊登了一篇文章，而这篇文章成为有史以来最被人们嘲笑的头条故事之一。杂志封面上醒目地印着文章标题：亚马逊炸弹（Amazon.bomb）。

《巴伦周刊》的预测错了吗？当然错了，但也不是完全错了。就在文章发表的前一天，亚马逊的股价跌至59美元，一年半后跌至5.51美元，暴跌了超过90%。此后，又花了将近10年的时间股价才超过1999年的高点。你如果有点耐心，能在2000年稍微等一等的话，就可以花同样的钱，买到比泡沫顶峰时期多出10倍以上的亚马逊股份数。

虽然买在了2000年高位的投资者，长期持有下来仍然是盈利的，但这个故事告诉我们，长期投资者要遵循一条基本原则，那就是：不要爱上一家公司，而要爱上它的价格。

[第 12 章]

价值投资没用了吗？

CHAPTER
TWELVE

"价值投资之父"本杰明·格雷厄姆的《聪明的投资者》（*The Intelligent Investor*）改变了我的一生。如果没有读过这本书，我很可能至今仍然在送报纸。[1]

——沃伦·巴菲特，2019

价值投资已死。

——美银美林备忘录，2020年9月

价值投资

价值投资，这个策略指的是买入那些股价相对于公司基本面来说处于偏低水平的股票，公司基本面包括分红、盈利、资产或现金流等。几十年来，几乎所有成功的长期投资者都遵循的是价值投资策略。价值投资的创始人是本杰明·格雷厄姆，他是一位出生在英国的纽约人。1934年，格雷厄姆和哥伦比亚大学的教授戴维·多德，共同出版了经典著作《证券分析》（*Security Analysis*），阐述了价值投资的原则。格雷厄姆构建了一种财务分析方法来衡量公司的内在价值。他认为，投资者可以利用股价和内在价值之间的差异来战胜市场。

通过使用价值投资原则，格雷厄姆成为一名非常成功的投资者，收益率常常能打败市场，这使他拥有了广泛的追随者。1949年，他出版了《聪明的投资者》，书中详细介绍了他的价值投资策略。这本书卖出了好几百万册，被翻译成了几十种语言，风靡全球。

格雷厄姆最得意的弟子是巴菲特。巴菲特在哥伦比亚大学商学院学习期间，师从格雷厄姆，学习价值投资理论。除了巴菲特，沃尔特·施洛斯（Walter Schloss）、威廉·鲁恩（William Ruane）和特维帝布朗合伙公司（Tweedy Browne Partners）等，也都是非常成功的价值投资者。1984年，巴菲特在他的《格雷厄姆—多德式的超级投资者》（The Super-investors of Graham-and-Doddsville）一文里，重点介绍了许多成功的价值投资者。他强调，这些投资者并不是靠运气取得了如此优异的成绩，而是通过严格遵循价值投资原则取得的。[2]

近年来，遵循格雷厄姆—多德方法的价值投资者，包括马里奥·加贝利（Mario Gabelli）、比尔·阿克曼（Bill Ackman）和迈克尔·伯里（Michael Bury）等，其中伯里的形象还被迈克尔·刘易斯（Michael Lewis）搬进了电影《大空头》（The Big Short）里。

在价值投资理论中，格雷厄姆向众人介绍了"市场先生"，这是投资界最著名的角色之一。市场先生是一个喜怒无常、非常情绪化的人，他会给你提供上市公司买入和卖出的报价，但这个报价往往跟公司基本面毫无关系。格雷厄姆表示，聪明的投资者会利用市场先生的喜怒无常，当市场先生给出的报价低于公司内在价值时，就进行买入，反之，当市场先生给出的报价过高时，就进行卖出。价格低于价值的股票，就叫作"价值股"（value stocks），价格高于价值的股票，则叫作"成长股"（growth stocks）。长期来看，价值股可以帮助投资者获得更高的风险调整后收益。[3]价值和成长孰优孰劣，已经是投资行业里一个争论不休的话题。

然而，2007—2021年，价值投资却表现不佳。事实上，在评估不同投资策略的表现时，通过分析近一个世纪的股票数据集记录发现，价值投资几乎在各项指标上都大幅落后于成长投资。

这是怎么回事？真的如某些人所言，价值投资已死吗？还是这仅仅是价值投资风格暂时低迷的阶段呢？为了回答这些问题，我们先来看一下价值投资里运用的各种指标的定义，然后再来观察和分析数据。

盈利、分红和净资产

格雷厄姆和多德强调，市盈率是判断一家公司的股票是否值得买的关键指标，买入高市盈率的股票是很糟糕的策略。在1934年出版的经典图书《证券分析》里，他们写道：

> 因此我们可以认为，这是一个具有重要实践意义的必然结果，即如果投资者总是买入市盈率在16倍以上的股票，那么长期来看他们很可能会遭受巨大的亏损。[4]

虽然在当时那个年代，股票的平均市盈率在15倍以下，但不购买市盈率超过16倍的股票这个方法，还是很有局限性的。有趣的是，6年后，当格雷厄姆和多德出版了第2版的《证券分析》时，他们对高盈利增速的公司应该享有更高的估值这个观点表示了认同。并且，他们还把"合理市盈率"的上限值改为20倍。[5]不过，他们仍然坚持认为，买入高市盈率的股票通常来说都会降低未来的收益率。

市盈率对未来收益率的重要影响，也被许多学术研究所证实。在20世纪70年代末，圣乔依·巴苏（Sanjoy Basu）基于S. F. 尼克尔森（S. F. Nicholson）1960年的研究，证明了低市盈率的股票相比于高市盈率的股票，可以提供高得多的风险调整后收益率。[6]随后，通过分析1926年以来的大量股票数据，也证实了低市盈率的公司表现要优于高市盈率的公司。

图12.1展示了1951—2021年所有美国上市公司的累计收益率情况，这些公司按照每年12月31日的盈利收益率（即市盈率的倒数）数据，进行了排序。我把这些盈利收益率数据，从最高的20%到最低的20%，一共划分成了5个层级，然后计算它们在接下来12个月的收益率情况。[7]

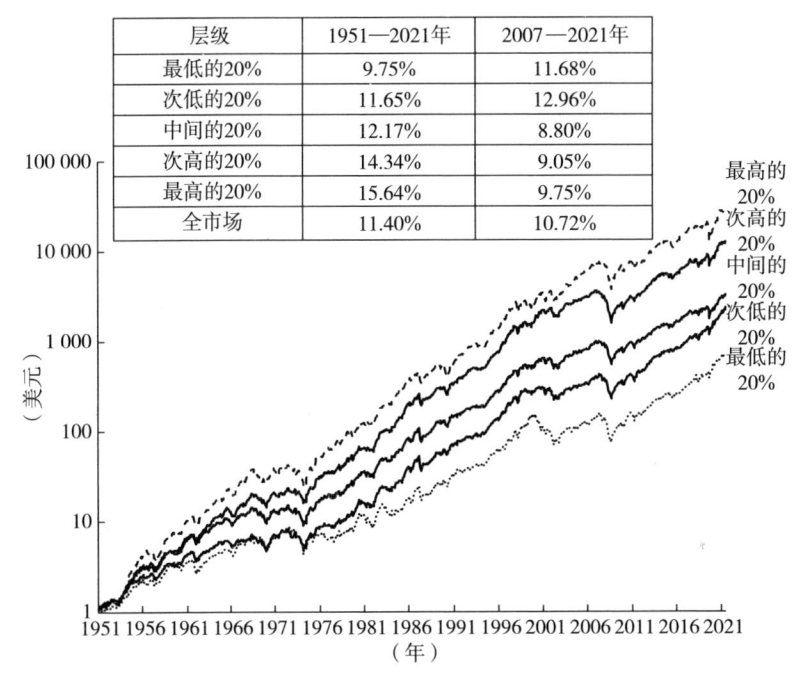

层级	1951—2021年	2007—2021年
最低的20%	9.75%	11.68%
次低的20%	11.65%	12.96%
中间的20%	12.17%	8.80%
次高的20%	14.34%	9.05%
最高的20%	15.64%	9.75%
全市场	11.40%	10.72%

图12.1 按盈利收益率划分的公司收益情况

我们可以看到，在整个统计时间内，盈利收益率最高的股票（即市盈率最低的股票）要比盈利收益率最低的股票（即市盈率最高的股票）表现更好。但是，我们还可以从图12.1中的表格里发现，这个策略在2006年及之前是更有效的，即金融危机发生之前，这个策略的收益率更好。2007年之后，低市盈率的股票，表现就不如高市盈率的股票了。当然，在整个时间区间内，仍然是低市盈率的股票表现更好。

1.分红

价值投资里第二个重要的指标，是股息率。在《证券分析》中，格雷厄姆和多德说：

> 股市中有个定论，即面对1美元的盈利，对投资者来说更有价值方式的是进行分红，而不是留作公司的留存盈余。通常来说，股票投资者不仅应该对公司的盈利能力有要求，也应该对分红有要求。[8]

为什么除了盈利，分红也应该是投资者在购买股票时考虑的另一个因素呢？在第7章中，我们已经了解到，没有作为分红发放给投资者的盈利，可以通过几种方式来为投资者创造价值，比如公司回购、增加公司投资或偿还公司债务等。并且我们已经证明，假如投资者持有公司股票的预期收益率跟公司内部持有资金的收益率是相等的，那么无论盈利是否作为分红发放给了投资者，都不会对股价产生影响。

本杰明·格雷厄姆认为，通常来说公司的内部资金使用效率并不高。格雷厄姆最成功的几笔投资中，就有一种方式是把公司收购下来，然后把留在公司里不赚钱的盈余发放给股东，这种盈余通常以现金或流动资产的形式存在。此外，价值投资者认为，如果公司管理层做出承诺将会向股东稳定分红（且随时间推移分红金额会逐渐提高），这会激励管理层做那些有产出的、能获利的投资项目，从而提升股东的回报。

格雷厄姆和多德阐述的关于分红对未来收益率的影响，也跟市盈率一样，得到了许多早期研究的进一步证实。1978年，克里希纳·拉姆斯韦（Krishna Ramaswamy）和罗伯特·莱森伯格（Robert Litzenberger）发现了分红与收益率之间的重要关联。[9]詹姆斯·奥肖内西（James O'Shaughnessy）等著名的市场投资顾问指出，1951—1994年，50只股息收益率最高的大盘股的收益率，要比市场平均收益率高出1.7%。[10]

2.回购

分红只是公司把盈利直接发给投资者的方式之一。在第7章和第10章里我们都介绍过，回购通常也叫作股份回购，指的是公司管理层在二级市场里把公司股份重新买回来，这种方式也是股东获得收益的重要来源。在1982年之前，政府担心管理层会通过回购来操纵市场，所以对公司回购有很严格的限制。但1982年美国证券交易委员会颁布了一系列规则，名为10b-18，大大放宽了公司可以进行回购的条件。

从税的角度来看，通过股份回购的方式来提升股价，对股东来说是比分红更好的。因为分红时会收取分红税，而资本利得税只有在卖出股票时才会收取，至于打算何时卖出股票，这是由投资者自己来决定的。所以，投资者可以选择长期持有，暂时不缴资本利得税，假如最后这些股票被捐赠给了慈善机构或是放入免税信托，那可能始终都不需要缴资本利得税。

事实上，有研究人员发现，那些进行股份回购的公司，表现会高于市场平均，而那些进行股份增发的公司，表现则低于市场平均。图12.2展示了1951—2021年，不同类型公司的累计收益和年收益率情况。我们把这些公司分为了6类，分别是做股份回购的公司，以及5类按照股息率大小，从最高的20%到最低的20%来进行划分的公司。可以看到在此期间，做股份回购的公司，要比股息率最高的20%的公司，年收益率更高。[11]虽然历史数据表明，股息率更高的公司年收益率会更高，但股息率策略整体仍然比不上市盈率

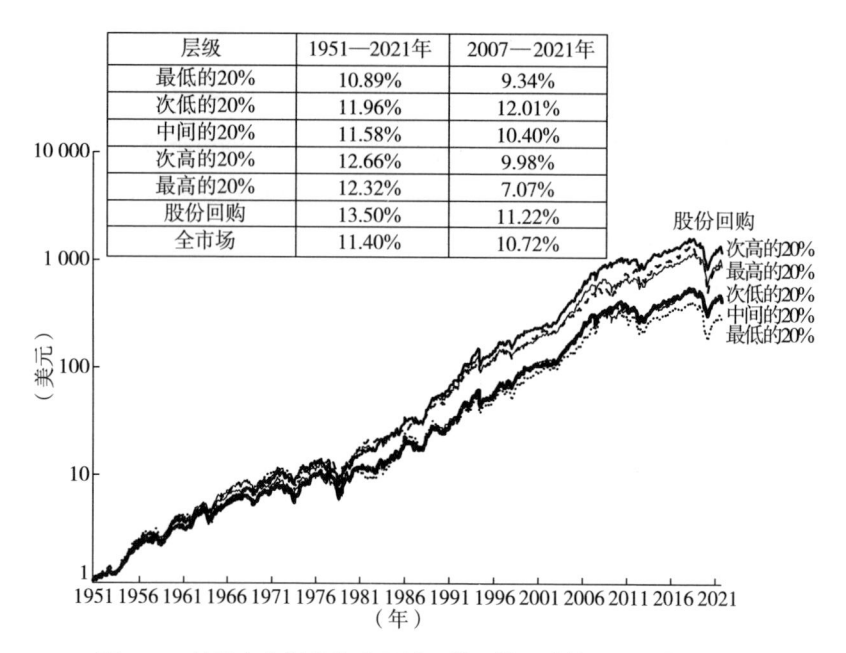

层级	1951—2021年	2007—2021年
最低的20%	10.89%	9.34%
次低的20%	11.96%	12.01%
中间的20%	11.58%	10.40%
次高的20%	12.66%	9.98%
最高的20%	12.32%	7.07%
股份回购	13.50%	11.22%
全市场	11.40%	10.72%

图12.2 按股息率划分的公司以及做股份回购的公司的收益情况

策略或回购策略所带来的年收益率，这一点，从图中6条线的走势即可看出。

虽然总体上看，股息率更高的公司年收益率会更高，但实际上从图中可以看到，年收益率最高的并不是股息率最高的那20%的公司，而是股息率排在次高的20%的公司。这可能是因为，这些股息率最高的公司往往会遭遇财务危机，从而在接下来的几年中降低分红。

和市盈率策略所面临的情况类似，2006年之后，高股息率公司的收益率开始大幅下降。而同期做股份回购的公司的收益率却继续表现很好。2007—2021年，做股份回购的公司的年收益率为11.22%，战胜了同期全市场10.72%的平均年收益率。尽管近年来高股息率公司的收益率没有跑赢市场，但高股息率公司和做回购的公司加在一起，表现是很不错的。[12]

道琼斯 10 策略

还有另外一种高股息率策略，长期以来是跑赢了市场的，叫作"道琼斯 10 策略"（Dow 10 strategy）或"狗股策略"（Dogs of the Dow），指的是每年投资道琼斯指数中股息率最高的 10 只股票。

道琼斯 10 策略被一些人认为是史上最简单、最成功的投资策略之一。《华盛顿邮报》（*Washington Post*）的记者詹姆斯·格拉斯曼声称，来自克利夫兰的投资顾问及作家约翰·斯莱特（John Slatter）在 20 世纪 80 年代发明了道琼斯 10 策略。[13] 1992 年，哈维·诺尔斯（Harvey Knowles）和达蒙·佩蒂（Damon Petty）在他们出版的《股息投资者》（*The Dividend Investor*）一书中推广了这个策略。迈克尔·奥希金斯（Michael O'Higgins）和约翰·道恩斯（John Downes）在《战胜道琼斯》（*Beating the Dow*）一书中也推广了这个策略。这些高股息率股票，往往是价格下跌、不受投资者青睐的股票。因此，道琼斯 10 策略也常常被称为"狗股策略"。

从图 12.3 中可以看到，道琼斯 10 策略的表现更优秀。1957—2021 年，道琼斯 10 策略的收益率战胜了包括全部 30 只股票的道琼斯指数，也战胜了标普 500 指数。这 64 年间，道琼斯 10 策略的年收益率为 12.40%，而道琼斯指数为 11.45%，标普 500 指数为 11.03%。不过近年来，它们之间的差距在逐渐缩小。道琼斯 10 策略跟其他价值投资策略一样，近年来跑输了市场。

净资产

至少在学术界和基金经理的眼中，推动价值投资风靡起来的动力，是来自人们对 CRSP 数据集的大量分析研究，CRSP 记录了自 1926 年以来所有上市股票的信息。1992 年，尤金·法马和肯·弗兰奇在《金融杂志》（*Journal of Finance*）上发表了《股市预期收

1957—2021年	年收益率	
	道琼斯10策略	12.40%
	道琼斯指数	11.45%
	标普500指数	11.03%
2007—2021年	道琼斯10策略	7.96%
	道琼斯指数	10.12%
	标普500指数	10.70%

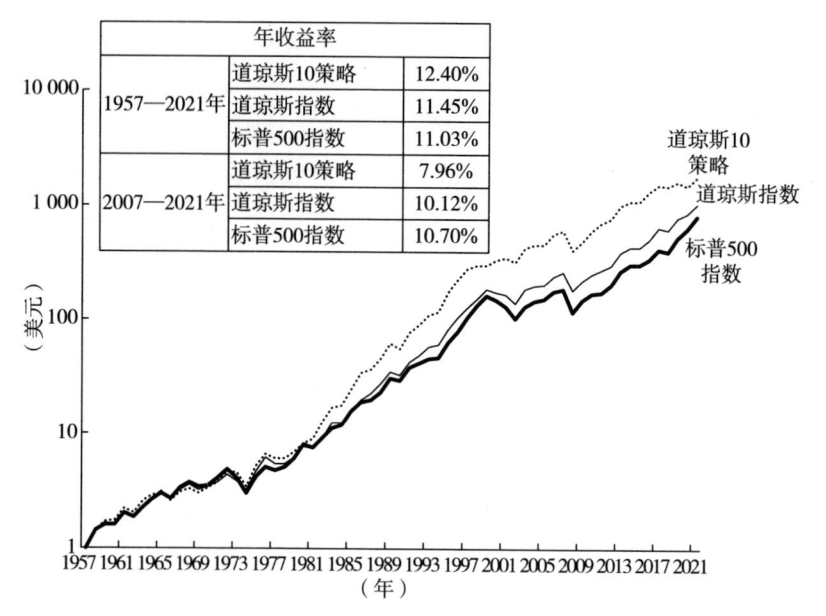

图12.3 道琼斯10策略、道琼斯指数和标普500指数的收益情况

益剖析》(The Cross Section of Expected Stock Market Returns)一文，这篇文章从此成为金融文献中被引用次数最多的文章之一。[14]

文章中，法马和弗兰奇表示，可以使用净资产与市值的比值，来挑选出相对于风险而言收益率更好的股票。事实上，他们在研究中发现，在判断股票未来预期收益率时，市净率（市值除以净资产，简称PB）比市盈率更好用。[15]

格雷厄姆和多德也认同，净资产是影响收益率的重要因素之一：

> 我们强烈建议，人们在决定买入或卖出一只股票时，最起码要看一眼公司的净资产。如果一个股票投资者自认为是聪明的，那这样做至少可以让他自己明白两点，一是他花了多少钱来买入，二是这些钱到底买到了哪些有形资产。[16]

从图12.4中可以看到，把公司按照净资产来划分，是一种有效的策略。虽然近年来，市净率策略的收益率大幅下滑，但从过去1951—2021年的70年间，市净率最低的20%的公司，收益率要比市净率最高的20%的公司高出3%以上。不过由于近年来市净率策略表现不佳，所以整个时间区间内还是市盈率策略的表现更好。自2006年以来，市净率策略跑输市场将近3.5%。

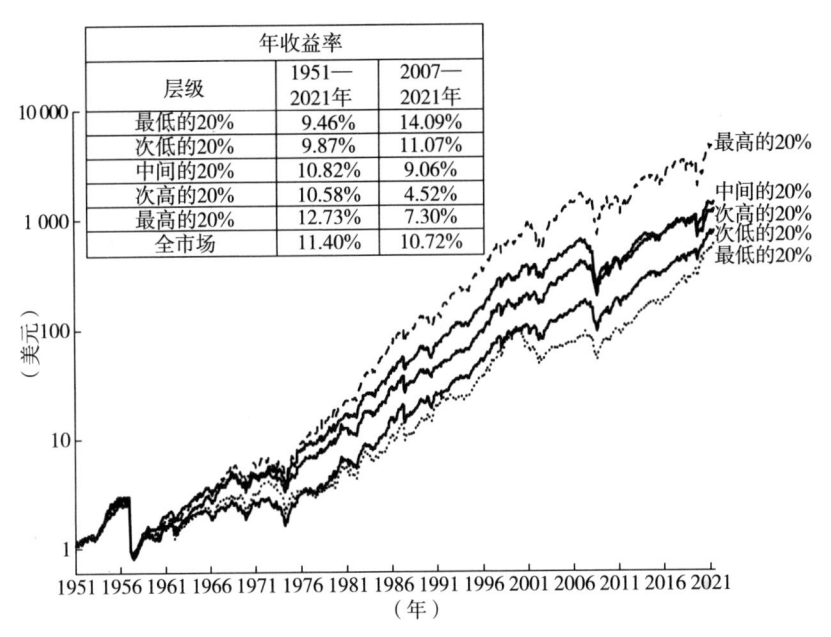

层级	年收益率	
	1951—2021年	2007—2021年
最低的20%	9.46%	14.09%
次低的20%	9.87%	11.07%
中间的20%	10.82%	9.06%
次高的20%	10.58%	4.52%
最高的20%	12.73%	7.30%
全市场	11.40%	10.72%

图12.4 按照净资产除以市值的比值划分的公司收益情况

虽然法马和弗兰奇的研究表明了净资产的重要性，但使用这个指标来判断公司价值却是困难重重，这一点我们在第10章中介绍过。净资产是按照历史成本来计算的，既没有考虑到这些资产市场价格变化所带来的影响，也没有充分包括与知识产权相关的研究和开发等各项成本。

净资产出现失效的信号，对投资者来说也是在意料之中的。随着美国经济的发展，像知识产权等无形资产已经变得越来越重要，最近的一些研究也证实了这一点。凯特·埃尔斯滕（Cate Elsten）和尼克·希尔（Nick Hill）发现，1975年标普500指数所有公司总市值里，只有17%是无形资产，到1985年，这一比例几乎翻了一番，达到32%，到1995年比例则超过了2/3。2015年，这一比例进一步上升至84%。[17]当研究人员把无形资产也计入净资产后，发现市净率策略近年来的表现大大提高了。[18]

净资产之所以不能准确衡量公司内在价值，还有另一个很重要的原因。一家做股份回购的公司，会拿出公司里的现金，以市场价买入股份。通常来说，股价是比净资产更高的，那么回购就会导致净资产降低。第10章中也提到过，苹果公司的净资产仅为每股几美元，而股价却是这个数字的许多倍。随着越来越多的公司做回购，净资产这个指标的有效性就进一步降低了。

价值投资的低迷时期

价值股的表现不如成长股这种情况，并不是2007年以来首次出现的。早在20世纪70年代初，一批盈利增速非常高的公司，就吸引了大量华尔街专业人士和养老金的注意，人们把这些公司称为"漂亮50"（the Nifty Fifty）。这些公司里，不仅有菲利普·莫里斯、辉瑞、百时美施（Bristol-Myers）、吉列和可口可乐等长期赢家，也有MGIC投资（MGIC Investment Co）、西尔斯、宝丽来（Polaroid）、布劳斯（Burroughs）和克力司吉（Kresge）等输家。机构投资者大量买入，不断推高了这些股票的市盈率，到1972年12月市盈率高达40倍，是标普500指数市盈率的2倍以上。[19]在这段时期内，价值股表现非常低迷，直到大多数漂亮50股票崩盘后，价值投资才重新受到人们的重视。

另一个成长股表现卓越的时期是20世纪末21世纪初，人们称之为"互联网泡沫"。这段时期人们热衷于购买与互联网相关的科技公司，比如甲骨文、世通、太阳微系统（Sun Microsystems）和易安信（EMC）等，这些公司股价的飙升，使得市盈率大幅提升，甚至远远超过了之前漂亮50股票的市盈率。[20]随后互联网泡沫破灭，科技股崩盘，之后一年里，纳斯达克下跌了近80%。于是价值投资策略再一次迎来了自己的春天，开始持续跑赢市场，直到2006年达到顶峰。

不过，2006年之后，价值股再次陷入低迷的幅度和持续时间，都要比前两次漂亮50和互联网泡沫时期更加严重些。如果使用法马和弗兰奇的净资产指标，对于一个多空投资组合（long-short portfolio），即做多市净率最低的股票，做空市净率最高的股票，那么这个投资组合将下跌55%，创下历史最大跌幅。[21]

如果是大盘股的多空投资组合，跌幅会更大，达到史无前例的61%。这种情况很异常，通常来说，在之前几次价值股低迷阶段，大盘价值股的表现都要好于小盘价值股。为了进一步验证，我们接着使用其他估值指标来分析，比如市盈率或加上了知识产权的净资产，会发现跌幅有所减少，没有那么严重。[22]不过，自金融危机后，低迷时间已经持续了长达13.5年，这在过去是从来没有出现过的，大大超出了之前互联网泡沫时期的2.5年。

为什么2006年之后价值投资陷入低迷？

关于价值投资好收益消失的原因，其中一种解释是说买价值股的投资者太多了，以至于这种投资策略的优势已经被消耗完了，不再有套利的空间了。我们将在第17章中看到，许多以前存在的现象，尤其是日历效应（calendar anomalies），近年来都逐渐不再那么有效或是已经完全失效了。

优势已经消失了吗？

大量投资者都遵循本杰明·格雷厄姆的理论来做投资，从而导致价值投资策略不再有效，这是真的吗？如果是真的，那么近年来价值股相对成长股来说就应该是上涨的，而不是下跌的。一旦价值股的股价达到了一个新的、更高的平衡点，那么价值股的未来预期收益率将下降到与成长股相同的水平上。然而，这个假设并不成立，真实情况并非如此。虽然价值股的市盈率略有上升，但成长股，尤其是大盘成长股的市盈率，上升幅度是更大的。

事实上，2006—2021年，价值股遭遇了一场"完美风暴"。首先，成长股，尤其是科技股，在2000年互联网泡沫破灭后，被证明是进入了低估阶段，因为这些公司的盈利情况远超预期。其次，这些公司的估值随后有了非常大的提升，进一步提升了收益率。

此外，在这段时间里，一些重要的价值属性的行业却遭遇了严重的亏损。首当其冲的就是金融行业，金融危机之后金融行业元气大伤，至今都没有完全恢复过来。其次是油气行业，由于水力压裂法的应用使油气供应量陡增，环境保护法规也越来越严格，于是导致油气行业日渐衰落。再次是新冠疫情的暴发，使得人们对科技的需求大大增加。在这一系列的打击之下，价值股遭遇史上最严重的低迷期也就不足为奇了。

近来，研究人员卢博斯·帕斯托尔（Luboš Pástor）、罗伯特·斯坦博（Robert Stambaugh）和卢西恩·泰勒（Lucian Taylor）认为，价值股表现不佳的很大一部分原因，在于如今大热的ESG投资。关于ESG我们将在第15章中介绍。[23] 我也很同意这个观点，如今的投资趋势，很多都与环境风险相关。ESG投资者会避开一些对环境有危害的行业，尤其是油气行业，他们更喜欢科技公司，因为他们认为科技公司对环境很友好，不同行业之间的盈利和估值因此而发生了变化，导致价值投资者收益变差。

2006年以来，估值涨幅最高的是大型公司，并且基本上都在科技行业中。图12.5展示了1962—2021年不同类型公司的平均市盈率情况，这些公司按市值划分，分别为市值最高的30%公司，市值处于中间40%的公司，以及市值最低的30%公司。可以看到，大盘股的估值涨幅最高，而中盘股和小盘股的涨幅明显弱很多。2021年低市盈率股票的平均市盈率水平，跟20世纪60年代初大致相同，而高市盈率股票的平均市盈率水平几乎翻了一番。

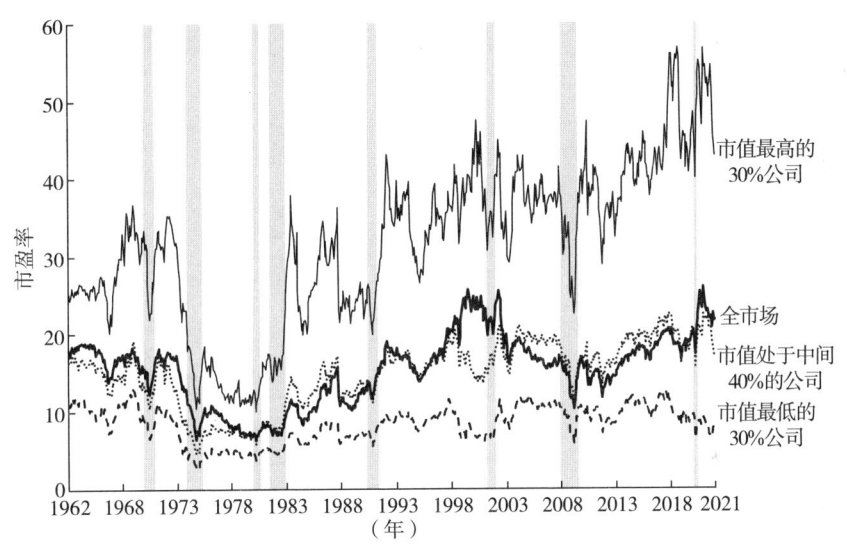

图12.5 不同市值公司的市盈率走势

折现率

成长股表现优秀的另一个解释是，可以对未来现金流进行折现的利率下降了。价值股能比成长股更快地提供现金流。金融行业里，人们把一个投资者期望从自己的资产里收获现金流所需要等待的平均时间，称为"久期"（duration），也就是说，价值股的久期，比成长股的久期更短。

我们很容易推导出，久期更长的资产，其价格受利率的影响会更大。举个例子，假如利率下降1%，那么30年期债券的价格涨幅，将高于10年期债券的价格涨幅。我们在第8章中已经了解到，过去20年，实际利率和名义利率都出现了显著且持续的下降。所以，按理来说，久期更长的成长股，估值提升的幅度相较于价值股而言更高也是正常的。这也可以看作2006年后价值股表现低迷的另一个原因。

然而，历史数据表明，这个说法并不成立。事实上，利率对成长股和价值股估值的影响很小。成长股最大的一次崩盘发生在1999—2000年的互联网泡沫时期，而当时的利率非常高。有人可能会说，这是因为当时互联网的发展使人们非常兴奋，以至于抵销了高利率的影响。这是个特殊时期，不能用来作为反例。如果这个说法成立的话，那么认为是近年来利率的大幅下降导致了价值股表现低迷，也不是完全没有道理。

科技

当成长股表现优于价值股时，一定是发生了以下两点之一：一是成长股的盈利相对价值股而言，超出了投资者的预期；二是投资者给予成长股的估值相对价值股而言，涨幅更高。

事实上，近年来这两种情况都出现了。2007年，标普500指数中，信息技术和电信服务这两个行业的市值占比为19%，到了2021年，占比提高到了40%。如果你再把亚马逊和特斯拉这两家公司加上的话，那么以科技为主的公司将占到所有美国上市公司总市值的近一半。亚马逊和特斯拉所属的行业，从之前的信息技术转到了可选消费行业中。在标普500指数近70年的历史中，另一次有行业占据如此高的比例，还是在1957年标普500指数刚成立的时候，那时占比如此之高的行业为材料和能源这两个。

我们在前文提到过，2007年以来，标普500指数里的大多数科技公司，盈利都超预期，从而股价也跟着飞速上涨。2012年，信息技术行业的市盈率大约为14倍，略低于标普500指数的市盈率。现在回过头来看，当时成长股的这个估值明显是被低估了。从那时往后的10年，这些科技公司的每股盈利增速达到了12.7%，比指数中其他公司的盈利增速高出了5%以上，同时这些科技公司的市盈率几乎翻了一番。

大盘成长股

最引人注目的要数科技巨头们的增长，包括Meta、苹果、亚马逊、网飞、谷歌和微软，2013年，电视主持人吉姆·克莱默（Jim Cramer）首次给这些巨头公司起了个别名，叫作"FANG"。[24] 当时这6家公司的总市值刚刚超过1万亿美元，占标普500指数总市值的8%。到了2021年，它们的总市值已经接近10万亿美元，占标普500指数总市值的25%以上。在这期间，这些公司的盈利高速增长，但市盈率只是从20出头，上升到了35左右。2021年，这6家公司给标普500指数市盈率带来的提升，大约在3%。

这里需要注意的是，2000年的时候，科技股正处于泡沫顶端，而2021年科技股还远远谈不上贵。图12.6展示了1962—2021年，信息技术行业整体以及前5家规模最大的科技股的市盈率走势情况。这些股票不仅2021年的市盈率要低于互联网泡沫时期的市盈率，并且2022年的市盈率并没有比20世纪60年代高出多少。在互联网泡沫和20世纪60年代这两个时期，利率都要比2020年高出许多。这表明当前科技股的估值可能并不高，如果这些公司能继续保持高盈利增速，那么它们的估值可能还会继续提升。

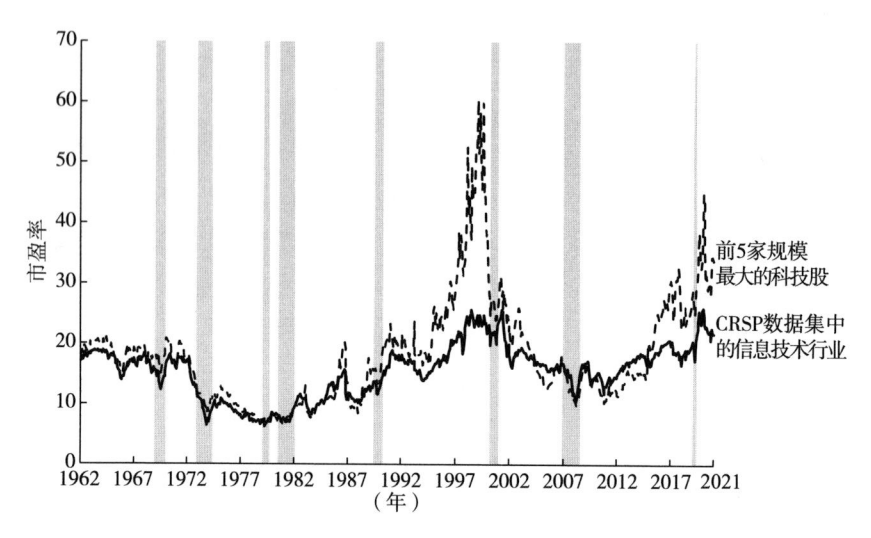

图12.6 信息技术行业和前5家规模最大的科技股的市盈率走势

价值和成长的未来

在关于价值和成长的争论中，主张放弃价值投资的一方认为，当今世界已经发生了彻底的变化。经济学基础课程告诉我们，当边际成本等于边际收入时，达到利润最大化。边际成本是一个经济学术语，指的是多生产一件产品所花费的成本。但在当今这个数字时代，多生产一件数字商品的成本几乎为零。整个世界，可能到处都是这些接近零成本的数字产品。

尽管如此，世界上也不会出现所有产品都是数字产品的情况。苹果仍然需要制造实体手机，网飞仍然需要制作真实内容，特斯拉仍然需要生产实体汽车。亚马逊的员工数量是排在美国第二位的。传统经济模型，并不会完全被抛弃。

由某一个行业来主导经济格局和资本市场的情况，历史上也出现过很多次了。19世纪是铁路行业，20世纪初是石油、钢铁，然后是汽车。20世纪中期，则是美国电话电报公司，受到政府保护，垄断了美国所有的电话服务，标普500指数甚至因为它的规模太大而把它剔除出了指数，担心它如此大的规模会对指数的收益产生干扰。

下一个成为主导的行业会是谁呢？是娱乐行业、气候减缓、纯净的空气和水、金融科技、生物科技、虚拟现实和增强现实吗？还是某个我们目前还想象不到的东西呢？也许，一个科技天才将从目前某个市值还很小、毫不起眼的行业里诞生。比如埃隆·马斯克改变了萧条的汽车行业，再比如杰夫·贝佐斯把利润很低的零售业变成了一个足以摧毁实体零售的巨无霸。没有人能知道，下一个重大突破会是谁，来自哪里。

总结

本杰明·格雷厄姆在一个世纪之前绘声绘色地为我们讲述了市场先生，但价值投资的理论基础远不只是来源于市场先生的情绪波动。这个基础还来自一个事实，那就是价格不会总是等于价值。事实上，价格也不可能总是等于价值。这是为什么呢？投资者该如何利用好这个"噪声"市场呢？我们来看下一章。

[第13章]

市场是有效的还是有噪声的?

CHAPTER
THIRTEEN

对于某只股票的"合理价值"是多少，证券分析无法随意给出一系列基本规则来进行判断……股价，并不是经由深思熟虑后仔细计算出来的，而是众多投资者在各自不同的行为下，所产生出的一个结果。

——本杰明·格雷厄姆和戴维·多德，1940[1]

有效市场假说

我们在第1章里介绍过，股票资产能给投资者带来持续的、剔除通货膨胀后的长期正收益。前面两章分析了价值投资，价值投资曾经是许多投资大师主要使用的策略，而到了21世纪20年代，成长股一马当先，价值股的表现则变得相当低迷。那有没有一种选股策略，能让投资者获取到比简简单单地投资指数基金更高的收益呢？

"并没有！"给出这个回答的，是20世纪60年代中期和70年代初支持有效市场假说（Efficient Market Hypothesis，简写为EMH）的经济学家们。有效市场假说是1967年由哈里·罗伯茨（Harry Roberts）首创的一个词。20世纪70年代初，芝加哥大学的尤金·法马将其推广开来。[2]有效市场假说认为，所有会影响股价的因素，比如盈利、分红、现金流等，都已经包含在股价中了，因此基于这些因素以及任何其他类似因素来做投资，是无法改善一个简单市值加权投资组合的风险及收益情况的。

20世纪50年代，在有效市场假说出现之前，威廉·夏普（William Sharpe）和约翰·林特纳（John Lintner）等人提出了"资本资产定价模型"（capital asset pricing model，简写为CAPM），哈里·马科维茨（Harry Markowitz）则在投资组合选择上取得了开创性的研究成果。[3]CAPM表明，衡量一只股票与投资者关系最紧密的风险是大还是小，并不是看股价自身的波动情况，而是应该看它的收益率与市场整体之间的相关性是高还是低，这个相关性可以通过历史数据来预估，[4]通常被人们称为贝塔。贝塔衡量的，是一个资产里不能通过分散配置来化解的风险。而与市场没有关联的个股波动率，通常被称为可分散风险（diversifiable risk）、剩余风险（residual risk）或非系统风险（idiosyncratic risk），对一个做好了分散配置的多样化的投资组合来说，能否获得更高的收益率，与这种类型的风险无关。

CAPM和有效市场假说结合起来，表明了一个投资者能拿到的最佳风险收益权衡结果，就是持有一个全市场组合，具体来说，就是一个市值加权的、完全分散化配置的股票投资组合，即指数基金。[5]风险承受能力高的投资者，可以在自己的资产配置中配置更高比例的股票指数基金，以及较低比例的债券或现金等安全资产；而风险承受能力低的投资者，就可以配置较低比例的股票指数基金。对任何一个投资者来说，无论风险承受能力如何，在配置股票资产时，最佳选择可能都是市值加权型指数基金。[6]

20世纪60年代，欧文·弗兰德（Irwin Friend）、杰克·特雷纳（Jack Treynor）和迈克尔·詹森（Michael Jensen）的研究支持了有效市场假说理论，他们发现，通过观察共同基金的业绩表现，可以看到主动管理的资金无法战胜主流指数，也就是跑不赢全市场。[7]

20世纪70年代的研究则证实，高贝塔的股票确实可以带来更高的收益。[8] 基于这些研究结果，从20世纪60年代到80年代，有效市场假说和CAPM成为学术界以及大多数华尔街专业人士看待金融市场的主流理论。

但到了20世纪80年代和90年代，出现了一些与CAPM和有效市场假说相悖的数据情况。人们对越来越多的股票数据进行了分析研究，发现贝塔对收益率的影响并不是那么有效。1992年，曾经是CAPM和有效市场假说坚定支持者的尤金·法马和肯·弗兰奇发表了一篇文章，介绍另外两个因子对股票收益率的影响要比贝塔重要得多。一个因子是规模，即市值；另一个因子是估值，即账面市值比（book-to-market ratio）。[9]①

随后，更多的因子被挖掘出来，比如"动量"，以及其他一些与公司财务指标相关的因子等，人们发现这些因子也会对股票的收益率产生重大影响。我们将在下一章里讨论这些因子。这些所谓定价异常的出现，使得法马和弗兰奇声称，证明贝塔并不那么有效的证据是非常可信的，还说"平均收益率异常……已经非常严重了，这说明CAPM并不是一个有效的方式"来分析股票收益率。事实上，法马和弗兰奇建议研究人员寻找"替代"资产定价模型，甚至是"非理性资产定价故事"（irrational asset pricing stories）。[10]

噪声市场假说

研究发现，规模和估值能在很大程度上帮助投资者提升收益率，跑赢市值加权指数基金，这说明有效市场假说和CAPM底层的一些假设是不成立的。桑福德·格罗斯曼（Sanford Grossman）

---

① 账面市值比即市净率的倒数。——译者注

和约瑟夫·斯蒂格利茨（Joseph Stiglitz）进一步对有效市场假说提出了质疑。他们证实，资产价格必须时不时偏离其内在价值，这样分析师才会有动力、花很大的成本去认真做研究，从而把股价拉回到跟基本面相匹配的水平上。[11]他们认为，完全有效的市场实际上是不可能存在的。

为什么价格会偏离价值呢？其中一个原因就是市场上存在着一些"噪声投资者"（noise traders），他们会基于一些与公司内在价值相关性不高或是完全无关的信息来做交易，又或是基于一些跟公司基本面毫无关系的个人原因来买卖股票。[12]许多噪声投资者会错误解读财务数据，追逐趋势或其他技术信号，或是跟着那些他们认为对某些股票的价值有特别了解的专家们进行投资。

不管是基于什么原因，这些噪声投资者都会使股价偏离其内在价值。所谓内在价值，指的是当一个股票基于真实的未来盈利，而非预估的盈利来交易时，应该对应的股价。

2006年，我使用了"噪声市场假说"（noisy market hypothesis）这个词来描述一个更贴近于真实情况的市场环境，因为有效市场假说里所描绘的市场，在现实里不太可能存在。[13]想要找到一种策略，来打败市值加权的宽基指数基金并不容易，但也不是不可能的。当噪声投资者使得价格偏离了价值时，那些基于公司基本面来进行投资的投资者就可能有机会获利了。

利用噪声市场来获利的方式之一，是根据一些基本的财务指标，比如盈利或分红等，来对股票进行加权。人们通常把这种策略叫作"基本面加权指数"（fundamentally weighted indexing）或"聪明贝塔"（smart beta）。[14]在这个策略中，对于股价涨幅高于基本面，或是跌幅低于基本面的股票，降低权重；对于股价相对基本面以预设的方式下跌的股票，提高权重。很自然的，这样的投资组合会倾向于选择价值股，并不会进行财务分析或单个公司分析。

有效市场的偏离

这样的策略要想跑赢指数基金,就必须证明噪声投资者是存在的。噪声投资者的重要性一直备受争议。20世纪50年代,米尔顿·弗里德曼声称,价格并不会偏离价值太远,因为那些高买或低卖的投机者会遭遇亏损,从而成为市场里占比很小的一部分。[15] 弗里德曼是市场驱动的自由浮动外汇制度的开创者。

另一些研究人员则认为事实并非如此。20世纪80年代末,布拉德福德·德龙(Bradford de Long)等人表示,即便在影响股价的所有未来现金流都已知的情况下,噪声投资者仍会使价格严重偏离价值。并且,这些噪声投资者甚至可能获取到比基本面投资者更高的收益。[16] 于是,问题变成了:价格到底需要偏离内在价值多远,市场才能被称为是无效的,从而使得基本面投资者能逆势而为,从价格偏离中获利呢?

费希尔·布莱克(Fischer Black)是著名的布莱克—斯科尔斯期权定价模型(Black-Scholes model of option pricing)的创建者之一,也是有效市场假说的坚定拥护者。1986年,他在美国金融协会(American Finance Association)的会长报告中的讲话,令许多经济学家感到震惊。他说:"我们可以把一个有效市场,定义为一个价格限定在内在价值的1/2到2倍之间的市场,也就是说,价格会高于内在价值的一半,且会低于内在价值的2倍。"他接着说,"在这个定义之下,我认为所有的市场几乎一直都是有效的。这里的'几乎',意味着至少有90%以上的时间。"[17]

非理性和爆仓

假如价格通常都在内在价值的1/2到2倍之间变化，那看起来，基本面投资者应该很容易就能找到打败市场的方法。然而，即使价格确实在这个范围内变化，事实上，价格严重偏离价值的股票可能会继续偏离更多，之后才会最终回归到内在价值上。

近一个世纪前，约翰·梅纳德·凯恩斯就警告说，那些盲目追随热点的投机者带来的影响，可能会远远大过基本面投资者的影响，从而把价格进一步推离价值。他说："真正的长期投资是非常困难的……几乎不可能做到。想要这样做的人，必然是需要……承担（比投机者）更高的风险。投机者做的，是试图猜测大众下一步的行为是什么，并且希望能比其他人猜得更对。"[18] 如今，人们把凯恩斯的话总结为："市场处于非理性状态的时间可能会比投资者坚持的时间更长。"[19]

近年来，我们看到过很多次市场走向极端、基本面投资者备受打击的例子。许多投资者在20世纪90年代末开始做空互联网股票，然而这些股票并没有立即下跌，而是继续飙升，直到2000年和2001年才崩盘。在崩盘之前，这些投资者不得不在遭受巨大亏损的情况下继续补仓。类似的，20年后，"meme"股票①开始在一些投资交流网站上流行起来，比如Reddit平台上的 r/Wall-StreetBets

---

① meme是一个特定表情包，表情包中是一位西装革履的卡通男子，背景为股票走势。该表情包可用于形容错误、夸张或者搞笑的投资决策，比如高买低卖了某只股票，就可以用该表情包来表达心情。meme股票常常指的是由于受到网友们关注或炒作而变成热门的股票，而不在乎公司的基本面到底如何。最著名的事件之一是2021年初，大批投资者聚集在网络平台上，推动一只名为游戏驿站（GameStop）的股票出现异常的暴涨。——译者注

社区，这些股票的价格飙升，迫使许多基本面投资者，甚至一些资金充足的对冲基金，遭受了巨大的亏损。

当价格低于价值时，基本面投资者继续保持现有仓位是不难的，但此时可能会面对的是爆仓风险。个人投资者最多可以借到保证金对应的股票市值50%的资金，机构投资者往往可以借到更多。如果股价腰斩了，虽然这个价格变动幅度仍然是在费希尔·布莱克所称的有效市场范围内，但上了一倍杠杆的投资者，此时却可能会处于被强制平仓的边缘。如果真的爆仓了，那么即便后来股价涨回来了，也跟这些基本面投资者无关了，损失已无法挽回。

除了爆仓风险，使用这种价格偏离价值的逆向投资策略还有一个难点，就是投资者的心理障碍。如果价格持续偏离价值，那么基本面投资者会持续跑输指数。即便指数基金投资者，也还总是会被熊市吓退。如果一个人把资金托付给了使用基本面策略的基金经理，想要坚持下来就更难了。一位知名的基金经理曾向我透露，即使你的策略长期看是没问题的，但大量的客户会在低迷阶段舍你而去，再也不会回来，或是即便你的策略最终被证明是正确的，他们也不会承认这一点。确实，安德烈·施莱弗（Andrei Shleifer）和罗伯特·维什尼（Robert Vishny）曾表示过，对机构的基金经理来说，采用逆向投资策略所面临的风险尤其大，因为他们的职业生涯往往重点考察的是短期业绩，而非长期业绩。[20]

做空遇到的限制

为什么价格会在比较长的一段时间里高于内在价值，其中一个原因是做空有条件要求。CAPM中有一个假设，假设一个投资者做空和做多的难易程度是一样的。但是，无论从实际操作上，还是从个人心理上,这个假设都是不成立的。一个投资者若想要做空一只股票,就需要先找到能被借出和卖掉的股票份额,并且缴纳足够的保证金,保证金的作用是保护出借股票的人。重要的是,做空的投资者面临的风险非常大,一旦股价上涨,潜在损失可能是没有上限的。而对做多的投资者来说,最多也就是损失100%的本金。

为了战胜市场,做空的条件是非常重要的。许多有经验的投资者,尤其是对冲基金,常常使用的找寻市场异象的策略叫作"多空策略"。在这种策略中,投资者不仅会买入历史业绩优秀的股票,同时会做空业绩较差的股票。业绩优秀的股票通常被称为"长腿"(long leg),业绩较差的股票通常被称为"短腿"(short leg)。罗伯特·斯坦博和余剑峰(音,Jianfeng Yu)和袁宇(音,Yu Yuan)对1965—2008年11种不同的市场异象进行了广泛的研究,发现在多空策略中,有近70%的收益来自投资组合里的短腿。[21]

多空策略中短腿的收益,很大程度上受到"市场情绪"的影响,也就是说,比较依赖于投资者对某只股票是看涨还是看跌。马尔科姆·贝克(Malcolm Baker)和杰弗里·沃格勒(Jeffrey Wurgler)创建了一个情绪指数。这个指数表明,在市场情绪高涨期间,当法马和弗兰奇所说的规模和估值这两个因子出现异常时,往往能带来十分丰厚的回报,因为此时投资者总是看涨的,许多股票的价格都高于其内在价值。[22]

斯坦博等人还发现,多空策略中有近80%的收益都发生在市场情绪高涨的时期。而组合中长腿的收益却不怎么受到市场情绪的影响。这个发现跟另一个理论是一致的,即低估的证券更容易吸引到做多的资金,而高估的证券想要吸引做空的资金则比较难。他们的发现倾向于得出这样一个结论,即做空是多空策略的重要收益来源,当价格高于价值时,收益是最丰厚的。

全市场投资组合

噪声交易者的存在、做空的条件和风险帮助解释了为什么价格会偏离价值,并且这种错误的定价使得一些策略有了跑赢市场的可能性。不过,至于为什么基于全市场的CAPM无法解释个别股票收益率的问题,噪声交易者并不是唯一的原因。

通过实践来验证CAPM的困难之一在于,模型里并没有明确说明全市场投资组合到底都包括了哪些资产类别。是只有美股呢?还是应该包括全世界的股票呢?又或者是否应该包括债券资产甚至房地产资产呢?还有很重要的一点是,是否还应该包括人力资产呢?对大部分投资者尤其是年轻人来说,人力资产可能是他们的财富中占比最大的一块儿。这种模棱两可的不确定性阻碍了对CAPM的验证,理查德·罗尔(Richard Roll)在20世纪70年代指出了这个问题,于是人们把这种情况称为"罗尔批评"(Roll critique)。[23]

举个例子,假如一只股票或者一篮子股票的收益率,和一个人的工资收入有关,那这些股票在投资组合中的权重就应该被降低。曾经有一种做法很流行,就是把自己工作的公司的股票放入自己的养老金投资组合,而投资顾问是非常反对这种做法的。如果哪天你所在的公司或行业遭遇了不幸,你可能会遭受失业和投资亏损的双重打击。

更普遍地说,假如相对成长股而言,价值股(即价格低于价值的股票)跟工资收入的关联更紧密,那么价值股的投资者就会要求获得更高的预期收益,比不包括人力资产在内的CAPM所计算出来的收益更高。但更高的收益,并不意味着投资者要在投资组合中提高这些股票的权重,如果提高的话,反而会使他们的财富(包括实体资产和人力资产)面临更大的风险。类似的,列奥尼德·科根（Leonid Kogan）、迪米特里斯·帕帕尼科劳（Dimitris Papanikolaou）和诺亚·斯托夫曼（Noah Stoffman）构建了一个模型。在这个模型中，投资者购买成长股是为了参与经济中涉及"创造性破坏"（creative destruction）的行业，这些行业可能会对他们的工作造成负面影响。[24]那么，成长股就变成了一种对冲失业风险的工具，导致成长股的收益率降低。不过，还有另一种解释来说明为什么在CAPM中价值股表现会更好。

跨期风险

最初的CAPM是被设计用来构建一次性买入的投资组合的。如果再加上一个假设，即股价的波动是随机游走的，那么用CAPM构建的投资组合就可以扩展为多次买入的。但如果股价是均值回归的，那么根据一次性买入的标准差所构建的投资组合，可能不是最佳的长期配置方案。

在静态的一次性买入模型中，很难纳入债券资产。20世纪70年代，罗伯特·默顿（Robert Merton）把CAPM进行了扩展，提出跨期资本资产定价模型（Intertemporal Capital Asset Pricing Model，简写为ICAPM）。在这个模型中，长期国债成为当投资机会变化时一个有效的对冲工具，并且它们真实的风险其实要比在某一个时期表现出来的波动情况更小。[25]换句话说，折现率变化导致的长期国债某一个时期的价格波动，可以对冲整个投资组合长期收益的波动。

类似的结论也可以应用到股票上。折现率变化引起的波动，对投资组合长期业绩产生的损害，不像未来现金流的预期变化引起的波动那么严重。如果成长股的股价波动，更多的是由于折现率变化而引起的，又因为股票的价值是由未来现金流决定的，所以对一个长期投资组合来说，成长股的风险可能会更小。再根据简单的一次性买入的

CAPM，那么成长股给这个长期投资组合带来的收益也会较低。在约翰·坎贝尔的文章《好贝塔，坏贝塔》（Good Beta, Bad Beta）中，他把市场波动分为了两种形式，一种是利率的变化，他称之为"好贝塔"；另一种是跟经济周期相关的贝塔，他称之为"坏贝塔"。他发现，后者在解释股票收益率时，要比静态CAPM中的贝塔更好用。[26]

对盈利和亏损的不同感受

另一些可能会导致CAPM在预估收益率时失效的因素，来源于投资者行为。CAPM假设个人投资者只会关心预期收益和风险这两项，其中风险被定义为投资组合收益率的标准差。诺贝尔经济学奖得主丹尼尔·卡尼曼和阿莫斯·特沃斯基（Amos Tversky）提出了一个理论，名为"前景理论"（prospect theory）。关于这个理论，我们将在第25章介绍行为金融学时更详细地探讨。前景理论认为，投资者在遭遇亏损时感受到的痛苦，要比获得盈利时感受到的快乐程度更深。[27]这可能会导致投资者过早地抛售了盈利的股票，却长时间持有亏损的股票。这种特征会形成一个动量因子，我们将在下一章介绍。事实上，历史上那么多的收益率异常现象，可能都是由认知偏差造成的。

总结

上文的讨论，着重介绍了偏离有效市场假说和CAPM的一些情形，在这些情形下，一些投资组合可以战胜普通的完全分散配置的市值加权型指数基金。

但跑赢市场指数这个目标可能太狭隘了。投资者需要审视的是，他们的股票投资组合跟其他非股票资产，比如房地产，尤其是人力资产之间的相关性如何。并且，有些股票在对冲未来风险（包括气候风险）方面效果更好，还有一些投资者，可能希望奖励在ESG方面做得更好的公司（我们将在第15章介绍ESG），即便配置这些公司可能并不是一个投资组合最佳的风险—收益权衡配置方式。大部分的投资者和基金经理，太过于看重是否跑赢了市场指数，可能并不会带来最好的经济环境或财务回报。

[第14章]

"因子动物园":规模、估值、动量等

CHAPTER
FOURTEEN

用来打败市场的因子，如今在学术界里产出的速度已经失控了。学术期刊上发表的大量论文，给出的都是正面结论，支持那些正在验证中的假说……作者们发现了这个规律，即为了尽可能地让论文被发表出来，研究结果就需要是正面的。于是，数据挖掘兴起了。[1]

——坎贝尔·哈维（Campbell Harvey）和刘燕（音，Yan Liu），2019

主流的市场因子

在CAPM中定义了一个因子，可以用来帮助判断一只股票的预期收益率是否可以跑赢市场。这个因子就是贝塔，衡量股票收益率与市场的相关程度。相关性越高，理论上预期收益率也就会越高；相关性越低，理论上预期收益率也就会越低。如果相关系数为0，那么预期收益率就等于无风险利率，因为此时股票的风险是可以通过分散配置来化解的。相关系数为负数的资产，叫作对冲资产，预期收益率会更低，甚至有可能是负的。

随后，法马和弗兰奇的研究，证明了另外两个因子也会对收益率产生影响，并且要比贝塔重要得多。一个因子是估值，基于市净率来衡量，另一个因子是规模，即规模小的股票收益率比规模大的股票高。贝塔是基于有效市场假说推理出来的，而估值和规模这两个因子，则是通过分析真实的个股收益率数据总结得来的。这三个因子，构成了著名的法马—弗兰奇三因子模型（Fama-French three-factor model），成为20世纪80年代末和90年代量化选股策略的核心。

三因子模型，并不是人们找寻跑赢市场的工具的终点。法马和弗兰奇之后又添加了两个新的因子——盈利能力和上市公司的投资情况，从而构成了五因子模型。[2]与此同时，其他研究人员也发现了另外一些因子，比如盈利质量、股份发行量、流动性、波动率以及动量等，其中动量因子的效果比其他因子都要更好。2011年，约翰·科克伦（John Cochrane）在美国金融协会的会长报告中，把涌现出来的如此多的因子比作一个"动物园"，还有一些人担心，在这种无止境的因子找寻中人们会开始使用数据挖掘技术。[3]图14.1展示了其中一些因子的收益率情况，我们将在下文中一一介绍。

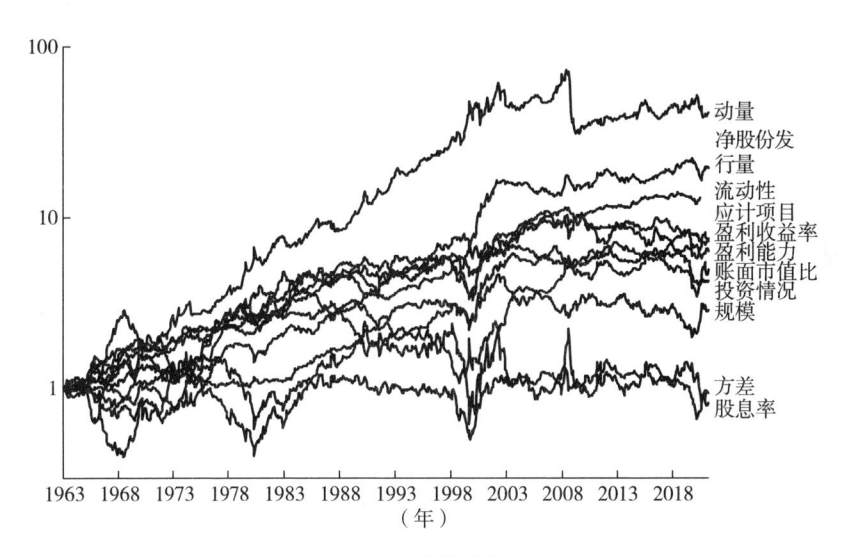

图14.1　因子动物园

长期表现：规模、估值和动量因子

图14.2展示了利用不同因子来构建的投资组合的累计收益情况。这些因子包括估值、规模和动量。其中，动量指的是过去12个月上涨或者下跌的股票，在接下来的一年继续保持同样走势的趋势情况。这些因子策略，目的是能够跑赢市场。我们先根据每个因子把股票进行排序，即按市净率从小到大排序、按市值从小到大排序、按动量从高到低排序，然后在每一种因子策略中，对排在前30%的股票进行做多，对排在最后30%的股票进行做空。[4]这些投资组合属于自融资组合（self-financing portfolios），做空的收益可以为做多提供资金，当然，做空的保证金还是需要始终持有的。参与构建投资组合的股票，来自1926—2021年所有在纽约证券交易

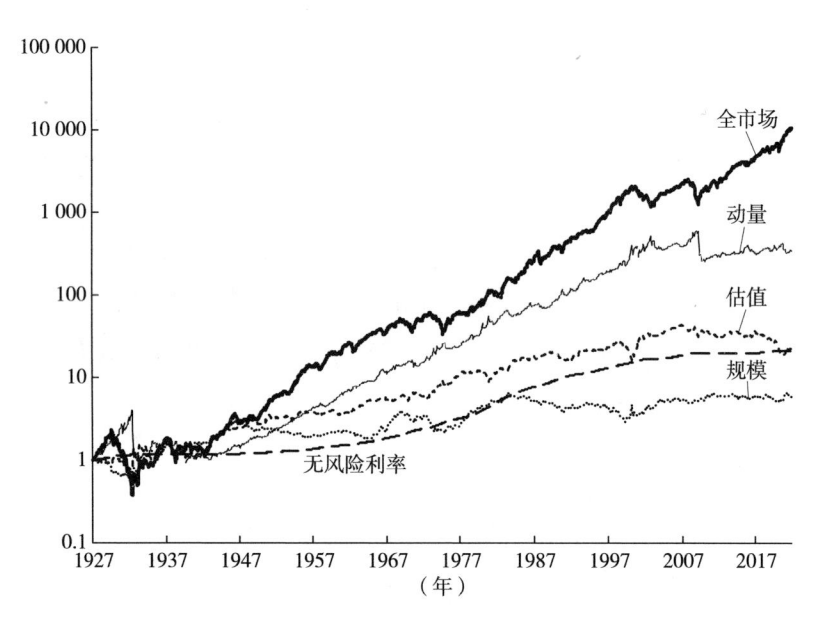

图14.2 主要市场因子：规模、估值、动量、全市场、无风险利率

所、美国证券交易所和纳斯达克交易所上市的股票。图14.2中同时展示了全市场以及无风险资产的累计收益情况。

图中有几个点是值得注意的。首先，从1926年开始，虽然20世纪30年代经历了很大的波动，但到了20世纪40年代，这些因子策略的收益以及全市场的收益都回到了一开始的位置。其次，动量因子明显在效果和持续性上都要强于其他因子。再次，所有这些因子，包括动量在内，最近20年都明显失效了，对收益的提升很有限，甚至没有提升。事实上，规模因子近40年来对收益都几乎没什么提升。

规模因子

早在法马和弗兰奇之前，就已经有人发现了规模这个因子。1981年，芝加哥大学的研究生罗尔夫·班茨（Rolf Banz）利用当时刚编制出来不久的CRSP数据集研究股票的收益率。他发现，规模更小的股票普遍都比规模更大的股票收益率更高，即便使用CAPM对这些股票进行了风险调整，结论也不变。[5]1926—1980年，规模最小的20%的股票的年收益率，比规模最大的20%的股票的收益率要高出大约4%。这个幅度已经远远超过了根据小盘股更高的波动率所带来的预期收益率的提高。

为什么小盘股的表现会优于大盘股？一些经济学家认为，更高的收益率是对买卖这些股票所花费的更高费用的补偿，尤其是在早期，交易费用很高。另一些人则认为，这是因为小盘股的相关信息较少，没什么人关注和分析，所以人们对于这些股票真正的价值是多少有更大的不确定性。这就使得投资小盘股的人会要求获得更高的预期收益率。另外，机构投资经理不太容易下决定买入小盘股，通常需要反复验证买入小盘股的合理性，而决定买入一只在大型指数,比如标普500指数中的大盘股,就容易多了。[6]

小盘股超额收益的异常现象

对想要跑赢市场的投资者来说,不幸的是,小盘股并不是一直都有超额收益。过去95年里,小盘股的表现时好时坏,不可预测。图14.3展示了1926—2021年CRSP数据集里规模最小的20%的股票的累计收益情况,以及标普500指数的累计收益情况,其中1957年之前选取的是指数中规模最大的90只股票。[7]

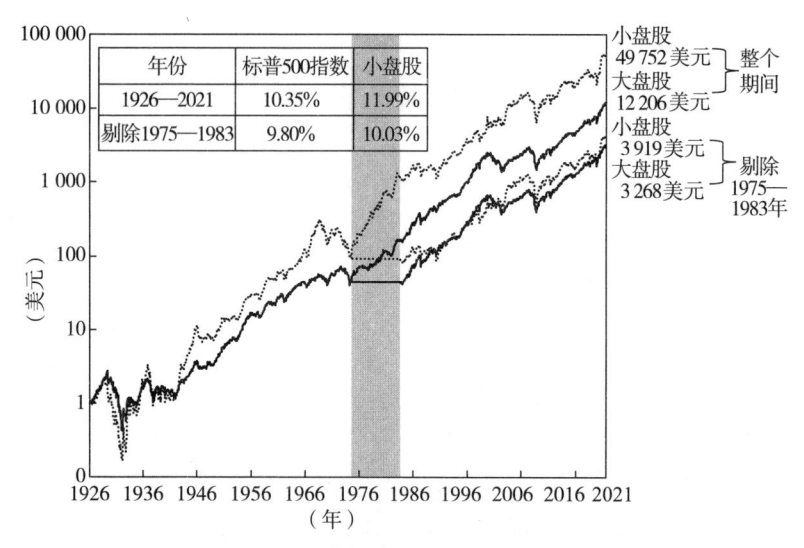

年份	标普500指数	小盘股
1926—2021	10.35%	11.99%
剔除1975—1983	9.80%	10.03%

整个期间:小盘股 49 752美元,大盘股 12 206美元
剔除1975—1983年:小盘股 3 919美元,大盘股 3 268美元

图14.3 1926—2021年小盘股和标普500指数的收益情况
(分为包括及剔除1975—1983年两种情况)

大萧条中,小盘股受到打击,但随后很快就恢复了,二战时期小盘股飞速上涨。1946—1974年,小盘股的表现不如标普500指数。但1975—1983年,小盘股暴涨。在这段时期,小盘股的年复合收益率达到了35.3%,是大盘股15.7%年复合收益率的两倍多。这9年小盘股的累计收益率达到了1 400%,这十分异常。如果我们

把1975—1983年这几年剔除出去，会发现小盘股的总收益率其实跟标普500指数非常接近。

这几年之所以表现如此异常，一种解释是1974年美国国会颁布了《雇员退休收入保障法》(Employee Retirement Income Security Act，简写为ERISA)，使养老金可以很容易地投资小盘股，来做好分散配置。另一种解释则是说，投资者在经历了20世纪初的"漂亮50"大盘股崩盘后，转而开始购买小盘股。

随后很快人们又发现了另一个小盘股的异常现象，即几乎所有的小盘股超额收益都发生在一月份，人们称之为"一月效应"(January effect)，我们将在第17章关于日历效应的讨论中来详细介绍它。不过近年来，一月效应已经消失了，这可能是由于小盘股表现变差导致的。

一些经济学家质疑，规模因子真的存在吗？小盘股表现优异的原因是不是其他特征引起的呢？就像前文提过的，与市场相关性更高的股票（即高贝塔股票），许多都是小盘股，但这些股票的收益率却比根据CAPM来推测的收益率股更低。如果考虑到这个因素，那实际上小盘股的表现并没有那么好。[8]还有一些人说，如果对这些股票再次进行筛选，比如选出那些面临严重财务压力的公司，或是衡量公司的盈利质量，就会发现小盘股仍然具有更好的表现。[9]如今，关于小盘股是否收益更好的争论仍在激烈进行中。[10]

小盘股和价值股

虽然人们对小盘股收益是否更好还有争议，但基本上都一致认可小盘价值股的收益要比大盘价值股更好。表14.1展示了不同规模和市净率水平的股票的年复合收益率情况。1926—2021年，小盘价值股，也就是规模最小的20%的股票，年复合收益率达到16.24%，而小盘成长股的年复合收益率仅为2.83%。在大盘股中，价值的影响就要小很多了，大盘成长股的年复合收益率只比大盘价值股少不到1%。

表14.1 不同规模和估值的股票收益率情况

1926—2021年		按规模划分为5个层级				
		小盘股	2	3	4	大盘股
按估值划分为5个层级	价值股	16.24%	14.97%	13.39%	12.29%	10.93%
	2	14.53%	13.57%	13.55%	12.85%	8.97%
	3	11.39%	12.79%	12.67%	11.91%	10.53%
	4	7.05%	12.15%	12.46%	11.27%	9.89%
	成长股	2.83%	7.77%	9.45%	10.53%	10.20%

2006—2021年		按规模划分为5个层级				
		小盘股	2	3	4	大盘股
按估值划分为5个层级	价值股	10.53%	8.13%	8.89%	6.97%	8.37%
	2	8.79%	8.72%	10.65%	8.85%	3.47%
	3	7.68%	11.05%	10.74%	8.43%	9.84%
	4	9.67%	12.76%	12.86%	12.41%	11.26%
	成长股	5.43%	11.83%	11.28%	13.96%	14.19%

前文说过，近年来价值股的表现急剧下降。2006—2021年，虽然小盘价值股仍然表现比小盘成长股更好，但除了这规模最小的20%股票中价值股跑赢了成长股，其他规模更大些的4个层级里，价值股都跑输了成长股。而且对规模最大的20%股票来说，其规模跟标普500指数成分股的规模差不多，其中大盘成长股每年跑赢了大盘价值股将近6%。对规模最小的一批股票来说，价值投资仍然是有效的，但超额收益的幅度已经大幅下降了。

为什么小盘价值股可以跑赢小盘成长股，对此有几种不同的解释。首先，总的来说研究小盘股的分析师数量比较少，所以价格偏离价值的时间会更长，直到它们引起了价值投资者的注意。其次，小盘成长股的波动率非常高，会吸引那些想要靠投资一夜暴富的人，这些人的心理跟买彩票的人是差不多的。由于小盘股的成交量很小，所以这些噪声投资者带来的影响会很大。而正如前文所述，这些噪声投资者的行为导致股价偏离了价值后，对价值投资者来说是有利的。

全球小盘价值股

不只是美股，在全球市场里，小盘价值股的表现都很不错。表14.2汇总了不同地区的小盘价值股和大盘成长股的收益率情况。1990—2021年，在每个主要市场里，小盘价值股的收益率都要比大盘成长股更高。在美股市场，小盘价值股跑赢的幅度最小，在新兴市场里，小盘价值股跑赢的幅度最大。但是2006—2021年，在每个主要市场里，小盘价值股的优势都在下降。在美股和欧股市场，小盘价值股甚至跑输了大盘成长股。不过，在日本股市、亚洲

表14.2 全球市场不同规模和估值的股票收益率情况

地区	1990—2021年			2006—2021年			两个时期小盘价值股的超额收益变化幅度
	小盘价值股	大盘成长股	差值	小盘价值股	大盘成长股	差值	
美股	13.48%	12.00%	1.49%	8.13%	13.37%	−5.25%	−6.74%
成熟市场	10.62%	8.36%	2.26%	6.89%	11.19%	−4.30%	−6.56%
美股之外的成熟市场	9.06%	4.87%	4.20%	6.47%	7.38%	−0.91%	−5.11%
欧股	10.17%	7.25%	2.92%	6.29%	8.82%	−2.53%	−5.45%
日股	3.89%	1.08%	2.80%	5.11%	3.86%	1.25%	−1.55%
日股之外的亚太市场	10.86%	8.38%	2.48%	7.86%	6.68%	1.18%	−1.30%
新兴市场	15.00%	6.63%	8.37%	11.85%	7.50%	4.35%	−4.02%

股市以及新兴市场里，小盘价值股仍然跑赢了大盘成长股。在美股市场，科技股的飙升已经让成长股的表现格外亮眼，不过在成熟市场尤其是美股之外的市场里，价值投资收益率的下降幅度并不是很严重。

动量因子

1985年，沃纳·德邦特（Werner De Bondt）和理查德·塞勒（Richard Thaler）指出，一个过去5年跑赢了市场的股票投资组合，将在未来3~5年跑输市场，反之亦然。他们总结说："一个投资组合成立36个月之后，其中赚钱的股票即便风险要高得多，未来收益也将不如亏钱的股票，亏钱的股票带来的收益将比赚钱的股票带来的收益高出大约25%。"[11]

这跟股价随机游走理论以及有效市场假说完全相反。许多人认为，这个发现可以用行为金融学来解释，即当股价上涨时人们会过于乐观，导致价格高出价值，而当股价下跌时人们又会过于悲观，导致价格低于价值。

德邦特和塞勒打开了一扇大门，更多的学者开始研究通过观察股价过去的表现能否预测未来。两年后，德邦特和塞勒继之前的研究有了新的发现，他们指出，之前得出的研究结论跟法马和弗兰奇的规模因子和估值因子都无关。[12] 他们还证明了这种收益的反转，是投资者认为公司近来的盈利情况会一直持续到未来而导致的。股票估值的持续上升，并不意味着未来盈利也会有相应的增长，这一点跟有效市场假说是不同的。[13]

但德邦特和塞勒发现的收益反转，是在长期里出现的情况，在短期里，这种反转并不成立。1990年，纳拉辛汉·贾卡迪斯（Narasimhan Jagadeesh）发现过去12个月跑赢市场的股票，在未来

12个月将会继续跑赢市场,而过去12个月跑输市场的股票,在未来12个月将会继续跑输市场。[14]这带来的超额收益比其他任何因子都要更高、更重要,也不仅仅只存在于美股。[15]事实上,已经有研究人员发现了"超级动量"策略,按波动率把动量股票进行排序,波动率最高的动量股票,收益率可以达到标准动量策略收益率的两倍左右。[16]

买入正在上涨的股票,卖出正在下跌的股票,这跟价值投资理念可谓天壤之别。本杰明·格雷厄姆在《聪明的投资者》一书中写道:"永远不要因为一只股票上涨了而买入,或是因为一只股票下跌了而卖出。"格雷厄姆的徒弟沃伦·巴菲特更是义正词严地警告说:"这个世界上最愚蠢的事,就是因为一只股票正在上涨而去买它。"[17]事实上,法马承认:"所有与市场有效性对立的潜在因素中,动量首当其冲。"[18]

动量策略之所以能成功,最可能的一种解释就是投资者的行为导致的。一开始,投资者会对超预期的盈利反应过慢,这种现象通常被称为"保守偏见",接着,当更多超预期的盈利出现时,同样是这群人,又会反应过度,继而武断地推断这种盈利增长(或盈利下降)会在未来一直持续。投资者的这类行为,会形成一种趋势,使股价发生一系列相应的变化,从而导致动量现象的发生。[19]

另一种投资者行为的解释则是,那些猜对了股价走势的投资者会继续自我强化。如果一个投资者看涨,而股票也确实涨了,这个投资者的信心就会增强,从而使得其他投资者也转而看涨,进一步增强了上涨趋势。[20]

股价出现趋势性走势,本身跟有效市场并不矛盾。经济学家很早以前就表示过,在有效市场里,并不要求股价的变化呈现出随机游走的特征,即并不要求股价接下来上涨和下跌的概率是相等的。而是呈现出鞅性(martingale),即允许股价在短时期内的变化是连续相关联的。但是，人们是不能利用这种鞅性来获利的，因为短期的价格连续上涨或下跌之后，往往跟随着剧烈的、不可预测的反方向变化。

华尔街有句老话，叫作"上如爬楼梯，下如坐电梯"，很形象地描述了股价的变化模式。当一个股票连续上涨或连续下跌后，何时出现反转是无法预测的。尽管如此，还是有许多趋势投资者认为自己有能力躲过反转。我们常常听到一些投资者说着行话"做趋势的朋友"或"顺势而为，乘势而上"，他们自信地以为自己可以在火车掉下悬崖之前及时逃离。

虽然动量策略可以带来不错的收益，但也是有缺点的。这个策略的换手率要比其他任何策略都高得多，如果交易费用很多的话，会吞噬掉一部分收益。另外，从图14.1中可以看到，动量策略会存在一些急剧下跌的阶段，尤其是接近熊市底部时。对下跌敏感的投资者，可能会觉得并不值得为了获得这个策略的收益而承担额外的风险。

不过，有一些基金经理，比如AQR投资公司（AQR Associates）的克里夫·阿斯内斯（Cliff Asness）认为动量策略的下跌并不影响其可观的长期收益。[21] 另外，动量策略也跟其他因子类似，在近20年里并没能跑赢市场多少。

投资因子及股份发行量

2015年，法马和弗兰奇在他们构建的著名的三因子模型中新增了两个因子。[22] 一个是把公司的资本投出去的投资水平，另一个则是公司的盈利能力。基于谢里登·蒂特曼（Sheridan Titman）等人的研究，[23] 他们发现积极做投资的公司带给股东的回报，比保守做投资的公司带给股东的回报要低。我也在我2005年出版的《投资者的未来》一书中的"资本的猪"（Capital Pigs）这一章节中指出，标普500指数的公司中，相对于销售额而言资本支出最多的公司，要比相对于销售额而言资本支出最少的公司收益率差很多。

这个发现与最著名的价值投资者沃伦·巴菲特的观点不谋而合。1985年，巴菲特在伯克希尔-哈撒韦股东大会上解释了为什么他并不打算通过拿公司的钱去做纺织业务投资，来提升这家亏损中的纺织公司的盈利能力。他说每个提案看起来都有立竿见影的效果，但他并没有采纳任何一个，因为他知道其他纺织公司也会采取同样的行动，从而中和了收益，造成更大的亏损。

有许多投资项目一开始承诺会有盈利，但实际上并没能实现，这就会造成公司过度的资本支出。一些首席执行官一心想建立一个大的商业帝国，于是一旦手里有钱了就会花出去。过度扩张往往会导致管理失去重心。畅销书《从优秀到卓越》（Good to Great）的作者吉姆·柯林斯（Jim Collins）曾问过CEO一个问题："你有一份'待办事项'清单吗？你是否同时有一份'不做事项'清单呢？"[24]

另一个跟过度投资相关的因子是股份发行量。20世纪90年代初，杰伊·里特（Jay Ritter）首次发现这个因子会导致收益率降低，后来法马和弗兰奇再次证实了这一点。[25]我们知道，过度投资会使收益率降低，而增发股份正是为了做投资而进行融资的一种常用方式，因此它同样会导致收益率降低就不足为奇了。前文中已经介绍过，做回购的公司收益率会更好，而回购正是逆向的股份发行，也就是回收股份。那些股份发行量最多的公司，收益率远远跑输了市场。

盈利能力因子

法马和弗兰奇在三因子模型中新增的另一个因子，是营业盈利能力，指的是每年的收入减去销售成本和利息，再除以净资产。[26] 2013年，罗伯特·诺维—马克思（Robert Novy-Marx）得出结论：

盈利能力可以有效评估公司未来的成长性、盈利和自由现金流等情况。值得一提的是，诺维—马克思认为当盈利能力和估值因子相结合时，效果尤其好。[27]苏尼尔·瓦哈尔（Sunil Wahal）则证实了盈利能力这个因子在真实数据中的有效性，进一步增强了这个因子的可信度。[28]

盈利能力因子之所以有效，是因为这种盈利评估方式能更准确地判断公司真实价值和未来的盈利情况，要比华尔街常用的"净收入"指标更合适。当然，不论是投资因子，还是盈利能力因子等，这些广为人知的估值指标都可以用来获得超越市场的超额收益，这进一步反驳了市场有效性。[29]

其他盈利质量因子

法马和弗兰奇定义的盈利能力，并不是唯一一个被投资者忽视的关于公司盈利的指标。人们发现，许多为不良资产支付了过高溢价的投资者，也没有充分考虑那些可以衡量公司破产概率或财务困境情况的财务指标。理查德·斯隆（Richard Sloan）发现，"应计项目"也会对收益率产生很大的影响。应计项目指的是那些尚未结算的收入或支出，虽然暂时还未实际发生，但会影响公司的净利润。[30]这种应计项目，有可能实际上最终并没有发生，不像公司原本预期的那样成为真正的收入，从而导致意料之外的冲销。斯隆表示，应计项目超过平均水平的公司，预期收益率会更低。

把不同的因子结合起来使用，也会产生显著的效果。克里夫·阿斯内斯、安德里亚·弗拉齐尼（Andrea Frazzini）和拉瑟·佩德森（Lasse Pedersen）将高质量和盈利能力因子结合起来使用，并给此方法取名为"QMJ"（quality minus junk）。[31]罗伯特·斯坦博和袁宇则将11个因子结合起来，效果比法马和弗兰奇的五因子模型还要更好。[32]

这些质量因子都来源于投资者所熟知的公开数据。所有使用这些因子的投资策略都不会对公司或行业的未来前景做出任何判断，也不会评估管理层到底是做得好还是不好，并且人们对为什么这些因子非常重要所给出的解释，都与有效市场假说是相悖的。

低波动投资

投资一个低波动投资组合，并且能战胜市场，还有什么能比这听起来更棒的呢？直到最近，人们才发现了支持这个理论的证据。[33] 低波动的股票之所以收益更高，是因为做空有限制，并且人们通常不喜欢做空，这使得价值投资者想要做空高波动的股票，把股价下拉到跟内在价值平齐的水平更加困难。于是，高波动的股票常常是高估的，比较少低估，高估买入的话，长期收益率也会更低。我们在上一章中介绍过做空的限制条件，费希尔·布莱克也在CAPM发展的早期提到过这些限制条件，这也是高贝塔的股票收益率反而比CAPM预测的更低的原因之一。

低波动投资跟其他几个因子是有关联的，比如盈利质量，还有一些研究人员怀疑它到底是不是一个有效的独立因子。当然，对那些想要避开市场波动的投资者来说，这个策略的名字是非常有吸引力的。[34] 不过近年来这个策略的收益率也大幅下降了。由于2020年和2021年低波动基金的表现不佳，所以1963—2021年波动率因子的风险调整后收益率已经降为负数了。

流动性投资

另一个能产生超额收益的因子是股票的流动性。一个资产的流动性，指的是投资者被迫需要在很短时间里卖出时，资产的折价情况。流动性好的资产，折价率通常比较低，而流动性差的资产，折价率通常比较高。

1986年，雅可夫·阿米哈德（Yakov Amihud）和海姆·曼德尔森（Haim Mendelson）指出，流动性较差的股票，也就是买卖价差比较大的股票，收益率要比流动性较好的股票更高。[35]近年来，罗杰·伊博森等人，使用股票换手率证实了这些结论。换手率，指的是平均日成交量与总流通股份数的比值。[36]通过分析1972—2010年所有纽约证券交易所、美国证券交易所和纳斯达克交易所里的股票，伊博森确定，换手率最低的25%的股票年复合收益率达到14.5%，几乎是换手率最高的25%的股票年复合收益率的2倍。

流动性效应，可以用经济的原因来解释。人们很早就发现，在一堆风险收益特征相同或相似的资产中，流动性更好的资产，交易价格往往会更高。在美债市场里，被人们看作基准的"正在流通中的"长期国债交易是最活跃的，价格往往比同期限的债券更高，收益率也会更低。投资者和投机者都愿意为那些大量买卖时交易成本更低的资产支付溢价。灵活性，即当环境改变时，以尽可能小的代价快速做出响应的能力，很受投资者的重视。另外，许多大型共同基金无法大量买入活跃度较低的股票，如果大量买入的话，很可能会推高这些股票的价格，价格上涨后，这些股票的收益率也就不怎么有吸引力了。这告诉我们，不看重流动性的投资者，应该在投资组合里倾向于配置更多流动性较差的股票。

罗伯特·斯坦博和卢博斯·帕斯托尔表明，流动性效应不仅在单只股票中存在，在整个股市中也是存在的。[37]他们构建了一种方法来衡量当整个市场出现流动性危机时，个股的反应如何，比如2008年金融危机期间的雷曼兄弟事件、1998年对长期资本管理公司的救助，以及近年来新冠疫情暴发引起的股市波动等。他们认为，这些在危机时期还能被非常容易地买入卖出的股票，将更加受到投资者的青睐，从而使这些股票的股价短期内出现溢价，长期收益率下降。

通过研究他们发现，1966—1999年，经过了贝塔、规模、估值和动量等因子的调整，对流动性更加敏感的股票相比对流动性不怎么敏感的股票，平均收益率每年要高出7.5%。另外，他们还声称在这34年间，动量策略中有一半的收益都要归功于流动性风险因子。全市场范围内出现的流动性不足，可以看成一个给市场定价的风险因子，类似于我们下一章将要讨论的气候风险因子。他们的研究表明，在危机中并不看重流动性的投资者应该更加倾向于选择那些在全市场遭遇流动性冲击时更加敏感的股票。

全球因子投资

尽管近年来，许多海外市场的收益率不及美股，但因子投资在大多数海外市场的效果，都要比美股更好。[38] 表14.3汇总了1990—2021年以及2006—2021年这两个时期里，5种因子带来的收益率情况，分别是规模、估值（使用账面市值比来衡量）、盈利能力、资本投资和动量。其中2006—2021年，因子投资的效果开始减弱了。从表格中可以看到，除了日本股市，其他所有地区这5种因子带来的平均收益率都要高于美股。小盘股效应并不是很突出，这跟美股的情况一致。基于净资产的估值指标的影响属于中等水平，尤其是在日本之外的亚太地区市场。盈利质量在每个地区带来的收益率都不错，投资因子则要低一些。

最让人吃惊的是动量因子。除了日本股市，其他所有地区里[39]动量都是最重要的因子，甚至在某些地区，动量的重要程度远远超过了其他因子。根据表14.3里的数据我们可以推测，在海外市场使用因子投资策略，尤其是动量策略，可以获得超额收益。在做全球投资时，因子投资策略的效果，甚至超过了分散配置。此外，虽然

表14.3 全球因子投资

1990—2021年		全球市场						
		美股	成熟市场	美股之外的成熟市场	欧股	日股	日股之外的亚太市场	新兴市场
因子	本土市场收益率	10.99%	8.23%	5.92%	7.67%	2.15%	8.89%	8.14%
	规模	1.15%	0.41%	0.85%	0.65%	0.43%	−1.71%	1.26%
	估值	0.94%	1.85%	3.10%	2.18%	2.29%	5.64%	7.22%
	盈利能力	4.08%	4.40%	4.31%	4.68%	1.61%	3.54%	2.22%
	资本投资	2.16%	1.83%	1.14%	0.88%	0.16%	2.90%	2.74%
	动量	3.52%	6.11%	7.33%	10.00%	−0.37%	9.39%	9.98%
	因子平均	2.37%	2.92%	3.35%	3.68%	0.83%	3.95%	4.68%
2006—2021年		全球市场						
		美股	成熟市场	美股之外的成熟市场	欧股	日股	日股之外的亚太市场	新兴市场
因子	本土市场收益率	10.90%	8.20%	5.42%	5.95%	3.46%	6.79%	6.54%
	规模	−0.13%	−1.03%	0.27%	1.66%	0.78%	−1.02%	0.58%
	规模	−0.13%	−1.03%	0.27%	1.66%	0.78%	−1.02%	0.58%
	估值	−3.37%	−2.52%	−0.55%	−2.91%	−0.09%	2.06%	4.34%
	盈利能力	4.07%	4.33%	4.00%	4.97%	1.80%	3.52%	2.61%
	资本投资	0.28%	−0.07%	0.06%	−1.12%	0.73%	1.71%	2.79%
	动量	−1.37%	3.03%	5.72%	8.02%	−1.24%	9.13%	8.31%
	因子平均	−0.10%	0.75%	1.90%	2.12%	0.40%	3.08%	3.72%

2006年之后美股里因子投资的效果减弱了，不如从前了，但仍然是能带来正收益的。

有一个地区因子投资不起什么作用，那就是日本股市。在日本股市里，不仅因子投资的总和不及其他地区的一半，而且在其他地

区如此强大的动量因子,在日本股市里居然是负收益的!⁴⁰

关于为什么动量因子在日本股市完全无效,目前还没有人能给出很好的解释。不过,大多数关于动量因子的说法都是基于投资者行为的,比如对新闻事件的反应不足,或是个人投资者及机构投资者的追热点行为,所以,动量策略在日本股市失效,可能意味着近年来日本投资者不再出现非理性的行为。也许这是因为日本股市之前经历了暴跌。日本股市在1989—1993年跌去了80%,是二战后的主要市场里跌幅最大的,当时许多日本投资者都在股市顶峰时期"追逐趋势",所以如今的日本投资者已经不再追逐趋势了。

总结

图14.4展示了过去半个世纪以来一些最重要的因子的收益率情况。⁴¹到目前为止,动量因子是最有效的。不过在2006—2021年,

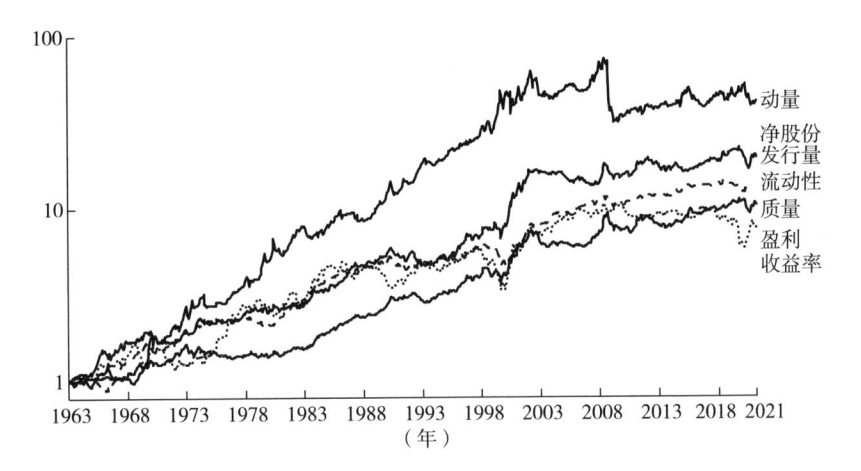

图14.4 1963—2021年的主要因子

大部分因子的效果都已经减弱甚至完全消失了。这里面的许多因子的失效时间还要更长。

在一个噪声市场里，股价会因为各种因素而偏离价值，那么倾向于选择那些低估值股票，尤其是基于盈利质量、估值和回购等因素来挑选，似乎是有道理的。

但还是需要有耐心。一个投资策略可能会几年甚至几十年都表现不佳，但随后开始发挥作用。不要只采用单一策略，分散配置永远是一个投资者的投资组合应该遵循的核心。

STYLES, TRENDS, AND THE CALENDAR

—

第 4 部分

PART FOUR

风格、趋势和日历效应

[第15章]

ESG 投资

CHAPTER
FIFTEEN

企业的社会责任是提高利润。

——米尔顿·弗里德曼，1970年9月

我得说，（弗里德曼的文章）不仅是影响了一代CEO，更是给他们洗脑了。

——马克·贝尼奥夫（Marc Benioff），赛富时CEO，2020年9月

1970年9月13日，米尔顿·弗里德曼教授在《纽约时报》上发表了一篇震撼企业界的头条文章。随着人们要求CEO"对社会负责"的呼声越来越高，弗里德曼写道：

在一个自由企业和私有财产的体制中，一家公司的CEO是股东们的一位雇员，他直接对老板们负责。他的责任是按照老板们的意愿来经营公司，通常就是在遵循社会基本规则的情况下尽可能多地赚钱，这些规则包括法律和道德习俗。[1]

利润和价值

在文章的末尾，弗里德曼着重强调公司"唯一的社会责任"就

是提高利润。人们把他的思想称为"弗里德曼主义",几代公司领导人都以此作为经营的中心。《纽约时报》称,这篇具有里程碑意义的文章"改变了资本主义的进程"。[2]

然而,就在弗里德曼主义即将迎来50周年纪念日之时,美国公司的既定目标已经发生了决定性的变化。2019年,一个由美国商界领袖组成的非常有影响力的组织商业圆桌会议(Business Roundtable)发表了一份新的声明,声明中宣布,公司不该只为股东负责,而是应该对所有利益相关方都做出基本承诺。公司新的目标,包括了公平对待员工、培养多样性,以及采用可持续发展的方式来保护环境。[3]

2020年,《时代》周刊刊登了一篇长达8页的特别插页,刊登日期正好是当初弗里德曼那篇文章发表的50周年纪念日。编辑们征求了20多位杰出人士的意见,其中包括学者、知名企业高管和其他专业人士等。[4]几乎所有人都尖锐批评了弗里德曼的那篇文章。有些人,比如赛富时CEO马克·贝尼奥夫,声称弗里德曼给一代CEO洗脑了。还有一些人则认为弗里德曼主义过度助长了"短期主义"、剥削员工、破坏环境等。许多人表示正是弗里德曼主义,使得美国企业形成了"贪婪是好事"(greed is good)的价值观,这句话出自1987年的电影《华尔街》(Wall Street)中戈登·盖柯(Gordon Gekko)的经典台词。[5]

假如弗里德曼当初说的公司经营目标不是追求最大的公司利润,而是追求能给股东带来最大回报的策略,又会是怎样的情形呢?放在1970年,这两个目标会被认为是一样的,也就是同一个。但放在今天,大量研究表明这两者很可能是不同的。[6]通过追求更广泛的一系列目标,公司实际上可能会因此而获得利润的提高,即便利润没有提高,这些措施也会提升股票的价值。

ESG投资

环境、社会和治理，英文简称ESG，已经成为增长最快的投资方式之一。[7]美国社会投资论坛（Social Investment Forum，简写为SIF）基金会的数据显示，2020年在投资中会考虑ESG因素的专业投资者，管理规模已经达到了17万亿美元，相比2018年增长了42%。2012—2020年，致力于这一投资策略的基金增加了7倍，而且这一增速还在继续提高。[8]

有许多机构会根据与ESG相关的数百项标准来评估每家公司，并分别在环境、社会和治理三个类别中对公司进行评级。其中最著名的评级机构包括MSCI（前身为摩根士丹利资本国际公司）、富时罗素（FTSE Russell）和晨星的Sustainalytics。随着人们对ESG投资的需求激增，ESG评级也越来越重要了，其重要性甚至可以跟标普评级和穆迪评级相媲美。标普评级和穆迪评级是对传统股票和债券进行评级的机构，过去几十年一直在投资领域占据主导地位。

公司盈利和ESG评级

公司直接采取ESG策略来运营，可能会提高公司利润。改善工作环境可以提高团队士气和生产力，鼓励多元化可以帮助招到更优秀的人才，扩展董事会的视野等。良好的公司制度，比如设立独立董事会或薪酬委员会，也可能会直接提升公司利润。

此外，当消费者更愿意购买遵循ESG理念的公司所生产的商品时，即便这样的商品生产成本更高也可能会给公司带来利润的提升。许多消费者愿意为"公平贸易"（fair trade）的商品支付更高的价格，这样的商品意味着生产过程是遵守劳动法的或采用的是可持续发展的方式。比如，即便购买传统的燃油车更划算，仍然有大量想要买车的人会选择电动车。

符合ESG标准，尤其是在治理这一方面做到更好，会使投资者对公司给予更高的估值。建立严格审计标准或提高决策过程透明度的公司，估值可能会高出数倍。

估值提升和ESG评级

尽管上面介绍了这些好处，但许多公司在追求ESG目标时，花费的成本超过了直接带来的金钱收益，导致管理层不愿意进一步加大ESG投入。然而，实现ESG目标虽然有可能会降低利润，但也有可能会带来股价的提升。原因有两个：一些投资者会因为持有ESG股票而心情愉悦；针对糟糕的气候变化，环境友好的公司可以作为风险对冲工具。

如果投资者买入ESG评级较高的公司，就跟买入这些公司生产的商品一样，会心情愉悦，那么这种偏好就会使这些公司的股价提升，高于那些ESG评级较低的类似公司。[9]这意味着，高ESG等级的公司，在股价上涨之后，未来的长期预期收益率将会低于非ESG公司。ESG投资者愿意为了获得精神上的满足感，而降低金钱上的回报，这种精神上的满足感，正是通过持有对环境友好、对员工重视或是追求其他ESG标准的公司股票而带来的。[10]

有证据表明，人们对ESG特征的需求，尤其是在环境方面，会让追求ESG目标的公司估值提升。在环境领域，美国银行全球研究（Bank of America Global Research）分析了标普500指数中的公司，发现碳排放量低于所在行业中位数的公司，市净率达到5.1倍，而碳排放量高于所在行业中位数的公司，市净率为4.2倍。[11]

以碳中和为目标的公司估值可能会更高。标普500指数中，碳排放量最大的三个行业分别是公用事业、能源和工业，这些行业里的公司，如果管理层制定了碳中和的目标，那么公司的远期市盈率要比没有此目标的公司高出50%。[12]当然，也有一些其他因素可以解释这种差异，比如预期盈利增速的不同，但是在德国，人们已经发现了更多详细的证据，可以支持ESG投资满足了人们的精神需求这个观点。德国政府发行了两种一样的债券，一种会为ESG项目提供支持，另一种则不会。虽然都是一样的国债，但支持ESG项目的债券价格更高，于是收益率比另一种非ESG债券更低。[13]

ESG股票的预期收益率

人们为了精神需求而持有ESG股票，于是ESG股票可能会出现溢价，但这个事实并不意味着投资者要在自己的投资组合里增加ESG股票的配置权重。ESG股票的预期收益率由三部分构成：未来ESG投资需求的变化、ESG公司未来盈利能力的变化、由于溢价而引起的未来长期收益率的下降。

第三点对ESG投资者来说是"逆风"（headwind）。ESG股票为了表现更好，它们的盈利增速或是ESG投资的受欢迎程度就必须远高于预期。ESG股票的现有溢价，已经包含人们对ESG投资的未来预期增长了，即便这些股票的盈利能力跟预期相匹配，仅凭ESG投资会越来越受欢迎这个猜测，也并不足以推断出这些股票将跑赢市场。

ESG和投资组合配置

与市场中性策略组合，或是市值加权型指数基金相比，一个投资者是否应该在他的投资组合里增加ESG股票的权重，或是减少

ESG股票的权重呢？首先，我们要假设投资者对ESG投资的增长情况或盈利能力并没有自己额外的看法，也就是投资者的预期是跟市场一致的。

如果一个投资者并不能通过持有ESG股票而获得任何精神上的满足感，那么他就应该在投资组合中降低ESG股票的权重。如果一个投资者通过持有ESG股票而获得的精神满足感处于平均水平，那么ESG股票的权重按市值来就好。也就是说，持有一只标准的市值加权型指数基金，就是最优的选择。

值得注意的是，持有一只标准的市值加权型指数基金，单从资金回报上看并不是最佳的风险收益权衡组合。想要获得更好的资金回报，那无论你的ESG偏好如何，你都应该降低组合中ESG股票的权重。但是，如果考虑到平均水平的ESG偏好给投资者带来的精神满足感，那么一只市场中性、市值加权型指数基金就是最佳选择。

最后，如果一个投资者格外看重ESG，那他就应该在组合中增加ESG股票的权重。虽然这样一个组合的风险收益权衡效果更差，但投资者能获得的整体满足感，包括因为持有ESG股票而感受到的精神愉悦，是有提升的。

过去，并不总是序章[①]

毫无疑问，从大多数指标来看，近年来严格遵循ESG准则的股票的表现要好于市场平均。洛克菲勒资产管理公司的凯西·克

---

① "过去，并不总是序章"（Past is not always prologue）这个标题，改编自莎士比亚戏剧《暴风雨》的开头，原文是："What's past is prologue"。大意是："凡是过去，皆为序章"。——译者注

拉克（Casey Clark）和哈沙德·拉利特（Harshad Lalit）制作了一份清单，列出了ESG等级有提升的公司和没有提升的公司的收益率情况，并对这些公司过去10年的收益率情况进行了分析。[14]如图15.1所示，那些ESG等级有提升的公司跑赢了市场。

近年来，投资者确实越来越关注ESG股票。ESG投资超预期快速崛起，加上超预期的公司盈利增速，是这些公司到2021年为止跑赢市场的主要原因。如果一个投资者能先于市场发现某家公司正在或即将要实行ESG标准，那么投资这家公司就很有可能跑赢市场。不过，任何股票或任何行业未来能否跑赢市场，从来都是依赖于未来能否有超预期的发展，而不是靠过去已取得的成绩。

虽然短期看投资者对ESG的需求大幅增加，但长期情形会如

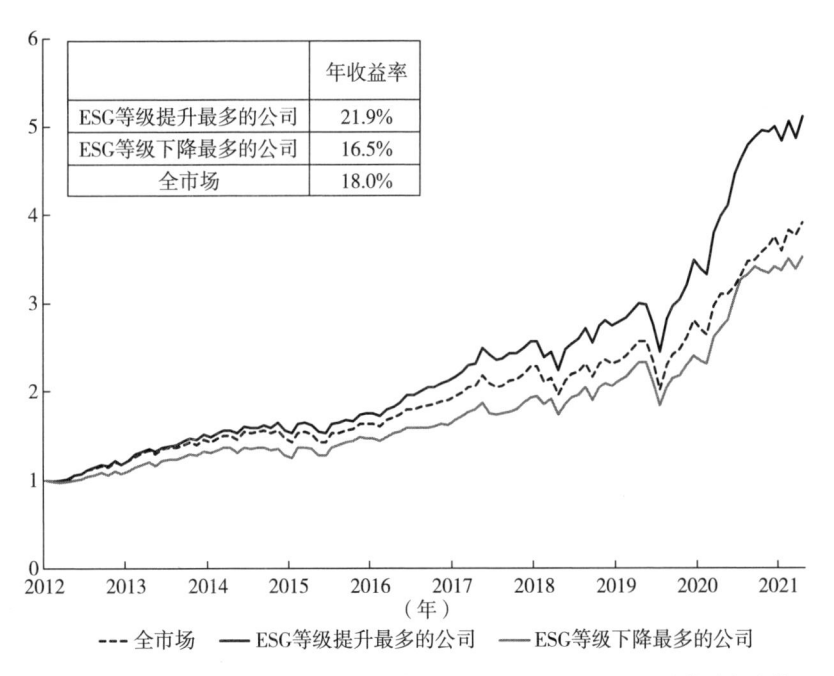

	年收益率
ESG等级提升最多的公司	21.9%
ESG等级下降最多的公司	16.5%
全市场	18.0%

图15.1　ESG等级提升的公司、ESG等级下降的公司以及全市场的收益率走势

何，我们并不能掉以轻心。在第6章里我们介绍过，美股长期收益最好的公司是菲利普·莫里斯，但菲利普·莫里斯在任何一个ESG评级名单上都排不到前列。我们在第11章里还介绍过，迪姆森、马什和斯汤顿研究了美股各行业的长期收益率后，发现自1900年以来烟草行业的表现远远超过全市场和其他所有行业。[15]在同期英国股市里，从事酒精饮料生产的公司跑赢了其他所有行业。短期里，"善良"的股票可能是赢家，但纵观整个历史，"罪恶"的股票才是王者。

用ESG对冲气候风险

虽然ESG股票的长期预期收益较低，但投资者仍愿意持有它们，其中一个原因是可以使投资者感到心情愉悦，但这并不是唯一的原因。在传统金融理论中，一个最佳的投资组合，需要根据投资者的风险偏好来进行配置。如果一个投资者非常关心气候变化，那就可以在组合中持有一些所谓的"绿色"公司，即ESG中涉及环境这个类目的公司，这样当环境比预想的更快恶化时，这些公司的表现相对会更好。[16]在这种情况下，持有这些公司，就跟投资者是否会感到心情愉悦无关了。

人们想要持有绿色公司的另一个原因，是把它们看作对抗恶劣气候的一种保险，这些公司成为一种对冲资产。相比非对冲资产来说，对冲资产的价格更高，收益率更低，因为它们可以帮助抵销投资者可能会遇到的其他风险。

把绿色股票看作对冲资产，也并不意味着要在投资组合里增加它们的权重。只有当一个投资者格外看重环境质量，看重程度超过了平均水平，或是一个关心环境的投资者，认为突发的环境恶化事件所造成的威胁会非常大，威胁程度超过了市场普遍认为的水平，才有必要在组合里增加绿色股票的权重。[17]

绿色股票作为气候风险对冲工具时，要想跑赢市场，就需要满足一些条件。这个和我们前面介绍过的为了精神需求而持有ESG股票的情况是类似的。为了跑赢市场，绿色股票必须克服高估值这个"逆风"，要么是具备超预期的盈利增速，要么是出现了比预期更严重的气候恶化，要么是人们对绿色股票的需求大幅增长，高于预期。

一些热衷于ESG投资的人，得知了ESG评级更高的股票会由于其高估值反而跑不赢ESG评级更低的股票，可能会很失望。但他们也应该感到欣慰，因为高股价减少了这些公司的资本成本，资源会从ESG较弱的公司，流向ESG较强的公司，使得ESG评级更高的公司在市场上进一步站稳脚跟。

对弗里德曼主义的思考

1970年，公司利润最大化和股东价值最大化，指的是同一个意思。而如今，各种复杂的股票估值模型显示，这两者并不一定是同一个意思。如果管理层花费时间和资源来践行ESG理念，而不只是一味增加公司利润，那实际上最终的结果可能会使股东的回报得到提升。

如果仔细阅读弗里德曼1970年那篇文章里的语句，会发现他强调说CEO是公司所有者的一个员工，所谓公司所有者，指的就是股东们。他说管理层应该"按照股东们的意愿"来经营公司。如果一个CEO的责任是使股东价值最大化，我想弗里德曼对这个目标肯定会百分百赞同，那么在一个弗里德曼推崇的资本主义经济的自由市场里，追求ESG目标大概率是完全合理的。

总结

如果一个投资者相信未来ESG投资会越来越流行，热度超预期增长，那么在投资组合里增加ESG股票的权重是合理的。或者是，一个投资者能通过持有ESG股票而获得精神上的满足感，那么也可以在投资组合里增加ESG股票的权重，甚至可以增加更多。

对于不能获得精神满足感，或是不认为环境风险是严重问题的投资者来说，如果认为ESG股票未来受欢迎的程度将远超人们目前的预期，并且股价将大涨来消化高估值，那可以在投资组合里持有市场中性水平的ESG股票；但如果不认为这些情况将发生，那就应该降低ESG股票在投资组合里的权重，来期望获取到比持有一只市场中性、市值加权型指数基金更好的风险收益权衡结果。

如果你认为ESG投资未来的增长已经反映在市场里了，那你的ESG股票仓位就取决于你的偏好了，尤其是这些ESG股票能带给你多少精神满足感，以及想用这些ESG股票来对冲气候风险的意愿有多强烈。如果你的偏好跟市场平均水平差不多，那你就应该持有一只传统的市值加权型指数基金。你需要明白的是，持有这样一个组合，相对于你所承担的风险而言，单看能获得的金钱上的回报并不是最多的，但把物质和精神两者结合起来看，你的收益将是最大化的。并且，给ESG公司更高的估值，使它们能更快发展，对整个社会来说可能也是更好的。

弗里德曼主义强调了管理层对股东应尽的责任，其理念可能与追求ESG目标并不矛盾。通过做"好事"，公司的CEO可能真的会为股东做得"很棒"。

[第16章]

技术分析和趋势投资

CHAPTER
SIXTEEN

说真的，许多怀疑论者都倾向于把（技术分析）整个过程看成占星术或巫术，不予理会。但鉴于这种方式在华尔街的重要程度，还是有必要在一定程度上仔细地分析一下它的装模作样。

——本杰明·格雷厄姆和戴维·多德，1934[1]

技术分析的本质

旗形（flags）、三角旗形（pennants）、碟形（saucers）和头肩形（head-and-shoulders formations）、随机指标（stochastics）、指数平滑异同移动平均线指标（moving-average convergence-divergence indicators）和蜡烛图（candlesticks），这些都是技术分析师的行话，给人的感觉是晦涩难懂。技术分析师，指的是利用过去的股价走势来预测未来收益率的投资者。投资领域中，没有哪个领域比技术分析遭受的批评更多，但也没有哪个领域像技术分析这样拥有如此忠诚、热情的核心支持者。

学院派经济学家常常对技术分析不屑一顾，认为技术分析所起的作用跟占星术一样。普林斯顿大学的伯顿·马尔基尔教授曾非常明确地痛斥了技术分析。1990年，他在他的畅销书《漫步华尔街》中写道：

人们已经对技术分析里的方法，使用两大交易所里从20世纪初至今的大量股价数据，进行了十分详尽的测试。结果明确表明，过去的股价走势无法预测未来。股市是没有记忆的。技术分析的中心思想是绝对错误的，认可这种理念的投资者，除了会给券商支付更多交易佣金，将一无所获。[2]

这个观点曾经深受大多数学院派经济学家的赞同，然而现在有了变化。最近的研究表明，像200日移动平均线（200-day moving averages）或短期价格动量（short-term price momentum）这样简单的交易规则，也许可以改善投资者的风险收益预期。[3]在本章中，我们一起来了解技术分析的利与弊。

技术分析基础

技术分析师（technical analysts），有时也被称为图表分析师（chartists），与基本面分析师（fundamental analysts）形成了鲜明对比。基本面分析师判断预期收益率时，常常使用的指标有分红、盈利和净资产等。技术分析师并不使用这些公司基本面指标，他们认为判断未来股价走势所需的重要信息，都已经包含在过去的股价走势里了。有的价格变化模式，是由反复变化的市场情绪带来的，有的模式则是由一些知情投资者带来的，这些投资者掌握着有关公司未来前景的特别信息。技术分析师坚信，如果能准确地解读这些模式，投资者就能利用模式来战胜市场，并从更加了解一只股票未来前景的投资者手中分一杯羹。

技术分析师查尔斯·道

第一个广为人知的技术分析师是查尔斯·道，他也是道琼斯指数的创始人。但查尔斯·道并不仅仅是分析图表，他还基于自己对市场整体走势的兴趣，创立了《华尔街日报》。20世纪初，他将自己的投资策略公开发表出来。道的继任者，威廉·汉密尔顿（William Hamilton）进一步扩展了道的技术分析方法，并于1922年出版了《股市晴雨表》（Stock Market Barometer）一书。10年后，罗伯特·雷亚（Robert Rhea）整理了道的理念，出版了《道氏理论》（Dow Theory）一书。

查尔斯·道把股票价格的涨跌比作海洋中起伏的波浪。他认为，存在着一个主浪（primary wave），就像潮汐一样，能决定股价的总体趋势。在这个总趋势上，叠加着第二道浪和一些小的涟漪。道声称，通过分析道琼斯指数的走势图、市场成交量以及道琼斯铁路平均指数（现改名为道琼斯交通运输平均指数），可以判断出当前市场正处于怎样的趋势中。

遵循道氏理论的人都认可，这个策略可以让一个投资者及时在1929年10月股市崩盘之前退出市场。著名技术分析师马丁·普林格（Martin J. Pring）表示，如果从1897年开始，一个投资者买入道琼斯指数中的股票，然后遵循每一次道氏理论的买入和卖出信号，那么到1990年1月，他最初投入的100美元将变成11.6万美元以上。而同期采用"买入并持有"策略的投资者，将只有不到6 000美元。在这些计算中，都不包括分红再投资的情况。[4]不过，想要确认基于道氏理论来进行交易收益到底有多少，还是很困难的，因为买入卖出信号是纯主观的，没法用精确的数字规则来决定。

股价的随机性

虽然道氏理论可能不像以前那么流行了，但技术分析仍然很有活力。如今，技术分析师仍然认为，你可以识别出市场的主要趋势,驾驭牛市,避开熊市。

不过,技术分析师的基本信条,即股价走势遵循的是可预测的模式,仍然受到绝大多数经济学家的批评。在学术研究人员看来,市场走势,尤其是短期走势,更符合一种被称为"随机游走"的特征,而不是某种可以预测未来收益的特别模式。

第一次得出这个结论的,是20世纪初的一位经济学家弗雷德里克·麦考利(Frederick MacCauley)。1925年,他在美国统计协会(American Statistical Association)举办的一次晚宴上,就"预测证券价格"这个话题所发表的看法,被刊登在了协会的官方杂志上:

> 麦考利认为,股价的波动,跟掷骰子所得到的概率曲线有惊人的相似之处。每个人都会认可,这样一个纯粹的概率曲线的走势是无法预测的。如果股市可以通过走势图来进行预测,那一定是因为股市的波动跟掷骰子的概率曲线不同。[5]

30多年后,芝加哥大学的教授哈里·罗伯茨(Harry Roberts),根据完全随机事件,比如掷硬币,绘制出了模拟市场波动的价格变化曲线。这些曲线看起来跟真实的股价走势图非常相似,有形状,有趋势。技术分析师认为这些趋势是预测未来收益的重要信息。但是,这些曲线中下个时期的价格变化是基于完全随机的事件所构建的,所以在逻辑上,曲线中的模式不可能含有任何预测信息。这项早期的研究,证实了过去的股价中呈现出的明显模式是完全随机运动的结果。

股价的随机性具有经济意义吗?影响供求关系的因素不会随机发生,并且往往是可预测的。这些可以预测的因素,难道不会使股价走势呈现出非随机模式吗?

1965年,麻省理工学院的保罗·萨缪尔森指出,基于预期现金流的证券价格是不可预测的，即便影响供求关系的因素是可预测的。[6]事实上，这种不可预测性是一个自由且有效的市场所带来的结果。在这样一个市场中，投资者已经把所有会对股价产生影响的已知因素都考虑过了。这就是有效市场假说的核心。

如果市场是有效的，那么只有当市场上出现了新的、意料之外的信息时，股价才会发生变化。由于意料之外的信息有可能是好消息，也有可能是坏消息，所以股价接下来的变化将是随机的。于是，价格走势图看起来就像是在"随机游走"，无法预测。[7]

模拟随机股价

如果股价确实是随机的，那么用计算机随机生成的模拟图，就应该看起来跟真实的股价走势图别无二致。图16.1扩展了60年前罗伯茨教授的实验。我不仅让计算机生成了收盘价，也让计算机生成了盘中价，于是构建出了常见的高低收盘图（high-low-close bar graphs），这种图在大多数技术分析的书中都能看到。

图16.1中一共有8个小图，其中的4个是由一个随机数生成器生成的。这4个图绝对不可能根据过去预测未来，因为本身就是这样设计的。另外4个图则是来自道琼斯指数的真实数据。在继续往下读之前，你可以先猜一下，哪4个图是真实数据，哪4个图是计算机生成的呢？

很难猜对吧。事实上，一家知名华尔街公司里的大多数顶级经纪人都发现，几乎不可能看出差别来。在20世纪90年代中期，有2/3的经纪人认出了其中的图D是1987年10月19日股市崩盘时期的走势图。剩下的7个图经纪人都分辨不出来。正确答案是，图B、D、E和H呈现的是真实历史数据，而图A、C、F和G则是计算机生成的。[8]

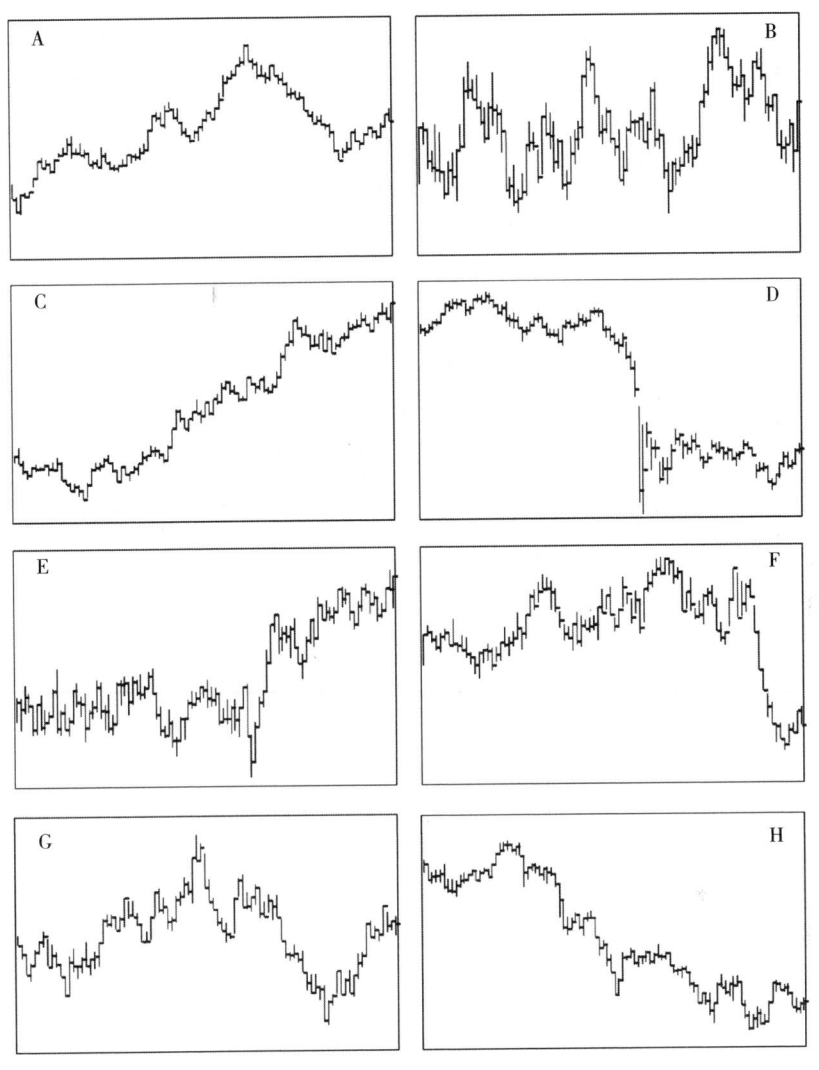

图16.1　股票指数真实走势和模拟走势

市场趋势和价格反转

　　尽管许多趋势实际上是股价完全随机变化的结果，但许多技术交易者一旦认为自己识别出了趋势，就绝不会逆势而行。市场择时者最著名的两句话就是"跟趋势做朋友"和"相信推动力"。

著名的市场择时者马丁·茨威格（Martin Zweig）使用基本面和技术指标来预测市场趋势，他强有力地表示："紧跟市场趋势，与行情同步，别跟主要趋势对抗，这几点我怎么强调都不为过。跟行情对抗就是自寻死路。"[9]在第14章里我们已经看到，动量交易者通过持有已经形成趋势的个股，成功地跑赢了市场。

当一个趋势出现时，技术分析师通常会画出"通道"，通道有两条平行的线，一条是上边界，另一条是下边界，股价波动通常在两条边界之内。下边界通常被称为"支撑位"（support level），上边界通常被称为"阻力位"（resistance level）。当市场波动突破通道边界时，往往意味着股价将发生较大的变化。

许多交易者相信趋势非常重要，这会使他们产生相应的交易行为，从而带动更多的人追赶趋势。当趋势没有转向时，投资者在股价达到通道上边界时卖出，在股价达到通道下边界时买入，希望能利用股价在通道内的波动来获利。如果趋势线被打破，许多交易者则会反向操作，在市场突破趋势线顶部时买入，在市场跌穿趋势线底部时卖出。这种行为往往会使股价加速变动，更加凸显出通道的重要性。

期权交易者更是进一步强化了追赶趋势的行为。当股价在通道内波动时，交易者会卖出看跌期权（sell put），行权价格为通道的下边界，或是卖出看涨期权（sell call），行权价格为通道的上边界。如果股价维持在通道内波动，那么期权到期时将失去价值，这些投机者将获得权利金。如果股价波动穿透了支撑位或阻力位，那么期权卖方会纷纷逃离，或是在遭遇大幅损失之前回购期权，从而进一步加剧了股价的变动。

移动平均线

成功的技术分析不仅需要能判断出趋势，更重要的是还要能判断出什么时候趋势会逆转。人们通常会基于当前价格和过去价格变化的移动平均线之间的关系，来判断趋势何时可能会变化。这项技术至少早在20世纪30年代就已经出现了。[10]

移动平均线（moving average），指的是一只股票或一个指数过去一系列收盘价的算术平均值。人们通常会使用过去200个交易日的平均价格，所以也叫作"200日移动平均线"。每当一个新的交易日来临，计算机会剔除掉最早的那一个交易日的价格，加入最新的一个交易日的价格，重新计算平均值。

移动平均线的波动幅度，远远小于每日股价的波动幅度。当股价上涨，而移动平均线却低于当前价格时，技术分析师会声称这形成了一个股价支撑位；当股价下跌，而移动平均线却高于当前价格时，则形成了一个阻力位。分析师认为，移动平均线可以帮助投资者判断市场的基本趋势，而不会被每天股价的波动分散了注意力。当价格突破了移动平均线时，就意味着有一股强大的潜在力量正在推动基本趋势出现反转。

200日移动平均线常常作为判断投资趋势的关键因素，出现在各种投资报道中。威廉·戈登（William Gordon）是这个策略的早期支持者之一，他指出，1897—1967年，当道琼斯指数向上突破移动平均线时买入股票，其收益率可以达到当道琼斯指数向下突破移动平均线时进行买入的近7倍。[11]罗伯特·科尔比（Robert Colby）和托马斯·梅耶（Thomas Meyers）发现，对美股而言，移动平均线的最佳时间周期是45周，略长于200日移动平均线。[12]

测试移动平均线策略

为了测试200日移动平均线策略，我研究了道琼斯指数1885—2020年的全部每日记录。跟以往对移动平均线策略的研究不同，我的实验里假设当策略提示应该买入股票时，采用分红再投入的方式，当策略提示不应该继续持有股票时，转而持有短期附息证券。整个时期的年收益率和各个子时期的年收益率都有统计。

我采用了以下标准来进行买卖：每当道琼斯指数的当天收盘价比200日移动平均线（不包括当天）高出1%以上时，就以该收盘价买入股票；每当道琼斯指数的当天收盘价比200日移动平均线低了1%以上时，就以该收盘价卖出股票。卖出后的资金会投入短期国债中。

这个策略中有两个需要注意的地方。第一个地方是，在200日移动平均线周围设置1%的波动范围，是为了控制投资者买入卖出的次数。范围越小，买入卖出的频率会越高。[13]如果范围非常小，可能会导致投资者频繁交易，也就是为了战胜市场而反复买入和卖出。频繁交易会导致投资者常常发现自己买在高位，卖在低位，大大降低投资者的收益率。

第二个地方则是这个策略中，假设投资者都是以收盘价来买入和卖出，而不是以盘中价格来交易。因为精确到日内水平的均线，直到最近几十年才被计算出来，所以使用历史数据的时候，无法得知具体何时的盘中价格突破了200日移动平均线，只能看收盘价。通过这样的设定，我得出一个可以在过去135年间真正去实践的理论结果。[14]

道琼斯指数和200日移动平均线

图16.2中分别展示了1924—1936年、2001—2020年这两个时

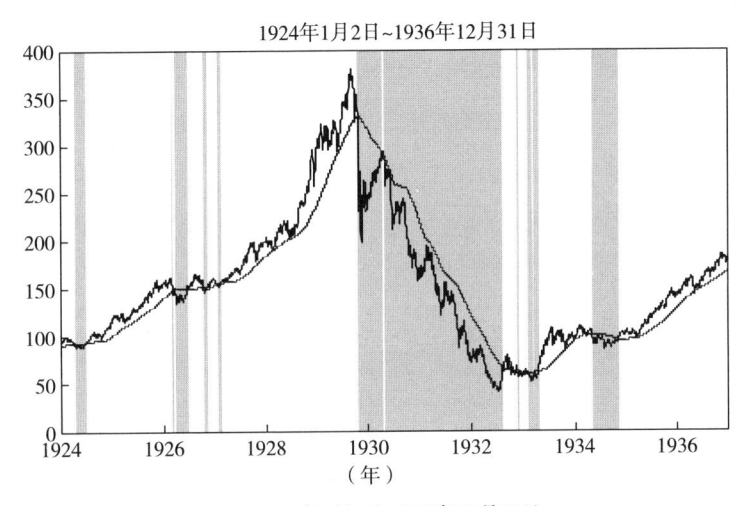

图16.2 道琼斯200日移动平均线策略

期内，道琼斯指数每日价格走势和200日移动平均线走势。阴影区域表示投资者此时卖出了股票，离开股市，把资金投入短期国债，非阴影区域则表示投资者此时全部投资于股票。

表16.1中汇总了200日移动平均线策略的收益率，以及买入并持有策略的收益率情况。

表16.1　1886年1月至2020年12月择时策略和长期持有策略的年收益率

时间区间	长期持有策略		择时策略			
	收益率	风险	收益率	风险	在股市中的时间占比	换手率
1886—2020年	9.62%	20.9%	9.66%	16.4%	63.6%	402
子区间						
1886—1925年	9.08%	23.7%	9.77%	17.7%	56.6%	122
1926—1945年	6.25%	31.0%	11.13%	21.8%	62.2%	60
1946—2020年	10.82%	15.8%	9.21%	14.1%	68.5%	220
1990—2020年	10.52%	14.8%	5.85%	15.2%	74.1%	126
2001—2020年	7.68%	15.2%	4.16%	13.5%	70.5%	84
2012—2020年	12.96%	11.7%	8.10%	14.0%	86.1%	30
剔除1929—1932年大崩盘时期						
1886—2020年	10.76%	19.7%	9.84%	16.1%	64.8%	384
1926—1945年	13.94%	24.5%	12.38%	20.3%	70.8%	42

从1886年1月到2020年12月，择时策略的年收益率为9.66%，勉强超过了长期持有策略9.62%的年收益率。我们再看图16.2，会发现择时策略非常成功地让投资者躲过了1929—1932年的大崩盘。我们如果剔除掉大崩盘这段时期，会发现择时策略的年收益率比长期持有策略要低0.92%，尽管择时策略的风险比长期持有策略还要低4%左右。

眼见不一定为实。如果我们看图16.2中自2001年以来的收益率，可能会以为择时策略大幅战胜了买入并持有策略。然而事实并非如此。2001—2020年，买入并持有策略的年收益率比择时策略高出3%以上。原因就是择时策略会导致投资者在21世纪的头10年频繁地买入和卖出。当市场处于震荡时期，既没有强烈的上涨趋势，也没有强烈的下跌趋势，股价会频繁地穿越200日移动平均线，导致收益率较差。当股价上涨超过移动平均线1%时买入，当股价下跌超过移动平均线1%时卖出，频繁地买入和卖出，导致投资者花费了巨大的交易成本。

避开大熊市

虽然择时策略在收益率上不如买入并持有策略，但择时策略有个很大的好处，就是投资者经历的波动率更低。择时投资者保持在股市中的时间只有不到2/3，所以相比买入并持有的投资者来说，风险减少了约1/4。这意味着，如果是计算风险调整后的年收益率，200日移动平均线策略是很有吸引力的。择时策略的另一个好处，是可以避开大熊市。

200日移动平均线策略在20世纪20年代和30年代初的牛熊市中，表现最为亮眼。根据上文制定的买卖规则，投资者会在1924年6月27日道琼斯指数处于95.33点时买入股票，之后除了两次小中断，将一直身处牛市中，并经历1929年9月3日381.17点的最高点。然后，将会在1929年10月19日323.87点，卖出股票并退出股市。此时，距离大崩盘仅剩10天。1930年，投资者会短暂地重回市场一段时间，但除此之外，投资者都身处股市之外。这个策略可以帮助投资者避开美股历史上最大的熊市。一直到1932年8月6日道琼斯指数66.56点时，投资者才会再次回到市场里，此时比最低点仅高出25点。

投资者使用200日移动平均线策略，还可以避开1987年10月19日的崩盘，因为他们会在2天前的周五10月16日，卖出股票。不过，1987年的崩盘不同于1929年，这一次，股市并没有继续下跌。虽然股市在10月19日下跌了23%，但直到次年6月，投资者才有机会重回市场，此时道琼斯指数相比之前10月16日退出市场时，只低了约5%。不过不管怎样，200日移动平均线策略可以使投资者避开10月19日和20日这两天，对许多坚持持有的投资者来说，这是非常痛苦的两天。

此外，200日移动平均线策略还可以帮助投资者避开2007—2009年熊市里大部分令人绝望的日子。择时投资者会在2008年1月2日卖出股票，此时道琼斯指数大约比2007年10月的最高点低8%，之后在2009年7月15日才重回市场，此时道琼斯指数大约下跌了40%。200日移动平均线策略也能帮助投资者避开新冠疫情引起的熊市。投资者会在2020年2月26日卖出股票，之后道琼斯指数继续下跌了超过30%，并于3月份达到最低点。

不过，在2010年、2011年和2012年，择时投资者会频繁交易，买入卖出股票20多次，导致收益率被吃掉约20%。这是这个策略的缺点所在。

移动平均线策略确实可以帮助投资者在市场下跌时，避开那些最严重的下跌日。自道琼斯指数成立以来，在熊市（即股市下跌20%及以上）中使用移动平均线策略，投资者的平均跌幅仅为13.25%，而一个买入并持有的投资者会经历的从最高点到最低点的最大跌幅为32.73%，是前者的两倍以上。虽然当市场震荡没有趋势时，频繁交易会导致收益率大幅下降，但能在过去135年里，每次熊市最糟糕的阶段中都远离股市还是相当令人欣慰的！

年收益率的分布

图16.3展示了择时策略和长期持有策略的年收益和亏损的分布情况。正如前文所述,择时投资者会参与牛市的大部分时间,避开熊市,但当市场没有趋势时亏损严重。

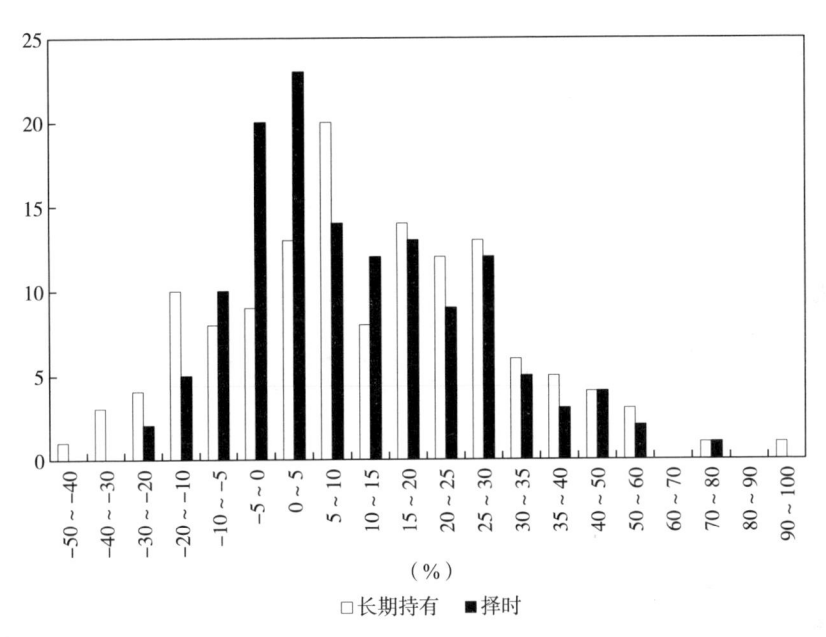

图16.3 择时策略和长期持有策略的年收益和亏损的分布情况

收益和亏损的分布,就像是一个买入并持有的投资者,买入了指数看跌期权来对冲市场的下跌。我们将在第26章中介绍,买入指数看跌期权就等于是给市场买了个保险。如果市场没有下跌,那么买期权的成本会吞掉收益。同样,择时投资者会因为买入和卖出而产生很多小的亏损。这也就是为什么测试中择时策略的年收益率为-5%~0%,而长期持有策略的年收益率为5%~10%。择时策略年收益率最差的一年是2000年，当时投资者需要买入卖出16次，年收益率比 –33% 还低，远远低于长期持有策略同期 –5% 的年收益率。

总结

支持技术分析的人会说，技术分析能识别市场的主要趋势，以及这个趋势何时会转向。但也有很多人严重怀疑，趋势是否真的存在，还是仅仅是股价随机运动的结果呢？

虽然学术界对此还在争论当中，但在华尔街和许多精明的投资者中，技术分析有大量的拥护者。在本章的分析中，对这些策略持谨慎认可的态度，但正如我在整本书中都一直在说的那样，投资者想要利用过去来获利的行为，可能已经改变了未来的收益率。本杰明·格雷厄姆在80年前就说得非常好：

只需要稍加思索我们就能明白，想要在人类控制下对经济事件做出科学的预测是不可能的。如果这样一个预测是"可靠的"，就会引发人们的行动，从而导致预测失效。所以，老练的技术分析师承认，想要持续取得成功，就得保证取得成功的方法只有少数人知道。[15]

最后值得一提的是，技术分析需要投资者全身心地投入。1987年10月16日，崩盘前的那个周五，道琼斯指数当天在非常临近收盘时，跌破了200日移动平均线。但如果你那天下午没来得及卖出股票，你将会经历噩梦一般单日跌幅达到23%的"黑色星期一"，这也是历史上最大的单日跌幅。

[第17章]

日历效应

CHAPTER SEVENTEEN

> 10月，这是炒股特别危险的月份之一。其他的月份是7月、1月、9月、4月、11月、5月、3月、6月、12月、8月和2月。
>
> ——马克·吐温

字典里，把"异常"定义为跟平时常见情况不一样的事物。还有什么会比希望仅仅通过某一天、某一周或是某一月，来预测股价并战胜市场这件事更异常的呢？别说，这件事还真有可能是存在的。研究表明，确实在某些特定时间里，股市或某些股票会表现得特别好。

在1994年出版的第1版《股市长线法宝》里，我对截至20世纪90年代初的一系列长期数据做了分析。并且告诉读者，使用与日历效应相关的策略，是可以战胜市场的。但是，随着越来越多的投资者了解到日历效应并采取行动，股价可能会发生相应的变化，那么即便不是全部，也有大部分的日历效应会消失。当然，这种情形的出现，是符合有效市场假说的预测的。

在这一版的《股市长线法宝》里，我研究了自1994年以来的数据，来确认一下这些日历效应是否还存在。结果大吃一惊，有些效应已经减弱，甚至反转了，而有些效应仍然很有效。下面是具体情况。

季节效应

历史上最重要的一个日历效应就是,每年1月份,小盘股的表现会远远好于大盘股。这个效应是非常强烈的。假如去掉了1月份的收益,那么自1925年以来,小盘股的收益率将会低于大盘股,而加上了1月份之后,小盘股在整个时期内的收益率就超过大盘指数了。

1月效应,是所有日历效应的鼻祖,但并不是唯一的日历效应。股票在上半月的表现通常会比下半月更好,在节假日之前通常也会表现更好,而在9月份却通常会大跌。此外,在圣诞节到元旦这段时间,表现通常会格外好。就连最近也是这样,股票在2021年12月的最后一个交易日大幅上涨,自此开启了1月效应。

1月效应

1月效应(January effect)指的是小盘股在1月份的表现会特别好。20世纪80年代初,唐纳德·凯姆(Donald Keim)[1]基于自己在芝加哥大学攻读研究生时所做的研究,发现了1月效应。这是第一个公然反驳有效市场假说的重大发现。根据有效市场假说,股价应该是不可预测的。

在所有日历效应中,1月效应是人们研究最多的。1925—2021年,标普500指数每年1月份的平均收益率为1.29%,而同期小盘股的平均收益率为4.93%,两者之间相差了3.64%,这完全可以解释为什么过去这96年间,小盘股的总收益率如此之好了。

表17.1展示了1月效应到底有多么重要。如果一个投资者在1月份持有小盘股,然后在剩下的11个月里持有标普500指数,会比始终持有标普500指数的投资者的年收益率高出将近4%,这是很

惊人的。反过来，如果一个投资者在1月份持有标普500指数，然后从2月份到12月份都持有小盘股，他将比持有标普500指数的投资者的年收益率低了2%以上。不过，在1995年之后，1月效应已经消失了，这几种策略的年收益率都差不多了。

表17.1 小盘股的1月效应 （%）

指数	1926—2021年收益率	1995—2021年收益率
标普500	10.1	10.4
小盘股	11.3	9.4
1月份持有小盘股，其他月份持有标普500	7.7	9.8
1月份持有标普500，其他月份持有小盘股	13.8	10.0

1月效应最突出的时间段，是美股史上最大的熊市期间，即大萧条时期。从1929年8月到1932年夏季，整个时期里小盘股跌去了90%，但其中每年1月份小盘股的收益率都是正的，分别为1930年1月的13%、1931年1月的21%和1932年1月的10%。如果有一个投资者在这3年中，每年都是12月末买入小盘股，然后1月底卖出，其他月份持有现金，那他就可以在这个史上最糟糕的熊市里，让自己的资产增加50%。这就是1月效应的威力。

当研究者把目光转向全球其他股市中时，发现同样存在着1月效应。在日本股市，小盘股在1月份的超额收益达到每年7.2%，比美股还要高。[2]我们在下文中会继续介绍，在全球许多股市里，1月份是大盘股和小盘股都表现最好的月份。[3]

为什么会出现1月效应？

为什么投资者在1月份青睐小盘股呢？没人知道准确答案，不过有几点猜测。可能个人投资者会持有大量的小盘股，跟大多数机构投资者不同，他们对于股票交易中的税更加敏感。于是出于避税的原因，个人投资者会在12月份大量卖出小盘股，尤其是那些在前面11个月里下跌了的小盘股。这种卖出进一步压低了小盘股的股价。于是在卖出结束后的1月份，这些小盘股的股价会反弹。

有一些证据是可以支持这个猜测的。整年都在下跌的股票，通常在12月会下跌更多，然后在1月份又大涨。并且，有一些证据表明，在1913年美国征收所得税之前，并没有1月效应。而在澳大利亚，税收年是从当年7月1日开始到次年6月30日，会发现小盘股在7月份的表现格外好。

税收可能是其中一个原因，但不是唯一的原因，因为在有的国家里，并没有收取资本利得税，却仍然存在着1月效应。日本股市在1989之后才开始征收资本利得税，但1月效应在1989年之前就出现了。加拿大股市在1972之后才开始征收资本利得税，但1月效应在1972年之前就出现了。另外，当年上涨的股票，按理说不会由于税的影响而被抛售，却也在次年1月份会上涨，虽然涨幅没有那些当年下跌的股票在次年1月份的涨幅那么大。

1月效应已经消失

如今，1月效应已经消失了，我们其实可以预料到这一点。如果基金经理知道小盘股将要在1月份大幅上涨，那他们就会在元旦之前买入小盘股，希望能在1月份获利。这会使小盘股的股价在12月份就上涨，继而又会促使其他基金经理在11月份就买入小盘股，以此类推。随着人们应对1月效应的相应行为，股价会逐渐在整年内趋于平稳，于是1月效应也就消失了。也许，正是人们对1月效应的宣传，使得大量投资者和交易员都想要利用这个效应来获利，从而导致了效应的消失。

1月份的预测能力

人们常说:"股市全年的表现如何,看1月份就知道了。"这话还真的有点儿道理。表17.2汇总了1月份的收益率、其余11个月的收益率,以及其余11个月的走势跟1月份相一致的年数。

表17.2 1月份的预测能力

1928—2021年				
	1月	2~12月	年数	走势相同的年数
1月份收益率为负时	-3.64%	0.35%	36	13
1月份收益率为正时	4.22%	0.74%	58	45
全年	1.21%	0.59%	94	
1928—1994年				
	1月	2~12月	年数	走势相同的年数
1月份收益率为负时	-3.66%	0.18%	24	10
1月份收益率为正时	4.46%	0.65%	43	33
全年	1.55%	0.48%	67	
1995—2021年				
	1月	2~12月	年数	走势相同的年数
1月份收益率为负时	-3.61%	0.70%	12	3
1月份收益率为正时	3.53%	0.99%	15	12
全年	0.36%	0.86%	27	

1928—2021年,当1月份的收益率为负时,其余11个月的收益率只有当1月份的收益率为正时其余11个月的收益率的一半都不到。并且,当1月份的收益率为负时,其余11个月有1/3的概率收益率也为负。当1月份的收益率为正时,其余11个月只有20%左右的概率收益率为负。

不过，1月份的预测能力也像1月效应一样，在1995年之后就开始减弱了。1995年之后，1月份的负收益率跟其余月份收益率一致的情况就比较少了。1995—2021年，有12年的时间里1月份的收益率是负的，但是只有3年的时间里其余月份的收益率也是负的。

每月收益率

图17.1展示了道琼斯指数和标普500指数每月的收益率情况。从图中可以看到，4月份是一年中表现最好的月份（春天来了！），并且这个现象在道琼斯指数和标普500指数中都越来越明显。9月份则是一年中表现最差的月份（凛冬将至！）。11月份和12月份表现不错，并且根据近年来的数据，这两个月份的表现将持续。但曾经表现最好的1月份，无论是大盘股还是小盘股，近年来表现已经没那么好了。7月份表现也不错（夏天来了！），但有句老话说的是"5月卖出，离开市场"（Sell in May and go away），也不是毫无道理。从数据上看，几乎所有的收益都是在10月份到次年4月份获取到的，夏天的好收益大部分都被秋天的下跌抵销了。

9月效应

虽然7月份收益不错，但要小心即将到来的秋天，尤其是9月份。迄今为止，无论是美股还是全球其他股市里，9月份都是表现最糟糕的一个月。在分红再投入的情况下，这是唯一一个收益率为负的月份。

图17.2展示了MSCI国际指数1月份、9月份、12月份和平均

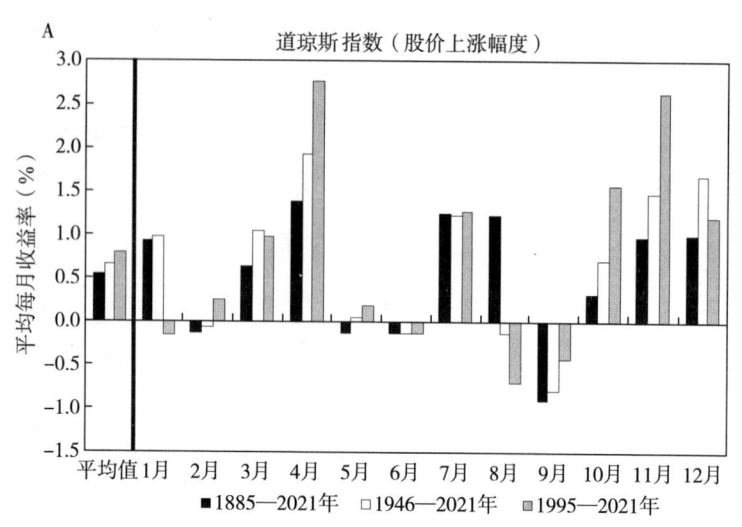

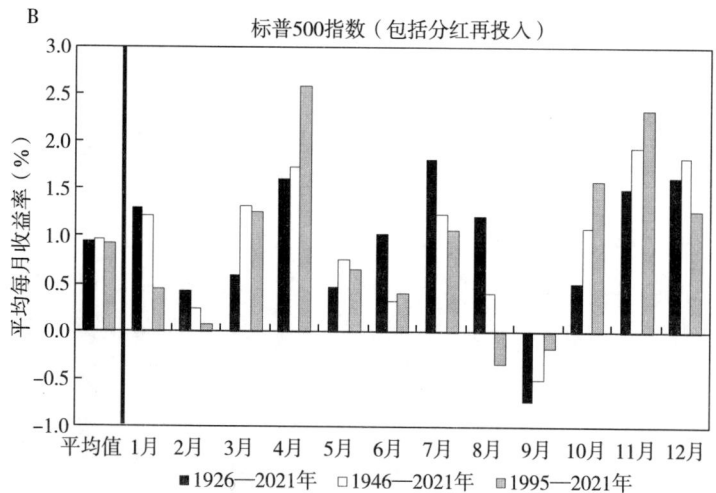

图 17.1　道琼斯指数和标普 500 指数每月收益率

每月的收益率情况。在这期间，22 个股市[①]中有 21 个在 9 月份都出

---

① 图 17.2 中后 4 个为各区域及全球股市数据，故此处所提 22 个股市数据并不包括这 4 者。——译者注

现了负收益。

美股的情况尤为惊人。图 17.3 展示了 1885—2021 年，道琼斯指数在整个时期、剔除了 9 月份以及仅 9 月份这三种情况下的走势。假如你在 1885 年投入 1 美元到道琼斯指数中，那么在不包括分红的情况下，2021 年底你将持有 1 428 美元。但如果你在每年 9 月份的时候都暂时离开市场，只在其余 11 个月中进行投资，那么到 2021 年底你将持有 6 167 美元。相反的，如果你只在每年 9 月份进行投资，那你当初的 1 美元将只剩下 23 美分。

9 月效应带来如此负面的影响，投资者如果在 9 月份不投股票，而是持有现金，可能收益率会更好些。跟 1 月效应不同，9 月效应近年来并没有逐渐消失，而是依然存在，只不过带来的负收益率没有以前那么高了。自我 1994 年出版第 1 版的《股市长线法宝》以来，当年 21 个全球股市中的 18 个，目前在 9 月份仍然呈现出负收益率。不过自那时以来，8 月份替代了 9 月份，成为收益率最差的月份，这一点我们可以在图 17.1 中看到，可能是由于投资者都试图利用 9 月效应来调整自己的投资策略。

为什么会出现 9 月效应？

9 月之所以收益率比较差，可能是因为冬天即将到来，白天的时间迅速变短导致人们心情沮丧。心理学家强调说，阳光是人们感到幸福的重要来源。最近有研究表明，纽约证券交易所在阴天的表现明显不如晴天。[4] 但这个解释在大洋洲就不成立了，因为在南半球的澳大利亚和新西兰，9 月份收益也很差，但 9 月份却代表着春天来了，白天时间将会变得更长。[5]

还有一种可能是投资者为了支付暑假的费用，而卖出股票或是暂停买入更多股票。我们将很快在下文中看到，周一是到目前为止一周中表现最差的一天。对许多人来说，9 月份，跟周一的性质类

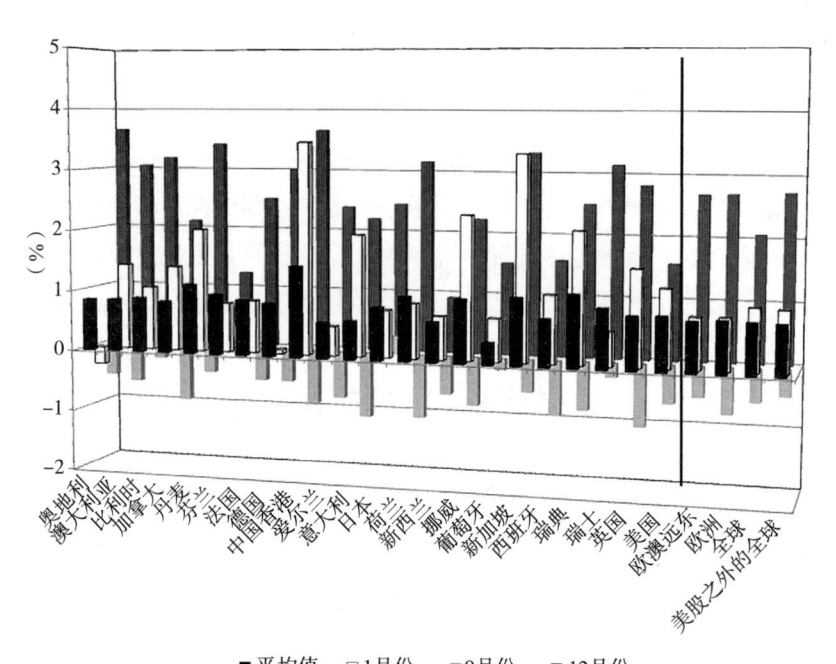

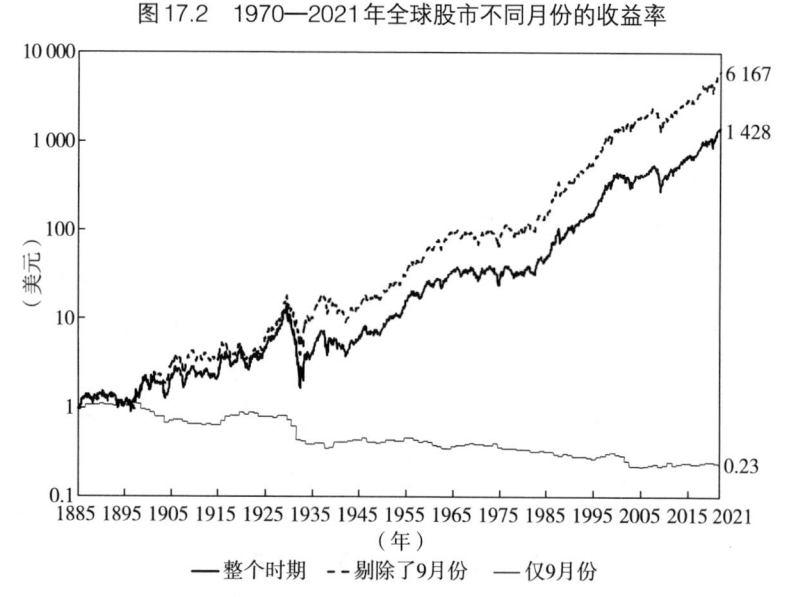

图17.2 1970—2021年全球股市不同月份的收益率

图17.3 1885—2021年道琼斯指数走势

似，都是在度过一段时间的假期后，重新开始工作。

其他日历效应

虽然心理学家说，许多人在圣诞节和元旦前后都会莫名感到抑郁，但对投资者来说，每年的最后一周都是个"欢乐的季节"。表17.3展示了道琼斯指数在不同年份、不同月份中的日收益率情况。在过去的136年里，从圣诞节到元旦这段时间的平均收益率，是整个时期平均收益率的将近10倍。

表17.3　1885年2月~2021年12月日收益率　　　　　　　　　　（％）

	1885—2021年	1885—1925年	1926—1945年	1946—1989年	1946—2021年	1995—2021年
总平均值						
整月	0.0250	0.0192	0.0147	0.0273	0.0318	0.0398
上半月	0.0388	0.0144	0.0531	0.0402	0.0497	0.0645
下半月	0.0133	0.0233	−0.0173	0.0163	0.0166	0.0185
月末最后一天	0.0736	0.0875	0.1633	0.1460	0.0426	−0.1267
一周期间						
周一	−0.0831	−0.0874	−0.2106	−0.1313	−0.0470	0.0561
周二	0.0442	0.0375	0.0473	0.0307	0.0469	0.0850
周三	0.0569	0.0280	0.0814	0.0909	0.0659	0.0265
周四	0.0252	0.0012	0.0627	0.0398	0.0281	0.0173
周五	0.0625	0.0994	0.0064	0.0942	0.0575	0.0142
（包含周六）	0.0539	0.0858	−0.0169	0.0747		
（不包含周六）	0.0695	0.3827	0.3485	0.0961	0.0565	0.0142
周六	0.0578	0.0348	0.0964	0.0962		
假日						

（续表）

	1885—2021年	1885—1925年	1926—1945年	1946—1989年	1946—2021年	1995—2021年
7月4日	0.2968	0.2118	0.8168	0.2746	0.2058	0.1955
圣诞节	0.3153	0.4523	0.3634	0.3110	0.2288	0.0921
元旦	0.2745	0.5964	0.3931	0.2446	0.0697	−0.1719
元旦之后	0.1457	0.1114	0.0363	0.0779	0.1926	0.3552
假日平均值	0.2955	0.4201	0.5244	0.2767	0.1681	0.0386
圣诞周	0.2241	0.3242	0.2875	0.1661	0.1425	0.0991

更让人惊讶的是上半月和下半月的收益率差异。[6]在整整136年里，道琼斯指数上半月的收益率，几乎是下半月收益率的3倍，并且这种现象在1995年之后更加明显了。这里上半月所包括的日子，是从上个月的最后一个交易日开始，一直到本月的第14天为止。如果我们把分红包括在内的话，由于分红通常在上半月发放，所以会发现上半月的收益率更好了。[7]图17.4展示了道琼斯指数一个月中每天的股价变化情况。

需要注意的是，近年来，收益情况较之前有所改变了。每月第一天的正收益情况更加明显，每月前6天的收益相比之前都有所提高，而每月最后一天的收益率变化很大，从之前的正收益率变成了负收益率。

每月第一天之所以收益率更好了，可能是由于上班族每月第一天会自动从工资里拿出一部分，投入股市。再看每月第16天，也会有个大涨，对每半月支付一次工资的上班族来说，在这一天也会自动投入一部分资金到股市。这个现象近年来已经越来越显著了。

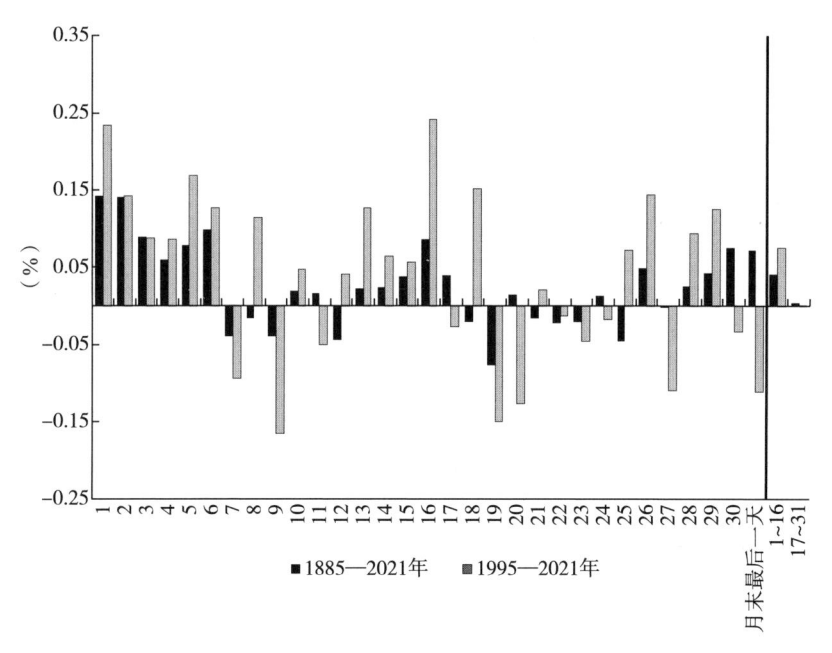

图17.4　1885—2021年一个月中每天的股价变化情况

星期效应

许多上班族都讨厌周一。度过两天的假期后，周一再次面对工作是很厌烦的。股票投资者显然也有类似的感受。到目前为止，周一是一周当中收益最差的一天。在过去的136年里，周一的收益率都是负的。

虽然人们不喜欢周一，但曾经非常喜欢周五。曾有一段时间，市场里流行一个词"TGIF"，意思是"谢天谢地，周五到了"（Thank goodness it's Friday）。周五曾是一周当中收益最好的一天，比每日平均值要高出约3倍。1946年以前，和1953年以前的非夏季月份，每周六股市也是开盘的，即便在这段时间里，周五也是收益最好的一天。

然而，自1995年以来，周五从最好的一天变成最差的一天，而周一从最差的一天变成次好的一天，比最好的周二也没差多少。导致这个变化的其中一个原因，可能是如今有更多的交易者会在周末做权益对冲，在周五或临近周五时卖出多头头寸。另一个原因则可能是，了解到周一通常会下跌的投资者会在周五卖出股票，然后又在周一买入股票，从而导致周一的收益率上升。不管是什么原因，这种变化都告诉我们，一旦某个效应被广为人知了，那它的套利空间也就会消失了。

从表17.3中还可以看出另一个日历效应，在大型节假日之前，股市通常会表现很好。在7月4日、圣诞节和元旦前夕这些日子，平均收益率是每日平均值的近12倍。不过近年来，有些节假日的收益率也发生了很大的变化。自1995年以来，7月4日和圣诞节之前的收益率仍然保持不错，但每年最后一个交易日，已经从表现很好转变为负收益率了。这个转变可能是由于许多"以收盘价格卖出"（sell-on-close）的指令自动在年末执行而导致的，这些指令的目的是抵销股指期货、ETF和其他定制化对冲工具的头寸。不过，到了新年的第一个交易日，卖出的压力就小很多了，于是通常会大涨。

最后，在每个交易日中，似乎还存在着一些效应。有证据表明，上午通常会有一段下跌的时间，尤其是周一。到了中午市场开始上涨，然后到下午3点左右不再上涨或是开始下跌，然后在收盘前最后半小时上涨。这种走势通常会使市场以当天最高点收盘。

总结：投资者该怎么做？

有一些日历效应对投资者来说是很有吸引力的。投资者经常听到权威人士宣称，现在是或不是入市的好"季节性时间"（seasonal time）。但这些日历效应并不总是有效的。随着越来越多的投资者知道了某个效应，那这个效应可能就会减弱或消失了。在过去的

20年里，著名的"1月效应"基本上已经不存在了。还有一些效应已经完全反转了，比如年末最后一个交易日的收益率、周一的收益率和周五的收益率等。9月效应也有所减轻，只不过仍然会带来负收益率。不过还有一些效应，比如每月初的高收益、下半月的低收益，都有所增强。

想要利用这些日历效应来获利，会涉及股票的买入和卖出，也就会产生交易费用，以及资本利得税（如果交易的是免税基金则没有）。不过，对于已经决定了要买入或者要卖出股票的投资者，如果可以在一定幅度内调整自己的交易时间，可以在做出决定之前，考虑一下这些日历效应。要记住的是，历史表明这样做的优势并不大，也没人保证这些效应会一直持续下去。

THE ECONOMIC ENVIRONMENT FOR STOCKS

—

第 5 部分

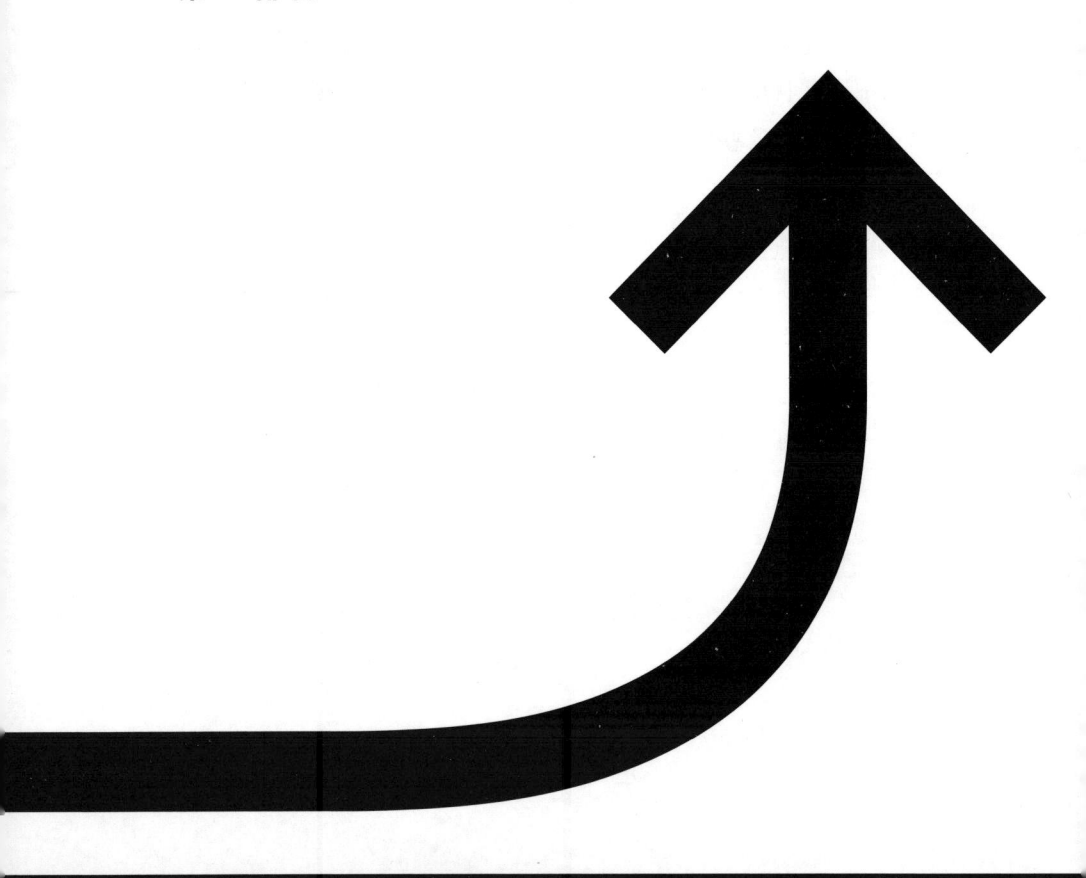

PART FIVE

股市和经济环境

[第18章]

货币、黄金、比特币和美联储

CHAPTER EIGHTEEN

在股市里，有钱能使鬼推磨。货币状况会对股价产生巨大的影响。

——马丁·茨威格，1990[1]

如果美联储主席艾伦·格林斯潘悄悄告诉我他未来两年的货币政策是什么，我也不会改变我做的任何一件事。

——沃伦·巴菲特，1994[2]

1931年9月20日，英国政府宣布英国将废除金本位。黄金将不再能够兑换成英国央行的存款或是英国的货币英镑。政府坚称这个措施只是暂时的，并不打算永久性地废除其之前允许将货币兑换成黄金的承诺。不过，这标志着在英国以及全世界，已经存在了200多年历史的金本位制度结束了。

由于担心货币市场出现混乱，英国政府下令关闭了伦敦证券交易所。纽约证券交易所的官员决定继续开放交易所，但也做好了应对恐慌性抛售的准备。作为世界第二大工业大国的英国，暂停使用黄金进行支付，于是人们担心其他工业国家也可能会跟随着被迫废除黄金。美国央行把此次措施称为"一场规模空前的世界金融危机"。[3]纽约证券交易所有史以来第一次禁止做空，试图支撑股价。

令人吃惊的是，纽约证券交易所的股价在经历了短暂的下跌后，很快就大幅反弹了，许多股票甚至以当天最高价收盘。显然，英国的废除金本位的措施并没有对美股造成不利影响。

对英国股市来说,这场"规模空前的金融危机"也没造成多大影响。当9月23日,英国股市重新开放时,股价大幅上涨。美联社对此做了如下生动的描述:

> 经过两天的强制休市后,大批股票经纪人开心地像学生一样,带着欢声笑语涌入了交易所,迎接交易的恢复。他们高昂的情绪,也反映在了许多股票的价格上。[4]

虽然政府官员对未来不看好,但是股东们认为废除金本位对经济是有利的,对股市则更有利。废除金本位之后,英国政府可以通过向银行系统提供储备金来扩大信贷,而英镑的贬值将增加对英国出口产品的需求。

废除金本位,令全世界保守的金融家震惊,却得到了股市的强烈支持。回顾历史会发现,1931年9月成为英国股市的最低点,而美国和其他坚持金本位的国家的股市却继续陷入萧条。历史告诉我们,流动性和宽松信贷可以为股市增添活力,央行可以根据自己的意愿来调节流动性的能力,推动了股价的上涨。

一年半后,美国跟随英国的脚步,也废除了金本位。最终,所有国家都采用了纸币本位制度。虽然纸币本位会导致通货膨胀,但世界已经适应了新的货币体系,政策制定者有了更充足的灵活性,股市也因此而受益。

金本位的历史

1821年,英国是第一个采用金本位的国家,随后的1834年,美国也采用了金本位。到20世纪初,几乎所有发达国家都采用了这一标准。

只有在危机到来时，比如发生了战争时，金本位才会被暂停。英国在拿破仑战争和第一次世界大战期间都暂停了金本位，后来都以原来的汇率再次恢复了金本位。美国在内战时期暂停了金本位，战争结束后就恢复了。[5]

在19世纪和20世纪初，没有出现全面通货膨胀，原因就是金本位。不过维持总体物价稳定，也不是没有代价的。货币流通量，需要跟政府持有的黄金数量相等，这使得央行基本上丧失了对货币状况的控制权。这意味着，在经济危机或金融危机期间，央行无法提供额外的资金。金本位曾限制美国政府推行通货膨胀金融政策，但到了20世纪30年代，却成为美国政府想要逃离的束缚。

美联储的建立

由于金本位会导致流动性危机反复出现，于是美国国会在1913年通过了《联邦储备法》(Federal Reserve Act)，建立了美联储。美联储的职责是提供一种弹性货币，当银行业危机出现时，美联储可以充当最后贷款人。在最困难的时期，央行可以提供货币，保证存款人能正常取款，而不必迫使银行清算贷款和其他资产。

由于政府发行的纸币，即美元，承诺可以兑换固定数量的黄金，因此长期看，美联储发行货币仍然受到金本位的限制。在短期内，只要不会影响到美元和黄金之间的兑换汇率，即每盎司黄金等于20.67美元（大萧条之前盛行的汇率），美联储就可以自由发行纸币。然而，国会或《联邦储备法》从来没有指导过美联储应该怎样制定货币政策，以及怎样确定合适的货币数量。

金本位的衰落

仅仅20年，这种盲目的运作就导致了灾难性的后果。1929年股市崩盘后，世界经济陷入了严重衰退期。资产价格暴跌和企业纷纷倒闭的情况，让存款人开始担心银行的资产会不会出问题。一旦有传言说某银行在应对储户取款时出现了问题，挤兑就出现了。

虽然根据《联邦储备法》，美联储有明确的权利可以提供额外的储备金，来遏制银行业恐慌和防止金融体系崩溃，但美联储没能做到，这是十分无能的表现。并且，已经成功取到款的储户，为了让资产更安全，于是纷纷把美元重新换成了黄金，这给政府的黄金储备量带来了极大的压力。很快，银行业的恐慌就从美国蔓延到了英国和欧洲大陆。

为了防止黄金的急剧流失，英国迈出了第一步，于1931年9月20日废除了金本位，暂时不再允许用英镑来兑换黄金。18个月后，1933年4月19日，随着大萧条和金融危机的恶化，美国也废除了金本位。

政府重新拥有了灵活性，投资者对此甚是高兴。美国股市对废除金本位的反应比英国股市还要热烈。就在政府宣布废除金本位的当天，美股大幅上涨了9%以上，第二天又涨了近6%。这成为美股历史上涨幅最大的两天。投资者认为，如今政府可以提供额外的流动性来稳定物价、刺激经济，这对股市是个利好。不过投资者也担心，废除金本位后，通货膨胀会导致债券下跌。《商业周刊》在废除消息发布后，很快就发表了一篇文章，里面写道：

> 义无反顾地，(罗斯福总统)把所有精心设计的"捍卫美元"的咒语都抛到窗外。他与古老的迷信做对抗，与管理资金的倡导者站在一起……现在的任务是有效地、明智地、有节制地管理我们的资金。这是可以做到的。[6]

美元贬值后的货币政策

讽刺的是，美国人不能使用美元兑换黄金了，但很快就有外国央行恢复了美元兑换黄金的功能，并且美元还贬值了，变成了每盎司黄金等于35美元。二战结束后，人们建立了国际汇率规则布雷顿森林协议，根据协议，美国政府承诺，如果一个国家将自己的货币与美元挂钩并保持固定汇率，那么美国允许外国央行将自己持有的美元全部以固定每盎司黄金35美元的汇率，兑换成黄金。

战后通货膨胀开始加剧，外国似乎对黄金越来越青睐。美国的黄金储备开始减少，不过官方声称美国并不打算改变每盎司黄金35美元的固定汇率兑换政策。1965年，约翰逊总统在《总统经济报告》中明确表示："我们有能力和决心将美元和黄金维持在每盎司黄金35美元，这一点毋庸置疑。为了这个目标，我们承诺将动用整个国家的资源全力以赴。"[7]

但事实并非如此。随着黄金储备的减少，1968年，国会取消了美元与黄金的挂钩要求。在下一年的《总统经济报告》中，约翰逊总统说："黄金的神话正在慢慢消失。但就像我们已经证明的那样，还是可以做出改进的。1968年，国会终结了过时的美元与黄金挂钩的要求。"[8]

黄金的神话？过时的黄金挂钩要求？这简直是180度大转变！政府最终承认，国内货币政策将不受黄金的约束，近两个世纪以来国际金融和货币政策的指导原则，则草率地被视为错误思想的余毒。

虽然美元不再与黄金挂钩，但美国政府仍然允许外国央行以每盎司黄金35美元的汇率兑换黄金。而在民间，每盎司黄金已经等于40美元以上了。意识到这种兑换可能很快将不复存在，于是外国央行加快了用美元兑换黄金的速度。美国在二战后持有价值近

300亿美元的黄金，到1971年夏天只剩下价值110亿美元的黄金，且每个月都有价值数亿美元的黄金被兑换走。

注定有大事将要发生。1971年8月15日，尼克松总统宣布了"新经济政策"，冻结了工资和物价，关闭了外国央行用美元兑换黄金的窗口。这是自1933年罗斯福宣布银行停业整顿（bank holiday）措施以来，最非同寻常的政策之一。黄金与货币之间的联系被永久地、不可逆转地打破了。

尽管保守派人士对这一举动感到震惊，但没有多少投资者会为金本位的消失感到惋惜。尼克松的新政策带来了对工资和物价的管控以及更高的关税，股市因此欢欣鼓舞，创纪录地跳涨了近4%。对历史有过研究的人应该不会感到太惊讶。金本位的废除、货币的贬值，都促使股市出现了许多史上难得一见的大涨。投资者一致认为，黄金已经是过去式了。

后黄金时代的货币政策

随着金本位的废除，无论是在美国还是在其他国家，货币扩张都不再受到任何限制。1973—1974年的第一次通货膨胀性的石油危机，使大多数工业化国家措手不及，政府试图通过扩大货币供应量来抵销产出下降的影响，于是造成了更高的通货膨胀。

针对美联储的通货膨胀政策，1975年美国国会通过了一项决议，要求央行公布货币增长目标，以此来管控货币扩张情况。3年后，国会通过了《汉弗莱—霍金斯法案》（Humphrey-Hawkins Act），法案要求美联储每年向国会提交两次关于货币政策的报告，并制定货币目标。这是自《联邦储备法》通过以来，国会首次指导央行控制货币存量。直到今天，金融市场都在密切关注美联储主席每年2月和7月在国会举行的两次听证会。[9]

糟糕的是，20世纪70年代美联储设定的货币目标没能实现。1979年，通货膨胀大幅飙升，美联储在巨大的压力下不得不改变政策，严格控制通货膨胀。1979年10月6日星期六，美联储主席保罗·沃尔克（Paul Volcker）宣布将彻底改变货币政策的执行方式。沃尔克在4月的时候刚刚接替威廉·米勒（G. William Miller）成为新的美联储主席。美联储将不再仅仅通过设定利率来指导政策，而是会对货币供应量进行全面管控。市场明白，这意味着利率将大幅上升。确实，联邦基金的目标利率被提高到了创纪录的20%。

流动性严重受限，对金融市场造成了冲击。虽然沃尔克周六晚上发表的声明没有立即登上新闻头条，不像当初1971年尼克松的新经济政策宣布冻结物价、关闭黄金兑换窗口后立即成为各大媒体的头版头条消息，但它扰乱了金融市场。在消息公布后的两天半内，股市暴跌近8%。股东们一想到为了抑制通货膨胀，利率可能将大幅上升，就不寒而栗。

沃尔克时代的紧缩货币政策最终抑制住了通货膨胀。随后，欧洲央行和日本央行也加入了美联储的行列，称通货膨胀是"头号公敌"，并调整了货币政策，以稳定物价。事实证明，限制货币增长是控制通货膨胀的唯一正确途径。确立以央行为核心的货币体系、远离黄金，对美国的通货膨胀和经济产生了重大影响。

美联储和货币创造

美联储是如何控制货币供应和信贷状况的？其过程并不复杂。当美联储想要增加货币供应量时，它会在公开市场上购买政府债券，在这个公开市场上，每天有数十亿美元的债券交易。美联储的不同之处在于，当它购买政府债券时，即进行所谓的"公开市场购买"时,从哪家银行购买,就会给哪家银行的准备金账户记上一笔,增加相应的金额,以此作为债券的支付款项。这样,更多的钱就被创造出来了。准备金账户是银行在美联储的存款,作用是满足准备金要求,便于支票清算,帮助保持流动性等。银行可以随时要求将这些储备金兑换成货币,叫作"联邦储备券"(Federal Reserve notes),也就是美元。

当美联储想要减少货币供应量时,就会卖出政府债券。购买这些债券的银行,会用自己的准备金账户来支付。美联储会在银行的准备金账户记上一笔,扣除相应的金额,于是这些资金就在货币流通中消失了。这也被称为"公开市场卖出",买入和卖出政府债券被统称为"公开市场操作"。

美联储是如何影响利率的?

美联储创造的准备金有一个活跃的市场,被称为"联邦基金市场"(federal funds market),这些基金交易的利率被称为"联邦基金利率"(federal funds rate)。

如果美联储购买证券,那么准备金的供应量就会增加,联邦基金的利率就会下降,因为银行有更多的准备金可以放贷了。相反,如果美联储卖出证券,那么准备金的供应量就减少,联邦基金的利率就会上升,因为银行的准备金少了,就会提高利率。联邦公开市场委员会(Federal Open Market Committee)会为联邦基金利率设定一个目标利率,并参与公开市场操作,以保证实际基金利率尽量接近目标利率。

在金融危机期间,美联储实施了量化宽松政策,包括大规模公开市场购买,使得准备金水平远远超过了银行的准备金要求,联邦基金的利率降至零。这种情况通常被称为"充足准备金制度"(ample-reserve regime),此时公开市场操作对联邦基金利率的影响很小。在这种情况下，基金利率是由美联储支付给准备金的利率决定的，这是国会在2009年授予的一项权利，这个利率叫作"存款准备金率"。联邦基金的交易利率与存款准备金率非常接近。

联邦基金利率是所有其他短期利率的基准。这些短期利率，包括"最优利率"，即大多数消费者贷款的基准利率；还包括短期国债的利率，即短期商业贷款的基准。[10]联邦基金利率是数万亿美元贷款和证券的直接或间接基准。

股价和央行政策

考虑到货币政策对利率的影响，我们有理由预期央行政策会影响股票的收益率。图18.1展示了1971—2021年联邦基金目标利率和标普500指数走势情况（图中展示的是指数偏离趋势的程度）。

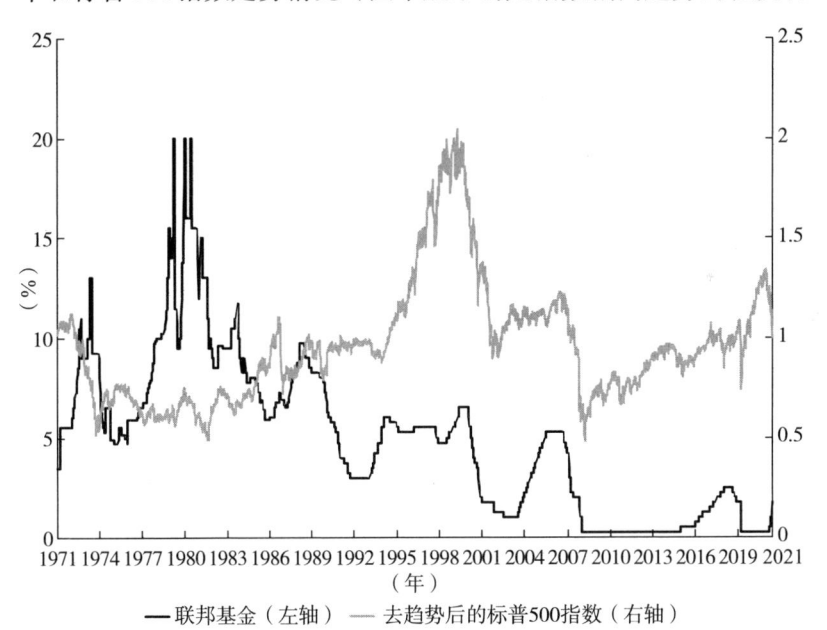

图18.1 联邦基金目标利率和调整后的标普500指数走势

可以看到，在1990年以前，两者之间几乎没有什么关联，或是只有细微的负相关。1990年之后，两者的相关性就愈发强烈了。股价上涨与利率上升有关，而股价下跌与利率下降有关。还可以看到，联邦基金利率滞后于股市走势，因为股票投资者会在美联储调整基金利率之前，就察觉到经济的强弱。

两者从没有关联或关联较小转变为负相关的原因，我们在第8章中介绍过。在20世纪70年代和80年代，供应链遭受严重冲击，尤其是石油供应限制，越来越高的通货膨胀导致股价下跌。但是，对抗高通货膨胀是美联储的责任，所以美联储提高了联邦基金利率。此后，当需求链遭受严重冲击时，比如金融危机期间和新冠疫情暴发期间，央行则会降息来刺激需求。

从表18.1中可以看到，当美联储进入加息周期之后，标普500指数的收益率会低于平均水平。[11]在加息周期的头两年，收益率会愈发低迷，不过到了第3年，低迷的势头就会有所缓解了。到目前为止，股市表现最糟糕的3个月出现在2022年3月份，当时美联储推迟了很久之后，终于在2022年3月份开始加息了，希望能抑制新冠疫情暴发后越来越高的通货膨胀。

表18.1 联邦基金利率和相应的标普500指数收益率

加息周期开始	加息周期结束	3个月	6个月	9个月	12个月	2年	3年	加息周期持续月数	总加息幅度
2022年3月	暂无	−15.86%	暂无	暂无	暂无	暂无	暂无	暂无	暂无
2016年12月	2019年12月	5.46%	7.75%	10.72%	18.50%	15.14%	41.34%	36	2.00%
2004年6月	2006年6月	−2.30%	6.37%	3.56%	4.43%	11.34%	31.78%	24	4.25%
1999年6月	2000年5月	−6.56%	6.68%	8.39%	5.97%	−10.80%	−27.89%	11	1.75%

（续表）

加息周期开始	加息周期结束	3个月	6个月	9个月	12个月	2年	3年	加息周期持续月数	总加息幅度
1994年2月	1995年2月	−3.85%	−2.43%	−1.60%	1.88%	35.34%	68.00%	12	3.00%
1988年3月	1989年2月	2.54%	0.13%	2.99%	8.05%	24.87%	36.69%	11	3.25%
1986年12月	1987年9月	15.27%	21.88%	25.92%	−0.78%	10.50%	40.00%	9	1.37%
1983年5月	1984年8月	−0.06%	1.68%	0.77%	−0.13%	10.43%	44.83%	15	3.25%
1980年8月	1980年12月	4.77%	5.92%	6.79%	6.85%	−15.89%	31.18%	4	10.50%
1976年12月	1979年10月	−1.79%	−5.42%	−5.52%	−7.61%	−6.06%	3.58%	34	10.75%
平均（剔除1986年加息周期）		−1.96%	2.59%	3.26%	4.74%	8.05%	28.69%	—	—
平均		−0.24%	4.73%	5.78%	4.13%	8.32%	29.94%	—	—
标普500指数平均收益率		2.34%	4.69%	7.03%	9.38%	18.76%	28.14%	—	—

注：暂无指截至本书出版时还没有该数据。

联邦基金利率的上升为啥通常会导致股价下跌呢？因为提高利率是为了防止经济过热和引发通货膨胀，这就意味着美联储需要把基金利率提高到高于通货膨胀的水平，从而引起真实利率上升，压低未来现金流的折现价值。同时，利率上升也增加了经济下滑或衰退的可能性，这会对公司利益产生负面影响。

比特币：新型货币？

近年来，一种完全不受政府控制的新型货币资产诞生了：加密货币，其中最著名的是比特币。那么，比特币或任何其他加密货币，会取代美元成为世界的主流货币吗？

比特币是2008年人类发明的一种去中心化数字货币，是众多加密货币中最著名的一种。比特币可以通过"挖矿"来获取，挖矿就是一个计算越来越难的数学代码的过程。根据比特币协议，全世界最多将会存在2 100万个比特币。到2021年底，人们大约已经挖到了1 900万个比特币。

比特币可以在个人之间转移，并不需要经过央行或任何其他金融中介。交易会通过一个名为密码学的安全过程来进行，并且被记录在名为区块链（blockchain）的公共账本中。

比特币可以用全世界任何一种货币来交易，并在2009年实现了自由转让。在比特币刚兴起时，每枚比特币的价格为5美分，也就是说，当时花1 000美元可以买到2万枚比特币。而到了2021年12月，这些比特币的价值约为10亿美元！整个人类历史上，还没有其他哪一种可公开交易的资产，能在如此短的时间内升值这么多。

未来，比特币和其他加密货币将会发展成什么样子呢？为了分析这个问题，我们必须先来了解一下货币的重要特征都有哪些。货币指的是人们在交换商品、服务以及资产时，相互之间进行转移的一种通用资产。

货币的特征

货币最重要的特征包括：记账单位，使得资产可以此为单位进行报价；人们都广泛认可的交易媒介，可以在人与人之间快速且有效地进行转移；具有内在价值，是一种相对于商品和服务的价格来说，价值会保持稳定或增长的资产，同时是一种可以对冲其他风险的资产；匿名性，可以使财富在不被追踪的情况下进行转移。

有四种资产值得考虑：国家货币，是由央行创造的资产，有纸币形式和数字形式；存款，也叫作M2，[12]指的是依法成立的金融中介机构的存款账户，比如银行的活期账户和储蓄账户等，通常享有政府授权和担保来防止任何名义金额上的损失；黄金，已经有几千年的历史，曾经是货币体系中的主力；加密货币，其中比特币是最著名的一种。

图18.2展示了2021年底这些货币资产的规模，图18.3则展示了2022年2月和6月加密货币的规模。到目前为止，规模最大的货币资产是存款，即M2。规模第二大的是央行资产，即公众手中持有的国家货币，再加上银行机构持有的央行储备金。规模排第三的是黄金，规模最小的是加密货币。截至2022年初，比特币的规模约占所有加密货币的一半。加密货币爱好者经常用这些数字来向人们表示，如果加密货币能成功战胜其他货币，那它们最终的规模将会多么庞大。不过，2022年上半年，加密货币的价值大幅下跌，到2022年6月只剩不到1万亿美元。

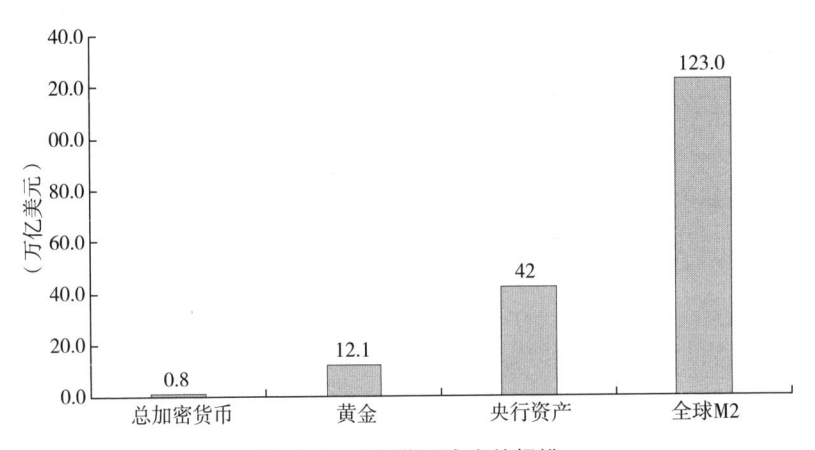

图18.2 不同货币资产的规模

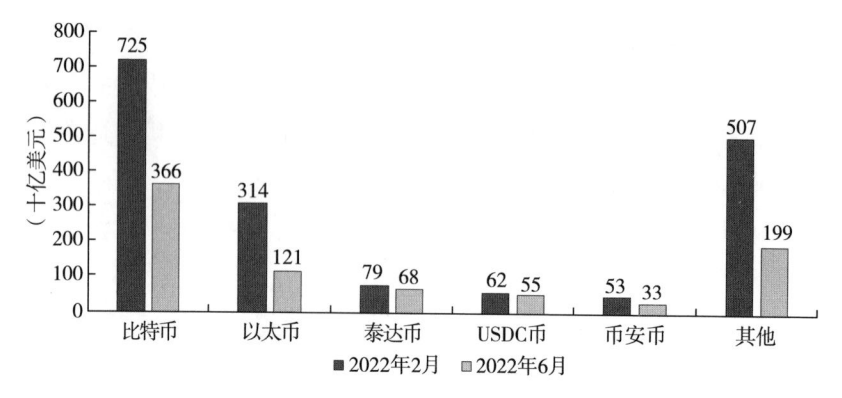

图 18.3　加密货币市场价值

比特币 725 / 366
以太币 314 / 121
泰达币 79 / 68
USDC币 62 / 55
币安币 53 / 33
其他 507 / 199

（十亿美元，■ 2022年2月　□ 2022年6月）

货币资产质量评估

1. 国家货币（Currency）

央行发行货币已有数百年的历史。央行发行的货币被用来作为记账单位。在美国和许多其他国家里，货币是"合法货币"，意思是政府和法院都可以要求公民使用这种货币来支付任何债务。[13] 人们也会称其为"法定货币"，即法律规定的货币。

由于货币本身不产生利息，所以随着通货膨胀，货币会贬值。如果通货膨胀率较低，那么持有货币也是一种可接受的保值方式，当然了，这种方式肯定不如持有像股票或债券这样的生产性资产那么好。如果交易双方距离很近，资产转移的成本很低，那么使用货币是很高效的。如果交易双方距离比较远，那么资产转移的成本可能会很高。另外，携带货币还有丢失或被盗的风险。不过，货币有个很大的优势是匿名性，也就是说，货币是很好的"不留痕迹的资产转移"方式。所以，这种货币通常是非法交易或避税手段的首选。

近年来，人们开始关注央行发行的数字货币。数字货币克服了纸币远距离交易不方便以及容易丢失或被盗的缺点，但失去了匿名的能力，用数字货币交易，无法不留痕迹地转移资产。

2. 银行存款

银行存款（或银行开的支票），可以在持有金融机构账户的买家和卖家之间进行转移。虽然许多银行也支持外币存款，但通常都是以这个国家的记账单位来结算。借记卡转账的成本很低，手续费通常只有0.03%~0.04%。

不过，有几乎一半的商业转账是通过信用卡来进行的，手续费会贵很多，达到2%~3%，同时消费者可以得到一些折扣的好处。大多数商家都不愿意给拿着借记卡消费的顾客打折，而能从信用卡中获利颇丰的银行，也不会主推借记卡转账方式。虽然银行可以在公众面前对存款账户信息进行保密，但在法律或税务机关面前，当政府或其他执法官员提出要求时，就不能保密了。

3. 黄金

本章开头就提过，黄金和其他贵金属，比如白银，几个世纪以来一直是世界货币体系的基准。金币和银币成为流通的交换媒介。由于这些金属的产量是有限的，所以它们比可以无限发行的法定货币更保值。正是由于这个原因，所以大多数央行都将其货币与黄金或白银挂钩，承诺可以固定价格将其发行的纸币兑换成贵金属。

黄金的交易跟货币类似，匿名性很好。但黄金已经不再是常用的交换媒介了，只是央行偶尔在进行国际交易结算时才会使用。尽管现在不流行了，但黄金作为一种珍贵而有价值的交换媒介的悠久历史是不可否认的。正如一位黄金爱好者问我的那样，如果你被困在一个荒岛上，你更喜欢哪一个：借记卡、比特币还是金币？

4. 比特币

截至2021年，几家公司和政府机构已经宣布，它们将接受使用加密货币来支付商品或缴税。但实际上，还没有什么东西是用比特币来报价的，所以目前比特币还不是一个记账单位。比特币跟黄金一样，供应量是有限的，所以它不会因为过度发行而贬值。在比特币短暂的历史中，它还无法像黄金或货币那样，能很好地对冲其他资产比如股票资产的风险。

图18.4展示了过去几年黄金和比特币分别与股市之间的月度相关性。可以看到，比特币和股市之间的相关性，要远远高于黄金和股市之间的相关性。并且，在新冠疫情暴发引起的熊市中，比特币暴跌了50%，黄金反而还上涨了。2021年初，由于美联储预期收紧货币政策，股市下跌，加密货币也随之下跌。比特币历史还很短，还不是一个股票波动的有效对冲工具。

不过，比特币是匿名转账的绝佳媒介，至少在诞生早期是。臭名昭著的"Silk Road"是一个类似于亚马逊的网站，由罗斯·乌布里希特（Ross Uhlbricht）设计和运营，买卖毒品、枪支和假币等非法物品，只允许用比特币进行交易，而比特币在暗网上是无法追踪的。不过到了现在，交易就不再是匿名的了，尤其是在通过币站

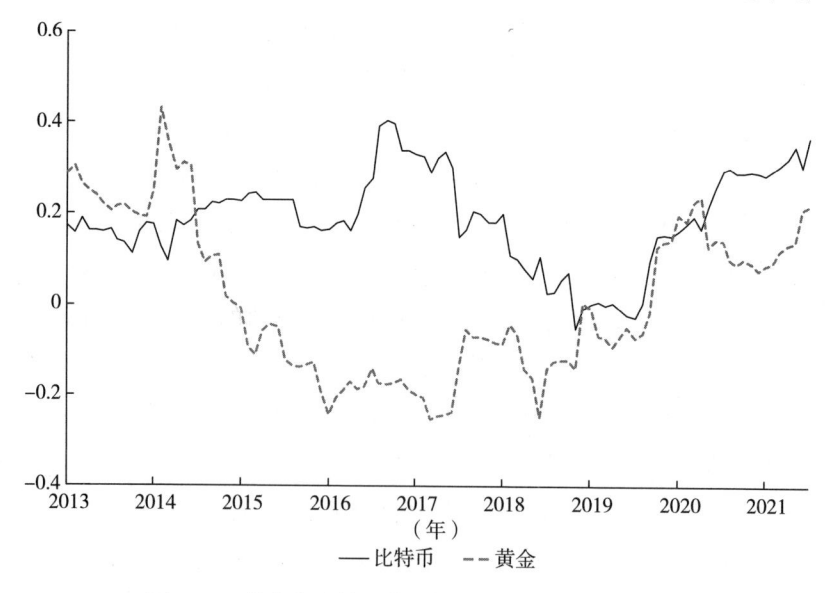

图18.4 黄金和比特币分别与标普500指数的相关性

（Coinbase）等正规的加密货币交易所来交易时。

不过，勒索软件总是要求使用比特币来支付。2021年5月，科洛尼尔油管公司（Colonial Pipeline）向一个名为"Dark Side"的网络犯罪组织支付了430万美元，因为这个组织入侵了公司电脑，阻断了公司的正常运营，影响了美国东南部的天然气输送。然而，一个月后，政府就追回了近90%的赎金，这说明匿名系统还是可以攻破的。目前，美国国税局（Internal Revenue Service）要求个人在纳税申报表上披露自己的每一个加密账户，这就使得隐藏资产和秘密转移资产变得更加困难了。

比特币的交易成本也相当高，至少比借记卡要高很多。并且验证转账是否成功，所需要的时间也更长。有一些别的加密货币正在努力提高转账速度，但是否会成功还有待观察。比特币有一个优势，就是在进行国际转账时交易成本要低很多，而传统国际转账要经过外汇市场，成本非常高。

比特币以及其他加密货币，可以充当"世界货币"，就像20世纪90年代许多欧洲货币都被统一的欧元所取代一样。国际转账为比特币提供了巨大的发展机会。并且，与传统金融中介机构之间的转账不同，比特币可以随时交易，一年365天、每天24小时都能进行交易，也能随时验证交易是否成功。

加密货币的宏观经济学

加密货币的出现，对央行货币和银行存款来说，都是一个威胁。公众持有的加密货币越多，对央行货币的需求就越低。因为央行货币是记账单位，所以一旦人们对央行货币的需求低了，就会导致通货膨胀。同时，货币控制也会变得更加困难。

假如商品和服务以加密货币来定价，尤其是假如用供应量有限的比特币来定价，那么货币体系就会类似于金本位。我们在本章开头详细介绍过，采用这种制度的好处是没有了通货膨胀，而一旦遇到流动性危机，这个好处也就消失了。加密货币在大多数交易中肯定是比黄金更好的方式，但如果缺乏央行的管控，也可能会面临巨大的贬值风险。

加密货币是否会普及，取决于每种资产作为交换媒介的优缺点。尽管许多央行都在考虑使用数字货币，但很少有央行真正去实施，数字货币在美国也还处于发展初期。在支付效率上的竞争，对社会是有利的，因为竞争会推动创新。所以如果一国想要保持对经济的控制权，就有责任改进基于国家货币的支付系统的效率。

总结

本章介绍了货币在经济和金融市场中的角色。二战前，美国和其他工业化国家里都不存在长期的通货膨胀。但大萧条时期，金本位被废除后，货币控制权就转移到了央行手中。随着美元不再与黄金挂钩，事实证明，央行需要控制的主要问题是通货膨胀，而不是通货紧缩。

央行可以通过改变金融系统的准备金数量、设定这些准备金的存款利率，来控制短期利率。加息对股价有轻微的负面影响。近年来，股价可以提前反映出央行政策所制定的利率的变化。

加密货币，尤其是著名的比特币，对国家货币是一种威胁。除非私营企业能改善存款账户之间转账的便捷性和高效性，否则加密货币将会继续发展，成为一种重要的交易方式。这会减少人们对国家货币的需求，并加大央行货币调控的难度。这也告诉我们，央行应该积极采取行动，通过保持低通胀和提高交易效率，使本国货币相对于竞争对手而言更具吸引力。

[第19章]

股票和经济周期

CHAPTER
NINETEEN

股市预测出了过去5次经济衰退中的9次。

——保罗·萨缪尔森，1966[1]

我非常希望能够预测市场，提前预料到经济衰退何时到来，但这是不可能的。所以如果能够寻找到盈利良好的公司，我就已经心满意足了，就像巴菲特一样。

——彼得·林奇（Peter Lynch），1989[2]

那是1987年的夏天。一位德高望重的经济学家即将发表演讲，在座的是一大群金融分析师、投资顾问和股票经纪人。听众显然都流露出一种担忧的情绪，股市已经一路上涨到前所未有的高度了，股息率降到了历史低点，市盈率则不断飞升。这么疯狂的上涨合理吗？听众都迫切想知道，经济是否真的如此景气，能支持这么高的股价吗？

经济学家的演讲非常乐观。他预测说，在接下来的4个季度里，美国的真实GDP将增长4%以上，这是一个非常健康的增长率。至少在未来3年内，不会出现衰退，即使在3年后出现了衰退，持续时间也会非常短暂。公司盈利是推动股价上涨的重要因素之一，至少在未来3年，盈利增速都将达到两位数。此外，他还说，共和党人将在明年的总统选举中轻松胜出，入主白宫。这个预测很明显让在座的绝大多数保守派听众都感到很欣慰。大家对此次讲话非常满意，焦虑的情绪被安抚了下来，许多投资顾问已经准备建议客户加大对股票资产的投入了。

然而，股市的变化总是令人猝不及防。仅仅过了几周，股市就经历了史上最大的一次崩盘，其中1987年10月19日，单日创纪录地下跌了23%。就在演讲结束后3个月，大多数股票都下跌了50%左右，投资者只需要用演讲时一半的资金，就能买到同样多的份额了。但最讽刺的是，这位经济学家对未来经济走向的每一个乐观预测，都十分正确。

股票收益率和经济周期

我们从中得到的教训是，市场和经济往往不同步。许多投资者在制定投资策略时会忽视经济预测，这并不奇怪。本章开头引用的保罗·萨缪尔森的名言，在随后的半个多世纪里仍然是正确的。

不过，我们也不能认为经济周期对股市不重要。股市对经济活动的变化反应是很强烈的，虽然可能常常会反应过度。从图19.1中可以很明显地看出这一点。图19.1展示了自1871年以来，标普500指数和经济周期的情况。图中的阴影部分表示经济衰退期。股价会在阴影出现之前下跌，在经济即将复苏的迹象出现时强劲反弹。如果你能预测经济周期，你就可以战胜本书一直宣扬的"买入并持有"策略。

这不是一件容易的事。为了通过预测经济周期来赚钱，你得能够在经济活动的顶部和底部到来之前，就预测到它们即将出现。但这一点没有经济学家能做到。尽管如此，预测经济周期仍然是华尔街孜孜不倦地从事的一项工作。并不是因为这件事可以成功做到，事实上大部分时候都失败了，而是因为一旦成功了，回报是非常巨大的。

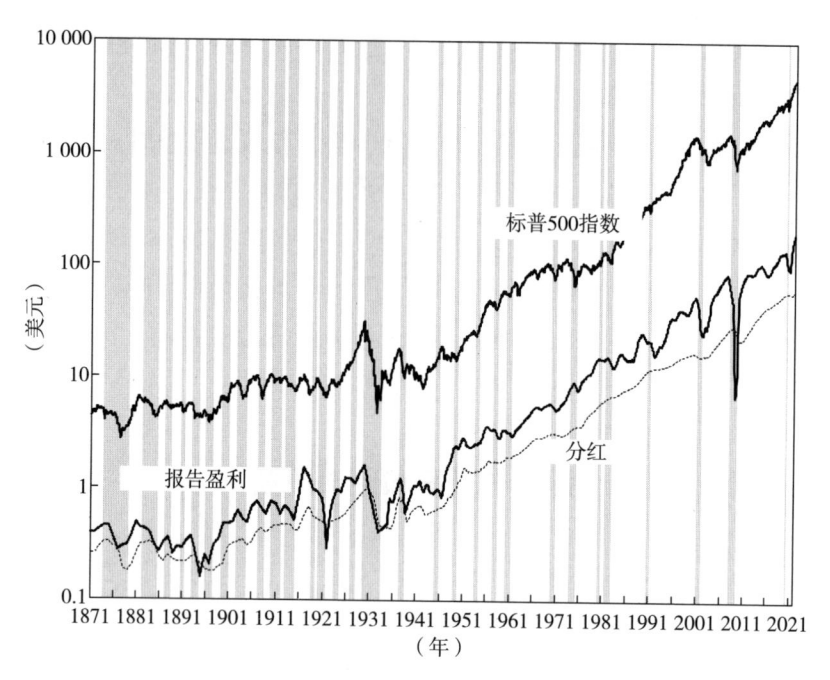

图19.1　1871—2021年标普500指数、盈利和分红

谁来判断经济周期？

许多人可能会很奇怪，为什么经济周期的日子不是由收集经济数据的大量政府机构来确定的呢？事实上，这项任务是由美国国家经济研究局（National Bureau of Economic Research，简写为NBER）来承担的。NBER是一家成立于1920年的私人研究机构，职责是记录经济周期，编制一系列国民收入账目。在成立之初，NBER的工作人员按时间顺序，全面记录了许多工业国家的经济变化情况。特别值得一提的是，NBER按月记录了自1854年以来美国和英国的经济活动。

在1946年出版的《衡量经济周期》（*Measuring Business*

Cycles）一书中，NBER的创始人之一韦斯利·C.米切尔（Wesley C. Mitchell）和后来担任美联储主席的著名商业周期专家阿瑟·伯恩斯（Arthur Burns），对经济周期做出了如下定义：

> 经济周期是在主要以商业企业为工作单位的国家总体经济活动中发现的一种波动现象：一个周期，包括扩张期和衰退期，扩张期时许多经济活动都大约在同一时间扩张，衰退期时许多经济活动都大约在同一时间衰退或收缩，之后会逐渐复苏，进入下一个周期的扩张期。这一系列变化是反复发生的，但不是固定频率的。一个经济周期持续的时间可能会从一年多到10年或12年不等，一个经济周期也不能分割为更小的多个经济周期了。[3]

人们通常认为，当最能衡量经济产出的真实GDP，连续两个季度下降时，就会出现衰退，但事实并非如此。虽然这个判断经济衰退期的方式来源于经验法则，有一定的道理，但NBER从来不会使用单一的规则或方式来判断经济周期。相反，NBER会重点关注4个方面来确定经济转折点，分别是：就业率、工业生产水平、居民真实收入，以及制造业和贸易真实销售额。

NBER的经济周期测定委员会（Business Cycle Dating Committee）负责确定经济周期的日期。这个委员会由来自学术界的经济学家组成，这些经济学家会在条件允许时一起开会分析经济数据。1802—2021年，美国一共经历了48次衰退期，每个衰退期的平均持续时间为近19个月，而每个扩张期的平均持续时间为34个月。[4]这意味着在过去220年的时间里，大约有1/3的时间经济处于衰退期。不过，二战后一共有12次衰退期，每个衰退期的平均持续时间只有10个月，而每个扩张期的平均持续时间为64个月。也就是在战后时期，只有不到1/9的时间经济处于衰退期，远低于战前平均水平。美国历史上最长的一次经济扩张期持续了10年零8个月，随后由于新冠疫情暴发而中断。

确定经济周期的日期

确定经济周期的日期是非常重要的。认定经济正处于扩张期还是衰退期，对政治和经济都有很大的影响。举个例子，当NBER把1990年经济衰退期的开始时间定在7月而不是8月时，华盛顿的许多人对此感到很惊讶。布什政府曾告诉公众，伊拉克入侵科威特和油价飙升，是导致经济进入衰退的原因。但NBER把经济衰退期的开始时间定在了战争爆发前一个月，政府的这个说法就不太站得住脚了。类似的，2001年的经济衰退期开始于3月份，当时科技支出大幅下降，时间上要远远早于"9·11恐怖袭击事件"。

经济周期测定委员会从来不会急于给出经济周期出现拐点的日期，也从来没有哪个日期在公布之后，会因为出现了新的数据或修改后的数据而被撤回。NBER希望未来也一直能做到这一点。作为经济周期测定委员会7名成员之一的罗伯特·E. 霍尔（Robert E. Hall）是现任委员会主席，他说："只有在即便考虑到后续可能会出现的新数据，当前的数据也几乎绝对不会再有任何变化的情况下，NBER才会公开宣布经济周期的顶部和底部出现的时间。"[5]

近年来的一些例子，正说明了这一点。1991年3月的底部，是在1992年12月，也就是21个月之后才宣布的。2001年衰退期的底部11月，是在2003年7月才宣布的。2002—2007年的扩张期顶部，一直到2008年12月才宣布，此时距离顶部已经过去了一年，而导致金融市场陷入瘫痪、股市暴跌的雷曼事件也已经过去很久了。新冠疫情导致的衰退期底部被定在了2020年4月，是在2020年7月宣布的。宣布时，股市几乎已经收复了新冠疫情暴发期间所导致的所有损失。很显然，等待NBER来宣布经济周期的日期，对制定投资策略来说就太晚了，日期宣布的时候已经起不到任何作用了。

经济周期拐点附近的股票收益率

几乎无一例外，股市会在经济衰退期之前下跌，在经济扩张期之前上涨。事实上，自1802年以来出现的48次经济衰退期中，有44次，也就是有90%的比例，股票全收益指数在经济衰退到来之前或到来之时，下跌了8%以上。只有两次例外，出现在二战后，一次是战后立即出现的1948—1949年经济衰退期，另一次是1953年的经济衰退期，这一次股市的下跌幅度仅略低于8%。

表19.1汇总了二战后的12次经济衰退期。可以看到，股票收益指数在衰退期到来之前的0~13个月会达到顶峰。只在1980年1月、1990年7月和2020年2月的新冠疫情经济衰退期时，股市没有提前下跌。

表19.1　股市顶峰和经济顶峰

衰退期	股票指数的顶峰（1）	经济周期的顶峰（2）	顶峰的领先时间（3）	从（1）到（2）期间股票指数的跌幅（4）	股票指数最大的12个月跌幅（5）
1948—1949年	1948年5月	1948年11月	6	−8.91%	−9.76%
1953—1954年	1952年12月	1953年7月	7	−4.26%	−9.04%
1957—1958年	1957年7月	1957年8月	1	−4.86%	−15.32%
1960—1961年	1959年12月	1960年4月	4	−8.65%	−8.65%
1970年	1968年11月	1969年12月	13	−12.08%	−29.16%
1973—1975年	1972年12月	1973年11月	11	−16.29%	−38.80%
1980年	1980年1月	1980年1月	0	0.00%	−9.55%
1981—1982年	1980年11月	1981年7月	8	−4.08%	−13.99%
1990—1991年	1990年7月	1990年7月	0	0.00%	−13.84%
2001年	2000年8月	2001年3月	7	−22.94%	−26.55%
2007—2009年	2007年10月	2007年12月	2	−4.87%	−47.50%
2020年	2020年2月	2020年2月	0	0.00%	−33.67%
		平均值	4.9	−7.24%	−21.32%

正如本章开头萨缪尔森所说的那样,股市也常常会发出假警报,尤其是二战后。表19.2展示了战后道琼斯指数下跌超过10%,但没有出现经济衰退,即假警报的情况。从1987年8月到12月初,股市下跌了35.1%,而之后并没有进入经济衰退期,这是过去220年历史上出现假警报时最大的跌幅。[6] 表19.3展示了股票收益指数的底部及NBER经济周期底部之间的情况。

表19.2 股市的假警报:二战后道琼斯指数下跌超过10%而之后12个月并没有发生经济衰退的情况

股票指数的顶峰	股票指数的底部	跌幅
1946年5月29日	1947年5月17日	−23.2%
1961年12月13日	1962年6月26日	−27.1%
1966年1月18日	1966年9月29日	−22.3%
1967年9月25日	1968年3月21日	−12.5%
1971年4月28日	1971年11月23日	−16.1%
1978年8月17日	1978年10月27日	−12.8%
1983年11月29日	1984年7月24日	−15.6%
1987年8月25日	1987年12月4日	−35.1%
1997年8月6日	1997年10月27日	−13.3%
1998年7月17日	1998年8月31日	−19.3%
2002年3月19日	2002年10月9日	−31.5%
2010年4月26日	2010年7月2日	−13.6%
2011年4月29日	2011年10月3日	−16.8%
2015年5月19日	2015年8月25日	−16.2%
2018年10月3日	2018年12月24日	−19.4%

表19.3　1948—2020年的股市底部和经济底部

衰退期	股票指数的底部（1）	经济周期的底部（2）	底部的领先时间（3）	从（1）到（2）期间股票指数的涨幅（4）
1948—1949年	1949年5月	1949年10月	5	15.59%
1953—1954年	1953年8月	1954年3月	9	29.13%
1957—1958年	1957年12月	1958年4月	4	10.27%
1960—1961年	1960年10月	1961年2月	4	21.25%
1970年	1970年6月	1970年11月	5	21.86%
1973—1975年	1974年9月	1975年3月	6	35.60%
1980年	1980年3月	1980年7月	4	22.60%
1981—1982年	1982年7月	1982年11月	4	33.13%
1990—1991年	1990年10月	1991年3月	5	25.28%
2001年	2001年9月	2001年11月	2	9.72%
2007—2009年	2009年3月	2009年6月	3	37.44%
2020年	2020年3月	2020年4月	1	30.17%
		平均值	4.3	24.34%
		标准差	2.02	9.25%

股市达到底部的时间，通常领先于经济达到底部的时间，领先时间平均为4.3个月。在新冠疫情暴发期间，领先时间只有1个月，创了新低。相比之下，股市达到顶峰的时间，平均会比经济达到顶峰的时间领先5个月。具体到每个经济周期中，股市顶峰领先于经济顶峰的时间变化范围，要比股市底部领先于经济底部的时间变化范围大得多。[7]

值得注意的是，在经济衰退期结束时，股市已经从低点平均上涨了25%。因此，等待切实证据来证明经济周期已经触底的投资者，已经错过了市场的大幅上涨。上文也说了，只有当经济上行很多个月之后，NBER才会宣布经济衰退期结束的日期。

通过把握经济周期来获利

如果投资者能够提前预测衰退期何时开始、何时结束，那他们就可以获得比"买入并持有"的投资者更好的收益率。[8] 具体来说，如果一个投资者在经济衰退期开始之前的 4 个月，把股票换成现金或短期债券，然后在经济衰退期结束之前的 4 个月，再把现金或短期债券换回股票，那么他能获得的经风险调整后的年收益率，将比买入并持有的投资者高出近 5%。收益中有 2/3 都要归功于成功预测了经济衰退的结束日期。如表 19.3 所示，股市通常会在经济衰退期结束前的 4~5 个月触底。收益中的另外 1/3 则归功于成功在经济扩张期顶峰之前的 4 个月卖出了股票。

如果一个投资者，在经济周期的顶部和底部进行股票和债券的切换，那他能获得的年收益率，将只比买入并持有的投资者高 0.5% 左右，效果并不明显。

预测经济周期有多难？

很显然，如果能成功预测到经济衰退期的发生时间，收益将非常可观。这也许就是人们愿意花费数十亿美元的资源来努力做预测的原因。但人们对经济拐点的预测结果实际上却很糟糕。

波士顿联邦储备银行（Federal Reserve Bank of Boston）的副行长斯蒂芬·麦克尼斯（Stephen McNees），对于经济周期预测者的准确性做了大量研究。他表示，关于经济周期拐点的预测，预测者的错误是巨大的。[9]

回顾对衰退期的预测结果

1974—1975年的经济衰退期，是许多经济学家都没有预料到的。1974年9月，受邀参加福特总统在华盛顿召开的反通胀会议的近20多位美国顶级经济学家，几乎没有人意识到，当时美国经济正处于战后至今最严重的衰退之中。麦克尼斯研究了1974年5位著名预测家发表的预测结论，发现预测值的中位数比实际的国民生产总值（GNP）增长高估了6%，比实际的通货膨胀低估了4%。对1974年经济衰退期的预测结果很差，导致许多经济学家过早预测了下一次的经济衰退期。下一次的经济衰退期发生在1980年，而许多经济学家以为早在1979年初就开始了。

1976—1995年，罗伯特·J.埃格特（Robert J. Eggert）和兰德尔·摩尔（Randell Moore）记录并总结了一个著名的经济和商业专家小组的经济预测结果。这些预测结果被刊登在一个名为《蓝筹经济指标》（*Blue Chip Economic Indicators*）的月刊上。1979年7月，《蓝筹经济指标》称，绝大多数预测者都认为衰退期已经开始了，1979年第二、三、四季度的GNP都将呈现负增长。然而，根据NBER后来宣布的结果发现，直到1980年1月经济周期才到达顶峰，整个1979年都处于经济扩张期。

对于1981—1982年的严重衰退期，预测者的预测能力也没有好到哪儿去，当时失业率达到了战后最高的10.8%。1981年7月，《蓝筹经济指标》的头条文章是《对1982年经济繁荣的展望》（Economic Exuberance Envisioned for 1982）。而事实恰恰相反，1982年是个灾难年。到了1981年11月，预测者意识到经济已经摇摇欲坠，于是从乐观转为悲观。大多数人此时认为经济进入了衰退期（实际上早在4个月前就已经进入了），70%的人认为衰退期将会在1982年第一季度结束（实际上直到1982年11月才结束，追平了战后时间最长的衰退期纪录），90%的人认为这次衰退将会像1971年的衰退期一样温和，不会很严重。但这一次，他们又错了！

1985年4月，经济扩张正在如火如荼的进行中，人们问预测者，此次经济扩张将持续多久？预测者对此的平均回答是会继续持续20个月，到1986年12月达到顶峰。而实际上，真正的顶峰到来的时间比这个数字晚了3年半以上。即便是最乐观的预测者，当时也认为最迟到1988年春天，就会进入下一个衰退期了。1985—1986年，人们反复询问预测者，但没有任何一个人料想到20世纪80年代的经济扩张期会持续如此之久。

1987年10月股市崩盘后，预测者下调了1988年的GNP增长预期，从2.8%下调至1.9%，这是之前11年的预测记录中最大的降幅。然而事实上，1988年的经济增长率接近4%。尽管股市崩盘了，但经济仍在强劲增长。

经济周期已经被征服了吗？

随着后危机时期到来，经济持续扩张，人们以往总是认为衰退即将发生的观念，已经转变为经济繁荣将会一直持续下去的信念了。越来越多的人相信，也许经济周期已经被征服了，可能归功于政府的政策，也可能归功于服务型经济的抗衰退本质。1988年末，时任培基证券（Prudential-Bache Securities）高级经济学家的埃德·亚德尼（Ed Yardeni），写了一篇《新浪潮宣言》（New Wave Manifesto），表示自我修复、不断增长的经济，很有可能将在下一个10年到来之前继续保持扩张。[10]1990年5月，《纽约时报》高级经济编辑伦纳德·西尔克（Leonard Silk），就在战后最严重的一次全球经济衰退出现前夕，发表了一篇文章《经济周期真的存在吗？》（Is There Really a Business Cycle? ），里面写道：

大多数经济学家都预测，1990年和1991年不会出现经济衰退，1992年将会是总统选举年，各种迹象都强烈预示着经济衰退是不会出现的。日本、德国和其他大多数欧洲及亚洲的资本主义国家，经济也都正在不断上行，看不到尽头。[11]

然而，到1990年11月，《蓝筹经济指标》报告称，大多数专家组成员认为，美国经济已经或即将陷入衰退期。事实上，11月的时候，不仅经济已经进入衰退期有4个月了，股市也已经触底并开始反弹了。如果投资者此时跟随悲观情绪，以为当下经济衰退期似乎已成定局，那他们就会在股市到达底部时卖出股票，错过了之后的3年大涨。

从1991年3月至2001年3月，美国经济扩张了10年，再次引发了人们对"新时代经济学"和经济将不再衰退的讨论。[12]2001年初，大多数预测者都没有预见到经济衰退。2001年9月，恐怖袭击发生之前，《蓝筹经济指标》的调查显示，只有13%的经济学家认为美国正处于经济衰退期。而NBER后来宣布，实际上早在半年前的2001年3月，衰退期就已经开始了。[13]到2002年2月，只有不到20%的人认为经济衰退已经在2001年结束。后来NBER宣布，此次经济衰退期在2001年11月结束。[14]经济学家又一次没能提前正确预测到经济周期的拐点。

2007—2009年的大衰退引发了金融危机，但预测者也预测失败了。直到2008年12月，NBER才宣布了此次衰退的开始时间，此时距离衰退开始已经过去一年，标普500指数也已经下跌超过40%。

2007年9月，在此次衰退开始之前的3个月，美联储就已经开始降息，但当时并不知道经济衰退即将来临。在2007年12月11日召开的联邦公开市场委员会会议中，美联储经济学家戴夫·斯托克顿（Dave Stockton）对美联储的预测做了如下总结：

显然我们并不是在预测一个经济周期的顶峰，所以我们在预测中还没有表示说，我们正处于经济下行期。我们本次预测会出现一个"增长衰退"（也就是经济增速放缓），仅此而已。[15]

艾伦·格林斯潘和美联储，以及所有的个人预测者，都没有意识到金融体系正在一头扎进近一个世纪以来最严重的金融灾难当中。

总结

股价是基于公司盈利而变化的，而经济周期是影响公司盈利的决定性因素。如果能准确预测到经济周期拐点何时发生，那收益将会是巨大的。然而，无论是持何种观点的经济学家，都无法做到准确预测。

一个投资者最糟糕的做法，就是跟随当下人们对于经济活动的普遍看法。这会使得投资者在经济景气、人人都很乐观的阶段，买在高位，并且卖在低位。

带给投资者的启示也是很清晰的。想要通过分析真实经济活动来打败市场，需要具备一定的预知能力，但迄今为止，还没有哪个预测者具备这种能力。

[第 20 章]

世界局势对金融市场的影响

CHAPTER
TWENTY

> 我能计算出天体的运动，但无法预测出人类的疯狂。
>
> ——艾萨克·牛顿（Isaac Newton）

2001年9月11日，一个美丽的星期二早晨，阳光照耀着纽约，华尔街的交易员已经准备好度过枯燥的一天。华盛顿没有公布任何经济数据，也没有公布任何公司财报。上周五，市场因一份糟糕的就业报告而下跌，但周一市场略有反弹。

美股尚未开盘，但标普500指数期货合约跟往常一样，整晚都在全球电子交易所（Globex）里进行交易。期货市场走高，表明华尔街正期待着股市来一个高开。但就在上午8点48分，一份报告传来，将这一天载入史册，报告称：一架飞机撞上了世贸中心的北塔楼。图20.1展示了当时27分钟的交易走势情况。

飞机失事的消息很快就传开了，但没有多少人知道具体发生了什么。出事的是一架大飞机还是小飞机？是一场意外事故吗？还是有什么更可怕的事情发生了？虽然没人知道答案，但股指期货市场还是立即下跌了几个点，在有不确定的事件发生时，下跌几个点是很常见的情况。几分钟后，买家再次出现了，指数又回到了之前的水平，大多数交易员以为没什么大事。

15分钟后，上午9点03分，当新闻摄像机聚焦在世贸中心，

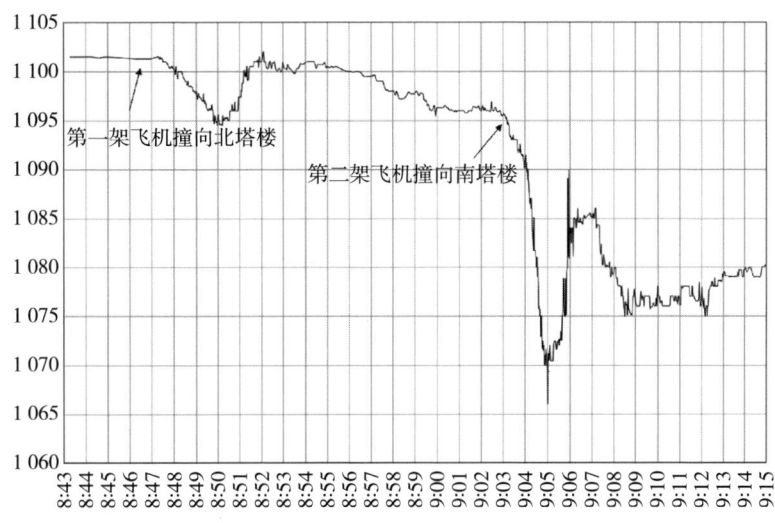

图20.1 2001年9月11日星期二上午的标普500指数期货市场

（图中标注：第一架飞机撞向北塔楼；第二架飞机撞向南塔楼）

全世界数百万人都在观看之时，第二架飞机撞向了南塔楼。那一刻，整个世界都改变了。美国人最担心的事情已经成为现实。这是一次恐怖袭击，这是二战后美国第一次在本土受到直接攻击。

在第二次撞击后的两分钟内，标普500指数期货暴跌30点，也就是跌了大约3%，这预示着，如果此时已经开盘了，美股市值将蒸发近3 000亿美元。但随后没多久，买家又神奇地出现了。尽管事态发展如此严重，但有一些交易员认为，市场对这些攻击反应过度，此刻正是买入股票的好时机。期货市场开始反弹，到上午9点15分收盘时，下跌约15点，收复了之前下跌时的一半损失。

尽管如此，这次袭击的严重性很快就展现出来了。美国所有的股票、债券和商品交易所，先是延迟开盘，接着宣布闭市一天。事实上，美国的股票交易所在这一周接下来的几天里都闭市了，这是自1933年3月以来最长的闭市时间。1933年3月，为了恢复美国崩溃的银行体系，富兰克林·D.罗斯福（Franklin D. Roosevelt）宣布银行停业整顿。

不过，海外股票市场仍然是开盘的。当恐怖事件发生时，伦敦时间是下午2点，欧洲时间是下午3点。德国DAX指数立即下跌了超过9%，并以差不多的水平收盘。伦敦股市也受到了冲击，但没有那么严重。有些人会觉得，美国作为世界金融中心容易受到攻击，那么可能有些企业会搬到英国。英镑反弹，欧元兑美元的汇率也有所上升。通常情况下，如果发生了国际危机，那么升值的应该是美元。但这一次，袭击发生在纽约，全球商人不知道局势将走向何方。

一周后，9月17日星期一，纽约证券交易所重新开市，道琼斯指数下跌685点，跌幅7.13%，成为历史上最大的跌幅之一。当初珍珠港事件发生后的第二天，股市下跌了3.5%，跌幅还不到这一次的一半。这次的跌幅，也超过了美国战争时期任何一天的股市单日跌幅。

在这一周里，道琼斯指数继续下跌，9月21日周五收盘时为8 236点，相比9月10日的收盘点数，下跌了14%以上。相比2000年1月14日的历史高点，下跌了近30%。

股市的最大波动幅度

表20.1列出了1885—2021年，道琼斯指数的54个最大单日波动。[1]在整个时期内，一共有157天指数出现5%以上的波动幅度。其中有不少都发生在1929—1933年，不过近年来也不是没有出现过。从2008年9月到2009年3月，世界经济陷入金融危机时，发生了15次大幅波动。

新冠疫情暴发期间，市场的波动尤为剧烈。2020年3月份，对全球投资者来说，疫情都非常严重。3月9日到3月18日一共有8个交易日，其中有7个交易日，道琼斯指数的单日波动幅度都超过了5%。只有3月10日这一天的波动幅度不到5%，为4.89%，不过

表 20.1 道琼斯指数的单日最大波动幅度

排名	日期	波动幅度	排名	日期	波动幅度	排名	日期	波动幅度
1	1987年10月19日	-22.61%	19	1931年12月18日	9.35%	37*	1917年2月1日	-7.24%
2	1933年3月15日	15.34%	20	1932年2月13日	9.19%	38*	1997年10月27日	-7.18%
3*	1931年10月6日	14.87%	21*	1932年5月6日	9.08%	39	1932年10月5日	-7.15%
4*	2020年3月16日	-12.93%	22*	1933年4月19日	9.03%	40*	2001年9月17日	-7.13%
5	1929年10月28日	-12.82%	23	1899年12月18日	-8.72%	41	1931年6月3日	7.12%
6	1929年10月30日	12.34%	24	1931年10月8日	8.70%	42	1932年1月6日	7.12%
7	1929年10月29日	-11.73%	25	1932年8月12日	-8.40%	43	1931年9月24日	-7.07%
8*	2020年3月24日	11.37%	26	1907年3月14日	-8.29%	44	1933年7月20日	-7.07%
9	1932年9月21日	11.36%	27	1987年10月26日	-8.04%	45*	2008年9月29日	-6.98%
10*	2008年10月13日	11.08%	28	1932年6月10日	7.99%	46*	1989年10月13日	-6.91%
11	2008年10月28日	10.88%	29	2008年10月15日	-7.87%	47*	1914年7月30日	-6.90%
12	1987年10月21日	10.15%	30	1933年7月21日	-7.84%	48	2020年6月11日	-6.90%
13*	2020年3月12日	-9.99%	31*	2020年3月9日	-7.79%	49	1988年1月8日	-6.85%
14	1929年11月6日	-9.92%	32	1937年10月18日	-7.75%	50*	2009年3月23日	6.84%
15	1932年8月3日	9.52%	33*	2020年4月6日	7.73%	51	1932年10月14日	6.83%
16*	1932年2月11日	9.47%	34	2008年12月1日	-7.70%	52	1929年11月11日	-6.82%
17	2020年3月13日	9.36%	35	2008年10月9日	-7.33%	53*	1940年5月14日	-6.80%
18*	1929年11月14日	9.36%	36*	1939年9月5日	7.26%	54	1931年10月5日	-6.78%

注：* 表示此次波动与新闻事件有关。

离5%也很接近了。这么集中的大规模波动，是前所未有的。另外，其中有6个交易日，是连续出现单日波动幅度超过5%的，追平了1929年10月大崩盘期间的纪录。其中不包括1933年3月3日至15日15.34%的波动，因为此时市场由于银行停业整顿而关闭了。

2020年3月12日星期四，道琼斯指数下跌了9.99%，3月13日星期五又上涨了9.36%，分别成为历史上第十三和第十七大波动。

2020年3月14日至15日是周末，整个世界都冻结了：几乎所有的体育赛事都停止了，学校关闭了，世界大部分地区进入了封锁模式。到了下周一3月16日，市场下跌了12.96%，跌幅超过了被称为"大崩盘"的1929年10月28日。我们将在第24章更详细地介绍新冠疫情暴发时市场和政府的反应。

大幅波动和新闻事件

股市为什么会在恐怖袭击后和疫情期间出现下跌？原因很容易理解。但投资者可能会感到意外的是，在大多数情况下，当股市出现大幅波动时，并没有伴随着任何重要的新闻可以解释为什么股价发生了如此大的变化。在所有157次的股市大幅波动中，只有42次，也就是25%左右，当时发生了重大的世界政治或经济事件，比如战争、政治变革、流行病或政府政策的变化等。即使在2008—2009年金融危机期间经历的15次大幅波动，其中也只有4次是跟某个具体事件相关的。

表20.2展示了与某个热点事件相关的单日波动幅度超过5%的日子。[2] 导致市场出现大幅波动的最大驱动因素，是政府政策的变化。市场急剧下跌之后出现大幅反弹，往往是出现了政府的支持，尤其是美联储的支持。由新闻事件导致的单日最大波动，出现在1931年10月6日，单日上涨了14.87%，当时赫伯特·胡佛总统提

议拿出5亿美元来帮助银行。第二大的波动则出现在2020年3月24日，单日上涨了11.37%，当时人们热切期望华盛顿出台重大的针对新冠疫情的经济刺激计划。

表20.2　与新闻事件相关的道琼斯指数单日大幅波动情况

排名	日期	波动幅度	新闻头条
3	1931年10月6日	14.87%	胡佛紧急动用5亿美元救助银行
4	2020年3月16日	−12.93%	全球新冠疫情暴发
8	2020年3月24日	11.37%	两党救助方案有望发挥作用
10	2008年10月13日	11.08%	美联储向外国央行提供"无限流动性"
13	2020年3月12日	−9.99%	新冠疫情加剧
16	1932年2月11日	9.47%	美联储贴现政策放宽
18	1929年11月14日	9.36%	提议美联储降低折现率/减税
21	1932年5月6日	9.08%	美国钢铁公司谈判减薪15%
22	1933年4月19日	9.03%	美国废除金本位
31	2020年3月9日	−7.79%	新冠疫情加剧
33	2020年4月6日	7.73%	美国通货膨胀率放缓
36	1939年9月5日	7.26%	二战在欧洲爆发
37	1917年2月1日	−7.24%	德国宣布无限制潜艇战
38	1997年10月27日	−7.18%	攻击港币
40	2001年9月17日	−7.13%	世贸中心遭遇恐怖袭击
45	2008年9月29日	−6.98%	众议院否决了7 000亿美元的救助计划
46	1989年10月13日	−6.91%	联合航空收购失败
47	1914年7月30日	−6.90%	一战爆发
50	2009年3月23日	6.84%	财政部宣布1万亿美元的公私合营计划购买银行坏账
53	1940年5月14日	−6.80%	德国入侵荷兰
55	1940年5月21日	−6.78%	盟军在法国溃败
58	1931年6月20日	6.64%	胡佛提议延期偿付外债
60	1934年7月26日	−6.62%	奥地利爆发战争；意大利总动员

(续表)

排名	日期	波动幅度	新闻头条
63	1955年9月26日	−6.54%	艾森豪威尔心脏病发作
68	2002年7月24日	6.35%	摩根大通否认与安然丑闻有关
71	1893年7月26日	−6.31%	伊利铁路公司破产
85	2020年3月11日	−5.86%	新冠疫情加剧
87	1929年10月31日	5.82%	美联储降低折现率
88	1930年6月16日	−5.81%	胡佛签署关税法案
89	1933年4月20日	5.80%	废除金本位后持续上涨
97	1898年5月2日	5.64%	杜威率部打败西班牙
101	1898年3月28日	5.56%	与西班牙达成停战协定
103	2011年8月8日	−5.55%	标准普尔下调美国国债评级
110	1916年12月22日	5.47%	国务卿兰辛否认美国将参战
113	1896年12月18日	−5.42%	参议院投票支持解放古巴
115	1933年2月25日	−5.40%	马里兰银行停业整顿
119	1933年10月23日	5.37%	罗斯福让美元贬值
121	1916年12月21日	−5.35%	国务卿兰辛暗示美国即将参战
130	1938年4月9日	5.25%	国会通过美国政府债券利息税收法案
151	2008年11月5日	−5.05%	民主党横扫国会,当选总统
156	1931年10月20日	5.03%	国际商会提高铁路收费
157	1932年3月31日	−5.02%	众议院提议征收股票销售税

1987年10月19日,股市创下22.6%的单日跌幅纪录,却看不出与哪一个新闻事件有关联。1940—2008年的金融危机期间,只有4天的大幅波动可以找出相关联的事件,这4天分别是:2001年9月17日,当时市场在恐怖袭击后重新开放,单日下跌了7.13%;1997年10月27日,当时外汇投机者大举进攻港币,导致单日下跌了7.18%;1989年10月13日星期五,美国联合航空公司的杠杆收购失败,导致单日下跌了6.91%;以及1955年9月26日,艾森豪威尔总统心脏病发作,导致单日下跌了6.54%。[3]

是什么导致了股市波动？

如果波动当天有各种新闻事件发生，那么究竟是哪一件引发了波动，人们对此可能会有很大的分歧。1991年11月15日，道琼斯指数下跌超过120点，跌幅接近4%，《投资者商业日报》（*Investor's Business Daily*）刊登了一篇关于股市的文章《道琼斯指数在可怕的股票抛售中暴跌120点：生物科技、程序、到期日和国会难辞其咎》（Dow Plunges 120 in a Scary Stock Sell-Off: Biotechs, Programs, Expiration and Congress Get the Blame）。[4]相反，伦敦的《金融时报》（*Financial Times*）刊登了一篇由一位纽约作家撰写的文章《华尔街因担心俄罗斯的举动而下跌120点》（Wall Street Drops 120 Points on Concern at Russian Moves）。有意思的是，俄罗斯政府暂停石油许可证并接管黄金供应的消息，在《投资者商业日报》的文章中连一次都没有提到！一家大型报社所强调的"原因"，在另一家新闻媒体却压根儿没有提及，这向我们证明了，想要寻找市场波动的原因是多么困难。

不确定性和股市

股市讨厌不确定性，所以当发生了某个事件，使投资者脱离了平日里熟悉的分析框架，面对陌生的新情况时，就可能会对股市产生悲观负面的影响。"9·11"就是一个很好的例子：美国人不确定这些恐怖袭击对未来意味着什么。这对航空旅行或其他方式的旅行，会有多么严重的影响。市值大约6 000亿美元的旅游业，会受到多大的打击。当新冠疫情暴发时，相同的不确定性也笼罩着市场。对未来的不确定性，引发了人们的担忧和股价的下跌。

在美国总统任期内发生的不稳定事件，也是导致股市下跌的另一个因素。当领导人发生了突然的、意料之外的情况时，股市的反应基本都是下跌。上文说过，艾森豪威尔总统在1955年9月26日心脏病发作，导致道琼斯指数当天下跌了6.54%。1963年11月22日星期五，肯尼迪总统遇刺，导致道琼斯指数下跌2.9%，纽约证券交易所被迫提前两小时收盘，以防止恐慌性抛售。到了11月25日星期一，由于肯尼迪葬礼的原因，股市暂停交易一天。不过，到了星期二，林登·约翰逊接任总统，股市大涨4.5%，是战后表现最好的日子之一。

1901年9月14日，威廉·麦金莱遇刺身亡，股市下跌超过4%，但第二天就基本上反弹了回来。1923年沃伦·哈丁去世，股市小幅下跌，之后很快就恢复了。像这样的抛售通常给投资者提供了比较好的买入机会，因为在领导人更替之后，股市通常很快就会恢复。不过，有一些政治家投资者是永远都不会原谅的，华尔街一直都不喜欢富兰克林·罗斯福，在他去世的消息传出后，股市在一周内上涨了4%以上。

民主党和共和党

众所周知，投资者通常更喜欢共和党领导人而不是民主党领导人。大多数公司高管和许多股票投资者都是共和党人，共和党的许多政策被认为对股票和资本积累是有利的。人们通常认为民主党人不那么愿意对资本利得税和分红税进行优惠，而是更喜欢进行监管和收入再分配。然而，从历史上看，股市在民主党领导下的表现要好于共和党。

相关性并不等于因果关系

这种相关性，并不一定意味着会有因果关系。实际上，虽然看起来股市在民主党领导下的表现更好，但有一个完全合理的解释，可以表明其实民主党和共和党都对股市没有任何影响。

当经济和股市上涨时，人们会变得更富裕，收入增加，投资收益也会增加。这种情况对共和党人更有利，使他们有望赢得下次选举。当经济下滑时，随之而来的衰退期和熊市会导致公众处于失望情绪中，选民会把共和党赶出白宫。这跟共和党的任何政策或是错误决策都无关。民主党人会在经济底部接管国家，然后在牛市的早期和中期执政，直到经济拐点再次到来。

政治和股票收益率

图20.2展示了自1888年格罗弗·克利夫兰当选以来，道琼斯指数在历届政府中的表现情况。

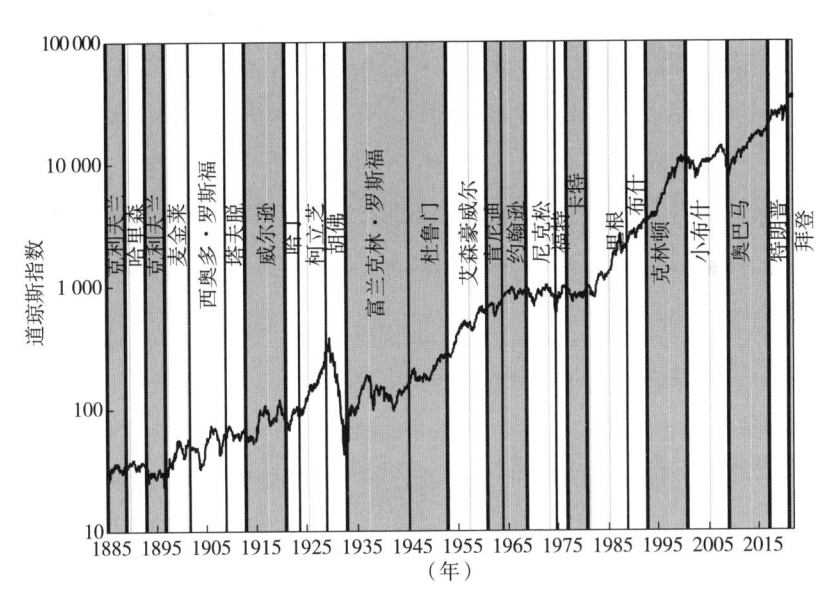

图20.2　各总统执政期和道琼斯指数走势

注：阴影部分表示民主党总统。

历史上最大的熊市，发生在赫伯特·胡佛的共和党执政期间，而在富兰克林·罗斯福执政期间，股市表现相当不错，不过他经常遭到公司董事和股票经纪人的谩骂。

从选举前一天，到选举后一天，这段时间里的股市表现，可以反映出市场对总统选举的态度。我们会发现，投资者确实更喜欢共和党而不是民主党。如表20.3所示，自1888年以来，在民主党获胜后的第二天，市场平均下跌0.3%，但在共和党获胜后的第二天，市场平均上涨0.7%。不过二战后，共和党获胜后市场的反应就不如之前那么强烈了。

有一些特殊情况，比如克林顿在第二次当选后，股市大幅上涨，是因为共和党控制着国会，而不是因为克林顿再次当选。2020年拜登获胜后，股市也大幅上涨，是因为共和党意外地控制了美国参议院。[5]

表20.3中还展示了在总统任期的第一年、第二年、第三年和第四年股市的收益率情况。其中，特朗普和拜登执政第一年时，股市的强劲表现拉高了整个战后时期第一年收益率的平均值。不过总的来看，执政第三年的股市收益率是最高的。这个发现很令人惊讶，因为在1931年，命运多舛的胡佛执政第三年时，股市灾难性地下跌了43.3%，这也是一个多世纪以来，所有总统在位期间股市表现最差的一年。

表20.3 总统任期和股市收益率情况

总统姓名	党派	当选日	从当选前一天到当选后一天	执政第一年	执政第二年	执政第三年	执政第四年
哈里森	共和党	1888年11月6日	0.4	11.8	-6.6	16.6	13.5
克利夫兰	民主党	1892年11月8日	-0.5	-15.3	11.9	11.3	-4.5
麦金莱	共和党	1896年11月3日	2.7	18.9	11.0	9.9	-1.3

（续表）

总统姓名	党派	当选日	从当选前一天到当选后一天	执政第一年	执政第二年	执政第三年	执政第四年
麦金莱	共和党	1900年11月6日	3.3	35.3	0.3	-18.1	28.5
西奥多·罗斯福	共和党	1904年11月8日	1.3	25.2	2.0	-32.5	39.0
塔夫脱	共和党	1908年11月3日	2.4	16.6	-0.6	0.5	11.7
威尔逊	民主党	1912年11月5日	1.8	-13.0	-2.5	24.2	3.7
威尔逊	民主党	1916年11月7日	-0.4	-30.9	-5.8	13.5	-19.3
哈丁	共和党	1920年11月2日	-0.6	4.0	53.4	-11.1	21.5
柯立芝	共和党	1924年11月4日	1.2	33.3	15.8	36.0	36.5
胡佛	共和党	1928年11月6日	1.2	33.2	-29.6	-32.3	-13.6
富兰克林·罗斯福	民主党	1932年11月8日	-4.5	43.3	-4.1	37.2	43.6
富兰克林·罗斯福	民主党	1936年11月3日	2.3	-26.8	18.6	3.3	-11.8
富兰克林·罗斯福	民主党	1940年11月5日	-2.4	-10.2	-6.1	28.9	12.4
富兰克林·罗斯福	民主党	1944年11月7日	-0.3	30.6	-19.1	-0.5	4.3
杜鲁门	民主党	1948年11月2日	-3.8	7.9	28.8	18.2	8.1
艾森豪威尔	共和党	1952年11月4日	0.4	3.4	42.3	35.7	11.5
艾森豪威尔	共和党	1956年11月6日	-0.9	-9.9	25.8	13.5	-3.8
肯尼迪	民主党	1960年11月8日	0.8	29.6	-15.8	32.4	18.5
约翰逊	民主党	1964年11月3日	-0.2	8.8	-16.0	25.0	6.8
尼克松	共和党	1968年11月5日	0.3	-10.1	-13.1	14.7	12.1
尼克松	共和党	1972年11月7日	-0.1	-4.3	-41.1	24.0	13.2
卡特	民主党	1976年11月2日	-1.0	-9.7	3.6	-2.4	16.2
里根	共和党	1980年11月4日	1.7	-12.2	11.6	28.4	-1.4

（续表）

总统姓名	党派	当选日	从当选前一天到当选后一天	执政第一年	执政第二年	执政第三年	执政第四年
里根	共和党	1984年11月6日	−0.9	14.2	30.1	16.3	−1.6
布什	共和党	1988年11月8日	−0.4	23.8	−13.9	26.5	6.5
克林顿	民主党	1992年11月3日	−0.9	12.5	0.2	25.4	19.4
克林顿	民主党	1996年11月5日	2.6	35.2	8.6	24.3	4.6
小布什	共和党	2000年11月7日*	−1.6	−23.1	−20.9	21.2	6.0
小布什	共和党	2004年11月2日	1.1	4.0	14.9	11.0	−37.9
奥巴马	民主党	2008年11月4日	−1.3	13.7	10.6	1.4	19.0
奥巴马	民主党	2012年11月6日	−1.5	20.9	12.9	6.4	6.4
特朗普	共和党	2016年11月8日	1.5	19.2	8.2	7.1	15.6
拜登	民主党	2020年11月3日	4.0	24.6			
从1888年至2021年12月的平均值		民主党	−0.3	7.6	1.7	16.6	8.5
		共和党	0.7	10.2	5.0	9.3	8.7
		整体	0.2	9.0	3.5	12.6	8.6
从1948年至2021年12月的平均值		民主党	−0.2	15.9	4.1	16.4	12.4
		共和党	0.1	0.5	4.4	19.8	2.0
		整体	0.0	7.8	4.3	18.3	6.6

注：股市收益率从当选日或就职日两者中时间更早的那一天开始计算。*表示当时的选举结果直到2000年12月13日才正式揭晓。

为什么平均在总统执政第三年，股市的表现会是最好的呢？目前尚不清楚原因。有人可能会以为，按理来说执政第四年可能会是股市表现最好的一年，因为这一年里政府可能会增加支出，或向美联储施压来刺激经济，以便为即将到来的下一次选举做好准备。但是从数据中很明显可以看到，第四年虽然也不错，却并不是最好的一年。也许，市场预期了在选举年可能会出台经济利好政策，于是提前一年就上涨了。

表20.4记录了近年来，股市在民主党执政期间的优异表现。表中展示了民主党和共和党执政期间，股市的真实总收益率、名义总收益率和通货膨胀率。自1888年以来，民主党执政时期的股市名义收益率，要好于共和党执政时期。但由于共和党执政时期的通货膨胀率较低，所以实际上，两党执政时期的剔除通货膨胀后的真实收益率大致相同。但如果是观察1952年之后的情况，则会发现不同，无论是否考虑了通货膨胀，在民主党执政期间，股市的收益率都要好得多。

20.4 总统任期内的市场回报

总统姓名	党派	任期	执政月份数	股市名义年收益率	年通货膨胀率	股市真实年收益率
哈里森	共和党	1888年11月~1892年10月	48	5.48	-2.73	8.43
克利夫兰	民主党	1892年11月~1896年10月	48	-2.88	-3.06	0.19
麦金莱	共和党	1896年11月~1901年8月	58	19.42	3.69	15.18
西奥多·罗斯福	共和党	1901年9月~1908年10月	86	5.02	1.95	3.01
塔夫脱	共和党	1908年11月~1912年10月	48	9.56	2.59	6.80
威尔逊	民主党	1912年11月~1920年10月	96	3.55	9.26	-5.23
哈丁	共和党	1920年11月~1923年7月	33	7.43	-5.16	13.28
柯立芝	共和党	1923年8月~1928年10月	63	26.99	0.00	26.99
胡佛	共和党	1928年11月~1932年10月	48	-19.31	-6.23	-13.96
富兰克林·罗斯福	民主党	1932年11月~1945年3月	149	11.42	2.37	8.83
杜鲁门	民主党	1945年4月~1952年10月	91	13.84	5.49	7.91
艾森豪威尔	共和党	1952年11月~1960年10月	96	15.09	1.38	13.52
肯尼迪	民主党	1960年11月~1963年10月	36	14.31	1.11	13.06

（续表）

总统姓名	党派	任期	执政月份数	股市名义年收益率	年通货膨胀率	股市真实年收益率
约翰逊	民主党	1963年11月~1968年10月	60	10.64	2.76	7.66
尼克松	共和党	1968年11月~1974年7月	69	−1.39	6.02	−6.99
福特	共和党	1974年8月~1976年10月	27	16.56	7.31	8.62
卡特	民主党	1976年11月~1980年10月	48	11.66	10.01	1.50
里根	共和党	1980年11月~1988年10月	96	14.64	4.46	9.75
布什	共和党	1988年11月~1992年10月	48	14.05	4.22	9.44
克林顿	民主党	1992年11月~2000年10月	96	18.74	2.59	15.74
小布什	共和党	2000年11月~2008年10月	96	−2.75	2.77	−5.38
奥巴马	民主党	2008年11月~2016年10月	96	12.79	1.38	11.25
特朗普	共和党	2016年11月~2020年10月	48	14.54	1.88	12.43
拜登	民主党	2020年11月~2021年12月	13	30.73	6.51	22.74
从1888年至2021年12月的平均值		民主党	733	11.33	3.75	7.41
		共和党	864	8.81	1.90	6.78
		整体	100%	9.97	2.75	7.07
从1952年至2021年12月的平均值		民主党	349	14.73	3.30	11.14
		共和党	480	8.99	3.61	5.24
		整体	100%	11.40	3.48	7.73

股票和战争

自1885年以来，美国经济约有1/5的时间处于战争状态或是跟世界上某场战争有关联。如果是看名义收益率，那么无论是战争时期还是和平时期，股市的表现都差不多。但是，战争时期的通货膨胀率平均接近6%，而在和平时期不到2%，所以，如果是看剔除通货膨胀之后的真实收益率，那和平时期股市的表现要好得多。

虽然和平时期股市的收益率更高，但和平时期股市的波动也更大。这里的波动，可以通过计算道琼斯指数的月度标准差来得出。美股最大的波动发生在20世纪20年代末和30年代初，比美国参加二战的时间早很多。只有在第一次世界大战和短暂的海湾战争期间，美股的波动率才高于平均水平。

世界大战期间的股市

一战时股市的波动要比二战时大得多。在一战初期，股市上涨了近100%，当美国卷入战争后，股市下跌了40%，当一战结束时，股市又反弹了回来。而在二战的6年时间里，股市的波动幅度相比战前，最大都没有超过32%。

一战爆发时，人们都很恐慌，欧洲投资者争相抛售股票，买入黄金和现金。1914年7月28日，奥匈帝国向塞尔维亚宣战后，欧洲所有主要的证券交易所都关闭了。欧洲的恐慌蔓延到了纽约，道琼斯指数在7月30日星期四下跌了近7%，这是自1907年恐慌下跌8.3%以来，最大的跌幅了。第二天，纽约证券交易所在开市前几分钟宣布已通过投票决定无限期休市。

直到12月份，股市才重新开放。无论是在此之前还是从这以后，纽约证券交易所都没有关闭过这么长的时间。在此期间，是允许进行紧急交易的，只是紧急交易必须得到一个特别委员会的批准，并且交易价格需要等于或高于交易所闭市之前的最后一笔交易。不过，仍然有一些人违反了交易禁令，在交易所外（也称为在路边）进行非法交易。10月份股价一直在下跌。据非官方消息称，秋天时，股价已经比7月份闭市时跌了15%~20%。

讽刺的是，纽约证券交易所唯一一次这么长时间的关闭，却正好是美国并没有被卷入任何战争或是陷入任何金融危机和经济危机的时期。在闭市的5个月里，投资者逐渐意识到，美国将从欧洲的冲突中获得巨大的经济利益。一旦投资者认识到美国将会制造武器弹药并向交战各方提供原材料，公众就会对股票兴趣陡增。

12月12日，交易所重新开放，股价大涨。周六当天收盘时，道琼斯指数相比之前7月闭市时，涨了约5%。涨势持续，1915年道琼斯指数创下了历史上最好的单年涨幅纪录，上涨了82%。1916年，股市继续上涨，到11月达到顶峰。此时的股价，是两年多前战争刚爆发时的两倍多。不过，美国在1917年4月16日正式参战，之后股价回落了约10%，1918年11月签署停战协议时，又下跌了10%。

1915年繁荣的股市并没有被人们忘记，这个经验被传递给了下一代人。当二战爆发时，投资者吸取了一战时的经验。1939年9月3日，英国对德国宣战，股价暴涨，以至于东京证券交易所被迫提前休市。当纽约证券交易所开盘时，人们疯狂抢购，道琼斯指数上涨超过7%，甚至欧洲证券交易所重新开盘时也表现坚挺。

不过，热情很快便消退了。罗斯福总统决定，不让企业再像一战时那样轻松赚钱了，因为这些企业利润一直被大众诟病。人们觉得，年轻人在海外牺牲，而企业却在国内赚取越来越多的钱，战争成本没有被平摊，这是不公平的。于是国会在二战时期制定了超额利润税，这抵销了投资者原本所期望的能从战争中获取到的超额收益。

日本偷袭珍珠港的前一天，道琼斯指数较1939年高点下跌了25%，不到1929年高点的1/3。珍珠港事件发生后的第二天，股市下跌了3.5%，然后继续下跌，直到1942年4月28日跌至最低点。

当时，美国在太平洋战争的头几个月里，遭受了损失。

当战争局势偏向于同盟国时，市场开始攀升。1945年5月7日，德国宣布无条件投降，此时道琼斯指数比战前水平高出20%。投放在广岛的原子弹爆炸，是战争史上的一个关键事件，投资者意识到战争即将结束了，于是股市上涨了1.7%。不过事实证明，二战时的投资者不如一战时的投资者收益那么丰厚，从德国入侵波兰到二战胜利日的6年间，道琼斯指数仅上涨了30%。

1945年之后的战争

朝鲜战争和越南战争

朝鲜战争让投资者措手不及。1950年6月25日，朝鲜战争爆发，道琼斯指数下跌了4.65%，跌幅超过了珍珠港事件发生后的第二天。股市对战争的反应并没有失控，相比战前，最大跌幅也就12%。

越南战争是美国参与的所有战争中，时间最长、最不受欢迎的战争之一。最早在1964年8月2日，美国就介入了这场冲突。据报道，当时两艘美国驱逐舰在北部湾（Gulf of Tonkin）遭到袭击。

北部湾事件发生一年半后，道琼斯指数达到了995点的历史高点，比事件发生前上涨了18%以上。在美联储收紧信贷以抑制通货膨胀之后，道琼斯指数又在几个月的时间里下跌了近30%。1968年初美军在越南兵力达到顶峰，此时股市开始复苏。两年后，尼克松派兵进入柬埔寨，利率飙升，经济衰退迫在眉睫，市场再次下跌，相比战前跌幅达到近25%。

1973年1月27日，越南和美国在巴黎签署了和平协定。在这8年的战争中，利率上升，通货膨胀加剧，再加上跟越南战争有间接关系的其他问题，投资者在此期间赚到的收益相当少。

海湾战争

如果说越南战争是美国在阿富汗战争之前打得时间最长的战争，那么1991年针对伊拉克的海湾战争则是时间最短的战争。1990年8月2日，伊拉克入侵科威特，成为战争的导火索。油价飙升，并引发美国在沙特集结军事力量。油价的上涨，再加上本就已经放缓的美国经济，导致美国深深陷入了经济衰退期。股市急剧下跌，到10月11日，道琼斯指数已经相比二战前下跌了18%以上。

1991年1月17日，美国开始了进攻。这是现代社会发生的第一场重大战争，战争发生时，东京、新加坡、伦敦和纽约的交易所正在全天候地进行着石油、黄金和美债等品种的交易。

几个小时内，市场就判断出了胜利者将会是谁。美国轰炸巴格达的消息传出后，东京证券交易所里，债券在几分钟内遭到抛售，但接着美国及其盟友取得了成功的惊人消息，又使债券和日本股市在接下来的几分钟内直线上升。远东的石油交易价格暴跌，布伦特原油从战前的每桶29美元跌至20美元。

第二天，世界各地的股市都出现了暴涨。道琼斯指数上涨115点，涨幅达4.4%，欧洲和亚洲股市均大幅上涨。当美国派遣地面部队进攻科威特时，市场已经知道，不出两个月就将取得胜利了。2月28日，战争结束了。到3月的第一周，道琼斯指数相比战前上涨了18%以上。

伊拉克战争和阿富汗战争

虽然海湾战争把伊拉克赶出了科威特，但萨达姆·侯赛因仍在继续掌权。小布什政府认定侯赛因拥有大规模杀伤性武器，2003年3月开始威胁要攻打伊拉克。投资者都很担心会爆发战争，2003

年3月12日盘中，道琼斯指数下跌到7 416点。但是，随着日期的临近，投资者预期这次也会像1991年那样快速取得胜利，于是股价又开始大幅上涨。3月20日，美国的威慑与恐吓，使道琼斯指数相比8天之前上涨了近15%。

"9·11"恐怖袭击事件后不久，美国发动了针对阿富汗塔利班的战争。这是美国历史上持续时间最长的战争，从2001年一直持续到2021年。不过，这次战争对股市的影响很小。石油生产没有受到影响，这场战争最终演变成一场旷日持久的拉锯战。投资者将注意力从国际局势的发展上收了回来，转而关注国内情况。

总结

我们在找寻市场大幅波动的原因时必须清醒地认识到，只有1/4的波动情况可能会跟政治或经济方面的新闻事件有关。这证明市场是不可预测的，想要提前预知市场的波动是非常困难的。那些在一战时由于恐慌而卖出股票的人，错过了股市历史上最好的1915年。那些在二战初期买入股票、以为股市会像一战时那样大涨的人，却只迎来了失望，因为政府决定限制企业战时的利润。世界上发生的大事件，可能会在短期导致市场出现波动，但事实证明，它们无法削弱股票优异的长期回报。

[第 21 章]

股票、债券和经济数据的流动

> 对股市影响最大的事情,就是每一件事。
>
> ——詹姆斯·帕利斯特德·伍德(James Palysted Wood),1966

现在是1996年7月5日,星期五,东部时间早上8点28分。通常来说,一个夹在美国重要假日和周末之间的交易日,是平淡的,成交量和股价都不会发生太大的变化。但今天不一样。世界各地的交易员们,都焦急地守在屏幕前,盯着不断滚动的新闻,每天的新闻都能有数千条之多。这一周以来,股票、债券和外汇交易员们,都在期待着这一刻。现在,距离公布每月最重要的报告,只有两分钟了,这份重要的报告就是美国就业统计数据。这段时间,道琼斯指数一直徘徊在接近历史高点的位置,这个高点是之前5月底创下的。同时,利率却一直在上升,所以交易员们对市场很担心。时间一秒一秒地过去,来到了上午8点30分整,头条新闻开始在屏幕上滚动:

就业人数增加23.9万人,失业率降至5.3%,为过去6年的最低点,每小时工资上涨9美分,为30年来的最大涨幅。

克林顿总统对这条经济方面的新闻表示很高兴,他说:"我们拥有一代人以来最稳固的美国经济,美国工人的工资终于再次上涨了。"

金融市场却受到了严重打击。交易员们预期美联储将收紧政策，于是长期国债价格立即暴跌，利率上升了近0.25%。虽然股市一个小时之后才开盘，但标普500指数期货却下跌了2%。标普500指数期货可以反映出人们对指数涨跌的预期，我们将在下一章里详细介绍。已经开盘数小时的欧洲股市立即遭到抛售。德国DAX指数、法国CAC指数和英国FTSE指数立即下跌了近2%。几秒钟之内，全球股票市场损失了2 000亿美元，全球债券市场的损失比前者只多不少。

这个案例形象地告诉我们，在老百姓眼中看来是好消息的事情，对华尔街来说却常常是坏消息。这是因为，影响股票走势的不仅仅是利润，利率、通货膨胀和美联储未来的货币政策等，对股价也都有重大影响。

经济数据和股市

新闻会影响股市。许多新闻事件的发生是不可预测的，比如战争、政治动荡和自然灾害等。但关于经济数据的新闻，却可能会比正式公布时间提早一年甚至更早就发布了。在美国，每年会发布数百次的经济数据，这些数据大部分是由政府发布的，不过近年来也有越来越多的私营企业会发布经济数据了。所有这些数据都会反映出经济状态，尤其是经济增长情况和通货膨胀情况，每一个数据都有可能会对股市产生巨大的影响。

经济数据，不仅会影响一个投资者对当前经济形势的看法，投资者还会据此来预测央行即将采取什么样的货币政策。在更强劲的经济增长或更高的通货膨胀下，央行很可能会收紧或停止宽松的货币政策。所有这些都会影响投资者对未来利率走势和经济的预期，从而最终影响股价。

市场反应的原理

市场会如何反应,并不是仅仅看新闻本身的内容是什么,而是要看投资者的预期跟新闻报道的实际情况之间的差异有多大,新闻本身是好是坏其实不太重要。如果市场原本预期上个月会有40万人失业,但报道显示只有20万人失业,那么金融市场会认为这是一个"高于预期"的经济消息。或者,市场原本预期上个月新增就业人数将会只有20万人,但报道显示实际上新增就业人数达到了40万人,那么这也是一个"高于预期"的经济消息。这两个例子,对股市产生的影响是一样的。

为什么市场只针对预期和实际情况之间的差异来做出反应呢?这是因为股价已经把所有的预期包含在内了。如果人们预期一家公司将公布糟糕的盈利情况,那么这个悲观的看法就已经体现在股价中了。等到真实盈利情况被公布出来后,假如情况并没有人们之前想的那么糟糕,股价又会回升。在债券市场和外汇市场中,这个原理同样也适用对经济数据的反应。

所以,要理解市场为何如此波动,我们就必须先了解市场预期是怎样的。市场预期,常常也被称为一致预期,是由媒体和研究机构收集后得出的。他们会调查经济学家、专业预测者、交易员和其他市场参与者,问他们对政府或私营企业即将公布的信息有怎样的预期。调查结果会发给金融媒体,在网上和各种新闻报刊上发表。[1]

分析数据

通过分析经济数据,我们可以了解它们将会对未来经济增长、通货膨胀和央行政策产生什么样的影响。下面这个原则体现了当经济增长相关数据被公布时，债券市场的反应：

如果经济增长高于预期，那么长期国债利率和短期国债利率都将上升。如果经济增长低于预期，那么利率将下降。

为什么经济增长高于预期，利率就会上升呢？有这么几个原因。首先，更强劲的经济活动使消费者更有信心，更愿意贷款，从而增加了贷款需求。更快的经济增速，也会促使企业扩大生产。因此，企业和消费者都可能增加贷款需求，从而推高了利率。

其次，更快的经济增长可能会导致通货膨胀，尤其是在经济扩张期接近尾声的时候。如果是在经济扩张期的早期和中期，经济增长通常会跟生产力的提高有关联，这时很少会导致通货膨胀。

我们再来看本章开头的案例，1996年7月5日，美国劳工部公布数据之后为什么利率会飙升？主要原因就是人们担心会发生通货膨胀。投资者认为，劳动力紧缺、失业率下降，从而工资上涨，可能会引发通货膨胀，而通货膨胀正是债市和股市的克星。

经济增长的数据则会对央行的下一步动作产生巨大影响。过度强劲的经济所带来的通货膨胀威胁，可能会使得央行收紧信贷。如果商品和服务出现了供不应求的情况，那么当局会提高利率，以防止经济过热。

同理，当经济增长低于预期时，信贷需求减弱，通货膨胀的压力变小，于是利率下降，债券市场的表现就会不错。我们再来复习一下，债券价格走势与利率走势是相反的。

还有一个重要的原则是，当几份具有相同性质的类似数据都出现时，市场的反应会更加强烈。比如，如果一份关于通货膨胀的数据公布后，高于预期，下个月又有一份高于预期的数据被公布，那么市场的反应会格外强烈。原因是，单独一份数据可能不太准确，当下一份数据出来后上一份数据可能会被证明是有误导性的。但如果后续的数据都支持了前面的数据，那么就说明人们所判断的经济接下来的走向很可能是对的，从而引发市场的波动。

经济增长和股价

一份强劲的经济报告会导致股市下跌，这让公众以及金融媒体都惊讶不已。不过，经济增长高于预期，对股市的影响是把双刃剑。一方面，经济繁荣会提高公司利润，从而提升股价；另一方面，又会提高利率，从而提高未来现金流的折现率。类似的，当经济增长低于预期时，一方面，公司利润会下降，从而压低股价；另一方面，却会降低利率，于是未来现金流的折现率降低了，从而提升股价。这是场博弈，在未来现金流的金额大小和折现率高低之间展开，可以理解为，未来现金流的金额大小是分子，而未来现金流的折现率是分母。

哪个因素的影响更大呢？是利率还是盈利？这要取决于经济正处于什么周期之中。近来有研究显示，在经济衰退期，一份高于预期的经济数据会提升股价。因为在衰退期中，相比利率，人们会更看重公司利润的变化。[2]而一份低于预期的经济数据会压低股价。在经济扩张期，尤其是扩张期尾声，利率的影响会更大，因为通货膨胀是更大的威胁。

许多股票投资者会观察债券市场的走势，来作为投资股票的参考。这一点，对于管理投资组合的基金经理来说尤为重要，因为在组合投资中，既包括股票也包括债券，基金经理需要根据利率变化和股票预期收益率的变化，来积极调整组合中股票和债券的比例。如果一份显示经济疲软的报告出来后，利率下降，一些投资者会立即准备提高组合中股票的占比。而与此同时，还有一些投资者会认为这份报告意味着未来盈利的降低，从而准备卖出股票。股市，常常就在这些不同投资者对盈利和利率的不同解读之下，全天候波动。

就业报告

就业报告，是由美国劳工统计局（Bureau of Labor Statistics，简写为BLS）编制的，是政府每月发布的最重要的数据报告。为了统计数据，劳工统计局会做两项完全不同的调查，一项是就业调查，另一项是失业调查。薪资调查统计的是公司目前所包含的总工作岗位数。家庭调查统计的是正在工作中的人口数和正在找工作的人口数。薪资调查有时也被称为机构调查，会调查将近13万家企业机构和政府工作人员，包含67万个工作场所，并从中收集数据。大多数预测者正是利用这项调查结果，来判断未来经济的走向。对投资者来说，最重要的数据是非农就业数据。这个数据没有包括农场工人的情况，因为农场工人的情况很不稳定，跟经济周期的走势没什么关系。

失业率则是通过另一项跟薪资调查完全不同的调查来统计的。在晚间新闻中，占据头条的往往是失业率数据。失业率是通过家庭调查来计算得出的，家庭调查会收集大约6万个家庭的数据。调查问卷中会问一系列问题，其中包括家庭成员里是否有人在过去一个月"积极"地寻找工作？回答"是"的人，就会被标记为失业的人。用失业的总人数，除以总的劳动力人数，就得到了失业率。美国的劳动力人数，定义为就业人口数加上失业人口数，约占成年人口的2/3。这个比例被称为劳动力参与率。随着越来越多的女性成功找到了工作，这个比例在20世纪80年代和90年代稳步上升，之后开始下降，到了新冠疫情暴发期间，遭遇了急剧下降。

劳工统计局公布的数据，有时解读起来可能会令人困惑。因为薪资调查和家庭调查是两个完全不同的调查，所以常常会出现，薪资调查中的工作岗位数有所提升，而同时失业率也在增加。其中一个原因是，薪资调查统计的是工作岗位数，而家庭调查统计的是人口数。所以，当一个人有两份工作时，在薪资调查中算2份，而在家庭调查中只算1人。另外，薪资调查中并不包括个体户，但家庭调查中是包括的。随着个体经营或零工经济的增长，这一点变得更加重要。

基于以上这些原因，许多经济学家和预测者在预测经济周期时，低估了失业率这个数据的重要性。不过这并没有减弱失业率数据在政治上的影响。失业率的含义很容易理解，即正在找工作且暂时还没有找到的人占总劳动人口的比例。对于普通大众来说，在判断经济是否健康时会更看重这个数据。例如，在金融危机和大萧条之后，美联储主席本·伯南克（Ben Bernanke）将失业率看成美联储何时开始加息的参考阈值。不过，美联储主席杰伊·鲍威尔（Jay Powell）却低估了失业率作为未来通货膨胀趋势的判断因素的重要性。

自2005年以来，自动数据处理公司（Automatic Data Processing，简写为ADP）会在劳工统计局公布数据的前两天，发布自己的就业数据，名为《ADP全美就业报告》(*The ADP National Employment Report*)。ADP报告统计的是非农私营企业的就业数据，调查对象是近50万家美国企业，包括2 600万名雇员。ADP的数据，统计了美国近1/6的私营部门员工的工资，涵盖了众多不同行业、不同规模、不同地区的公司的每一份工资单，所以，ADP的数据为周五即将发布的劳工统计局的就业数据提供了参考。

数据报告的发布周期

就业报告只是每月公布的几十份经济报告中的其中一份。图21.1展示了通常情况下,一个月内各种数据报告的发布时间。图中的星号代表报告的重要程度,星号越多,报告越重要。

每个月的第一个工作日,供应管理协会(Institute for Supply Management,简写为ISM,前身为全国采购经理协会)会发布一份名为"采购经理指数"(purchasing managers' index,简写为PMI)的调查结果。调查对象为250家为制造企业提供服务的采购代理商,询问他们订单、生产、就业等指标是上升了还是下降了,然后根据这些收集到的数据来制作报告。如果结果为50,就表示认为各项指标上升和下降的采购经理各占一半。如果结果为52或53,就表示经济处于正常扩张状态。如果结果为60,意味着有3/5的采购经理认为各项指标上升了,那就表示经济增长很强劲。如果结果低于50,则表示制造业正在萎缩。如果结果低于40,基本上就是经济衰退的征兆了。两天后,也就是每个月的第三个工作日,供应管理协会会公布服务业的类似数据。

针对制造业,还有一些其他的数据报告会定期发布。每月最后一个工作日,会发布"芝加哥采购经理指数"(Chicago Purchasing Managers Index),正好在ISM报告之前发布。芝加哥地区的制造业非常多元化,所以,大约有2/3的芝加哥报告数据会跟ISM报告数据的走势一致。自1968年以来,每月的第三个星期四,会发布"费城联储制造业报告"(Philadelphia Fed Manufacturing Report),这也是每个月会发布的地区制造业报告中的第一份。近年来,纽约联邦储备银行(New York Fed)不甘示弱,会再提前几天,针对纽约地区的制造业发布"纽约联储制

周一	周二	周三	周四	周五
1	2	3	4	5
10:00采购经理指数**	汽车销量*	8:15ADP全美就业报告** 10:00服务业PMI**	8:30申领失业救济人数**	8:30就业报告****
8	9	10	11	12
			8:30申领失业救济人数**	8:30消费者价格指数**** 9:55密歇根大学消费者信心指数
15	16	17	18	19
8:30纽约联储指数* 零售销量***	8:30 生产者价格指数(PPI)*** 9:15 中间产品价格指数* 10:00 住宅建筑商协会(NAHB)指数**	8:30住房开工率*** 建筑许可数***	8:30申领失业救济人数** 10:00费城联储指数*	
22	23	24	25	26
10:00成屋销售量**	8:30耐用品订单**	10:00新屋销售量*	8:30申领失业救济人数** 耐用品**	
29	30	31		
	8:30季度GDP*** 10:00世界大型企业联合会消费者信心指数**	8:30人力成本指数* 收入、支出、个人消费支出平减指数(PCEdeflator)*** 9:45芝加哥采购经理指数		

图21.1 每月数据报告发布时间表

造业指数"(NY Empire State Manufacturing Index)。自2008年以来,总部位于伦敦的金融信息服务公司(Markit Group Limited),发布了包括美国在内的许多国家的"采购经理指数",这些数据都会在ISM报告之前发布。

同样重要的，还有消费者信心指标，一个数据是由密歇根大学发布的，另一个数据则是由世界大型企业联合会（Conference Board）发布的，这是个商业贸易协会。这些调查，会询问消费者当前的财务状况和他们对未来的期望。每月最后一个周二，会发布世界大型企业联合会的报告，这是能比较好地反映消费者信心状况的早期指标。多年来，密歇根大学每月的报告发布时间都在世界大型企业联合会的报告发布之后，但近年来人们想要更早得到数据的需求，迫使密歇根大学提前在世界大型企业联合会之前就发布数据了。

通货膨胀报告

在有关经济增长情况的新闻中，虽然就业报告是人们很关注的，不过人们知道，美联储对通货膨胀的数据同样很关注。因为从长远来看，通货膨胀是央行可以控制的一个主要因素。每月月中发布的通货膨胀数据，可以揭示出一些早期的通货膨胀压力信号。

一个重要的数据，就是"生产者价格指数"（producer price index，简写为PPI），1978年被称为"批发价格指数"（wholesale price index）。PPI于1902年首次发布，是政府发布的历史最悠久的连续统计系列数据之一。2014年，PPI进行了修订，纳入了企业和政府机构采购商品和服务时支付过的所有价格。一些经济学家认为，PPI报告预示着未来的价格变化趋势。在PPI数据被公布的同时，中间产品和原材料价格指数也会被公布，这两个指标可以反映出生产过程中早期的通货膨胀情况。

另一个至关重要的数据，则是CPI。包括租金、住房、交通和医疗服务在内的服务业，目前占CPI权重的一半以上。CPI被认为是衡量通货膨胀的基准指标。当人们在比较价格水平的时候，无论是比较历史数据，还是比较不同国家之间的数据，CPI基本上都是首选。许多私人合同、公开合约、社会保障和政府税收等级等，都与CPI挂钩。以前，CPI会在PPI公布之后才公布，但是自从PPI进行了修订后，CPI就变成在PPI公布之前公布了。

这两个指标中，金融市场会更看重CPI，因为在指数化投资和政治活动中，CPI的应用更加广泛。

核心通货膨胀率

对市场来说具有重要意义的，不仅是总体的通货膨胀率，还有剔除了食品和能源这两个行业之后的通货膨胀率。这两个行业的波动比较大。对食品的价格来说，天气变化所带来的影响会很大，所以一个月里食品价格的上涨或下跌，对总体通货膨胀的趋势没有太大意义。类似的，石油和天然气价格的波动，会受到天气变化、供应链暂时中断以及投机交易的影响，而这些因素往往不一定会一直持续，可能会在短短几个月里就发生变化。因此，为了衡量长期持续的通货膨胀趋势，政府还会计算核心CPI和PPI，代表剔除了食品和能源这两个行业之后的通货膨胀情况。

对央行来说，核心通货膨胀率更加重要，因为它能更好地指示物价的潜在变化趋势。预测者通常能够更准确地预测核心通货膨胀率，因为总体通货膨胀率总是会受到食品和能源这两个行业的影响。每月对总体通货膨胀率的一致预期，如果误差在0.3%左右，会被认为是属于政策范围内的，但对核心通货膨胀率而言，0.3%左右的误差就会被认为是很大的误差了，这可能会对金融市场产生很大的影响。

美联储使用的主要通货膨胀指标是"个人消费支出平减指数"（personal consumption expenditure deflator，简写为PCE平减指数），这也就是GDP账户中的消费支出指标。个人消费支出平减指数跟

CPI不同，采用了最新的加权方案，并包括了雇员支付医疗保险的成本。所以个人消费支出平减指数通常会比CPI低0.25%~0.50%。每个季度，美联储在公开市场委员会会议上公布的通货膨胀预期走势，指的就是个人消费支出平减指数（包括总值和核心值），而不是CPI。

人力成本

还有一项与通货膨胀相关的重要数据，是人力成本。每月BLS发布的就业报告中，会包括时薪数据，反映了劳动力市场出现的成本压力情况。平均来说，一家公司的人力成本会占到总成本的近2/3，如果提高了时薪，而相应的生产力并没有提高，就可能会造成人力通货膨胀。每个季度，政府也会公布"人力成本指数"（employment cost index）。这个指数包括了工资和福利成本，是公认的最全面的人力成本报告。

对金融市场的影响

下面这段话总结了通货膨胀对金融市场的影响：

比预期低的通货膨胀报告会使利率降低，从而推高股票和债券的价格。比预期高的通货膨胀报告会使利率提升，从而压低股票和债券的价格。

通货膨胀会对债券不利，这个很好理解。债券属于固定收益类品种，现金流不会随着通货膨胀而变化。所以当通货膨胀加剧时，债券持有者会要求更高的利率，来保护自己的购买力。

通货膨胀也会对股票不利。就像我们在第9章中介绍过的那样，在短期内看，股票并不是很好的通货膨胀对冲工具。股票投资者明白，当通货膨胀加剧时，公司盈利和资本利得税的实际税负率都会上升，更重要的是，这会促使央行收紧信贷，从而提高实际利率。

央行政策

央行政策对金融市场的影响至关重要。著名基金经理马丁·茨威格这样描述它们之间的关系：

> 在股市里，有钱能使鬼推磨。货币状况会对股价产生巨大的影响。事实上，货币环境，也就是利率走势和美联储政策，是决定股市大方向的主要因素。[3]

在上一章里，我们了解到许多股市里出现的大波动都跟货币政策有关。降低短期利率、向银行体系提供更多信贷等动作，基本上都会受到股票投资者的热烈欢迎。当央行放松信贷时，不仅降低了股票未来现金流的折现率，刺激了需求，提升了未来的盈利。

美联储每年会举办8次联邦公开市场委员会会议，每次会议后都会发表声明。每个季度的最后一次会议尤其重要，因为在这次会议中，美联储会公布其对主要经济指标的预期值，包括联邦基金利率在内。美联储在国会举行的听证会也非常重要，尤其是每年2月和7月对参众两院的两次听证会。不过，任何一位美联储官员都可以随时给出有关政策变动的暗示，所以每一次讲话其实都可能会对金融市场产生影响。

尽管我们在第18章中说过，从长期来看，美联储的动作对股价影响不大，但让人惊讶的是，央行的动作，尤其是休会期的动作，影响会很大。2001年1月3日，美国政府出人意料地将基金利率从6.5%下调至6%，使标普500指数上涨了5%，以科技股为主的纳斯达克指数上涨了14.2%，创下历史新高。2013年6月19日，美联储主席本·伯南克宣布美联储正在计划收紧其量化宽松政策，于是股市和债市遭受了两年来最大的跌幅。同样，2021年11月，当鲍威尔主席宣布转向更鹰派的货币政策时，股市遭遇下跌。

股市可能会在央行放松货币政策时表现反而不好的唯一情形是，货币当局过度放松了货币政策，于是导致人们担心通货膨胀会加剧。不过在这种情况下，投资者仍然应该选择股票，而不是债券，因为在通货膨胀中，固定收益类资产受到的侵蚀会更大。

总结

当经济数据被公布时，金融市场的反应并不是随机的，而是可以通过经济分析来进行预测的。强劲的经济增长数据会提升利率，但它对股价的影响并不明确，尤其是当经济扩张期接近尾声时，高利率抵销了公司盈利的增长。通货膨胀加剧对股市是不利的，但对债市更不利。如果央行的宽松政策高于预期，或者央行的紧缩政策低于预期，对股市都是有利的，也曾在历史上引发过股市的大幅上涨。

本章强调的是金融市场面对经济数据时的短期反应。虽然观察和理解市场已经发生的波动是很有意思的，但若是想要预测这些数据，并借此打败市场，就非常困难了，最好还是把预测游戏交给那些能承受短期波动的投机者吧。大多数投资者，只需要静观其变、坚持合理的长期投资策略，就大概率可以获得不错的收益了。

MARKET CRISIS AND STOCK VOLATILITY

—

第 6 部分

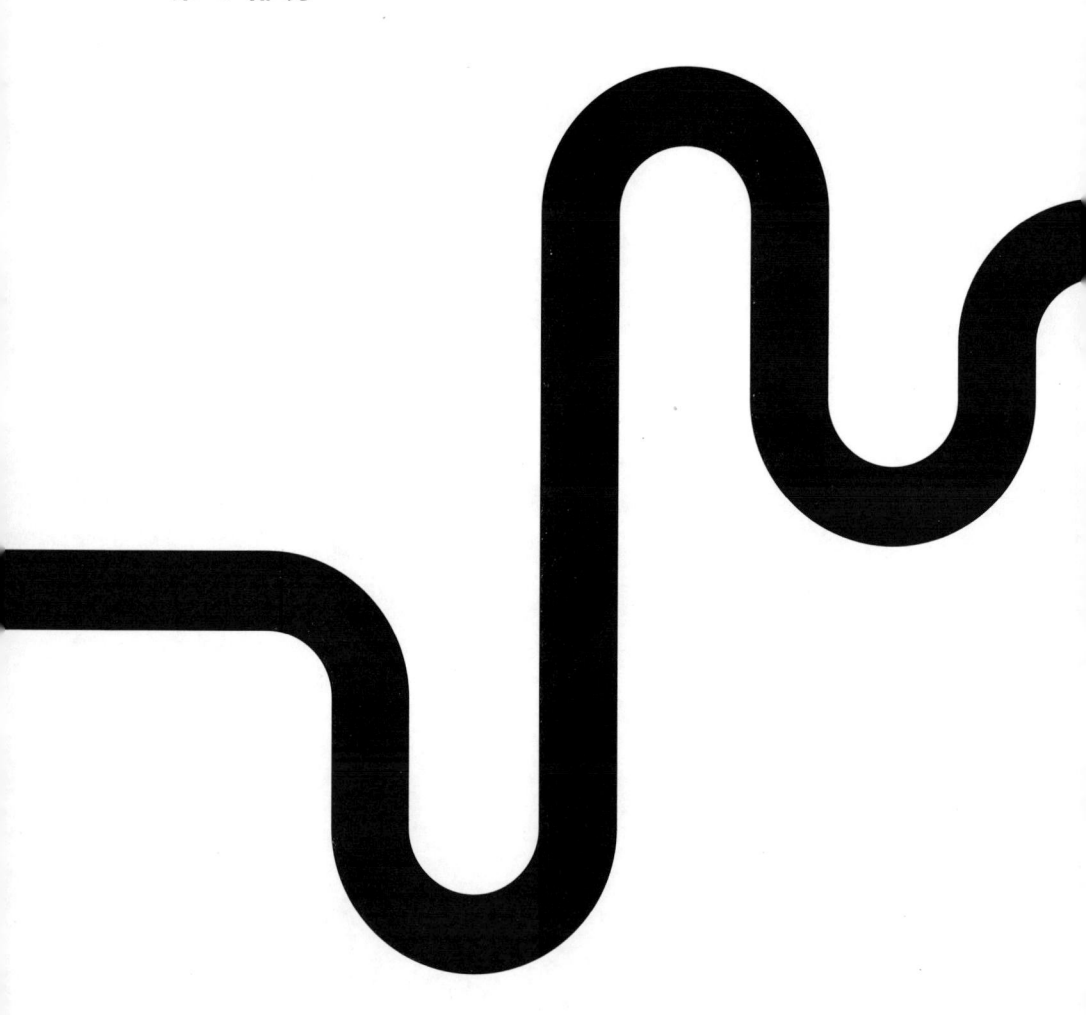

PART SIX

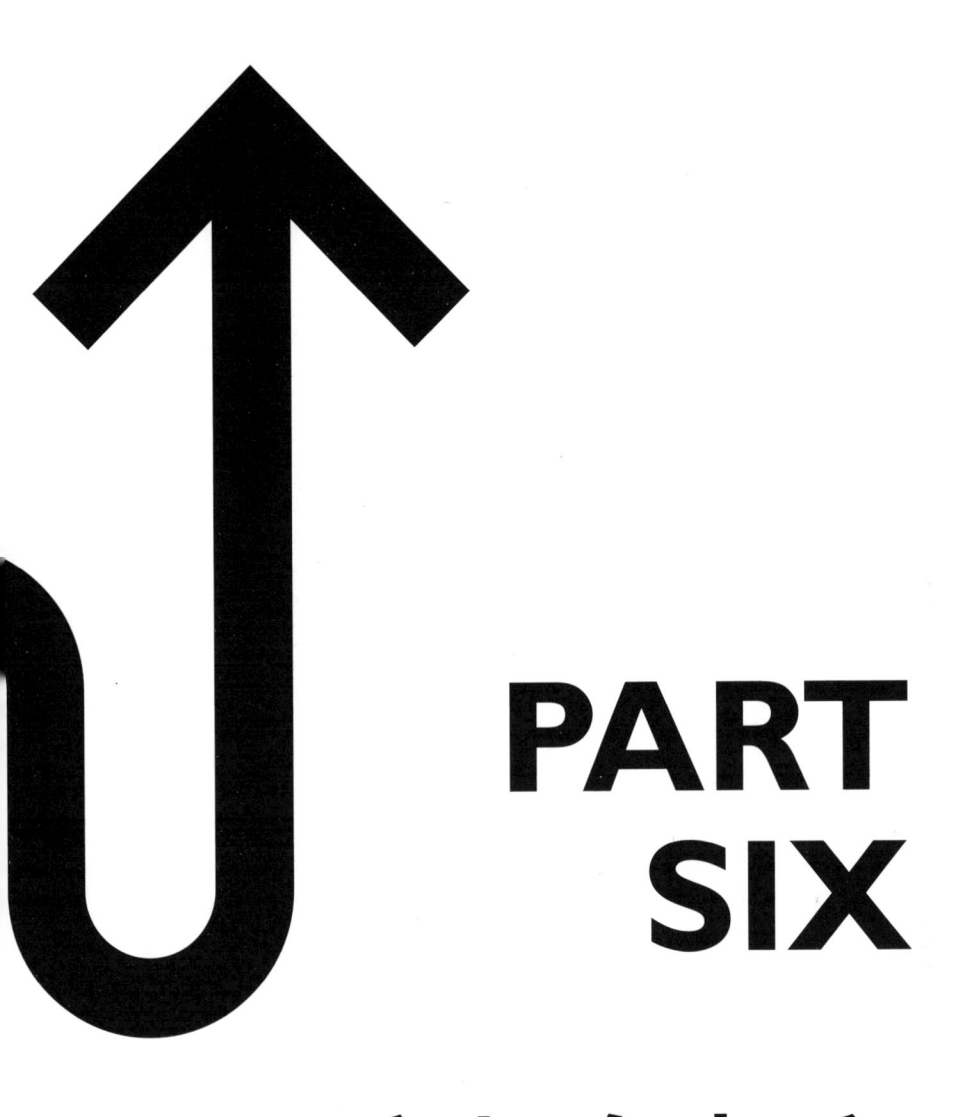

市场危机和股市波动

[第22章]

股市的波动

CHAPTER TWENTY-TWO

> "危机"这个词，在汉语中由两个字组成：第一个字代表了"危险"……第二个字则代表了"机会"。
>
> ——约翰·F. 肯尼迪，1959年[1]

过去可以预示未来吗？图22.1中的（a）和（b）分别展示了1922—1932年、1980—1990年道琼斯指数的走势。可以看到，这两次牛市竟然如此相似。1987年10月，《华尔街日报》的编辑看着当时的股市走势图，觉得这种相似性太惊人了，于是在1987年10月19日星期一的日报上刊登了一张类似的图。他们没有想到的是，恰恰是这一天，见证了美国股市历史上最大的单日跌幅，远远超过了1929年10月29日的大崩盘。之后一段时间，市场的走势仍然跟1929年非常相似。许多预测者根据这两个时间段相似的市场走势，笃定地认为灾难已经临近，建议客户们卖出股票。

然而，1929年和1987年的相似之处，在1987年底就结束了。股市从1987年10月的大崩盘中恢复了过来，到1989年8月，再创新高。相比之下，1929年10月股市崩盘的两年之后，美股深陷史上最大熊市的泥潭之中。当时道琼斯指数已经下跌了超过67%，并且将继续下跌。

是什么造成了这种不同？为什么一开始如此相似的两段走势，

---

[1] 有一些词源学家认为对第二个字更正确的理解应该是"转折点"。

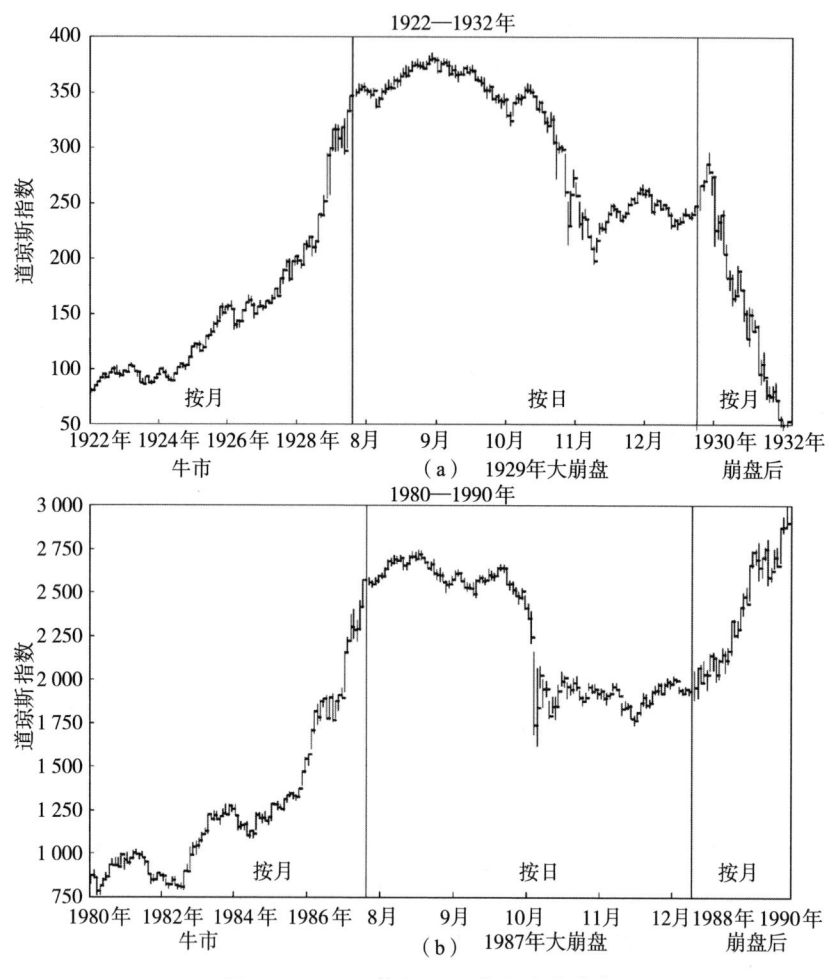

图22.1　1929年和1987年股市大崩盘

最终的结果却是天壤之别？原因很简单，1987年的央行有能力控制货币供应量了，货币供应量，是决定经济是否具备流动性的命脉所在。于是在1987年，央行毫不犹豫地动用了这个能力，这一点是跟1929年不同的。吸取了20世纪30年代初的惨痛教训后，这一次美联储临时大量增加了货币供应量，并承诺为所有银行存款提供担保，以确保金融体系的各个方面都能正常运转。

公众悬着的心落地了。银行没有出现挤兑，货币供应充足，商品和资产价格没有出现通货紧缩。事实上，虽然股市崩盘了，但经济仍然在继续扩张。1987年10月的股市崩盘，教会了投资者一件非常重要的事情，即这个世界已经跟1929年不一样了，当大量股票被抛售的时候，反而可能是很好的投资机会，而不是恐慌的时候。

1987年10月的股市崩盘

1987年10月19日星期一，股市崩盘了，这是战后金融史上发生的最严重的事件之一。道琼斯指数从2 247点跌至1 739点，下跌了508点，跌幅为22.6%，是迄今为止最大的点数跌幅，也是历史上最大的单日百分比跌幅。纽约证券交易所的成交量大增，创下历史纪录，周一和周二的成交量均超过6亿股，这一整周的成交量则超过了1966年全年的成交量。

华尔街的崩盘引发了全球股市的波动。日本股市跌幅最小，却仍然创下了15.6%的单日跌幅纪录。两年后，日本股市进入了熊市。新西兰股市下跌了近40%，中国香港股市价格暴跌，导致股指期货市场出现大规模违约，于是股市关闭了。那天，美股的市值蒸发了大约5 000亿美元，全球股市的市值则蒸发了超过1万亿美元。如果这个跌幅放到今天，那损失将达到20万亿美元以上，比美国以外任何一个国家的GDP都要多。[1]

人们把10月19日称为"黑色星期一"。其实在此前一周，股市就已经开始下跌了。之前的那个周三，上午8点30分，美国商务部报告称，美国遭受了157亿美元的商品贸易逆差，这在当时是美国历史上最大的贸易逆差之一，远远超出了市场预期。金融市场对此消息立即做出了反应。长期国债收益率上涨了10%以上，创下了自1985年11月以来的最大涨幅纪录。美元大幅下挫。道琼斯指数在这个周三下跌了95点，跌幅4%，是截至当时的最大跌幅。

到了周四和周五，情况进一步恶化，道琼斯指数下跌了166点，跌至2 246点，跌幅为7%。周五下午收盘前15分钟，芝加哥股指期货市场出现大量抛售。当时指数跌至关键支撑位之下，导致芝加哥市场里那些不惜一切代价也要逃离股市的人们，纷纷抛售。

12月份到期的标普500指数期货合约，前所未有的跌至比指数低3%的位置。[2] 出现这么大的折价，说明基金经理很担心手里卖出个股的指令无法被执行，于是宁愿以很大的折价卖出，也想要能够快速卖出期货合约。周五收盘时，股市经历了近50年来最糟糕的一周。

在纽约证券交易所下周一开市之前，全球股市已经开始下跌。在东京，日经指数一夜之间下跌了2.5%，悉尼股市和中国香港股市也大幅下跌。在伦敦，许多基金经理都想卖出美国股票，于是在纽约开市之前，股价就已经下跌了10%。

时间终于来到了黑色星期一。纽约证券交易所里一片混乱，上午9点30分开盘时，没有任何一只道琼斯指数里的股票被交易。到了上午9点45分，也只有7只道琼斯指数里的股票被交易了。到了10点30分，仍然还有11只道琼斯指数里的股票没有被交易。投资组合保险为了保护客户免受市场暴跌的影响，大量抛售股指期货。到了下午晚些时候，标普500指数期货竟然相比指数而言出现了12%的折价，这是人们不敢想象的情形。尾盘时，大量程序发出卖出指令，道琼斯指数在收盘前最后一小时暴跌近300点，使当天总跌幅达到创纪录的508点，跌幅为22.6%。

虽然人们公认的大崩盘发生的日子是10月19日，但实际上，让股市差点儿崩溃的是接下来的一天，也就是"糟糕星期二"。星期二一开盘，先是涨了10%，不久后开始暴跌，到下午已经快要跌回星期一的收盘点数了。标普500指数期货暴跌至181点，相比指数而言出现了不可思议的22%的折价。如果指数套利是可行的，那么这样的期货价格可能会导致道琼斯指数跌至1 450点。按这个来计算的话，美股将从7周之前的2 722点高点下跌近50%。

这个时候，股市已经处在崩溃的边缘。纽约证券交易所没有关闭，但有近200只股票暂停了交易。芝加哥的标普500指数期货也首次暂停交易。

芝加哥期货交易所里唯一仍在交易的是"主要市场指数"（Major Market Index），它是蓝筹股的代表，比如道琼斯指数里的股票就属于蓝筹股。这些蓝筹股在纽约证券交易所里的折价非常大，非常便宜，这对有些投资者来说是很有吸引力的。因为这个指数是唯一开放交易的指数，所以当一些勇敢的投资者买入后，期货在几分钟内就飙升了10%，相当于120点的道琼斯指数。当其他投资者和交易所专家看到买家又重新回来买蓝筹股了，于是纽约证券交易所的股价开始回升，最恐慌的时候就这样过去了。后来，《华尔街日报》的一份调查报告指出，这个期货市场是扭转这次市场崩盘灾难的关键。[3]

1987年10月股市崩盘的原因

黑色星期一的发生，并不是由某个单一事件造成的，比如开战、恐怖袭击、暗杀或破产等事件。此前股市上涨时，人们一直保有着担忧。当时美元贬值导致长期利率大幅上升，于是一种新的策略开始流行起来，名叫"投资组合保险"（portfolio insurance），这个策略的目的是使投资组合免受市场整体下跌的影响。刚刚诞生才6年的股指期货市场的飞速发展，催生出了这个策略。关于股指期货市场，我们将在第26章详细介绍。

汇率政策

1987年10月股市崩盘前，利率为什么会大幅上涨呢？根源就在于美国等七国集团（G7）试图阻止美元在国际外汇市场上不断贬值，但这是徒劳无功的。20世纪80年代中期，美国经济强劲，日本和欧洲大举购买美元证券，使得美元不断升值，创下新高。美元的高利率，再加上美国繁荣的经济和罗纳德·里根总统的亲资本政策，吸引了许多外国投资者。到1985年2月，美元被严重高估，美国出口几乎没什么竞争力了，这严重加剧了美国的贸易逆差。随后，美元开始走下坡路。

一开始，央行官员还在为高估的美元终于下跌了而感到高兴，但随后发现，随着美元继续贬值，美国的贸易逆差非但没有改善，反而恶化了，于是他们又开始担忧起来。1987年2月，各国财政部长聚在巴黎开会，想要支持美元。他们担心，如果美元变得太便宜了，那他们国家对美国的出口将受损。之前美元高估时，这些国家对美国的出口曾大幅增加。美联储很不情愿地也加入了美元稳定计划，这个计划能否成功，要么取决于美国贸易状况的改善，要么取决于美联储提高利率以支持美元的承诺。

然而，贸易逆差不但没有得到改善，事实上在汇率稳定政策出台后，反而进一步恶化了。对美国贸易平衡恶化感到担忧的投资者，需要更高的利率才愿意继续持有美国资产。芝加哥商品交易所的董事长利奥·梅拉梅德（Leo Melamed）在被问及黑色星期一的导火索时，曾直言不讳地表示：“正是围绕着全球货币的那些事儿，导致了大崩盘。”[4]

股市最初并没有受到利率上升的影响。美股和全球其他股市都是一片繁荣景象。道琼斯指数从1987年初的1 933点，上涨至8月22日的2 725点的高位，相比5年前1982年8月的低点，上涨了250%。全球其他股市也不甘落后，这5年里，英国股市上涨了164%，瑞士股市上涨了209%，德国股市上涨了217%，日本股市上涨了288%，意大利股市上涨了421%。

债券利率上升，叠加股价上涨，让股市的风险不断增大。长期国债利率从年初的7%，上涨到9月份的9%以上，并且还在继续上涨。随着股价提升，分红和盈利收益率不断下降，并且，债券的真实利率和股票的盈利及股息率之间的差距达到了战后最高水平。10月19日上午，虽然通货膨胀得到了很好的控制，但长期国债的利率已经高达10.47%。股票收益率和债券真实利率之间创纪录的差距，为此次崩盘埋下了伏笔。

期货市场

很显然，标普500指数期货也是导致崩盘的导火索之一。自从股指期货市场出现以来，一种新的管理投资组合的交易技术就出现了，名为"投资组合保险"。

从概念上讲，投资组合保险与另一个名叫"止损指令"（stop-loss order）的常用技术并没有什么不同。如果一个投资者买入了一只股票，希望自己不要遭受损失，或是当股价上涨后想要保护自己的盈利不受损失，那这个投资者就可以事先设置好一个卖出指令，当股价下跌到等于或低于某个价格的时候，触发指令执行。

不过，止损指令并不能保证你可以安全退出市场。如果股价下跌到低于预先设置的价格，那么你的卖出指令将以更低的价格来卖出股票。如果卖出不成功，或是股价快速大幅下跌，那么卖出指令可能会以远低于预期的价格来执行。这意味着，如果有许多投资者都在同一价格附近设置止损指令，那很可能会引发恐慌抛售。一旦股价下跌，大量的卖出指令会同时执行，导致市场崩溃。

而投资组合保险，是卖出股指期货来保护大型投资组合免受市场下跌的影响。人们感觉这种方式应该会比止损指令更好，不会出现仍然大量亏损的问题。因为标普500指数期货看起来是绝对不可能大幅下跌的，美股这个全球最大的市场看起来是绝对不可能找不到买家的。这也就是股市面对着急剧上升的利率，仍然能继续上涨的原因之一。

然而1987年10月19日，整个市场真的出现暴跌了。在10月12日的那一周，市场下跌了10%，大量止损指令充斥着市场。许多交易员和基金经理都使用了投资组合保险策略，试图通过卖出股指期货，来保护他们客户的利益，结果导致期货市场崩溃了。当时找不到任何一个买家，市场流动性消失了。

股票交易员曾经认为绝不会发生的事情，变成了现实。由于股指期货的价格远远低于纽约证券交易所里股票的交易价格，所以纽约证券交易所里完全没有人交易股票了。在这个全球最大的交易所里，竟然没有买家了。

崩盘发生后，投资组合保险迅速被摒弃。这根本就不是一个保险，因为市场的连续性和流动性是无法保证的。不过，还存在另外一种类似的组合保护形式，即指数期权。指数期权于20世纪80年代出现，投资者可以通过买入指数看跌期权来给自己上个保险，保护自己免受市场下跌的影响。期权购买者根本无须担心价格变动问题，因为买入期权的时候价格就已经固定了。

当然，除了投资组合保险，还有其他一些因素也促使了黑色星期一的发生。只不过，投资组合保险及其前辈止损指令，加速了市场的下跌。这些策略的出发点，都是基于这样一种交易理念，即保住盈利、减少损失。把理念落实到行动上有很多种方式，比如通过止损指令、股指期货，或是通过心理提示，一旦股市下跌到一定程度后就要离场等，但无论实现的形式是什么，正是因为有这种理念存在，市场才有了出现大幅波动的可能性。

熔断机制

崩盘后，芝加哥商品交易所和纽约证券交易所制定了新的规则，规定当触发了某个价格底线时，交易就会被限制或暂停。为了防止当道琼斯指数波动超过2%时出现破坏性投机行为，纽约证券交易所的80a规则对期货市场和纽交所之间的指数套利设定了"交易限制"。

最重要的措施是，当市场波动非常大时将严格限制或停止期货市场和纽约证券交易所的交易。从1988年到2013年初，根据新规，一旦道琼斯指数下跌10%就必须暂停交易一小时，一旦道琼斯指数下跌20%就必须暂停交易两小时，一旦道琼斯指数下跌30%，那么当天都不允许再交易了。2013年4月，美国证券交易委员会修改了熔断规则，新规里，如果标普500指数下跌了7%就必须暂停交易15分钟，如果标普500指数继续下跌，跌幅达到了13%，就再暂停交易15分钟。如果跌幅达到了20%，那么当天都不允许再交易了。每天都会根据市场情况来重新计算百分比。如果纽约证券交易所闭市了，那么期货市场也必须跟随着停止交易。[5]在新冠疫情暴发期间，3月9日、12日、16日和18日这几天里，标普500指数都下跌超过了7%，导致交易被暂停了15分钟。

之所以制定这样的熔断机制，出发点是给投资者一定的时间来重新评估当下局势，根据快速变化的股价来制定投资策略。暂停交易可能会带来新的买家，帮助市场保持流动性。

也有一些人反对熔断机制，理由是认为熔断机制会导致短线交易者无法在价格大幅下跌时买入，从而加剧了市场的波动性。有时候这会导致股价加速下跌，短期波动巨大，就像1997年10月27日股价跌至底线时那样。[6]

2010年5月6日的闪电崩盘

1987年10月19日和20日是美股历史上波动最大的两天，不过2010年5月6日的崩盘也让投资者心有余悸，人们通常把这次崩盘称为"闪电崩盘"。图22.2展示了这一天中每分钟的走势，可以看到这个走势跟图22.1（b）中所展示的1987年10月的走势非常相似，只不过这次的时间要短得多。

如图22.2所示，美国东部时间下午2：30刚过，道琼斯指数暴跌超过600点，跌幅超过5%，但随后很快就恢复了。这次下跌毫无缘由，没有任何经济或金融新闻可以与此挂钩。成千上万的股票，股价在几分钟内下跌了60%以上，有些跌得更多，还有一些

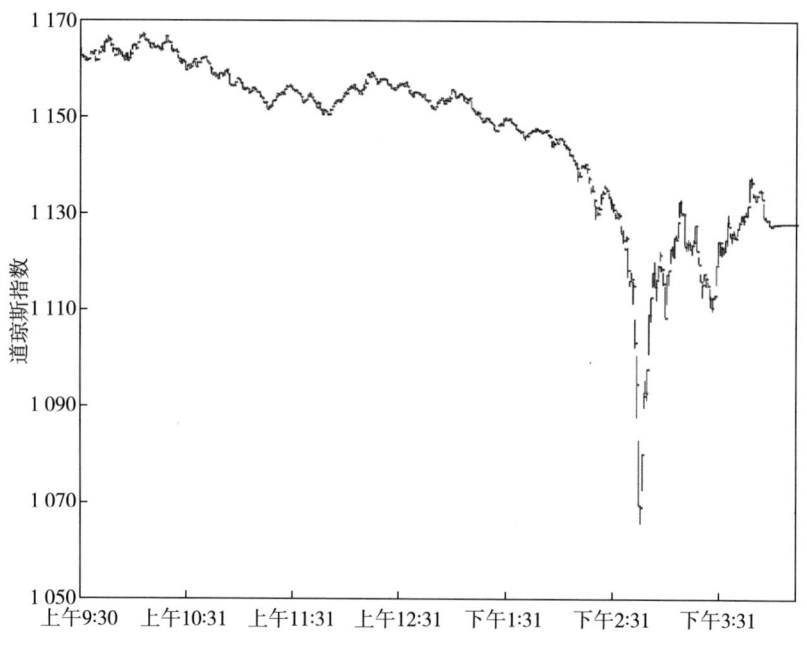

图22.2 2010年5月6日的闪电崩盘

知名股票的股价甚至跌至一美分。

当时，由于欧债危机，股市全天都处在压力当中。下午2：42，没有什么重大新闻发布，道琼斯指数下跌了超过300点，于是股市遭遇了一个"突然下跌"（air pocket）。下午2：47，指数触底，相比上一个交易日收盘价跌了999点，跌幅达到近10%。5分钟内，美股市值蒸发了8 000多亿美元。在接下来的30分钟里，市场又上涨了700点，最终以10 520点收盘，下跌了348点。

经过近5个月的调查，美国证券交易委员会和商品期货交易委员会发布了一份联合报告，[7]指出引发这次崩盘的原因是有一家大型共同基金公司在下午2：41开始大量卖出市值为40亿美元的标普500指数期货，持续了3分钟，这一行为非常罕见，导致市场快速下跌了3%。[8]一开始，许多卖单都被高频交易员买走了，他们在计算机程序的指导下快速买卖证券，以此来衡量市场深度并预测未来价格。但随着市场继续下跌，许多高频交易员的卖出开始变得很不稳定，加速了市场的下跌。[9]下午2：45，芝加哥商品交易所触发了熔断机制，迷你期货（E-mini）的交易暂停了5秒钟，就在这短短5秒钟内，买家重新出现了，价格迅速回升。

虽然大盘暴跌让投资者很不安，但更吸引交易员注意的是，就在标普期货合约触及低点后，一些大盘股的股价跌到了不可思议的超低程度。比如宝洁上午开盘时股价为86美元，暴跌50%以上，只剩39.37美元。而标普500指数中的另一只股票埃森哲在下午2：47的时候，股价还为38美元，仅仅2分钟后，竟然跌至每股1美分！并且，埃森哲并不是唯一一只出现这种情况的股票，在标普1500指数中，还有另外8只股票的股价也跌至了每股1美分。[10]总的来说，一共有300种证券的2万笔交易，交易价格与几分钟之前的交易价格相差了60%或更多。收盘后，纽约证券交易所与金融业监管局（Financial Industry Regulatory Authority，简写为FINRA）

协商，决定终止或取消当时所有交易价格与之前的价格相差大于等于60%（即上涨或下跌的幅度大于等于60%）的交易。

在计算机交易出现之前，市场上是由"专家"（也称为做市商）来控制买入和卖出指令的，专家是帮助维护某些特定股票交易情况的交易所代表。如果没有计算机交易，那么如此荒谬的超低股价是不会出现的。因为专家会在股价暴跌到这个程度之前就介入，以更高的价格来买入股票。但大多数现代计算机交易程序在设计上跟专家的思考方式是不同的。当股价开始快速下跌时，计算机程序会发出退出市场的指令。其实个股之所以出现剧烈波动，往往都是出现了某个公司新闻的缘故，但这个原因计算机是不知道的。这些计算机程序，被设计为利用每天正常范围内的涨涨跌跌来获利，不过在当天，涨跌已经远远超出正常范围了。

纽交所设有一套交易暂停机制，名为"流动性补偿点"（liquidity replenishment points），当股价暴跌时，这套机制就开始发挥作用了。然而，这次暂停并没有提供流动性，反而把一些卖单送到了其他市场里，这些市场里的交易商会有一些"无成交意向报价"（stub quotes）。所谓无成交意向报价相当于一种"占位符"，是跟市场正常价格差别非常大的一种报价，比如出价只有1美分，或是要价高达10万美元等。这种报价的目的并不是真的打算交易，只是占个位置而已。在这次事件中，由于市面上没有了其他报价单，所以许多股票的无成交意向报价单竟然被执行了。

闪电崩盘发生后，美国证券交易委员会的工作人员联合交易所和金融业监管局，迅速实施了一项熔断试点机制，适用于所有市场里的单个证券交易。根据新规，如果一个证券在5分钟内价格变化幅度超过了10%，将暂停交易5分钟。2010年6月10日，美国证券交易委员会批准将此熔断机制应用于标普500指数的成分股上。9月10日，美国证券交易委员会批准将此熔断机制的应用范围扩大，应用到了罗素1000指数和部分ETF的成分股上。2013年4月，美国证券交易委员会将"10%的价格变化幅度"修改为"涨跌幅限制"（limit-up and limit-down）规则，以适应每个证券自身的波动情况。对于交易价格在每股3美元以上的股票（杠杆ETF除外），在刚开盘的头15分钟和临近收盘的最后15分钟内，涨跌幅限制为20%，其余时间内的涨跌幅限制仍然为10%。[11]

仅仅一年前，股市刚经历了过去75年来最严重的熊市，如今又发生了闪电崩盘，公众对于股市的公平有序失去了信心。许多人认为，美国证券交易委员会对高频交易员的指控证明了市场是可以被操纵的，对普通投资者不利。不过，在闪电崩盘之后，高频交易有所下降，对于高频交易是否真的是导致那天市场下跌的主要原因，一些研究人员也表达了质疑。美国证券交易委员会制定的新规，基本上消除了闪电崩盘期间发生的那种错误和极端的交易情况。

从更广阔的角度来看，个人投资者其实不应该担心短期市场波动。如果有一个商店时不时就会广播："接下来的半小时里，所有商品将降价10%~20%！"你难道不想去这家商店购物吗？短期波动，是市场固有的属性。这次闪电崩盘，也并没有影响2007—2009年熊市后的市场复苏。

市场波动的本质

虽然大多数投资者都非常厌恶市场波动，但要想从股票中获得丰厚的回报，就必须接受波动。想要获得超额收益，面对波动是必经之路，也就是说，想要获得比无风险利率更高的收益，就必须承受收益有可能会比无风险利率更低的可能性。

尽管股市的波动令许多投资者望而却步，但也有一些人对它着迷。看着股价每分每秒的变化，可以让许多人快速验证自己的判断是否正确。对许多人来说，股市确实是世界上最大的赌场。

不过，这种每分钟都可以及时了解市价到底是多少的情况，也会引发焦虑。所以有许多投资者并不喜欢金融市场的这种实时定论。有些人回退到像房地产这样的无法获取到每日报价的投资领域。另一些人则认为，不知道当前的价格是多少在某种程度上可以降低投资风险。不过，在第2章里，我们引用过凯恩斯的警告："跟人们一贯认知不同的是，事实上，你不知道可成交价的波动幅度具体有多少，这并不会使得这项投资更安全。"[12]

历史波动走势

图22.3展示了1830—2021年美股的年波动率情况。这里的波动是用每月收益的标准差来计算的。我们可以惊讶地发现，市场整体并没有呈现出某种趋势。波动最大的时期出现在大萧条时期，波动最大的年份是1932年。1932年的年波动率为63.7%，几乎是1993年的20倍。1993年是有历史记录以来波动最小的一年，年波动率为3.36%。大萧条之后，波动率最高的年份是2020年，当时新冠疫情暴发，波动率超过了2008年金融危机和1987年10月的大崩盘。如果我们剔除掉1929—1939年这段时期，那么股市的平均波动率在13%左右，在过去190年里还是相当稳定的。

图22.4（a）展示了1896—2021年，道琼斯指数每年的日均波动情况。过去125年，日均波动为0.73%。如果剔除掉20世纪30年代，我们可以看到，1896—1960年整体波动率先是呈下降趋势，随后呈上升趋势。之所以呈上升趋势，有一部分原因是市场对经济发展的反应更快了，过去需要数小时甚至数天才能完全反映在市场指数上的信息，现在只要几分钟甚至几秒钟就能反映出来。20世纪初波动率下降的部分原因，是来自指数成分

数据汇总平均波动率		
时间段	标准差	标准差*
1834—2021年	13.60%	12.76%
1871—2021年	13.31%	12.21%
1925—2021年	13.15%	11.35%
1929—1939年	27.21%	
1945—2021年	11.29%	
1982—2021年	11.99%	

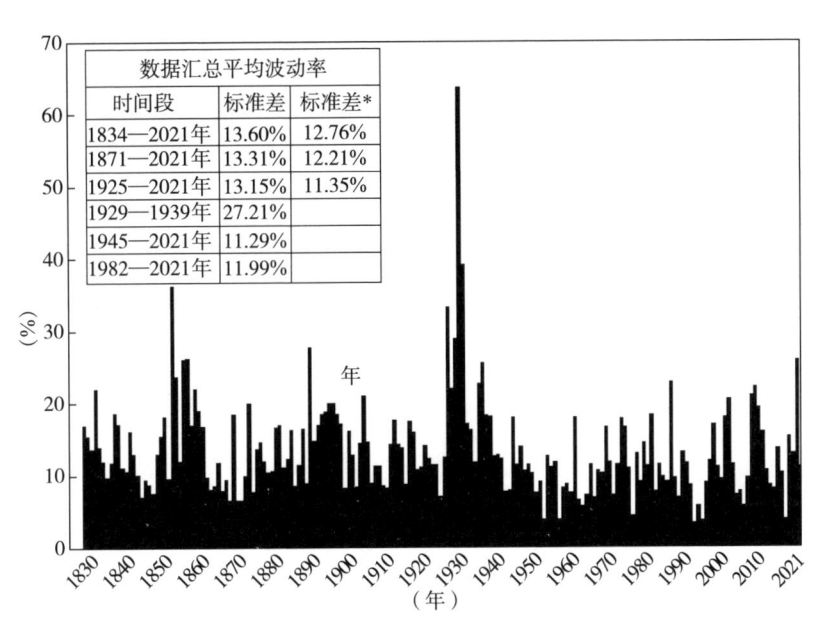

图22.3　1834—2021年用每月名义收益率的年标准差来计算的股市收益的年波动率情况

注：*代表除去1929—1939年。

股的增加，从最初的12只增加到20只，然后1928年又增加到了30只。大萧条后，日波动率最高的时期是2008年金融危机期间，达到1.63%，略高于2020年新冠疫情暴发期间的日波动率。

图22.4（b）展示了道琼斯指数日波动率超过1%的占比情况。在整个时期，平均有23%的时间里日波动率超过了1%，也就是平均每周会出现一次日波动率超过了1%的情况。但具体的日波动幅度差别很大，低至1964年的1.2%，高至1932年的67.6%。1932年时，每三个交易日中就有两个以上的交易日指数的日波动率超过了1%。20世纪30年代大萧条之后，日波动率最高的时期发生在2008年金融危机期间。

大多数波动率较高的日子都发生在熊市期间。在经济衰退期

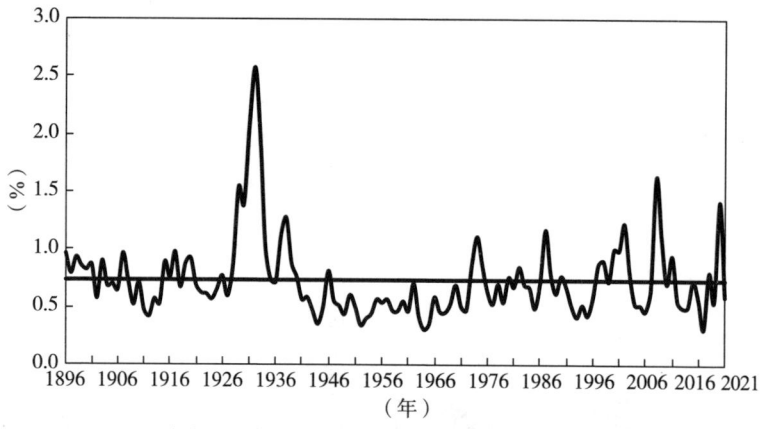

(a)1896年1月~2021年12月道琼斯指数日均波动情况

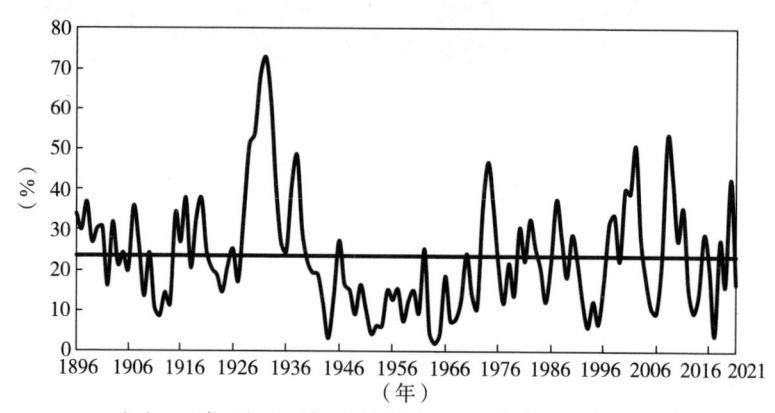

(b)1896年1月~2021年12月道琼斯指数日波动率超过1%的占比

图22.4 道琼斯指数的每日波动风险情况

间，波动率会比经济扩张期间的波动率高出25%以上。为什么经济衰退期间波动率会增大呢？有两个方面的原因。首先，经济衰退并不是常态，而是特殊时期，相比经济扩张期而言，经济发展的不确定性更大。其次，如果公司盈利下降了，那么固定支出的负担会导致公司盈利出现很大波动，从而导致股价出现更大的波动。

如果公司出现亏损，那么股权价值就相当于一种价外看涨期权（out-of-the-money call option），只有当公司最终扭亏为盈后才能获得回报，否则就一文不值了。所以大萧条时期股票的波动率如此之大也就不足为奇了，当时公司盈利是负的，股市里的交易就像是一份行权价大于股价的看涨期权。

波动率指数

统计历史波动率很简单，不过更重要的是了解投资者对市场波动的预期是怎样的。预期波动率可以反映出市场的焦虑程度达到了什么样的水平，往往高度焦虑的时期标志着股市即将出现转折点。

通过观察市场主要指数的看跌期权和看涨期权的价格变化，我们可以知道市场的"隐含波动率"（implied volatility）是多少。[13] 1993年，芝加哥期权交易所根据标普500指数的真实期权价格，建立了芝加哥期权交易所波动率指数（CBOE Volatility Index），也称为VIX指数，并将指数设定为从20世纪80年代中期开始计算。[14] 图22.5展示了1986—2021年VIX指数每周的走势情况。

如果看短期，会发现VIX指数和市场波动率水平之间呈现出很强的负相关关系。当市场下跌时，投资者愿意支付更多资金来保护自己不受下跌影响，他们会买入看跌期权，推高期权价格，导致VIX指数上涨。当市场上涨时，投资者会对市场更有信心，想要保护自己的投资组合免受下跌影响的意愿就不那么强烈了，于是VIX指数通常会下跌。

这种负相关性可能会让人有点奇怪，因为正常来说，当市场处于高位时，投资者才更需要保护投资组合，而不是处于低位时。对VIX指数走势的一种解释是，历史上熊市的波动率高于牛市，因此

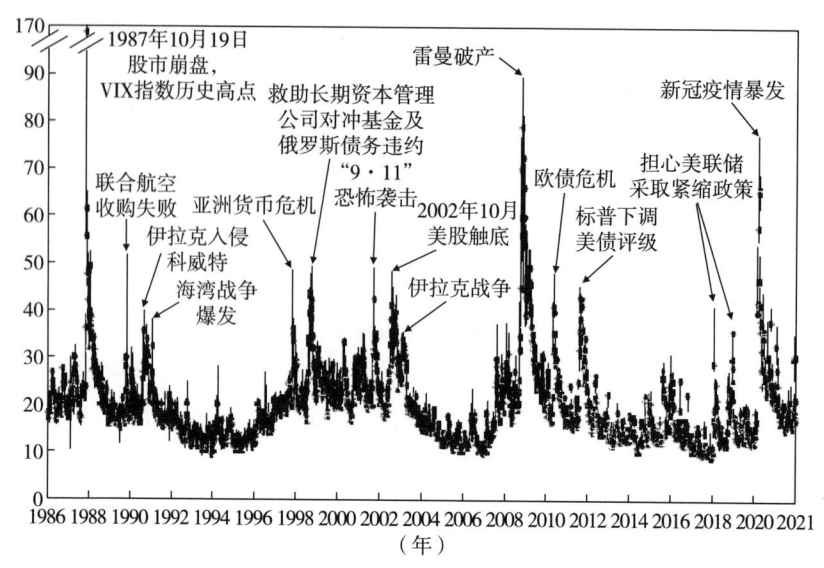

图 22.5 1986—2021年的 VIX 指数

市场下跌会导致 VIX 指数上升。但一个更有说服力的观点是，投资者信心的变化，影响了投资者通过购买看跌期权来进行对冲的意愿。当看跌期权价格被推高时，卖出看跌期权的套利者就会卖出股票来做对冲。反过来，当投资者对股票收益更有信心时，情况就相反了。

从图 22.5 中很容易看出，在 VIX 出现峰值时，往往伴随着极端不确定性和股价大跌。1987 年 10 月 19 日股市崩盘后，VIX 指数在周二达到 172 点的峰值，远远超过了其他任何高点。

在 20 世纪 90 年代早期和中期，VIX 指数跌至 10~20 点。随着 1997 年亚洲金融危机的爆发，VIX 指数又升至 20~30 点。有 3 次，VIX 指数达到了 50~60 点的峰值。第一次是 1987 年 10 月，当时道琼斯指数随着港市受挫下跌了 550 点；第二次是 1998 年 8 月，当时长期资本管理公司破产；第三次则是 2001 年 9 月 11 日恐怖袭击后的一周。除了 1987 年股市崩盘的最高点外，VIX 指数的次高点出现在2008年9月雷曼兄弟公司破产后不久。欧债危机和新冠疫情暴发时，VIX指数也出现了峰值。VIX指数的最低点则出现在2017年11月24日，当时指数跌至8.56点。

近年来，事实证明，当VIX指数处于高位时买入、处于低位时卖出，是一种可以短期获利的策略。不过，当市场处于低位时买入、处于高位时卖出，也可以实现同样的效果。所以核心的问题是，到底多高算高，多低算低呢？举个例子，1987年10月16日星期五，VIX指数达到了40点，一个投资者可能会考虑卖出看跌期权。然而到了下一个交易日周一，出现了创纪录的单日暴跌，那么看跌期权的行权可能会导致这个投资者遭受巨大损失。

日波动率较大的统计情况

我们在第20章里说过，1885—2021年，道琼斯指数日波动幅度超过5%的天数一共为157天，其中有79天，也就是一半以上的天数，发生在1929—1933年。而其中有35天，都发生在1932年这一年，使得1932年成为波动最大的一年。两次出现日波动幅度超过5%的最长间隔时间长达17年，发生在1987年10月19日股市崩盘之前。

图22.6展示了日波动率较大的统计情况。大多数都发生在周一。除了周六，周二发生的次数最少。周一下跌的天数最多，周三上涨的天数最多。

10月份一共发生了36次大幅波动，这个数量是任何一个其他月份的两倍以上，所以人们通常认为10月份是波动很大的月份是有理有据的。如果不算新冠疫情期间的波动情况，那么有25%的大幅波动都发生在10月份，并且史上最大的两次崩盘也都是发生在10月份，分别是1929年10月和1987年10月。新冠疫情导致的

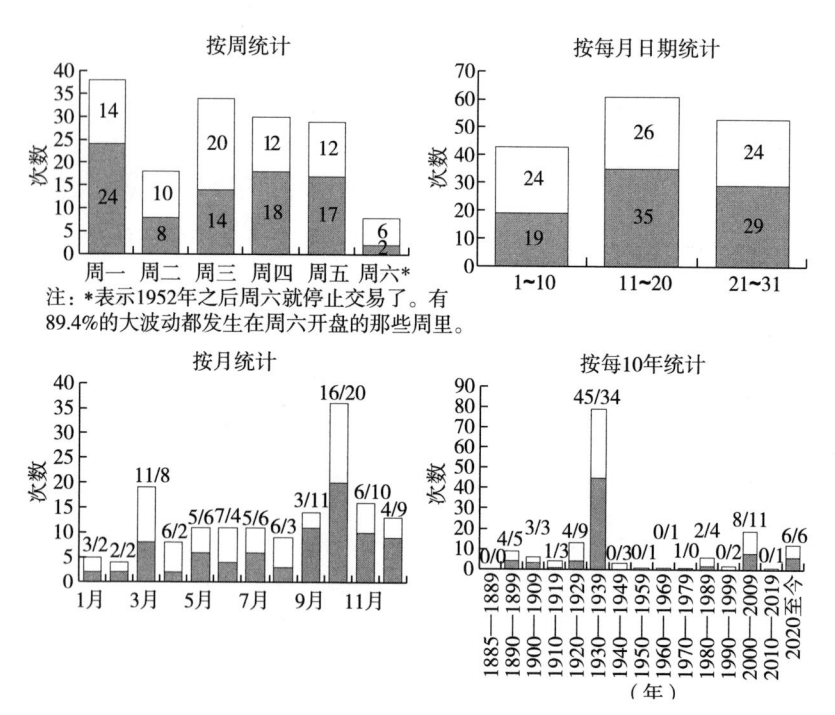

图22.6 1885—2021年道琼斯指数日波动幅度超过5%的统计情况
注：白色表示上涨的日子，灰色表示下跌的日子。

波动，使得3月份成为波动率次高的月份。如果把新冠疫情期间的波动情况排除在外，那么有将近2/3的大幅下跌发生在9~12月。另外还有一些影响股票收益的日历效应，我们在第17章中已经介绍过。

在股市最大的崩盘时期，还有一个非常让人惊讶的发现。1929年9月3日~1932年7月8日，道琼斯指数暴跌了近89%。在此期间，道琼斯指数的波动幅度达到或超过5%的情况，发生了37次。而其中，竟然有21次是上涨的！大多数上涨是由于空头回补而引起的，这些投机者以为市场是单边下跌的，纷纷卖空，一旦市场出现上涨，他们不得不以高价买回股票。

当市场看起来是单边上涨或单边下跌时，突然出现了反方向的走势，这种情况并不罕见。我们在前文说过，牛市中，"上如爬楼梯，下如坐电梯"这句话，很形象地描述了股市的波动情况。而在熊市中，则是"下如爬楼梯，上如坐电梯"。作为普通投资者，我们必须注意的是，想要在趋势市场中赚到钱，并不像看起来那么容易，投资者需要做好准备，一旦看到市场改变了方向，就要迅速退出。

关于市场波动的经济学

许多抱怨市场波动的人都认为，市场对于新闻报道的反应过度了。我们很难去衡量，到底新闻对市场的影响达到何种程度是合适的，一个事件对股价的影响有多大也很难量化。所以，投资者往往是"随大溜"，试图预测其他投资者将会对新闻作何反应。

近一个世纪前，凯恩斯曾强调，投资者很难基于分红和盈利等基础金融因素来建立自己的投资策略。1981年，耶鲁大学的罗伯特·希勒设计了一种方法来判断当股票投资者面对分红和利率的变化时，是否会反应过度。分红和利率是决定股票价值的基本因素，[15]通过研究历史数据，他能够在给定了真实的分红和利率数据时，计算出标普500指数的价值应该是多少。

结果他发现，股价的变化非常大，是无法用分红和利率数据来解释的。看起来，面对分红和利率的变化，股价似乎会过度反应。例如，在经济衰退期，投资者似乎预期分红会大幅下降，然后基于这一点来给股票定价，然而这一点跟历史事实完全相反。

经济周期中的"周期"这个词，意味着经济活动在度过了上升期之后就会迎来下降期，反之亦然。由于盈利和利润也是跟随着经济周期而变化的，所以它们也会呈现出周期特征，随着时间推移而回归均值。在这种情况下,经济衰退期暂时出现的分红或盈利下降,理论上对股价的影响应该是非常小的,因为股价是未来现金流的折现值。

每当股市暴跌时,那些最糟糕的景象总是会萦绕在投资者脑海中,挥之不去。1932年5月6日,股市较之前1929年的高点下跌了85%,迪恩威特公司(Dean Witter)给客户写了一封信,内容如下:

> 对于未来,只有两种可能出现的情况。一种是陷入混乱,另一种是进入复苏。而认为前一种情况会出现的想法,是愚蠢的。如果陷入混乱,那么一切都将一文不值,债券、股票、银行存款以及黄金,都将失去价值。房地产也会由于财产所有权不再受到保护而毫无价值。在这种几乎不可能出现的情况下,政策也无立足之地。因此,政策的建立,必须依托于复苏思想。当下,并不是经济第一次进入衰退期,也许当前会是最糟糕的一次,但正如过去那样,这次也终将会逐渐调整回来,恢复正常。唯一不确定的,是何时会调整……我想强调的是,几年后,人们会发现当前的价格低得离谱,就像当初1929年的价格高得离谱一样。[16]

两个月后,股市触底,之后大幅反弹。如今再来读这段话,会发现面对股价临时的错乱,这段话蕴含着大智慧以及正确的判断。然而在当时,这段话被发表出来的时候,投资者已经对股市不再抱有任何幻想,他们心中充满了悲观和失望,对这段话置若罔闻。

总结

1987年10月的股市大崩盘虽然惊心动魄,但神奇的是,它对世界经济甚至金融市场的影响并没有持续多久,长期影响微乎其微。崩盘发生后，股价并没有进一步暴跌，经济活动也没有下滑，1987年的这次崩盘远不如1929年那样臭名昭著。不过，它带给我们的启示也许更为重要。我们明白了，经济保障措施，比如美联储迅速向经济提供流动性的动作，可以确保金融市场正常运转，防止发生当初大萧条时期的那种经济崩溃景象。

不过，这并不意味着市场就不会出现巨大波动了。未来总是具有不确定性的，投资者情绪和心理状况往往会对经济基本面产生重要影响。正如凯恩斯80多年前在其著作《就业、利息和货币通论》一书中敏锐指出的那样："一个很明显的事实是，我们在预估未来收益时所依据的基础认知是极其不稳定的。"[17]股市里常常会发生突然的变化，这会导致我们的预测也发生变化，所以自由市场里的股价是波动的。历史已经表明，当其他人都急匆匆离场时，那些愿意进入市场的投资者将获得巨大的回报。

[第 23 章]

2008—2009 年的金融危机

CHAPTER
TWENTY-THREE

关于大萧条。你分析得对，我们当时确实错了。我们对此感到非常抱歉。不过也多亏了你，我们以后不会再犯了。

——本·伯南克，2002年11月8日，
在米尔顿·弗里德曼90岁生日聚会上

对流动性来说，当音乐停止时，事情将变得复杂。但只要音乐响起，你就得起身跳舞。如今，我们还在跳着。

——查克·普林斯（Chuck Prince），花旗集团首席执行官，
2007年7月，在金融危机前夕

震惊全球市场的一周

2008年9月17日，才到星期三，但我就像是已经过完一整周似的疲惫，因为我正试图弄清楚金融市场出现动荡的原因是什么。周日晚上，雷曼兄弟公司破产的消息传来，这是美国历史上最大的破产案，但到了周一开盘，却是令人意外的走高。政府没有给予援助，于是雷曼兄弟这家曾在大萧条中幸存下来并拥有150年历史的投资公司，注定没有希望了。

高开的喜悦火苗很快被新的传言浇灭了。有消息称，一些大

型公司并不会为雷曼的客户清算交易，这使得市场陷入一片焦虑。[1]周一上午的高开转变为下跌，恐慌笼罩了金融市场。投资者都想知道：到底什么资产是安全的？下一家倒闭的公司会是谁？这场危机能得到控制吗？除了美国国债，贷款人退出了其他所有信贷市场，风险溢价飙升。[2]到当天收盘时，道琼斯指数下跌了近5%。

全球最大、最赚钱的保险公司美国国际集团（AIG）遭遇暴跌。一年前，AIG的股价曾达到每股近60美元，上周五收盘时股价为10美元以上，如今却跌破了3美元。AIG的暴跌导致股市快速下跌，不过有些交易员猜测，美联储不会坐视不管，不会眼睁睁看着另一家大型金融公司破产，于是当天晚些时候市场又稳定了下来。后来事实证明，他们的猜测是对的。当天收盘后，美联储宣布已向AIG提供了850亿美元的贷款，从而避免了另一场足以震惊市场的破产悲剧。事实上美联储此次的救助十分出人意料，因为仅在一周之前，美联储主席本·伯南克拒绝了这家保险巨头公司400亿美元的贷款请求。

危机尚未结束。周二收盘后，规模达360亿美元的货币市场基金（Reserve Primary Fund）发布了一则坏消息。消息称，基于监管规则，基金持有的雷曼证券被减记为零，于是基金将会"跌破一美元"（break the buck），只剩97美分。[3]

尽管其他货币基金向投资者保证他们不持有雷曼的债务，而且会全额兑现所有的提现，但我知道，这些声明无助于平息投资者的焦虑。举个例子，贝尔斯登曾经多次向投资者保证一切正常，然而6个月之前，在美联储的压力下，贝尔斯登还是与摩根大通合并了。类似的，雷曼的首席执行官理查德·福尔德（Richard Fuld）在申请破产前的一周还在告诉投资者一切都安好，并指责做空者压低了公司股价。

大萧条会再次发生吗？

午饭后，我回到办公室，看着屏幕里的彭博（Bloomberg）终端。果然，不出所料，股价继续下跌。但国债收益率的变化引起了我的注意。那天下午，一个3月期短期国债被超额认购，以至于利率降到了0.06%。

近50年来，我见证了市场的起起落落，经历了20世纪70年代的次贷危机、1987年的股市大崩盘、亚洲金融危机、长期资本管理公司危机、俄罗斯债务违约、"9·11"恐怖袭击以及许多其他危机。但我从未见过投资者如此狂热地购买美国国债。美国国债收益率上一次跌至零，还是在75年前的大萧条时期。我记得在20世纪70年代给我的MBA（工商管理硕士）学生讲课，当时短期国债收益率高达16%，我告诉学生早在大萧条时期，哪怕是0.1%的收益率，投资者都会为此而兴奋不已。当时我们都笑着摇头说，这段奇怪的历史不可能再次发生了。

真的不可能再次发生吗？我的目光又回到了眼前的屏幕上，一阵寒意顺着我的脊背向下袭来。难道经济学家认为一去不复返的黑暗时光又将再次到来吗？这会是第二次大萧条的开始吗？政策制定者能否阻止美国历史上最严重的金融和经济灾难重演？

在接下来的几个月里，这些问题的答案浮出水面。美联储吸取了20世纪30年代的教训，实施了积极的计划，萧条并没有再次出现。但雷曼兄弟破产引发了信贷动荡，导致全球出现了最严重的经济萎缩，股价也出现了自大萧条以来的最大跌幅。从这次金融危机中复苏花费的时间很长，是美国历史上复苏时间最长的一次。这让许多人怀疑，美国经济是否还会有光明的未来，是否还能像2007年10月道琼斯指数突破14 000点、创下历史新高时那样让人充满期待？

金融危机袭来

跟标普500指数市盈率高达30倍的互联网泡沫顶峰时期不同，2007年市场峰值并没有出现普遍高估的情况，股票的市盈率大多在16倍左右。但下跌开始了。金融业首当其冲，当时金融业在牛市的推动下，成为标普500指数中占比最大的行业，并在2007年5月达到最高点，而许多大型银行，比如花旗银行和美国银行等，股价全年持续下跌。

房地产市场也传来了坏消息。过去10年里，房地产的价格几乎翻了3倍，在2006年夏天达到顶峰，随后开始下跌。突然之间，次级抵押贷款出现了大规模违约。2007年4月，大型次级贷款机构新世纪金融公司（New Century Financial）申请破产；6月，贝尔斯登告知投资者暂停旗下一只基金的赎回，这只基金名为"高等级结构化信贷策略增强杠杆基金"（High-Grade Structured Credit Strategies Enhanced Leverage Fund），其持有的证券跟基金名字一样复杂。

一开始，市场并没有对这些变化做出反应。但在2007年8月9日，法国最大的银行法国巴黎银行（BNP Paribas）停止其抵押贷款基金的赎回，全球股市开始了大幅抛售。8月份美联储召开了紧急会议，下调联邦基金利率50个基点，随后在9月份的例行会议上，又下调了50个基点，于是股市开始反弹。投资者相信情况在美联储的掌控之下，股市继续创下新高。

然而到了2008年，次贷危机并没有得到缓解。贝尔斯登不得不将越来越多的次级抵押贷款重新纳入自己的资产负债表，资金问题开始显现，股价暴跌。为了避免贝尔斯登破产，2008年3月17日，美联储安排摩根大通紧急收购贝尔斯登的所有资产，收购价格为每股2美元（后来提高到每股10美元），这个价格比上一年1月时每股172.61美元的高点，低了近99%。

如果把这次熊市比作一顿晚宴，那贝尔斯登只是开胃小菜，主菜很快就要来了。雷曼兄弟成立于19世纪50年代，有着传奇的历史，曾帮助许多大型公司上市，比如西尔斯、伍尔沃斯、梅西百货和斯蒂庞克（Studebaker）等。1994年，雷曼兄弟自己也上市了，盈利能力飞速发展，到2007年时，公司已经连续4年盈利创新高，净利润达到192亿美元，员工人数接近3万人。

和贝尔斯登一样，雷曼兄弟也参与了次贷市场和其他杠杆房地产投资。2008年3月份贝尔斯登与摩根大通合并时，雷曼兄弟的股价已从每股逾40美元跌至每股20美元。雷曼兄弟比较擅长的是为大型房地产交易提供融资服务，当投资者以更高的价格出售商业房地产或再融资时，雷曼兄弟会收取巨额费用。另一家于2007年7月上市的大型投资公司黑石集团（Blackstone），此前以229亿美元收购了萨姆·泽尔（Sam Zell）的办公物业投资信托公司EOP（Equity Office Properties），而到了2008年7月份，在市场崩盘之前，黑石已经出售了所持有的几乎全部物业，赚取了高额的利润。

尽管次级抵押贷款市场一片混乱，雷曼兄弟却依然信心十足。许多分析师坚信，商业地产不会受到住宅的影响。当时，在市场整体见顶之后，商业地产板块仍在继续上涨。受益于利率下调，包含所有公开交易REITs的道琼斯REIT指数（Dow Jones REIT Index）一直到2008年2月才达到顶峰，比市场整体顶峰晚了4个月，比大型商业银行的最高点晚了一年多。[4]

2008年5月，在商业地产达到顶峰之后，雷曼兄弟斥资220亿美元收购了阿克斯顿信托公司（Archstone-Smith Trust），希望能转手卖个好价钱，就像黑石前几个月做的那样。[5]然而，这就像一场击鼓传花的游戏，音乐在2008年夏天戛然而止了。黑石幸运地在音乐停止之前脱手了，只剩下雷曼兄弟待在原地。公司首席执行官理查德·福尔德直到最后一刻，还在苦苦寻找买家。2008年9月15日，这家蓬勃发展了一个半世纪多的投资公司申请了破产。这是美国历史上最大的公司破产案，雷曼兄弟的负债达到了创纪录的6 130亿美元。正如1929年的大崩盘引发了20世纪30年代的大萧条一样，2008年雷曼兄弟的破产倒闭，引发了全球近一个世纪以来最严重的金融危机和最糟糕的经济收缩。

大稳健时期

在雷曼兄弟倒闭之前，经济在很长一段时间里发展都非常稳定，经济学家把这段时期称为"大稳健"（Great Moderation）。这也是"金融危机"和随之而来的"大衰退"发生的时代背景。在大稳健时期，一些关键经济变量的波动性都变小了，比如在1983—2005年，真实GDP和名义GDP的季度波动率，相比过去平均水平下降了大约一半。[6]虽然服务业的增长、库存管理的发展缩短了"库存周期"，对于增强经济稳定性起到了一定的作用，不过许多人认为，经济波动性变小更多要归功于货币政策的有效性不断提高，这些政策主要是在1986—2006年格林斯潘担任美联储主席期间实施的。

在大稳健时期，许多金融工具的风险溢价显著下降，这并不奇怪，因为投资者相信央行的及时处理能力可以抵挡任何对经济的严重冲击。确实，2001年的经济衰退期再次验证了市场对经济的看法，即经济是越来越稳定的。从历史角度来看，尽管经历了2000年互联网泡沫破裂，9·11恐怖袭击及随后的消费紧缩，2001年的衰退仍然是非常温和的一次。

金融危机之前的这段稳健时期跟20世纪20年代很相似，那时正是1929年股市大崩盘和大萧条发生之前的10年。跟大稳健类似，1920—1929年的工业生产也比之前20年更加稳定，波动率还不到前20

年的一半。在20世纪20年代，许多经济学家，包括颇具影响力的耶鲁大学教授欧文·费雪，都将经济稳定性的提高归功于美联储，这一点也跟大稳健时期的经济学家一样。并且，在20世纪20年代投资者还相信，新成立的央行将在危机发生时支撑经济，缓解一切衰退情况。

不幸的是，在稳定的经济环境中，人们对风险资产的需求增加，这反而为随后发生更加严重的危机埋下了伏笔。在正常情况下，商业活动放缓是可以承受的，但在特殊情况下却很容易使高杠杆的投资者损失惨重，因为他们没有留太多的安全垫来让自己免受市场下跌的影响。

一些经济学家认为，风险溢价下降和杠杆上升的周期是导致经济波动的主要原因。圣路易斯华盛顿大学（Washington University in St. Louis）的经济学教授海曼·明斯基（Hyman Minsky）提出了"金融不稳定假说"（financial instability hypothesis）。[7]他认为，长期的经济稳定和资产价格上涨不仅吸引了投机者和动量投资者，也吸引了从事庞氏骗局的骗子，专骗那些看到市场上涨就想要入市投资的普通投资者。明斯基没有用严格的数学公式表达这一思想，因此他的理论并没有得到主流经济学家的广泛认可。但他仍然对许多人产生了巨大的影响，包括已故的麻省理工学院经济学教授查尔斯·金德尔伯格（Charles Kindleberger）。金德尔伯格曾出版过《疯狂、惊恐和崩溃：金融危机史》（Manias, Panics, and Crashes：A History of Financial Crises）一书，修订了5个版本，拥有大量追随者。

次级抵押贷款

跟1929年由超额信贷引发的危机不同，2008年的金融危机主要是由飞速增长的次级抵押贷款和其他房地产证券而引发的，持有这些证券的通常是高杠杆的大型金融公司。当房地产市场开始转向、证券价格暴跌时，上了杠杆的公司纷纷陷入危机，有的破产，有的被更强大的公司兼并，还有的需要向政府寻求资金才能得以生存。

高收益的抵押贷款证券其实是很受投资者和政治家欢迎的，因为人们相信，在大稳健和美联储编织的"安全网"里，这些证券的违约风险很低。[8]不过，当标普评级和穆迪评级等主要评级机构给予这些次级抵押贷款最高评级后，这些证券被加速卖了出去。数千亿美元的抵押贷款证券，被卖给了全世界的养老基金、市政当局以及其他只投资于最高质量的固定收益类投资品种的机构。被AAA评级所吸引的，还有许多寻求更高收益率的华尔街公司。

虽然有些人猜测，投资银行给评级机构施压了，要求评级机构给出高评级，以便吸引更多潜在买家，但事实上，对这些证券评级所采用的统计技术，跟对其他证券评级时使用的技术是类似的。只不过糟糕的是，这样的统计技术并不适用于分析房地产行业的违约概率，因为房地产的价格是远高于经济基本面的。

关键的评级错了

图23.1展示了二战结束以来的年度房价走势，名义房价是包括通货膨胀在内的价格，真实房价是剔除了通货膨胀之后的价格。1997—2006年，名义房价和真实房价都在加速上涨。名义房价是用包括了20个大都市社区的凯斯—希勒房价指数（Case-Shiller）来衡量的。这些年来，名义房价几乎翻了3倍，真实房价则上涨了130%，远远超过了20世纪70年代的涨幅，也打破了二战的涨幅纪录。

在房价上涨之前，传统抵押贷款是基于80%的贷款市值比（loan-to-market ratio），并且借款人的信誉对贷款人来说很重要。这是因为，单个房屋的价格，甚至是某一个地区的平均房价，是有可

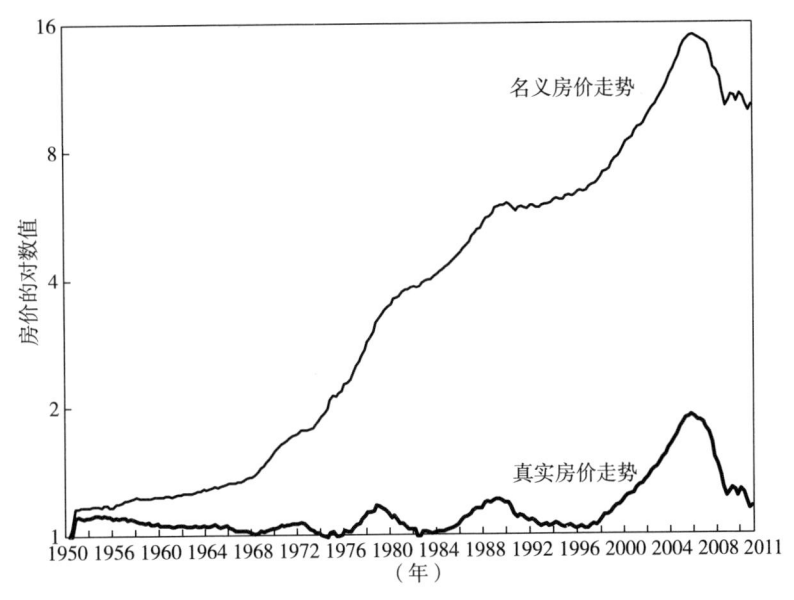

图23.1 1950—2011年名义房价和真实房价

能下降20%以上的，这会导致贷款人手里的抵押物价值受损。

但是，如果把来自许多不同地区的抵押贷款捆绑在一起，构建出一种证券，从而大大降低房价的波动性，情况会怎么样呢？理论上，这些房屋的价格走势应该会跟图23.1中名义房价的走势很相似，也就是在2006年之前，几乎没有出现过下跌。事实上，在1997年之前，全国名义房价指数只在3年里出现了下跌，其中的两年里，下跌幅度仅不到1.0%，而从1990年第二季度到1991年第二季度的第3年里，下降幅度也只有2.8%。所以，根据战后的这些数据来看，全国房价指数压根儿没出现过哪怕是接近20%的跌幅，那传统抵押贷款里保留的20%的安全边际似乎也就没有必要了。[9, 10]

标普、穆迪和其他一些评级机构分析了这些房价走势，并进行了标准统计测试，来衡量这些证券的风险和收益情况。根据研究结果，他们给出报告说，一个全国性的分散配置的住房抵押贷款组合违约的概率几乎为0，许多投资银行的风险管理部门也都认同这一结论。

研究还得出了另一个同样重要的结论，即如果抵押贷款背后的房地产的价值总是比贷款更高，那么借款人的信誉好坏，就不那么重要了。如果借款人违约了，那贷款人可以接管房地产，并以高于贷款价值的价格出售。于是，这些评级机构就不再看借款人的信誉如何，一律把这些证券的评级标为AAA。这个推论，促使数千亿美元次级抵押贷款以及其他非传统抵押贷款被售出，只要这些贷款组合是分散在不同地区里的，那么就只需要很低的信用担保即可，甚至不需要任何信用担保。

有一些评级机构明白，这些抵押贷款的高信用评级依赖于房价的持续上涨，忽视了房价下跌的风险。即便房价不涨不跌，也是有风险的。[11]

随着房价真的开始下跌，这些高等级评级的证券开始迅速恶化。2006年4月，也就是房价触顶前几个月，高盛向投资者出售了12只抵押贷款债券，其中有10只当时的评级为投资级，有3只甚至为AAA级。然而到了2007年9月，最初的10只投资级债券中有7只被降级为垃圾级，有4只则被完全淘汰。[12]

有一个数据是可以提醒投资者房价不会永远持续上涨的，这就是房价与家庭收入中位数的比值。1978—2002年，这个比值一直保持在2.5~3.1，但之后开始急剧上升，最终在2006年达到4.1，比以前的平均水平高出了近50%。[13]

当一个资产的价格相对于基本变量（比如借款人的收入）上涨时，投资者必须弄清楚这种价格上涨到底是由于结构性变化而造成的合理现象，还是仅仅是暂时的上涨、未来将回落至历史平均水平？很显然，如果价格上涨是由一些临时性的因素引起的，那么房价未来会下跌的可能性就很大，要远大于那些评级机构通过分析历史数据而得出的下跌概率。

不过这也并不意味着房价就一定是高估的,或是正处于泡沫阶段。历史上也曾出现过价格高于历史平均水平的时期,而考虑到当时的经济因素,那样的价格是完全合理的。

类似的情况我们在第10章中也介绍过,即股票的股息率和长期国债利率之间的关系。1871—1956年,股息率一直是高于长期国债利率的,于是人们以为这种情况是理所当然的,因为在人们的认知中,股票的风险要高于债券。所以,当两者差值缩小时卖出股票、当两者差值增大时买入股票,这个策略在几十年里都是有效的。

然而之后,美国废除了金本位,长期通货膨胀开始影响利率。到1957年,利率超过了股息率,并且在接下来的半个多世纪里都是如此。那些在1957年遵循了"卖出"信号而卖出股票、买入债券的投资者,收益很糟糕。事实证明,股票才是更好的抵抗通货膨胀的工具,收益要远高于固定收益类品种。

同样,21世纪初房价相对于家庭收入中位数有所上升也是合情合理的。首先,当时名义利率和真实利率都大幅下降,住房贷款成本很低。其次,新型抵押贷款工具大量涌现,比如次级抵押贷款和全额贷款,这类工具的贷款额度可以等于甚至是超过房屋的购买价。这些抵押贷款工具,让以前不够贷款资格的人也贷到了款,买房的需求量大增。2006年1月,美国房地产经纪人协会(National Association of Realtors,简写为NAR)公布了数据,充分说明了当时全额贷款是多么受人欢迎,数据称,有43%的首次购房者是通过无首付贷款来买房的,对一个价格中位数为15万美元的房子来说,首付金额的中位数仅为2%。[14]

当时有不少著名的经济学家都认为,高房价是正常的,原因是利率低。这些经济学家包括纽约联邦储备银行的高级经济学家查尔斯·希梅尔伯格(Charles Himmelberg)、哥伦比亚大学商学院保罗·米尔斯坦房地产研究中心（Paul Milstein Center for Real Estate）主任克里斯·梅尔（Chris Mayer），以及沃顿商学院的房地产副教授托德·西奈（Todd Sinai）等。[15]还有一些人指出，随着婴儿潮这一代人步入退休年龄，改善型住房的需求也增多了，这将会持续很多年。[16]

不过，也有许多人开始质疑房价的上涨是否能持续。耶鲁大学的罗伯特·希勒教授和他的同事卡尔·凯斯在2003年《布鲁金斯文集》（*Brookings Papers*）上发表了一篇文章《房地产存在泡沫吗？》（Is There a Housing Bubble?），首次发出警告说房地产可能会存在泡沫。希勒和凯斯两人共同构建了凯斯—希勒房价指数，如今这个指数已经成为房地产行业的基准指数。[17]华盛顿经济与政策研究中心（Center for Economic and Policy Research）联席主任迪恩·贝克（Dean Baker）也曾在2005年和2006年初写过大量关于房地产泡沫的文章，并做过许多演讲。[18, 19]不管怎样，虽然关于房地产是否有泡沫，专家之间存在着分歧，但这并不能成为评级机构对这些证券给出高等级评级、认为它们基本上没有违约风险的理由。[20]

监管不力

监管机构，尤其是美联储，不相信房价上涨会对经济构成威胁，它们也并不怀疑次级抵押贷款证券高等级评级的正确性。此外，它们并没有注意到大型金融机构资产负债表上逐渐累积的高风险抵押贷款相关的证券。

更糟糕的是，美联储主席艾伦·格林斯潘作为迄今为止在经济事务中最有影响力的政府官员，却没有警告公众史无前例的房价上涨所带来的风险已经越来越大了。格林斯潘应该已经意识到迅速增长的次级债务及其对经济构成的潜在威胁，因为他在美联储的一位名叫爱德华·格拉姆利克（Edward Gramlich）的理事在2007

年6月出版了一本书叫《次级抵押贷款：美国最新的繁荣与萧条》（*Subprime Mortgages: America's Latest Boom and Bust*），对这些次级抵押贷款工具进行了广泛的研究。[21]

有些人声称，美联储缺少对非银行金融机构的监管，房价上涨带来的影响超出了美联储的职权范围。为何10年前格林斯潘对股价的上涨如此担忧，并且在1996年12月在华盛顿经济俱乐部发表了著名的"非理性繁荣"演讲？所有会影响金融业稳定的问题，都应该是美联储的责任，而无论这些问题是否起源于银行。2008年10月，格林斯潘在国会委员会面前说自己处于一种"震惊而难以置信"的状态，这表明了他之前的失职。他很震惊主要的贷款机构竟然既没有采取措施来保护股东权益免受房地产崩盘的影响，也没有使用金融衍生品或信用违约互换来降低风险。[22, 23]

跟其他人不同，[24]我并不认为格林斯潘是催生房地产泡沫的罪人。美联储缓慢加息的政策并不是推动房地产价格上涨的主要力量。推动房价上涨的力量是不受美联储控制的长期利率的下降，以及次级抵押贷款和全额融资抵押贷款的激增，这些都远比短期利率水平重要得多。此外，在全球范围内，不同国家的央行有着不同的货币政策，推动房价上涨的力量也各有不同。例如西班牙和希腊的房价飙升，这两个国家的货币政策是由欧洲央行制定的。全球范围内的基本面因素（我们在第8章中介绍过），比如经济增长放缓、投资者年纪越大越厌恶风险、公司养老金从股票转向债券等，是导致名义利率和真实利率下降的重要因素，而不是格林斯潘的货币政策。

金融机构对风险资产的过度杠杆化

如果不是主要金融公司资产负债表上的风险资产累积过多，那么房地产价格的涨跌本身不太可能会引发金融危机或严重衰退。到2007年第二季度，次级抵押贷款、alt-A（比次级抵押贷款质量略高的债务）和巨额抵押贷款的总价值为2.8万亿美元。[25]即便这些证券的价值全部归零，总损失也会小于7年前互联网泡沫破裂时科技股的跌幅。那次股市崩盘，以及随后不久"9·11"恐怖袭击事件带来的经济混乱，也只是造成了轻微的经济衰退。

这两次事件之间最大的不同在于，在互联网泡沫顶峰时期，券商和投资银行并不大量持有这些股价即将暴跌的股票。这是因为，在互联网泡沫破裂之前，投资公司几乎已经把它们持有的所有高风险科技股都卖给了投资者。

但在房地产市场的顶峰时期，华尔街却深陷其中，持有大量房产相关债务。在利率下降的大环境下，投资者渴望获得更好的收益，而这些抵押贷款证券的利率要高于同等评级的公司债和政府债。这诱使贝尔斯登等投资银行将这些债券出售给投资者，并承诺收益率更高，安全性也很好。[26]虽然许多投资银行本身也会持有这些债券，但当投资者抱怨并没有充分了解这些债券的风险就买入了，而它们被迫收回这些卖给投资者的次贷基金时，它们所持有的次级债务就大幅增加了。[27]

当时，全球最大的保险公司AIG通过一种名为"信用违约互换"（credit default swap）的工具，为数千亿美元的抵押贷款提供违约保险，这进一步加剧了金融系统面临的风险。当抵押贷款的价格下跌时，AIG必须拿出数十亿美元的储备金来进行应对，然而AIG并没有这笔钱。与此同时，借了很多钱来购买这些抵押贷款的投资银行发现，当债权人收回贷款时，它们的资金已经枯竭。正是这些房地产相关证券的下跌，引发了金融危机。假如2000年互联网泡沫破裂时投资银行也持有大量科技股，那么类似的流动性危机当时也可能会发生。

美联储在缓解危机中的作用

信贷是生命线，是维持所有大型经济体正常运转的润滑剂。在金融危机中，曾被公众认为安全可靠的机构突然受到了质疑。雷曼兄弟破产引发了人们的担心，担心其他金融机构也陷入了困境。这使得债权人纷纷收回贷款并削减信贷额度，与此同时，投资者也纷纷出售风险资产，想要增加投资组合中安全资产的比例，以此增强组合的流动性。

在这样的危急时刻，唯一能提供流动性的就是央行了。19世纪时，英国记者沃尔特·巴杰特（Walter Bagehot）给这样的机构起了个名字，叫作"最后贷款人"（the Lender of Last Resort）。[28] 央行可以通过给银行提供准备金来创造流动性，银行要么向央行借款，要么向央行出售证券，来获取这笔准备金。银行可以根据需求把准备金转换成央行票据或货币等最终形态的流动资产。通过这种方式，当出现了银行挤兑或储户取现需求时，央行就可以让银行以其持有的资产作为抵押，来贷给银行任意数量的准备金，以应对这些需求，而并不需要考虑这些资产的质量或价值是否下跌。

最后贷款人开始行动了

雷曼兄弟破产后，美联储确实提供了市场所需的流动性。2008年9月19日，也就是货币市场基金跌破1美元的3天后，美国财政部宣布将为所有参与其中的货币市场基金提供全额保险，保证投资者的利益不受损失。财政部表示，它会利用通常用于外汇交易的外汇稳定基金（Exchange Stabilization Fund）来支持这项保险计划。由于财政部的基金只有500亿美元，不到货币市场基金总资产的2%,所以财政部不得不依靠对美联储的无限信贷额度来兑现其承诺。美联储自己创建了一个信贷工具,向银行提供无追索权贷款,帮助银行买入共同基金持有的商业票据。[29]一个月后,货币市场投资者融资机制(Money Market Investor Funding Facility)建立了。

2008年9月29日,联邦存款保险公司(FDIC)宣布与花旗集团就3 120亿美元的贷款池达成一项损失分担协议,花旗集团承担头期的420亿美元的损失,FDIC承担剩余部分。美联储为剩余的2 700亿美元提供了无追索权贷款。次年1月,双方又签署了一份类似的协议,金额大约为美国银行市值的1/3。作为交换,花旗集团向FDIC发行了120亿美元的优先股和认股权证。9月18日,美联储与世界主要央行达成了一项1 800亿美元的货币互换协议,以改善全球金融市场的流动性。

雷曼兄弟破产后,不但立即成立了货币市场共同基金,FDIC还于10月7日宣布,根据国会4天前通过的《2008年紧急经济稳定法案》(Emergency Economic Stabilization Act of 2008),存款保险的覆盖范围,将扩大到每位存款人25万美元。此外,10月14日,FDIC还新建了一个临时流动性担保计划,来为所有在FDIC保障之下的机构及其控股公司的优先债务以及无息存款账户中的存款提供担保。[30]实际上,政府对优先债务的担保有效地保障了所有存款,因为存款在《破产法》中具有优先索赔权。

FDIC想要有足够的资金来实施这些政策,唯一的途径就是得到美联储的全力支持。虽然FDIC自己有一个信托基金,但规模太小了,只占它保障的存款总额的很小一部分,完全不够用。[31]FDIC能否兑现其承诺,可信度取决于美联储给它的无限信贷额度,就像使用外汇稳定基金来保障货币市场基金那样。

为什么美联储和伯南克主席要采取所有这些大胆的行动来确保

私营部分拥有充足的流动性呢?因为他们以及其他经济学家从大萧条时期中吸取了教训,做了当初他们没有做的事情。

每个宏观经济学家都研究过1963年由芝加哥大学诺贝尔经济学奖得主米尔顿·弗里德曼撰写的《美国货币史》(*The Monetary History of the United States*)。根据弗里德曼的研究,在大萧条时期美联储未能向银行体系提供准备金,被证明是十分错误的行为。毫无疑问,在麻省理工学院获得货币理论与政策经济学博士学位的本·伯南克,敏锐地想到了弗里德曼的研究,并决心让美联储避免重蹈覆辙。[32] 2002年,也就是金融危机爆发的6年之前,伯南克在弗里德曼90岁生日庆典上发表演讲,他说:"关于大萧条,你分析得对,我们当时确实错了,我们对此感到非常抱歉。不过也多亏了你,我们以后不会再犯了。"[33]

雷曼兄弟是否该得到救助?

尽管美联储在雷曼兄弟破产后立即采取了行动,但经济学家和政策分析人士在数年后仍然在争论,美联储当初是否应该在第一时间救助这家陷入困境的投资银行。虽然美联储说自己并没有充足的法律权限来拯救雷曼兄弟,但事实却并非如此。1932年,国会修改了1913年的《联邦储备法》,增加了第13(3)条,其中规定:

> 在异常和紧急情况下,联邦储备系统管理委员会经不少于5名成员投票赞成后,可以授权任何联邦储备银行在该委员会决定的期限内……为任何个人、合伙企业或公司提供贷款……只要他们持有的票据和汇票能让联邦储备银行满意即可。这样做的前提是,联邦储备银行需要拿到切实的证据,表明这些个人、合伙企业或公司无法通过其他银行机构获得足够的贷款。[34]

在雷曼兄弟宣布破产前的那个周末，它是有资格获得美联储的贷款的，因为雷曼兄弟很显然已经无法从其他银行机构获得足够的贷款了，这一点是符合上面这条法案的。约翰斯·霍普金斯大学经济学院院长、《美联储和雷曼兄弟：澄清一场金融灾难》(*The Fed and Lehman Brothers: Setting the Record Straight on a Financial Disaster*) 一书的作者劳伦斯·鲍尔（Lawrence Ball）也得出了同样的结论。

美联储没有救助雷曼兄弟，更多的是出于政治原因，而非法律原因。早先政府对贝尔斯登、房利美和房地美的救助招致了公众尤其是共和党人的大量批评。3月份救助了贝尔斯登之后，小布什政府发来一句话："停止救助。"于是在贝尔斯登之后，财政部长亨利·保尔森（Henry Paulson）对雷曼兄弟表示，别再指望能得到美联储的救助了。就在美联储拒绝了雷曼兄弟400亿美元贷款请求的几天之后，雷曼兄弟申请了破产。财政部长保尔森希望，在有这么多的提前准备之下，金融市场应该能够消化雷曼兄弟的破产，不会造成严重的破坏。[35]

然而真实情况是，3月份财政部警告雷曼兄弟清理其资产负债表时，就已经太晚了。雷曼兄弟不仅借了大量的钱来购买次级抵押贷款，还刚刚跟美国银行一起借给了铁狮门（Tishman Speyer）170亿美元，用来收购阿克斯顿信托公司（Archstone-Smith Trust），收购总价为222亿美元。雷曼兄弟希望将这些债务转手卖出获得高额利润，就像黑石在房地产市场高峰期出售萨姆·泽尔的房产时所做的那样。但雷曼兄弟没能全部卖出去，还剩价值50亿美元的房地产无人接手。有些人认为这是雷曼兄弟有史以来最糟糕的交易。[36]尽管公司首席执行官理查德·福尔德始终坚称雷曼兄弟有偿付能力，但交易员明白，由于房地产市场下跌，雷曼兄弟几乎没有生存的机会了。当雷曼兄弟一头扎进抵押贷款相关证券和过热的房地产市场后，就已经走上通往破产的不归路了。

雷曼兄弟破产后，金融市场一片混乱。于是美联储决定救助AIG。当时投资者纷纷套现，国际货币市场上风险溢价飙升，这让美联储和财政部感到震惊，他们认为，如果再有一起破产案发生，导致数千亿美元的债券和信用违约互换陷入困境，很可能会导致全球金融体系崩溃。所以AIG这家保险公司，比起雷曼兄弟来说更加远离美联储的职责范围，却得到了美联储的救助。[37]我毫不怀疑，假如先破产的是AIG，那类似的金融恐慌会让美联储马上救助雷曼兄弟。

尽管雷曼兄弟没有得到救助，但它破产之后，美联储向金融体系提供了大量贷款，这稳定了信贷和货币供应。在大萧条时期，货币供应量（现金和M2的总和）在1929年8月至1933年3月期间下降了29%。[38]相比之下，在2008年金融危机期间，货币供应量实际上是增加的，因为美联储增加了超过1万亿美元的总准备金。这一举措提供了充足的准备金，使银行不必像20世纪30年代那样被迫收回贷款。新注入准备金的行为通常被称作"量化宽松"（quantitative easing），尽管许多人质疑这是否真的有助于经济发展，但毫无疑问的是，一开始提供的流动性对稳定金融市场和防止经济衰退进一步恶化来说，至关重要。

金融危机对经济和金融的影响

对真实产出的影响

信贷危机、急剧下跌的房价和暴跌的股市，造成了二战后发达国家最严重的经济衰退。在美国，从2008年第二季度到2009年第二季度，真实GDP下降了4.0%，大大超过了1973—1975年经济衰退期间3.1%的纪录。20世纪30年代初的大萧条持续了43个月，之后持续时间最长的经济衰退期就是从2007年12月至2009年6月，持续了18个月。2009年10月，失业率达到10.0%。尽管这个数字比1982年11月创下的战后最高纪录10.8%低了0.8%，但失业率连续3年都达到了8%以上，是1981—1982年经济衰退期的两倍以上。

尽管危机起源于美国，但其他大多数发达国家GDP的下降幅度都比美国更大：日本的产出下降了9.14%，欧元区下降了5.50%，欧洲最大经济体德国下降了6.80%。加拿大由于并没有像美国那样在房地产上加了那么高的杠杆，因此经历的衰退是最温和的。

新兴经济体更好地经受住了经济冲击。在中国和印度等快速增长的国家，真实GDP增长有所放缓，但并未下降。新兴经济体整体的GDP只下降了3%，并且到2009年第二季度，产出已经再创新高。相比之下，直到2011年底，美国才重回原来的产出水平。日本在2013年底达到产出峰值，欧洲则是在2015年才达到峰值。

尽管这次大衰退很严重，但深度还是不及20世纪30年代的大萧条。1929—1933年，美国真实GDP下降了26.3%，是这次大衰退的5倍多，失业率飙升至25%~30%[39, 40]。1929—1933年的大萧条与2007—2009年的大衰退之间出现差异的一个原因，来自物价的变化。1929年9月至1933年3月期间，CPI下降了27%，而大衰退期间CPI的最大降幅只有3.5%。[41] 到2010年3月，CPI已经超过了大衰退发生之前的峰值，而大萧条之后，花了14年的时间CPI才恢复到1929年的水平。

通货紧缩会恶化经济周期，因为工资和物价的下降加剧了债务负担，债务的真实价值随着物价下降而上升了。在金融危机爆发之前的2007年，消费者所背负的债务水平已经创历史纪录，如果工资和物价像大萧条时期那样大幅下跌，那消费者和抵押贷款债务的真实负担将会高出1/3以上，从而引发更多的企业破产。[42]这就是稳定物价水平是美联储的首要任务，也是物价和企业支出不像大萧条时期跌幅那么大的主要原因。[43]

对金融市场的影响

尽管美联储为了减缓经济收缩做了努力，但雷曼兄弟破产后造成的信贷混乱状况对股市造成了毁灭性的影响，股市遭遇了75年来最严重的下跌。9月15日之后的9周，标普500指数下跌了40%，11月21日盘中低至740点。最终在2009年3月9日，标普500指数跌至过去12年来的最低点676点，比一年半之前的收盘最高点下跌了近57%。这个跌幅已经打破了之前1973年1月至1974年10月创下的48%的战后跌幅纪录，不过还没有接近大萧条时期的跌幅，当时股市跌了87%以上。[44]从2007年10月的高点到2009年3月，美股市值蒸发了11万亿美元，相当于美国GDP的70%以上。

跟以往的熊市一样，股市的波动率急剧增长。VIX指数可以衡量看跌期权和看涨期权的溢价情况，也就是说，可以衡量一个投资组合为了对冲下跌风险所需的成本。2007年3月危机爆发之前，VIX指数还不到10点，而雷曼兄弟破产后，VIX指数飙升至近90点。这个高点，除了不及1987年10月19日股市崩盘那时候，已经超过了战后其他所有时期。[45]

另一个衡量波动性的指标，是股市日涨跌幅度达到5%或以上的天数，这个数据在金融危机时期也是急速上升，达到了自20世纪30年代初以来的新高。从9月15日雷曼兄弟破产到12月1日，道琼斯指数有9天下跌了5%或以上，有6天上涨了5%或以上。自1890年以来，任何一个10年里日涨跌幅度达到5%或以上的总天数，都没有达到过15天这个数字，除了20世纪30年代，那时候日涨跌幅度达到5%或以上的日子一共出现了78天。[46]

美股的暴跌弥漫全球。全球股市总市值大约蒸发了33万亿美元，约占全球年GDP的一半。[47]摩根士丹利欧澳远东指数包括美国之外的成熟市场，如果以当地货币来计算，这个指数的下跌幅度跟美股差不多，不过由于美元在此期间升值了，所以如果以美元来计算的话，指数跌幅达到了62%。对新兴市场来说，如果以美元来计算的话跌幅达到64%，如果以当地货币来计算的话跌幅会小一些，因为除了人民币，几乎所有其他新兴市场货币相对美元都贬值了。[48]

新兴市场股市的跌幅，与1997—1998年亚洲金融危机期间的跌幅几乎相同，不过新兴市场指数在2009年的低点仍然要高于2002年熊市的低点。这一点跟美股及其他成熟市场有很大区别，当时美股及其他成熟市场都跌破了2002年的熊市低点。

在市场刚开始下跌时，还有一些品种表现不错，但随着信贷市场冻结，这些品种也遭遇了大幅下跌，典型的例子就是REITs。投资者之所以投资REITs，通常就是看中了REITs的收益率，当利率下降时，投资者起初都蜂拥而上地购买，并且在雷曼兄弟破产后的那一周，REITs还上涨了。但接着，投资者担心贷款人会收回信贷额度，于是在接下来的10周内，REITs的平均跌幅达到了惊人的67%左右。到2009年3月熊市结束时，REITs累计下跌了75%。尤其是资金来源于短期贷款的REITs，以及之前上涨时为了提高收益而加了额外杠杆的REITs，损失更加严重。[49]

标普500指数中的金融业，从2007年5月的高点至2009年3月的低点，跌幅高达84%，市值蒸发了约2.5万亿美元。这个跌幅已经超过了之前2000—2002年，标普500指数中的科技股当时的跌幅是82.2%。不过，当时科技行业的估值很高，顶峰时估值达到金融业的3倍以上，所以科技行业的总市值损失要高得多，达到了4万亿美元。[50]科技股崩盘，抹去了之前5年的股市总涨幅，而金融危机则抹去了过去17年的涨幅，使股价跌回到了1992年的水平。

虽然金融业整体平均跌了84%，但有许多金融公司的跌幅远远超过了这个平均值。从最高点到最低点，美国银行的总市值跌去了94.5%，花旗银行的总市值跌去了98.3%，AIG的总市值则惊人的跌去了99.5%。[51]投资了雷曼兄弟、华盛顿互惠银行（Washington Mutual）和许多小型金融机构的投资者，失去了一切。房利美和房地美于20世纪80年代初上市，是受到政府支持的大型企业，它们的投资者还抱着一丝希望，期待能避免血本无归的结局。[52]许多国际银行同样糟糕。从最高点到最低点，巴克莱银行（Barclays）跌去了93%，法国巴黎银行跌去了79%，汇丰银行（HSBC）跌去了75%，瑞士联合银行（UBS）跌去了88%，苏格兰皇家银行（Royal Bank of Scotland）跌去了99%，依靠着英格兰银行（Bank of England）提供的贷款才得以生存下来。

对盈利的影响

由于采用了按市值计价的会计规则，标普500指数里公司营业盈利的下降幅度就等于指数自身58%的跌幅。营业盈利从1997年6月30日创纪录的91.47美元，跌至2009年9月30日的39.61美元，跌幅为58%。不过，报告盈利的跌幅更大。从1997年84.92美元的高点，降至2009年3月31日的仅6.86美元，跌幅达到了92%。这个跌幅已经超过了1929—1932年大萧条时期83%的盈利降幅。[53]

2008—2009年，标普500指数的盈利情况呈灾难性下滑，主要是由于金融公司出现了巨额资产减记。AIG在标普500指数中的占比还不到0.2%，但它在2008年第四季度的亏损高达610亿美元，这比标普500指数中最赚钱且占比接近50%的30家公司的盈利之和还要多。在第10章中我们讨论过，在经济衰退时期，标普直接把不同公司的盈利情况进行简单相加的计算方式会导致市盈率过高而失真。事实上，如果不使用按市值计价的方法，而是根据国民收入和产品账户（national income and product accounts）来得出税后公司盈利总和，会发现金融危机期间的盈利下降了不到20%。

对短期国债市场和LIBOR的影响

货币市场上最受关注的利差之一，是美联储在联邦基金市场里设定的利率与美国以外的银行间拆借利率之间的利差，美国以外的银行间拆借利率，也被称为"伦敦同业拆借利率"（LIBOR）。联邦基金市场则是一个便于美国银行之间进行准备金借贷的市场。

图23.2展示了2007—2013年标普500指数的走势和LIBOR利差情况。在金融危机爆发之前，LIBOR一直非常接近联邦基金的

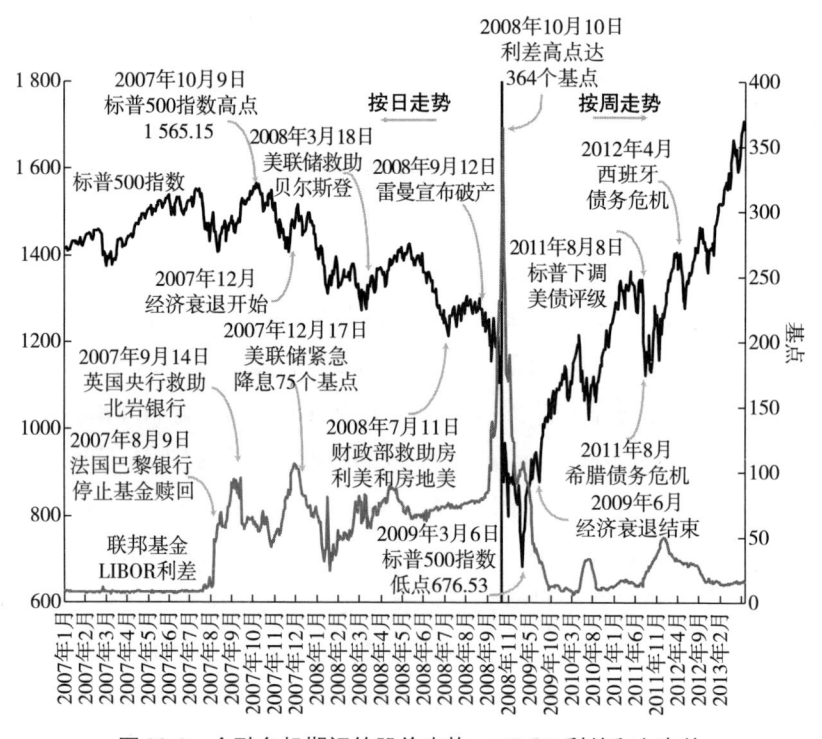

图23.2 金融危机期间的股价走势、LIBOR利差和大事件

目标利率，通常在10个基点以内。银行业第一次遭遇麻烦是在2007年8月，当时LIBOR和联邦基金之间的利差跃升至50个基点以上，主导火索是法国巴黎银行宣布停止基金赎回，且英国北岩银行（Northern Rock）出现了问题。在接下来的12个月里，随着次贷危机愈演愈烈，LIBOR和联邦基金之间的利差基本上一直保持在50到100个基点之间。但随着雷曼兄弟的破产，利差开始飙升，到10月10日甚至达到了史无前例的364个基点。

更加令人感到不安的是，就在美联储大幅降低联邦基金利率的同时，贷款的基准利率却在上升。之后美联储向金融体系注入了大量准备金，LIBOR利差才终于降了下来。但直到2009年3月，股市开始从熊市低点反弹，LIBOR利差才确定性地降低到了100个基点以下。3个月之后，美国国家经济研究局宣布经济衰退期结束了。[54]

总结：对危机的反思

之所以会爆发金融危机，进而导致2008—2009年出现严重经济衰退，主要原因是一些大型金融机构对其投资组合中的房地产相关证券加了过高的杠杆。为什么会加这么高的杠杆呢？主要有这么几个因素。首先，在危机爆发之前，经济已经在相当长的一段时间里保持稳定了，即"大稳健"，这期间风险降低。其次，评级机构对房地产相关证券给出了错误的评级结论。再次，政府部门认同让更多的人去买房。最后，关键监管机构尤其是美联储，监管不力。尽管如此，最应该对此负责的，还是这些金融机构里的高管。他们没有考虑到，一旦房地产崩盘，公司将面临怎样的困境，他们也没有尽责地去评估风险，了解如果技术人员运行了错误的信用评级程序该怎么办。

在宏观经济层面上，金融危机打破了格林斯潘担任美联储主席期间创造的神话，即美联储可以微调经济并消除经济周期。不过，虽然美联储没能提前预见到危机正在酝酿，但它在危机来临时迅速采取了行动，保证了市场的流动性，防止出现更加严重的经济衰退。

如何形容2008年的金融危机和随后的经济衰退呢？我们可以来打个比方。虽然如今工程技术和安全措施的改进，已经让我们坐车的安全性比50年前高了很多；但这并不意味着，汽车在任何速度下行驶都是安全的。一辆当今最先进的轿车，在时速190公里的情况下遇到路上哪怕一个小小的障碍，都可能会翻车，就像时速130公里的老式轿车一样。在"大稳健"时期，风险确实很低，所以金融公司就自然而然地加了很多杠杆，这很容易理解。但它们的杠杆加得太高了，一旦次级抵押贷款的违约率突然增加，也就是相当于在路上遇到了一个小障碍，就将经济和金融市场推入近一个世纪以来最大的危机之中。

[第24章]

新冠疫情暴发

CHAPTER
TWENTY-FOUR

2015年3月：预警

在未来几十年里，如果有什么东西杀死了1 000多万人，那很可能是一种传染性极强的病毒，而不是战争。但我们还没有为下一次传染病暴发做好准备。

——比尔·盖茨，Ted演讲，2015年3月

2020年1月21日至24日，瑞士达沃斯世界经济论坛：两种观点

一切尽在掌控之中，没事的。

——美国总统唐纳德·特朗普

这种病毒将颠覆现有世界。如果你是长期投资者，那你最好不要使用杠杆。

——大卫·泰珀（David Tepper），阿帕卢萨（Appaloosa）资产管理公司首席执行官

2020年2月12日，我飞往亚利桑那州的斯科茨代尔（Scottsdale），准备第二天早上向一群高级财务顾问发表关于未来股票和债券回报的演讲。当我到达机场时，股市刚刚创下了又一个历史新高。投资者正享受着美国历史上持续时间第二长的牛市。金融危机引发的熊市，在2009年3月触底，自那之后股市就一路上

涨，近12年来跌幅从没有达到过20%。下跌20%，正是熊市的标准定义。[1]许多人都在想，还有什么可能会导致这轮牛市结束呢？

坏消息也是有的，听说一种新型冠状病毒正在传播。1月31日，美国卫生与公众服务部（Department of Health and Human Services）宣布，冠状病毒为突发公共卫生事件。但股市，仍在继续上涨。以前我们遭遇过病毒的威胁，包括2003年的SARS病毒，2012年的MERS（中东呼吸综合征）病毒，以及过去10年在非洲暴发的极其致命的埃博拉病毒（Ebola），但它们都没有影响到美国。看起来，这次2月初暴发的疫情应该也不会有什么影响。

我在演讲中问当时在座的近100名顾问：你们认为将是什么导致这轮超级牛市走向结束？我给出了好几个选项，包括恐怖袭击、中东战争、美联储意外的紧缩政策、政治运动等，我自己和几乎一半的听众都选择了"动量投资者把市场推得太高于是市场自己回调"这一项。当电子投票结果出来后，只有一个人选择了最后一个选项：传染病。

后来才知道，就在我演讲的前一天，股市达到了这次牛市的顶点。然而在很短的时间里，新冠肺炎患者的爆炸式增长，让投资者原本骄傲自满的情绪，演变成了极度的恐慌。3月12日，股市进入了熊市，并继续下跌。市场从未在这么短的时间内下跌如此之多。3月29日市场触底，此时标普500指数下跌了近34%。在不到7周的时间里，全球股市的总市值蒸发了20多万亿美元。图24.1展示了当时市场下跌的速度，这是历史上最快的一次。

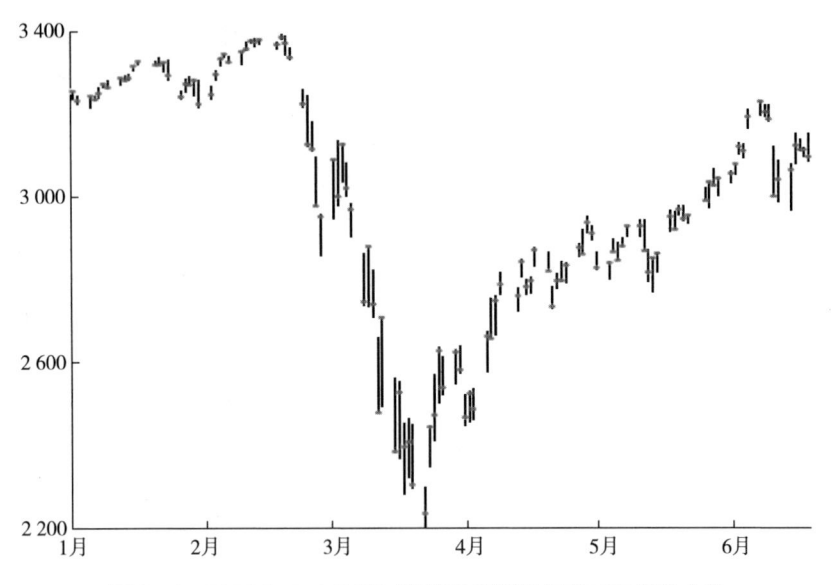

图24.1　2020年1~6月新冠疫情暴发期间标普500指数走势

感知和现实

　　投资者恐慌不假，但市场的反应理智吗？我们来做个假设，假设疫情使上市公司损失了一年的盈利，然后到2021年3月，疫苗和治疗方法都陆续有了，公司盈利恢复了正常。

　　在疫情暴发之前，美股的平均市盈率大约为20倍。那么对于一只市盈率为20倍的股票来说，损失一年的盈利会让股价下跌5%，因为公司市值的5%大约就等于一年的盈利。更进一步，假如公司损失了2年的盈利，那股价可能会下跌10%。我常常跟媒体说，正常来看股市的跌幅应该为5%~10%，然而市场出现了暴跌，这其实对长期投资者来说是绝佳的投资机会。

　　事实也证明了，市场对新冠病毒的威胁反应过度了。往远了看，1918—1919年的西班牙流感比新冠病毒更致命，特别是对年轻、健康的人来说，但这场流感对经济或市场的影响是很小的。往近了看，1957年的亚洲流感和1968年的香港流感也对经济或市场基本上没有任何影响。

当然，那些传染病都发生在以前。如今，7×24小时不间断的新闻频道，持续播放着医院超负荷运转、太平间人满为患的情况，公众对疫情的焦虑情绪直线上升。所以市场出现过度反应也就不足为奇了。我一直认为，跟事实相比，恐慌情绪对投资者的影响要大得多。

公众的恐慌使许多经济部门完全停转，失业人数激增。美国每周申请失业救济的人数，作为最能反映经济活动情况的指标之一，从2月最后一周的20多万人跃升至4月第一周的610多万人，比1982年的上一个最高纪录高出了9倍。

经济低迷和市场崩盘，促使美国政府和美联储采取了积极的措施，其力度要远远大于金融危机时期。美联储再一次将目标利率降至接近0的水平，向银行体系注入了大量准备金，并重启了许多计划，比如12年前金融危机期间使用过的一级交易商信贷便利（Primary Dealer Credit Facility）和货币市场共同基金流动性贷款（Money Market Mutual Fund Liquidity Facility）等。这一次，面向的对象更加广泛，美联储为企业和非营利组织建立了一个"大众贷款计划"（main-street lending facility），并且首次向州和地方政府提供贷款。

针对金融危机和新冠疫情，政府所采取的措施的最大区别就在于财政计划的规模大小，以及美联储为了应对联邦支出剧增而创造出的资金大小。12年前，联邦财政支持计划制定了《美国复苏与再投资法案》（American Recovery and Reinvestment Act），总额为8 300亿美元，其中还包括了"旧车换现金"（Cash for Clunkers）项目。相比之下，2020年3月颁布的《关怀法案》（CARES Act）总额高达2.2

万亿美元，通过"薪资保护计划"（Payroll Protection Program，简写为PPP）向个人和企业提供资金、向州和地方政府及地方企业提供资金，并大幅减税、大幅提高失业补偿金。之后在12月，又进一步立法为经济刺激计划增加了9 000亿美元。应对这场危机是如此紧迫，连保守派都对这么大笔的支出不再提出反对，国会几乎全体一致通过了这两项措施，并由特朗普总统签署生效。[2]

基本上，所有支出的资金来源都是美联储。2020年3月15日，美联储表示将在"未来几个月"购买至少5 000亿美元的美国国债和2 000亿美元的政府担保抵押贷款支持证券（government-guaranteed mortgage-backed securities）。3月23日，美联储声明此次债券购买是"无限制的"，表示它所购买的证券"在数量上将是充足的，以此保证市场平稳运转，也保证货币政策有效传导至整个金融市场"。

政府和美联储大手笔的措施振奋了股市。3月24日，标普500指数暴涨9.38%，创下历史第二高的单日涨幅。6月10日，美联储进一步加强了宽松政策，称其每月将会购买至少800亿美元的国债，以及400亿美元的住房抵押贷款支持证券和商业抵押贷款支持证券，直到另行通知为止。于是，从2020年3月中旬到12月初，美联储购买了2.7万亿美元的新发政府债券，这些资金被用于财政支出，美联储的证券投资组合从3.9万亿美元增加到了6.6万亿美元。2022年3月，美联储停止购买政府证券，此时其资产负债表已经飙升至近9万亿美元。

央行货币扩张政策

美国财政部禁止美联储直接从它们这里购买债券，[3]于是美国政府需要在公开市场上出售其债券。但如果投资者知道央行将会在几天之内购买这些债券,他们就会想要短期投资这些债券,尤其是在利率还很低的情况下。

所以实际上,美联储还是直接从财政部购买了债券,资金计入财政部在美联储的账户,然后政府把收到的资金交给符合条件的个人、企业和地方政府。就这样,在财政刺激政策下,普通民众、州和地方政府都不缺资金了。

这些计划实施之后,无论是M1(现金加支票账户)还是M2,货币供应量都激增了。当然了,对大多数经济学家来说,都认为M2才是更重要的货币的定义。[4]从3月到4月,M2货币供应量的增长超过了3.5%,年化增长率高达50%,成为历史上单月增长幅度最大的月份之一,也远远超过了12年前雷曼兄弟破产后任何其他时间段的增长幅度。

看着货币供应量急剧增长,于是我在4月14日写了一篇文章,发给同事们传阅,那时距离新冠疫情暴发刚刚过去5周。文章标题是《抗击疫情,谁来买单?》(Who Pays for the War on Covid 19?)。[5]我认为,货币供应量剧增不是没有代价的。历史告诉我们,这种增长不可避免的将会引发通货膨胀。我预测货币激增将会"对我们的经济和金融市场产生巨大影响"。我还写道:"通货膨胀的加剧和利率的上升,将结束近40年的债券牛市。天下没有免费的午餐。'抗疫战争'将会由那些持有现金等货币资产的人来买单,因为货币资产的价值将被马上到来的通货膨胀侵蚀。"

我的文章遭到许多人的质疑。人们之所以质疑,一方面是因为油价暴跌,人们在家办公、在网上购物的转变使得商业地产租金暴跌。另一方面是因为,当初金融危机时,美联储在危机爆发之时和之后都给市场注入了大量的流动性,许多经济学家都给出了通货膨胀的警告,然而通货膨胀并没有发生。反而在金融危机之后,通货膨胀率远低于美联储2%的目标。

不过，美联储在应对金融危机和新冠疫情这两次事件时，有一个最关键的不同之处，那就是在金融危机时期，美联储给予的流动性旨在提高银行的超额准备金，基本没有给到私营部门。而在新冠疫情时期，政府直接将资金给了个人、企业、州和地方政府的银行账户，而不是给了银行的准备金账户。弗里德曼在《美国货币史》中还描述过大萧条时期的情况，当时美联储确实增加了公开市场购买，但想要阻挡存款的急剧减少，还远远不够。结果，货币供应量急剧下降，物价和收入暴跌，失业率随后飙升至30%以上。

图24.2展示了新冠疫情暴发之前和其间货币供应量的历史走势情况。来看第一个小图，展示的是2016—2021年的情况。疫情之前，M2货币供应量增长平缓，但从2020年3月至7月，M2一下子

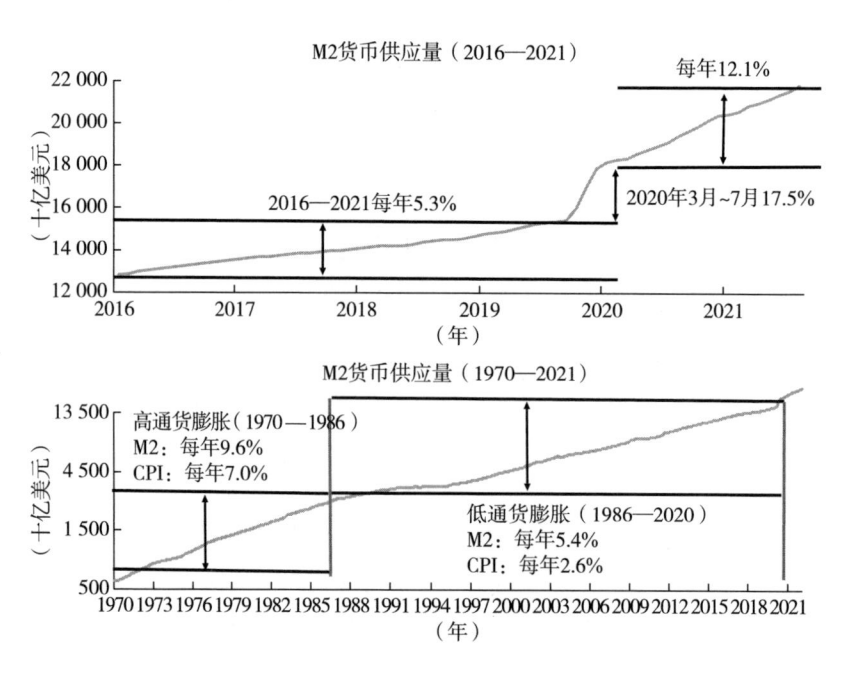

图24.2 1970—2021年M2货币供应量

就增长了17.5%。并且，从2020年5月到2021年底，年化增长率超过12.1%，是疫情之前的年化增长率的两倍多。

金融危机和新冠疫情两段时期内货币供应量的走势，有很大的不同。雷曼兄弟破产后，美联储确实扩大了货币供应量，M2在接下来的4个月里增长了5%。但到了2009年，货币增长就趋于平缓了，之后每年增长不到4%。

再来看图24.2中的第二个小图，展示了过去50年里通货膨胀和货币供应量的增长情况。1970—1986年，通货膨胀率很高，货币供应量平均每年增长9.6%，CPI每年增长7.0%，比前者低大约2.5%。这个现象非常符合货币理论：从长期来看，通货膨胀率等于货币增长率，高于经济增长率，经济增长率近似等于真实GDP增长率。当时真实GDP增长率平均为2%~3%。

20世纪80年代初，美联储主席保罗·沃尔克收紧了货币供应量，提高利率至新高，以此来减缓通货膨胀率。之后，美国进入了一个通货膨胀率长期处于温和程度的时期。从1986年到2020年疫情暴发之时，这34年的时间里，货币供应量平均每年增长5.4%，通货膨胀率平均每年增长2.6%。需要指出的是，货币增长与通货膨胀之间的紧密联系是长期存在的。不过在短期内，大量供应的货币可能会和通货膨胀之间出现较大的差异，出现滞后的情况。

图24.3展示了通货膨胀和货币增长的走势情况。其中19世纪和20世纪初的数据摘自弗里德曼的《美国货币史》。平均来看，货币供应量的变化，大约需要2年才能反映到通货膨胀上。所以图中展示的通货膨胀是滞后2年的情况。

2020年的货币增长率，是美国历史上最高的单年增长率，超过了一战和二战期间。无论从哪个角度来分析，货币爆炸式增长都很有可能会对通胀和金融市场产生重大影响。

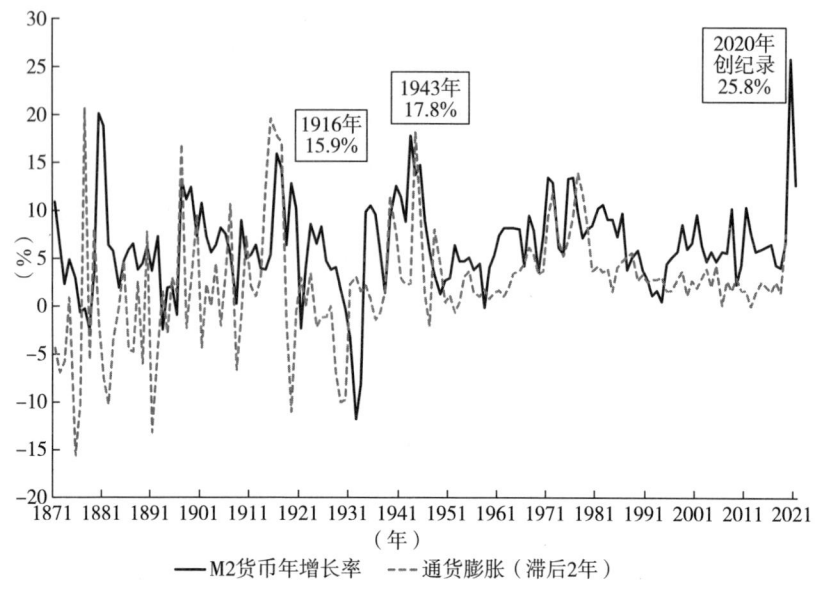

图24.3 M2货币年增长率情况和通货膨胀情况(滞后2年)

支持经济刺激计划的其他方案

如果美联储没有采取措施解决联邦政府的巨额赤字,那么经济和金融市场的表现将大不相同。政府将不再是向央行借钱,而是不得不向民众借钱。这会使长期利率变得更高,在很大程度上抵销经济刺激计划带来的扩张效果。高利率会抑制股价、提高借贷成本、降低流动性,不过同时,通货膨胀可以得到控制。

还有一种办法则是增加税收,减少税后收入,从而让那些受疫情影响最严重的人能够得到更多福利,保持平衡。但国会并不打算增加税收,所以这个方案没有得到实施。最终,还是货币扩张和更高的通货膨胀为"抗疫战争"买了单。

错误的预期和被低估的通货膨胀

很显然，美联储并没有预料到2021年竟然爆发了高通货膨胀。2020年12月，美联储预测，个人消费支出（personal consumption expenditure，简写为PCE），即平减指数，也是美联储用来衡量通货膨胀的指标，将在2021年上升1.8%，在2022年上升1.9%，仅比上一年高出0.1%。此外，联邦公开市场委员会（Federal Open Market Committee）的19个成员，对2021年通货膨胀的预期最高也就是2.3%。然而真实情况是，PCE通货膨胀达到了近5%，CPI则飙升至7.5%。

低估了通货膨胀威力的，不仅仅只有央行。彭博在2020年12月发表了一篇文章《严重的通货膨胀只是海市蜃楼》（Get Ready for the Great Inflation Mirage），淡化了一些关于财政和货币政策的担忧言论。[6]根据彭博对经济学家的调查，通货膨胀率的预期同比增长中值将为1.1%。摩根大通的首席美国经济学家迈克尔·费罗利（Michael Feroli）表示："我们认为，由于失业率仍然很高，通货膨胀将减弱。"[7]许多人都是这样认为的：劳动力过多，会使得工资受限、物价较低。大家都忽视了货币供应量的空前巨大的规模。2021年，当通货膨胀开始上升后，美联储在描述物价上涨时使用的词是"暂时的"，认为物价上涨的原因是某些特定行业出现了异常，比如二手车市场，以及供应链临时中断等。

实际上，2021年出现的供应链问题，并不仅仅是由于疫情的原因，更多的，还是由于人们对商品的需求量大增了。需求之所以大增，一方面是由于经济刺激计划的带动，另一方面则是随着疫情的发生，人们从之前对服务的需求，转变为对商品的需求。随着2021年通货膨胀不断加剧，"暂时的"这个词成了笑柄。美联储主席杰罗姆·鲍威尔（Jerome Powell）在2021年11月底宣布，他将"停用"这个词。

为什么这么多人都低估了2021年的通货膨胀呢？原因之一就是他们都太过于参考金融危机那时实施了量化宽松政策后通货膨胀的情况。他们的理由是，既然21世纪头10年大量供应准备金，以及创纪录的赤字并没有引发通货膨胀，那新冠疫情期间又怎么会引发呢？正如我们在前面提到过的，这两次事件有个很关键的区别，金融危机那时美联储虽然扩大了准备金，但并没有增加多少货币供应量。

通货膨胀被低估的另一个原因，来自美国劳工统计局使用的统计方法。劳工统计局会收集消费者价格信息，在记录房地产价格上涨信息时，流程极其缓慢，而房地产在CPI中的权重占了近1/3。之所以很慢，因为确定住房成本是通过对现有租赁协议和住房价格进行采样来获取的，这个采样的频率却比较低。劳工统计局在计算的时候，没有注意到凯斯—希勒房价指数已经上涨了20%，并且全国住房租赁价格指数也几乎涨了20%。于是统计局在计算时使用的是已经上涨之后的高房价，从而高估了未来的通货膨胀，低估了2020年和2021年的通货膨胀。

美联储发现对通货膨胀和货币扩张影响的预期出了错，终于不得不在2022年踩下了刹车。美联储主席杰罗姆·鲍威尔立即大幅提高利率，导致股市陷入熊市，抑制了商品和房地产价格的上涨势头。如果他能早一点加息，2021年的过度投机就会得到遏制，通货膨胀也会低得多。

通货膨胀对股票和债券的影响

整个疫情暴发期间，我都不断地在媒体上强调，股票才是"真正的资产"。换句话说，股票的价值取决于厂房、设备、版权、商标、其他知识产权等资本的盈利能力，而这些资本的价值会随着物价水平的上涨而上涨。债券和现金却并非如此，它们都是货币资产，收益以美元的形式来体现，完全不会随着购买力的变化而变化。[8]

事实上，那些加了杠杆的公司，也就是在资产负债表上有大量低息贷款和债券的公司，反而有可能从通货膨胀中受益。在疫情刚暴发时，人们看好的是那些负债率低、资产状况良好的公司，因为这样的公司更有希望在经济衰退中生存下来。起初，低等级债券和高等级债券之间的利差越来越大，人们越来越担心航空公司、游轮和酒店等与旅游和休闲行业相关的公司可能会倒闭。银行也受到了特别关注，不允许随意提高分红，因为银行的许多贷款都跟商业房地产有关，而商业房地产在这种情况下很有可能违约，金融危机时也采取了同样的限制。然而，随着经济复苏和政府提供了大规模财政援助，破产的情况非常少。

在通货膨胀中，还有另一种有利于公司的杠杆形式，就是固定的劳动合同。许多员工的工资会基于对未来通货膨胀的预期，每年调整一次。如果通货膨胀高于预期，那么劳动力的真实成本就会下降，从而提高企业的利润率。

不过，如果通货膨胀持续很长时间，这两种影响并不会一直都有。最终，劳动力会要求提高工资，补偿购买力的下降，利率也会上升来匹配更高的通货膨胀预期。在此期间，意外的高通货膨胀会提高公司的利润率。

疫情时期的股票估值

大量货币被央行创造出来后，首先流入的就是具有流动性的市场，股市，正是其中之一。不出所料，从2020年2月至2021年12月，股市上涨了44%，创下历史新高。从2020年3月的市场底部开始算起,标普500指数的涨幅超过了100%。

在此期间,标普500指数的盈利,从2020年初的每股180美元增长到2021年12月的每股220美元,增长了22%。由于股价的涨幅通常是盈利的2倍,因此市场的市盈率从约18倍上涨到了21倍。

市盈率的提高有几个原因。其中之一是科技股的强劲表现,科技股的估值要比市场整体高不少。除此以外,还有其他因素也在起作用。包括真实利率从2000年4%的高点持续下降;10年期TIPS跌至-1%以下;并且,非通胀指数化债券的真实收益率下降的更多。

在金融危机之后,股票估值持续上升,人们在描述这个现象时,常常会使用一个词,叫作"TINA",这是"There is no alternative"首字母的缩写,意思是"别无选择"。怎么理解呢?从历史数据的角度来看,股价相对于基本面来说确实是贵了些,但利率如此之低,所以人们除了投资股票,别无选择。在低利率和高通货膨胀时期,像股票这样的实物资产更有吸引力。

疫情时期的商品价格

在通货膨胀时期,还有其他形式的资产可以保护财富不缩水,即商品和房地产。由于经济刺激计划提高了个人的收入,增强了市场的流动性,这两种资产在2020年和2021年都大幅上涨了。商品研究局指数(Commodity Research Bureau index)里包括的19种商品,在疫情刚暴发时遭遇了急剧下跌,但随后开始上涨,到了2021年底,相比疫情前的水平上涨了20%以上。

石油是最重要的一种商品,2019年底的价格约为每桶60美元,但关于病毒传播的消息刚刚出现时,石油就开始下跌了。2月12日当美股达到历史最高点时,油价已经跌至每桶50美元。随着病毒肆虐、出行停止,油价经历了历史上最大的暴跌。3月19日,油价从46美元跌至27美元，并继续下跌。4月20日，美国俄克拉何马州库欣原油过剩，期货价格竟然罕见的跌至0以下，收于每桶-40.32美元。库欣仓库已经装不下那么多的原油了，卖家不得不花钱运走。[9]

之后，石油价格迅速回升，其他商品如木材和钢铁，虽然受经济周期影响很大，但随着建筑业的繁荣，价格也上涨了。到2021年夏天，木材的价格已经涨到了疫情之前的4倍，随后出现回调，但到2021年底，价格也还是疫情之前的2倍。运费大幅上涨，其他原材料的价格也开始飙升。波罗的海干散货指数（Baltic Dry Index）代表非石油商品的运费情况，涨到了疫情之前的5倍，随后开始回落。

疫情期间的房地产价格

从2020年3月到2021年12月，住宅房地产价格上涨了25%以上。这是自1986年凯斯—希勒房价指数成立以来最快的增速。这个速度已经超过了2008年金融危机爆发之前房地产泡沫时期的增速。

不过这次上涨的原因和15年前有天壤之别，并且这次的上涨很可能是永久性的。2005—2008年的房地产泡沫，主要是由于贷款标准的大幅放宽而引起的。当时次级抵押贷款激增，很多原本没有资格贷款的人都贷到了款，买了房。但2020—2021年的房价上涨，则主要是由于人们对住房的需求增加了，原因有几个。首先，利率下降了。其次，人们想要拥有第二套房，作为躲避疫情、休闲娱乐的地方。还有更重要的一点是，在家办公的岗位大幅增加，于是人们想要一个可以容纳家庭办公室的更大的房子。

REITs指数的走势跟股市的走势一样。从2020年2月20日到

3月23日，指数下跌了43%以上，略高于标普500指数的跌幅。2000—2001年互联网泡沫破裂时，房地产仍然坚挺，有效对冲了股市下跌，但在金融危机和这次新冠疫情中，房地产都没能成为有效的对冲工具。之后，REITs指数开始大幅反弹，到2021年12月已经比疫情之前的峰值还要高出18%，不过相比起标普500指数42%的反弹涨幅，还是要低不少。

REITs指数各个成分股的涨跌差别很大。商业办公地产的价格下降得很厉害，到2021年底才勉强恢复到疫情前的水平。但与此同时，数据中心的价格却急剧攀升，到2021年底，已经比疫情前上涨了近50%。同期，自助仓储空间的价格也几乎翻了一番。

对经济的长期影响

新冠疫情的暴发，已经导致100多万美国人死亡，在全球，已经有大约2 000万人死亡。[10] 大量的人患病，许多幸存者仍然长期被后遗症困扰。

这场危机改变了许多人的生活方式。有些改变是暂时性的，比如线下活动、室内餐饮和旅游业等都陷入低迷。但还有一些改变是永久性的，包括经济和金融领域。下面列出了我所认为的将会永久性的发生巨大变化的几个方面：

1. 人均寿命延长

mRNA疫苗的研发是一项突破性技术，能有效控制传染病、增强免疫力、对抗癌症等非传染性疾病。人均寿命的延长，使得人们需要重新认真规划养老和资产配置问题。

其实早在疫情暴发之前就已经有了这个趋势。随着医学技术的突破，这个趋势很可能会加速发展。虽然说退休时间可能会延迟，但工作时间也相应增加了。总的来看，人们退休后对商品和服务的需求将大增，比如养老院和医疗保健、旅游以及其他休闲活动等。

2. 在家办公和自由职业的兴起

疫情期间，远程办公的能力有了很大提升，大家不用再聚集到一个办公室里了。远程办公的成功，远超许多个人和经济学家的预期。这个转变将会有如下影响：

（1）商业办公空间的需求将急剧下降。办公室的成本将会降低，城市的商业密度也会降低。人们的通勤时间减少了，休闲娱乐的时间增多了，比如参加线下活动、做运动、打游戏、去旅行等。

（2）网上购物和家庭娱乐将会更多。疫情期间，大多数电影院都关闭了，于是更多的人开始从网上购物、进行在线娱乐。这个改变是永久性的，人们对在线娱乐系统的需求将越来越多。

（3）纯商务出差将会减少。因为出差会耗费时间和精力，所以商务会议的地点，将会更多地选择一些旅游地，这样家人、朋友可以一同前往，也可以有一些其他娱乐活动，不枉出行一次。

（4）零工经济将会兴起。会有更多的人通过从事各种各样的工作来获取收入，个体户和小公司将会越来越多。虽然企业文化的重要性将会下降，但创新很可能会增多，因为许多人可以有机会从束缚大公司的群体思维中跳脱出来。

（4）生产力将会提高，但同时工作时长将减少。这个改变对GDP的影响还未可知，因为GDP在计算时采用的是传统计算方法，并不包括休闲时间的价值。不过可以肯定的是，经济福利将会提高，因为经济福利包括了消费品的价值以及休闲时间的价值。

3. 财务预测

（1）债券收益率将变化不大，真实利率将时常为负。疫情的冲击导致风险资产暴跌，而事实证明国债正是一种很好的短期对冲工具。2020年3月和4月利率和消费者价格都在下降，使得名义国债成为比TIPS更有效的对冲工具。所以，当美联储采取紧缩政策后，长期国债不会像过去那样反应如此强烈。从而使得债券收益率不会出现很大的变化，走势曲线将比较平滑，同时会导致利率出现负值的频率增加。不过，这种负利率跟过去有所不同，除非是非常严重，否则一般不会预示经济即将进入衰退期。

（2）股票和公司盈利将更加具备弹性。面对疫情，大多数公司的调整和适应都比预想的要更快、更有效。这告诉我们很重要的一点，不要对短期事件反应过度，要有长远的眼光。我们要认识到，大多数资产90%以上的价值，是取决于未来多年的盈利能力，而不仅仅是一年的盈利能力，短期盈利下滑并不能说明股价大跌是合理的。

（3）抵御通货膨胀很重要。长期不变的通货膨胀率可能会使人们误以为通货膨胀不是问题，但其实在如今以法定货币为基础的经济情况下，货币的发行量是没有限制的。实物资产，比如房地产、商品，尤其是股票，才是投资组合的重要组成部分。真实利率将会变成负值，无法有效地保护购买力，只有股票有能力抵抗通货膨胀，产生正收益。

总结

人们常说，人类生活在一个有"舒适圈"的世界里。意思是我们在做平时经常做的事情时会感到很愉悦，当发现一些事情很容易就完成的时候，也许会做出一些小的变化和改进。

但面对较大的变化时，人们往往就会很抵触，因为这样的改变成本很高，人们会担心大变化还有可能会让情况更糟糕。这意味着，也许有些改变会让我们过得更好，比如吃些什么、住在哪里、和谁交往、去哪儿工作等，但大多数人觉得为了这些改变所付出的成本太高了，不值得。

然而在现实世界中，往往会发生一些事，它们迫使我们不得不走出舒适圈，应对变化。因此，危机往往会激发创新。二战催生了原子能和喷气发动机，普及了流感疫苗和青霉素的使用。类似的，新冠危机虽然让许多人不幸失去了生命，但也加速了mRNA技术的研发、远程通信工具的使用，以及人们希望能起作用的、预防下一次传染病暴发的措施。

BUILDING WEALTH THROUGH STOCKS

—

第 7 部分

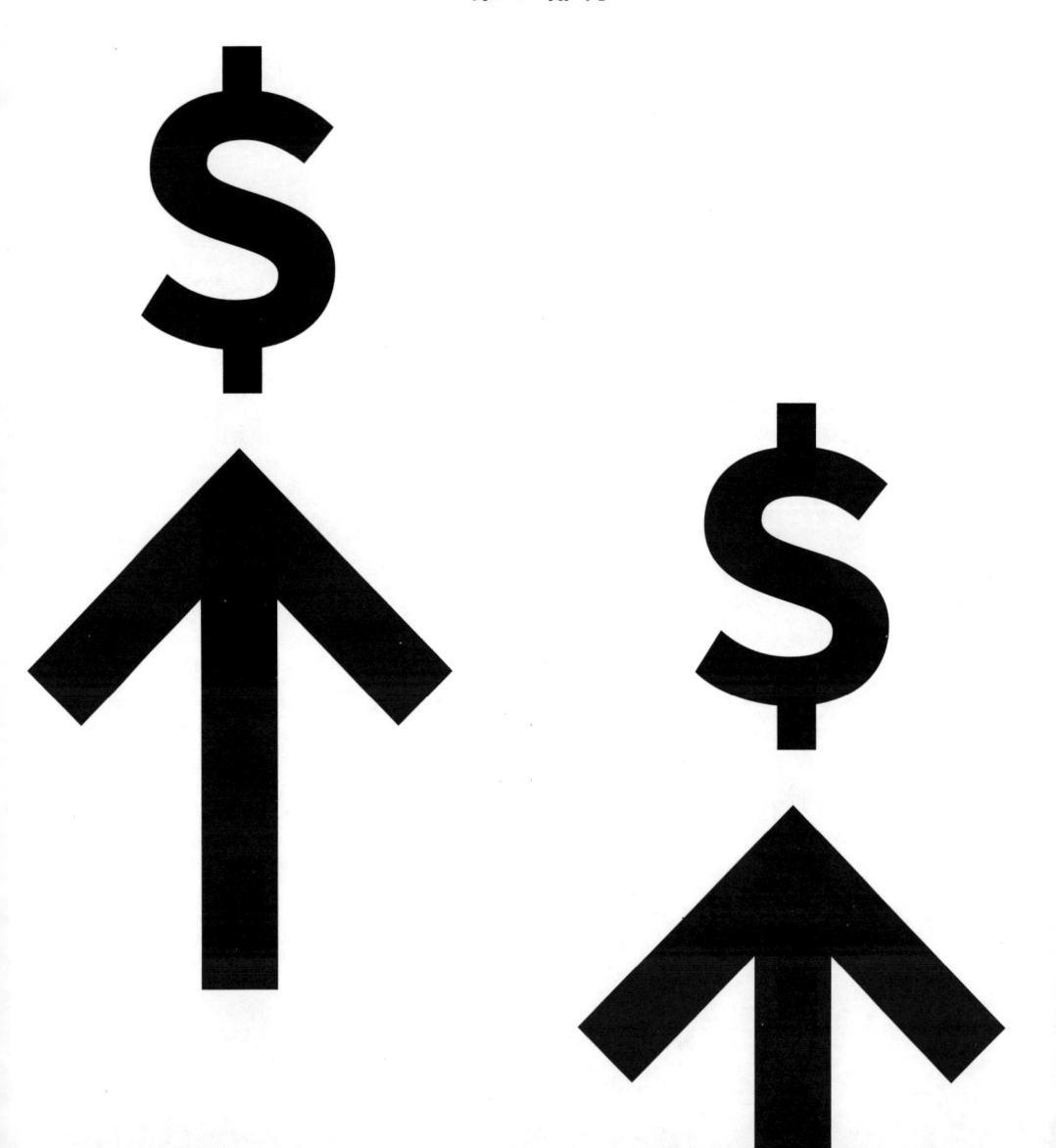

通过股票
积累财富

PART
SEVEN

[第 25 章]

心理因素是如何阻碍投资目标的？

CHAPTER
TWENTY-FIVE

> 理智的人，就像尼斯湖水怪一样，常有人说看到了，却从没有人拍到过照片。
>
> ——大卫·德雷曼（David Dreman），1998[1]

> 当股市看起来最火热时，往往是最危险的时候；当股市看起来最糟糕时，才是最值得进入的时候。
>
> ——弗兰克·J. 威廉姆斯（Frank J. Williams），1930[2]

这本书里有许多的数据和图表，为股票投资者讲述了一种分散化的长期投资策略。然而，介绍理论很容易，真正实践起来却很困难。越来越多的金融专业人士意识到，心理因素会阻碍人们进行理性的分析，从而让投资者无法获得最好的投资成果。对这些心理因素的研究，已经形成了一门学科，叫作"行为金融学"（behavioral finance）。

这一章的内容，我采用了对话的形式来展现，以便读者能更容易理解行为金融学所研究的基本问题。戴夫是一位投资者，但他坠入了心理陷阱，无法有效地做投资，你可能会意识到，他的某些行为跟你很相似。如果你也遇到了类似的问题，那么本章的内容将会帮助你成为一名更成功的投资者。戴夫先是找他的妻子珍妮弗谈了谈，然后又找了一位懂行为金融学的投资顾问咨询。故事开始于

1999年秋天,就在互联网泡沫达到顶峰的几个月之前。

1999—2001年的互联网泡沫

1999年10月

戴夫：珍，我做了一些重要的投资决策。我们的投资组合里，基本上都是像菲利普·莫里斯、宝洁和埃克森美孚这样的"老家伙"，如今这些股票都没怎么涨。我同事鲍勃和保罗已经在科技股上赚到很多钱了。我也问了我的股票经纪人艾伦这些股票的前景如何，他说专家认为互联网是未来的趋势。我正在卖出我们手里一些不涨的股票，打算买入科技股，比如美国在线、雅虎和英克托米（Inktomi）等。

珍妮弗：我听说那些股票投机性很强，你确定了解自己正在做什么吗？

戴夫：艾伦说，我们正在进入"新经济"时期，通信革命将彻底改变我们的商业模式。我们原本持有的那些股票是属于旧经济的股票，它们曾经有过表现好的时候，但我们的投资应该面向未来。我知道，这些科技股波动很大，但我会紧密追踪它们的，相信我，不会亏的。我觉得，我们终于走到正确的道路上了。

2000年3月

戴夫：珍，你看到我们最新的财务状况了吗？自去年10月以来，我们的股票已经上涨了60%。纳斯达克指数突破了5 000点，所有人都认为它还会继续上涨，不会止步于此的。到处都蔓延着对股市的兴奋情绪，股市已经是办公室里的热门话题了。

珍妮弗：你的股票交易似乎比以前更加频繁了，我都搞不清楚我们现在的持仓到底是什么了!

戴夫： 市场里的消息一个接着一个，变化快得很，我必须不停地调整投资组合。如今交易佣金很便宜，一旦出现了影响某只股票的新消息，就值得做调整。相信我，看看现在我们做得多好。

2000年7月

珍妮弗： 戴夫，我看了经纪人发来的持仓报告，发现我们不再持有原来那些科技股了，现在我们持有的是思科、易安信、甲骨文、太阳微系统、北电网络（Nortel Networks）和捷迪讯（JDS Uniphase）。我不知道这些公司都是做什么的，你知道吗？

戴夫： 4月份科技股崩盘那会儿，我刚好在收益全部跌没之前都卖出了。我们虽然很不幸没从那些股票上赚到什么钱，但也没有亏。

我知道我们现在的方向是对的。之前那些科技公司股没什么盈利，而我们现在持有的这些新公司是互联网的支柱，它们都是盈利的。艾伦告诉我一个重要的原则，你知道在19世纪50年代的加州淘金热中谁赚的钱最多吗？不是淘金者。有一些早早就开始淘金的人确实发现了黄金，但大多数人都一无所获，反而是那些向淘金者出售物资的人，比如卖镐、靴子、平底锅和登山装备的人，他们才是真正的赢家。这个启示非常清晰，大多数互联网公司都会倒闭，但那些为互联网基础建设提供支持的公司，比如卖路由器、软件和光纤电缆的公司，将成为最大的赢家。

珍妮弗： 但我听一些专家说，这些公司现在的估值过高了，它们的市盈率有好几百倍。

戴夫： 是的，但看看它们在过去5年里的增长，没人见过如此之快的增长。经济正在发生变化，许多传统的估值指标如今已经不适用了。相信我，我会密切跟踪这些股票的。不久前我不是刚刚及时从那些互联网股票里抽身而退吗？

2000年11月

戴夫（自言自语）：我该怎么办？过去的几个月糟透了。我已经亏了20%了。2个多月之前北电网络的股价还在80美元，如今就只有40美元了。易安信之前是30美元，如今只有15美元。现在的价格太便宜了，我想拿出剩余的资金，再以便宜的价格买入一些股份，这样未来这些股票不需要涨回那么多，我就可以回本了。

2001年8月

珍妮弗：戴夫，我刚看了经纪人发来的报告单，我们已经完蛋了！几乎有3/4的养老钱都没了。我以为你会密切关注投资情况，但我们的投资组合如今只剩下巨额亏损。

戴夫：我知道，我很难受。所有的专家都说这些股票会反弹，但它们一直在下跌。

珍妮弗：这不是第一次了。我不明白为什么你做得这么差。这么多年来，你密切关注市场，研究所有财务报告，消息也似乎很灵通，但你还是会做出错误的投资决策，在高点买入，在低点卖出，始终持有亏损的股票，却卖出赚钱的股票，你……

戴夫：我知道，我都知道。我的股票投资总是失败。我想我要放弃股票，改为买债券了。

珍妮弗：听着，戴夫，我跟几个人谈过你在投资方面的问题，我希望你能去见一位投资顾问。投资顾问会从行为心理学的角度来帮助投资者明白为什么投资会失败，他会帮你纠正错误的行为的。我已经替你约好了，你去见一见吧。

行为金融学

戴夫不太相信。他觉得了解股票,只需要具备经济学、会计学和数学方面的知识就可以了。戴夫从没听说过"心理学"这个词出现在其中。但他知道,自己需要帮助,去见一见也无妨。

投资顾问(后简称投顾):我了解过你的情况,也跟你的妻子聊过,我认为你是一位我们这里非常典型的客户。我专注于经济学的一个分支,叫作"行为金融学"。我在工作中研究的许多观点,都是基于心理学概念来的,而之前,心理学很少被应用到股市和投资组合管理这个领域里。

我先来给你介绍一些相关的背景知识。过去,金融领域里的主流思想是认为,投资者会最大化他们的期望效用或幸福感,并且总是保持理性。这是把确定条件下的理性的消费者选择理论,扩展应用到了不确定的情景中。

20世纪70年代,两位心理学家阿莫斯·特沃斯基(Amos Tversky)和丹尼尔·卡尼曼(Daniel Kahneman)注意到,许多人的行为并不像理论里介绍的那样。他俩建立了一个模型,叫作"前景理论"(prospect theory),描述的是人们在面对不确定性时到底会如何行动、如何做决策。[3] 这个模型使他们成为行为金融学的先驱,他们的研究也取得了很大的进展。

从众、社会动力学和股票泡沫

投顾:我们先来说说你当初买入互联网股票的决定吧。回想一下1999年10月那会儿,还记得你为什么决定买那些股票吗?

戴夫:记得。当时我手里的股票一直不涨,而我的同事则投资了互联网股票,还赚了很多钱。人人都在追捧这些股票,都说互联网是一场通信革命，将彻底改变商业模式。

投顾：当所有人都在兴奋地谈论股市时，你反而应该格外谨慎。股价的高低，并不仅仅取决于经济价值是多少，还会受到心理因素的影响，人们的心理，会对市场产生影响。耶鲁大学的经济学家罗伯特·希勒，是一位普及行为金融学的先驱，他强调说，资产价格的确定，会受到从众和社会动力学的巨大影响。[4]希勒指出，股价的波动如此之大，是无法用分红或盈利等经济因子的波动来解释的。[5]他做了个假设，认为大部分额外的波动都可以用从众和追热点来解释，这两个行为都会极大影响投资者的策略。

戴夫：我确实对这些互联网股票有过怀疑，但其他人似乎都很确定这些股票将会是赢家。

投顾：看看，注意一下别人是如何影响你的决策的，即便你原本的决策更好。心理学家早就知道，想要在一群人当中保持自己的独立性是多么难。社会心理学家所罗门·阿希（Solomon Asch）证实了这一点。他做了一个著名的实验，测试者面前有四条线，要求他们选出长度相同的两条线。正确答案是显而易见的，但是当阿希博士派来的人提出反对意见并给出错误答案后，测试者往往也会转而给出错误的答案。[6]

后续实验证实，并不是社会压力导致测试者违背自己的最佳判断，做出错误的行为，而是测试者认为一大群人是不可能出错的。[7]

戴夫：真的就是这样。那么多人都在炒作这些股票，我觉得这里面一定有什么东西。如果我不买，那我会觉得我错过了。

投顾：我了解这种感受。社会压力会影响股价，互联网泡沫就是个很典型的例子。人们在办公室里的交谈、新闻头条，以及分析师的预测，都促使人们狂热地去投资这些股票。心理学家把这种从众的倾向称为"羊群效应"，即人们倾向于调整自己的想法，使之与主流思想一致。

在互联网泡沫之前也有很多案例。1852年，查尔斯·麦凯（Charles Mackay）撰写了经典著作《非同寻常的大众幻想与群众性癫狂》（Extraordinary Delusions and the Madness of Crowds），记录了一系列金融泡沫事件。在这些事件中，价格的不断上涨使投机者陷入疯狂，包括1720年左右发生的英国南海泡沫（South Sea bubble）和法国的密西西比泡沫（Mississippi bubble），以及一个世纪前荷兰的郁金香狂潮。[8] 我来给你念一段书中我最喜欢的话，也许你能感同身受：

> 我们发现，整个群体突然把他们的注意力都集中在了一件事情上，并为之而疯狂；成千上万的人同时被一种错觉所吸引，不断地追求它……清醒的人一下子都变成了不顾一切的赌徒，把几乎全部身家都押在了一张纸上……俗话说得好，人是群体性思维……他们会集体陷入疯狂，却只能慢慢地、一个接一个地恢复理智。

戴夫（摇着头）： 历史上这样的事发生了一遍又一遍。甚至去年已经有人指出这个同样的问题了，但我当时却坚定地以为"这次不一样"。

投顾： 大家都一样。投资者随大溜是金融史上不变的事实。也许有时候"大众"是对的，[9] 但通常情况下从众会将你引入歧途。

戴夫，你有没有遇到过这种情况，当你到了一个新的城市后，需要在两家餐厅当中做选择，你会怎么做呢？如果这两家餐厅距离比较近，那么一个非常合理的决策方式就是，去看一下哪家餐厅顾客更多，因为肯定会有一些顾客是在尝试过两家餐厅后，选择了更好的一家。但是，当你也在顾客更多的餐厅吃饭时，下一个正在做选择的人也会用同样的理由来选择餐厅，你的行为增加了他选择这家餐厅的概率,以此类推。最终,每个人都会去这家餐厅吃饭,即便真实情况可能是另一家餐厅味道更好。

经济学家将这种决策过程称为"信息瀑布"(information cascade),并且他们认为这种现象在金融领域常常发生。[10]举个例子,当一家公司出价收购另一家公司时,其他公司往往也想加入收购。当一个IPO(首次公开募股)受到热烈追捧时,其他投资者也会想加入。人们会觉得,"有人知道些什么",自己不应该错过这个机会。虽然有时候可能是对的,但绝大多数时候都是错的。

频繁交易、过度自信和代表性偏差

投顾:戴夫,我们来聊聊另一个话题吧。从你的交易记录来看,我发现你是一位非常活跃的投资者。

戴夫:我不得不这样。各种信息不断地轰炸着市场,我觉得我必须根据这些新消息不断调整我的投资组合。

投顾:我来告诉你吧,其实交易只会给你带来额外的焦虑,降低你的投资回报。2000年,有几位经济学家发表了一篇文章《交易会让你的财富缩水》(Trading Is Hazardous to Your Wealth)。对此我还要补充一点,交易对你的健康也是有危害的。他们研究了数万名投资者的交易记录,结果显示,交易最频繁的投资者,比交易不频繁的投资者,收益率低7.1%。[11]

戴夫:你说得对。我也觉得交易降低了我的收益率。我以为能快人一步,但我想实际上应该并没有。

投顾:想要成为一名成功的投资者是非常难的。即便把全部精力都投入股票交易的聪明人,也很难获得高收益。问题就在于,大多数人都过度自信了。换个角度,无论是学生、投资者、司机或是其他什么人,通常都会认为自己的水平要高于平均,但这在统计学上是不可能成立的。[12]

戴夫：那是什么导致了过度自信呢？

投顾：有几个原因。第一个原因叫作"自我归因偏差"（self-attribution bias），也就是当某件事出现了好的结果时，人们会把成功归功于自己，然而实际上并不是自己的功劳。[13]你还记得2000年3月那时，你向妻子吹嘘自己买了那些互联网股票是多么聪明吗？

戴夫：正是。其实我错了！

投顾：你最初的成功，助长了你的过度自信。[14]你和朋友都以为，是你高超的投资技巧，让你从股票中赚到了钱，但实际上这往往只是运气。

导致过度自信的另一个原因是，当人们观察两件类似的事件时，倾向于发现过多的相似之处。[15]这种现象叫作"代表性偏差"（representative bias）。这种偏差源自人类学习的过程。当我们看到一个熟悉的事物时，会通过代表性经验法则（representative heuristic）来进行学习，但往往我们以为的相似之处其实并不相同，于是我们就会得出错误的结论。

戴夫：我订阅的投资资讯分析说，过去，每当这样或那样的事件发生后，市场都会朝某个方向走，表明下次也一定会是这样。但是，当我按它的建议来做时，从来都没有奏效过。

投顾：多年来，金融经济学家一直都在告诫人们，不要企图从数据中发现什么规律，实际上，根本就没有规律。从历史数据中找寻规律，称为"数据挖掘"（data mining），如今计算能力已经相当强了，相比过去来说要容易做得多。[16]假如我们给出一大堆变量来分析股价走势，你一定能发现许多惊人的吻合。比如说，在过去的100年里，每月第三个周四且为满月的日子，股市都会上涨！

代表性偏差可以解释股市中出现过的一些极其错误的判断。1914年7月一战爆发时，纽约证券交易所的工作人员认为，这是一场巨大的灾难，于是把交易所关闭了5个月。万万没想到！美国成为欧洲的军火商，生意兴隆，1915年成为股市历史上表现最好的一年之一。

到了1939年9月，德国入侵波兰，投资者立刻开始回顾一战时股市的表现，发现当时股市有着超高的回报。于是投资者疯狂买入股票，第二天股市就大涨7%！但这次的做法又错了。罗斯福下了决心，这次不再让公司像一战时那样大赚特赚了。股市在经历了几天的上涨之后，就进入了严重的熊市，直到将近6年之后，市场才回到1939年9月的水平。很显然，一战和二战并不像人们以为的那样相似，代表性偏差就是造成这种错误认知的罪魁祸首。

从心理学上讲，人类在本质上并不能接受外界的随机性。[17]当人们得知市场波动是随机的，基本上找不到原因和理由时，就会感到非常不安。每个人的内心深处，都想要知道事情发生的原因是什么。于是，记者和专家就有用武之地了。他们非常乐意填补我们知识上的漏洞，然而他们给出的解释往往是错的。

戴夫：这一点我有同感。我记得，在我2000年7月买入这些科技股之前，我的经纪人打了个比方，他把这些公司比作19世纪50年代专门为淘金者提供装备的供应商。当时我觉得很有道理，但事实上，两者面临的情况是不同的。说来也奇怪，按理说我的经纪人应该是一位专家了，却和我一样，也存在着代表性偏差和过度自信的情况。

投顾：事实上有证据表明，专家比普通人更容易过度自信。专家都受过训练，会用一种特定的方式来分析事情，他们会基于自己找到的支持性证据来给出建议，而不会注意那些反对性证据。[18]

回想一下2000年，当时虽然已经有消息表明分析师对科技行业的看法存在严重错误，但他们仍然没能正确调整他们对科技行业的盈利预期。多年来，他们都被企业给出的乐观信息蒙蔽了双眼，不知道该如何解读悲观信息了，所以大多数分析师就直接忽略了悲观信息。

并且，人们倾向于对坏消息视而不见的情况，在科技行业里尤为严重。许多人都如此确信科技股就是未来，以至于他们根本不管如潮水般涌来的可怕消息，直到这些股票下跌了80%或90%之后，才下调了这些股票的评级！

当面对跟自己世界观不一致的消息时视而不见，这种情况被称为"认知失调"（cognitive dissonance）。出现认知失调，其实就表示我们感觉到不适了，也许我们发现某件事跟我们的观点相冲突，或是发现自己的能力和行为其实并没有自己想象的那么优秀，我们都会从本能上想要去减少这种不适感，于是就很难认识到自己的过度自信。

前景理论、损失厌恶和不愿放弃亏损股

戴夫： 我明白了。我们能谈谈个股吗？为什么到最后我的投资组合里剩下的都是亏损股？

投顾： 还记得我刚才说过，卡尼曼和特沃斯基使用前景理论开创了行为金融学的事吗？在他们的理论中有一个关键概念，就是一个人会基于自己设置的参照点，来判断投资表现的好坏。卡尼曼和特沃斯基发现，基于这个参照点，一个人亏了钱之后痛苦的程度，要比赚了同样多的钱之后喜悦的程度高得多。研究人员称这种现象为"损失厌恶"（loss aversion）。他们表示，你持有的股票是涨是跌，或者说你是赚了还是亏了，会在很大程度上影响你做出继续持有还是卖出的决策。

戴夫： 让我想一想你说的"参照点"是什么？

投顾： 我来问你个问题，当你买入一只股票后，你是怎么追踪它的表现的？

戴夫：我会计算一下，从我买入之后，这只股票上涨了多少或是下跌了多少。

投顾：没错，就是这样。通常来说，参照点就是投资者买入这只股票时的价格。投资者往往会只看这个参照点，而不考虑其他任何信息。芝加哥大学的理查德·塞勒（Richard Thaler）在投资者行为方面做过开创性的研究，他将这种现象称为"心理账户"（mental accounting），或"狭隘框架"（narrow framing）。[19]

当你买入一只股票时，你就开了一个心理账户，参照点就是你买入时的股价。同样的，当你买入一篮子股票时，你要么会对每只股票单独考虑，要么会把这一篮子股票作为一个整体来考虑。[20]你持有的这些股票是赚了还是亏了，会影响你决定继续持有还是卖出。另外，当多只股票都出现了亏损时，你会倾向于把这些亏损加在一起，因为相比起许多个小的亏损，一个较大的亏损会让你的感受稍好一些。对许多投资者来说，避免浮亏变实亏是投资的首要目标。

戴夫：是的，一想到我在科技股上的亏损，我就不寒而栗。

投顾：这种想法是正常的。不想在浮亏时卖出，一个主要原因就是自尊心在作怪。每一项投资，都同时包含了情绪期望和财务期望，所以你很难客观地去衡量。一开始你卖出了手里的股票，小赚了一笔，感觉很棒，随后你又买入了一批股票但亏了。虽然这些股票的前景并不好，但你不仅继续持有它们，反而还买入了更多，希望它们能反弹。

根据前景理论的推测，许多投资者的做法都跟你是一样的，也就是继续增加仓位，希望能早日回本，但增加仓位同样增加了风险。[21]不过有趣的是，研究人员发现，对共同基金来说，投资者会卖出浮亏的基金，追涨盈利的基金。对于这个现象，行为金融学有个合理的解释，即由于是基金，所以投资者总是可以指责基金经理挑选的股票太糟糕。而如果是你自己选股，你就无人可以指责了。[22]

戴夫： 我从来没有买过任何共同基金，所以我的亏损只能怪我自己了。我想的是，在股价下跌的时候加仓，等未来股价上涨了，就可以帮助我更快地回本。

投顾： 不只是你，其他数百万投资者也是这样想的。1982年，勒罗伊·格罗斯（Leroy Gross）写了一本股票经纪人手册，在手册里他把这种现象称为"回本症"（get-even-itis disease）。[23] 他认为回本症给投资组合造成的损失，可能比其他任何错误都要更大。

承认自己做了一次错误的投资是很难的，向别人承认自己错了就更难了。但是，想要成为一名成功的投资者，就得在犯了错时勇于承认，除此以外别无选择。构建投资组合时，必须基于"长远目光"（forward-looking basis），过去发生的事情已经无法改变了。在经济学家眼中，这就是"沉没成本"（sunk cost）。如果前景不好，那么你手里的股票无论是赚是亏，都最好卖出。

戴夫： 我加仓的时候，是觉得当时股价很便宜。很多股票都从高点下跌了50%或更多。

投顾： 便宜，要看到底相对于什么是便宜的？是相对于过去的股价便宜，还是相对于未来的前景便宜？你以为40美元的股价，相对于之前80美元的股价来说，是便宜的，但你从来没有想过，可能40美元仍然还是太贵了。这正好印证了卡尼曼和特沃斯基发现的另一个投资者行为："锚定效应"（anchoring），也就是说，人们在面对一个复杂决策时倾向于使用一个"锚"或是特定的数字来帮助自己做判断。[24] 想要弄清楚合理的股价到底是多少太复杂了，所以人们很自然地就会想到，把自己近来看到的股价当作"锚"，然后据此来判断出当前的股价是便宜的。

戴夫： 如果我听从你的建议，只要前景不太好，就卖出浮亏的股票，那我的交易记录里就会出现更多的亏损。

投顾： 没错！但大多数投资者的做法恰恰相反，这对他们是不利的。研究表明，投资者卖出浮盈的股票的频率，要比卖出浮亏的股票的频率高出50%。[25]这意味着，上涨了的股票被卖出的概率，要比下跌了的股票被卖出的概率高50%。无论是从交易的角度看，还是从税收的角度看，这都是一个糟糕的策略，然而投资者就是会这样做。

我来跟你讲个例子，是一个来向我咨询的短线投资者的例子。他告诉我说，他80%的交易都是赚钱的，但他的账户整体看是亏损的，这就是因为他在那些亏损的交易中亏了太多的钱，超过了他的盈利。

咨询过我之后，他成为一名成功的投资者。如今他说，现在他只有1/3的交易是赚钱的，但账户整体来看盈利颇丰。一旦事情不像他预料的那样发展，他就会快速卖出浮亏的股票，继续持有浮盈的股票。华尔街有句老话，是对成功投资的总结："卖掉赔钱股，抱牢赚钱股。"

避开行为陷阱的方法

戴夫：我觉得短期频繁交易不靠谱，我还是想学习正确的长期投资策略。我怎样才能避开这些行为陷阱，成为一个成功的长期投资者呢？

投顾：戴夫，我很高兴你不想做短线交易了，因为短线交易只适合我的极少一部分客户。

想要成为一名成功的长期投资者，就必须建立好一套规则和激励机制，来保证你的投资处在正轨上，这也被称为"事先承诺"（precommitment）。[26]先制定好资产配置的规则，然后坚持执行。如果你的投资能力强，你可以自己做，或者你也可以请投资顾问帮你做。规则制定好之后，就不要再去怀疑。当我们看到市场每天的涨涨跌跌时，请记住，创造盈利的几个基本因素的变化根本不像我们以为的那么快。严格遵循投资策略，才是一个成功的策略。

如果你想的话，也不必完全抛弃短线交易。如果你想买只股票做个短线，那就设立一个清晰的卖点来减少损失。不要让你的损失扩大，不要找理由说这只股票最终会涨回来的，并且，也不要把短线交易告诉你的朋友，不想丢面子的思想会让你更加不愿意承受亏损，不愿意承认你错了。

戴夫： 我承认，我还是很喜欢短线交易的感觉的。

投顾： 如果你确实喜欢，那你就建立一个小的交易账户，跟你其他的投资组合完全隔离开。所有的交易佣金和税费都必须用这个账户支付。要做好这个账户里的资金会全部亏完的心理准备，因为这是很有可能发生的。并且，你也绝对不要提高之前设好的这个账户的最大投入金额。

如果你做不到，或是对市场感到恐慌，或是有频繁交易的冲动，打电话给我，我会帮你的。

短视损失厌恶，投资组合跟踪和股票风险溢价

戴夫： 由于我在股市里收益太差，我甚至考虑过放弃股票，去投资债券，虽然我知道，长期来看这是个糟糕的决定。你建议我多久查看一次我的股票投资组合？

投顾： 这是一个很重要的问题。只要你买股票，那么股价就很有可能会下跌，低于你买入时的价格，而且很可能在你刚刚买入后就下跌了。我们前面已经说过，损失厌恶，会让你在看到下跌后感到很痛苦。但是，既然股价长期看是向上走的，那么如果你等待一段时间之后，再去查看投资组合，你看到亏损的概率就会降低。

有两位经济学家什洛莫·贝纳茨（Shlomo Benartzi）和理查德·塞勒（Richard Thaler），针对查看账户的时间间隔是否会对投资者选择股票还是债券产生影响，做过研究。[27] 他们开展了一项学习实验，实验中，测试者可以看到两种资产类别的收益情况，但并

不知道是哪两种资产。其中一组测试者看到的是股票和债券每年的收益率,另一组测试者看到的是同样的收益情况,但不是每年的收益率,而是5年、10年和20年的收益率。然后测试者需要选择一种股债配置比例。

看到每年收益率的测试小组,在股票上的投资比例,要远远小于看到长期收益率的另一组。这是因为,股票的短期波动让人们不愿意选择它,尽管长期来看股票才是更好的选择。

根据市场的短期波动来做决策的行为,被称为"短视损失厌恶"(myopic loss aversion)。拉长时间看,股票出现亏损的概率要小很多,所以容易受到损失厌恶影响的投资者,可以通过降低查看账户的频率来提高自己的持有时间。

戴夫:这话太对了。如果我非常频繁地看涨跌,会觉得这些股票风险很高,我就会想,怎么会有人想要继续持有它们呢?但若是看长期,又会觉得股票的收益这么好,怎么会有人不想持有它们呢?

投顾:贝纳茨和塞勒认为,短视损失厌恶是解决"股权溢价之谜"(equity premium puzzle)的关键。[28]多年来,经济学家一直在试图弄明白,为什么股票的收益率会比债券高那么多。研究表明,在20年或更长时间内,一个分散配置的股票投资组合不仅能提供更高的剔除通货膨胀之后的收益率,并且实际上还要比债券更加安全。因为投资者关注的投资期限太短了,所以股票看起来风险很大,那么股票就必须要有很高的溢价才能吸引投资者。假如投资者不怎么频繁地去查看投资组合,那股票风险溢价可能会低得多。

贝纳茨和塞勒已经证明,股票的高风险溢价跟短视损失厌恶以及按年来查看收益率是相吻合的。他们还表明,如果投资者每10年才查看一次投资组合,那么只需要2%的风险溢价就可以吸引投资者去投资股票。如果投资者每20年才查看一次，风险溢价会降低到仅1.4%。如果投资者每30年才查看一次，风险溢价就只有不到1%了。股价得比现在高出非常多，才能将溢价降到如此低的水平。

戴夫： 你的意思是说，我不应该太频繁地查看我的股票账户吗？

投顾： 只要你想，随时都可以看，但是别改变你的投资策略就好。记住，要设置好规则和激励机制。坚持长期做好组合配置，不要轻易改变它，除非有明显证据表明，某个行业的价格相对于其基本面来说已经大大高估了，就像互联网泡沫时期的科技股那样。

逆向投资和投资者情绪：提高投资组合收益的策略

戴夫： 有没有办法可以利用他人的行为弱点，来获得超额收益呢？

投顾： 不要从众，就有可能获得好收益。一个持有不同观点的投资者，通常被称为"逆向投资者"（contrarian），逆向投资者的观点会跟主流观点不一致。逆向投资策略，最初是由汉弗莱·B.尼尔（Humphrey B. Neill）提出的，他在1951年出版了一本小册子，名为《逆向投资的回报》（It Pays to Be Contrary），后来这本小册子扩充成了一本书，名为《逆向思考的艺术》（*The Art of Contrary Thinking*）。尼尔在书中写道："当每个人的想法都一样时，每个人都可能是错的。"[29]

有一些逆向投资策略就是基于心理驱动指标的，比如投资者情绪。底层逻辑就是，大多数投资者都会在股价高时过于乐观，而在股价低时过于悲观。

其实这也不是新概念了，投资大师本杰明·格雷厄姆在80年前就说过："投机者的情绪会严重阻碍他获得成功。因为理所当然的，他会在股价处于高位时最乐观，而在股价处于低位时最失望。"[30]

戴夫： 但我怎么知道市场何时过于悲观，何时过于乐观呢？不是靠主观判断吗？

投顾： 不完全是。总部位于纽约新罗谢尔的投资人情报公司（Investors Intelligence），长期发布一项投资者情绪指标。过去40年，公司研究了大量市场简讯，分析了每篇文章对市场未来走势是持看涨、看跌还是中性的态度。当看涨情绪很高时，就要小心谨慎了，当看跌情绪蔓延时，通常是买入的好时机。

类似的还有VIX指数，通过对期权价格的计算来观察市场波动率，当投资者情绪非常低迷时，指数就会上涨。[31]看跌期权的溢价可以反映市场的焦虑程度，这就是近乎完美的投资者情绪指示器了。

戴夫： 能使用逆向投资策略来挑选个股吗？

投顾： 可以的。逆向投资者认为，乐观和悲观情绪的变化，不仅会影响整个市场，也会影响个股。所以，买冷门股票也许是个好策略。

沃纳·德邦特（Werner De Bondt）和理查德·塞勒（Richard Thaler）做过研究，为了了解投资者是否会对未来的收益过于乐观或过于悲观，他们建立了两个投资组合，一个组合由过去5年盈利的股票组成，另一个组合则由过去5年亏损的股票组成，然后观察这两个投资组合的收益率情况。[32]结果发现，盈利股票组成的投资组合，收益率比市场要低10%，而亏损股票组成的投资组合，收益率比市场要高出30%。

这个策略为何有效呢？其中一个原因跟我们刚才说过的代表性偏差有关。人们会把短期的走势想象成未来的走势。虽然有一些证据表明，短期动量是有助于股价上涨的，但长期来看，许多过去表现不佳的股票，未来表现却不错，而许多过去表现很好的股票，未来表现却不佳。还有另一种基于冷门股票的策略，叫作"狗股策略",也叫"道琼斯10策略"。[33]

戴夫：今天的谈话让我学到了很多。看起来，几乎所有的行为陷阱我都掉了进去。我只能安慰自己，我不是唯一的一个。你的建议也能帮助许多其他投资者。

投顾：很多人不仅得到了帮助，还做得非常成功。对许多人来说，在投资上取得成功，需要对自己有非常深入的了解，哪怕是在工作上取得成功或是在人际关系上取得成功，可能都不需要对自己了解得这么深。华尔街有句老话说得很有道理："股市是你探寻自我成本最高的地方。"

[第26章]

ETF、股指期货和期权

CHAPTER
TWENTY-SIX

> 我小时候在美林干活儿，每周挣25美元，我听一个老前辈说："最棒的交易要属股票期货了，但你别去做，那是赌博。"
>
> ——利奥·梅拉梅德（Leo Melamed），1988[1]

> 沃伦·巴菲特认为股票期货和期权应该被取缔，我也是这样想的。
>
> ——彼得·林奇，1989[2]

如果有人问，2021年在美国的证券交易所里哪种证券的美元交易量最大，你觉得会是什么？苹果、谷歌、特斯拉？答案可能会让你非常吃惊，交易量最大的证券，是一种直到1993年才出现的证券，而且并不是某一家公司的股票。它就是"蜘蛛"。蜘蛛是"标准普尔存托凭证"（S&P 500 Depository Receipts，简写为SPDR）的昵称，是一个代表标普500指数价值的交易所交易基金，即ETF，证券代码为SPY。2021年，SPY的交易量超过了186亿股，达到7万亿美元。

ETF

ETF的全称为交易所交易基金，是股指期货合约20年前诞生以来，最具创新性和最成功的新型金融工具。ETF由投资公司发行，其份额代表着一个投资组合。ETF可以在交易所里随时交易，价格由供求关系决定。20世纪90年代发行的大多数ETF，都是追踪知名指数的，但近年来，ETF开始追踪一些新的定制化指数，甚至有的追踪主动管理型投资组合。

图26.1展示了1995—2020年共同基金和ETF的规模增长情况。[3]2012年底，ETF的总规模只占共同基金总规模的10%，到2020年占比已经接近30%。ETF规模的增速要远远高于共同基金。

1993年发行的蜘蛛，是第一只ETF，也是非常成功的ETF。随后，又有许多成功的ETF出现，比如代表纳斯达克100指数的QQQ，昵称为"立方体"（cubes），以及代表道琼斯指数的DIA，昵称为"钻石"（diamonds）。

ETF能非常准确地追踪指数。这是因为，被称为"授权参与

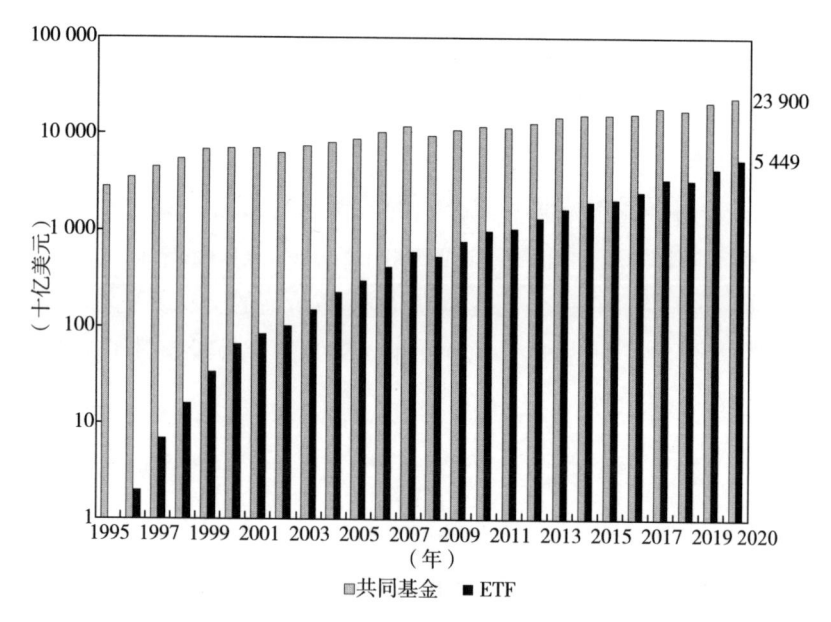

图26.1 共同基金和ETF的规模

人"（authorized participants）的指定机构、做市商和大型投资者，可以买入指数成分股的份额，然后通过发行商将这些成分股份额换成ETF的份额，也可以将手里的ETF份额换成指数成分股的份额。这种转换的最小单位，被称为一个"申购基数"（creation unit），通常是5万股左右。举个例子，一位授权参与人将50 000份蜘蛛给了道富银行（State Street Bank&Trust），将得到标普500指数里每个成分股的相应股票份额。这些授权参与人可以保持ETF的价格跟指数的价值几乎完全一致。像蜘蛛和立方体等非常活跃的ETF，差价能低至1美分。

与共同基金相比，ETF有几个优势。首先，ETF是实时交易的，而共同基金不是。其次，投资者可以做空ETF，当ETF下跌后就可以获利。如果投资者担心市场下跌，那么做空ETF就是一种很好地保护自己投资组合收益的方式。再次，相比起共同基金，ETF在税收上也很有优势，无论是投资者之间进行交易，还是把ETF份额换成指数成分股份额，都几乎不会产生资本利得税。因为ETF份额和指数成分股份额之间的转换，被认为是"实物交换"（exchanges in kind），不需要纳税。在本章后面的内容中，我们将列出ETF和其他形式的指数投资之间的优缺点。

股指期货

ETF的诞生，实际上要源于另一项重要的交易创新，即20世纪80年代初兴起的股指期货。尽管ETF非常受欢迎，但ETF的美元交易总量，仍然要远远小于股指期货的交易量。股指期货最初是在芝加哥进行交易，如今都是电子化的了。市场情绪的变化，往往会最先影响期货市场，然后再传导到纽约交易所里的股票上。

早期期货市场对股市的影响

我们来看一下1992年4月13日发生了什么事情，就能明白在20世纪80年代和90年代，股指期货对股价有多么重要的影响了。那一天开始得很平常，看起来就是一个普通的交易日，然而到了上午11点45分左右，芝加哥两大期货交易所，即芝加哥期货交易所（Board of Trade）和芝加哥商品交易所（Mercantile Exchange）突然关闭了，原因是芝加哥河（Chicago River）的河水泄露，淹没了金融区下方的隧道，引发了大面积的停电。图26.2展示了当天道琼斯指数和标普500指数期货的走势。可以看到，芝加哥交易所一关闭，股市的波动率马上就明显下降了。

一旦芝加哥那边没了指引，纽约证券交易所看起来就像是"死机了"。那天，交易量下降了25%以上，一些交易商声称，期货市场如果不恢复的话，可能会出现流动性问题，纽约的一些交易也难以执行。[4]奥本海默（Oppenheimer & Co.）的市场策略师迈克尔·梅茨（Michael Metz）说："这绝对让人心情愉悦，股市看起来如此平静。这让我想起了华尔街过去美好的时光，那时还没有这么多的程序交易员。"[5]

人们常说的这些"程序交易员"是谁？他们是做什么的呢？从前，纽约证券交易所的大厅里总是一片嘈杂，这是忙碌的人们急匆匆传递订单、执行交易时所发出的声音。到了20世纪80年代中期，指数期货刚刚诞生没几年，交易所大厅里嘈杂的背景声中，就常常会听到几十台机器发出的很响的咔嗒咔嗒声，那表示机器正在打印成百上千张买入卖出单据。这些交易单基本上来自股指期货套利者（arbitrageurs），他们就是程序交易员，依靠芝加哥的股指期货价格和纽约的股票价格之间的差异来获利。

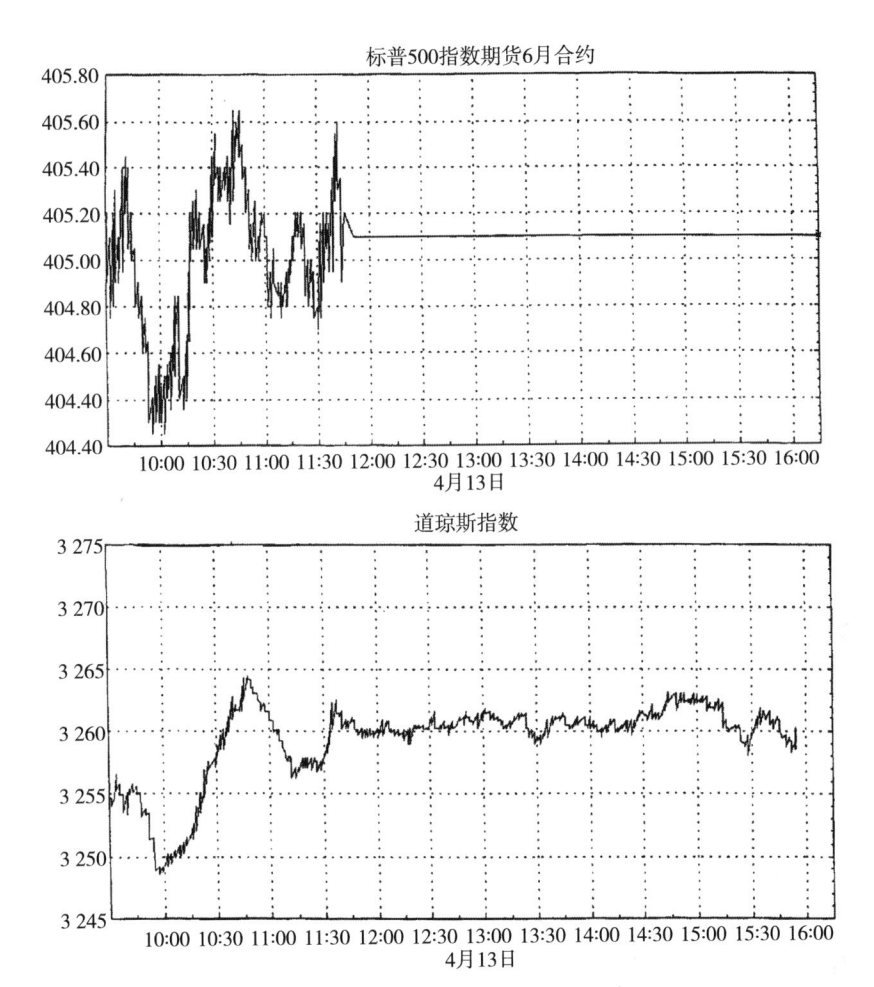

图26.2 1992年4月13日的股市和期货市场

只要听到机器的响声,那就意味着芝加哥的期货市场正在快速发生变化,而纽约的股价也将很快随之变化。这是一种让人不安的警告声,就像是《圣经》时代听到蝗虫的嗡嗡声预示着庄稼将大量减产、饥荒即将来临。"饥荒"确实有可能出现,在20世纪80年代和90年代初,好几次严重的股市崩盘发生之前,电脑都收到了来自期货市场的交易指令。

那时候，股市整体的大部分波动都来源于芝加哥商品交易所所在的威克大道（Wacker Drive），而不是华尔街。纽约证券交易所里的"专家"，也被称为做市商，就是监督和维护某些特定股票交易市场的交易商，会紧盯着期货市场，以此来了解股票未来可能的走势。这些交易商得出经验，当股指期货快速变动时，不要试图去阻止，否则，他们可能会陷入如雪片般飞来的大量交易中。1987年10月19日，有几位这样做了的交易商就被困住了，那天，道琼斯指数暴跌了近23%。

高频交易员

如今，许多程序交易员已经转变为高频交易员（high-frequency traders，简写为HFT），他们使用超高速计算机来执行成千上万个交易单，希望能利用市场上的新消息来获利。迈克尔·刘易斯（Michael Lewis）2005年出版的畅销书《高频交易员》（*Flash Boys*）中，很戏剧化地描述了高频交易员的故事。他讲到了铺张浪费的"军备竞赛"（arms race），高频交易员会花费数百万美元来购置高速计算机，仅仅为了获得比其他人快几微秒的优势。刘易斯认为，高频交易员会导致普通投资者遭受损失，因为普通投资者无法拥有那么快的交易速度。

虽然刘易斯在书中讲的很多内容都是事实，但高频交易员对市场的有害程度到底是多少，还存在许多争议。批评者认为，高频交易员阻碍了其他交易者采用"限价单"（limit orders）的交易方式，即按照事先指定的价格来买入和卖出，限价单对于保持市场流动性起着很重要的作用。普通投资者会担心，高频交易员会抢先一步行动，导致他们的交易无法执行。我们在第22章里介绍过的2010年的闪电崩盘，有些人分析其原因，认为当时市场会加速下跌，就是由于计算机执行数百万笔卖出交易单而导致的，这些计算机被预先设定好了程序，会自动在股价下跌到一定程度时卖出股票。

不过，还有一些人认为，高频交易员自身就提供了流动性，如今人们买入和卖出的报价之差已经比过去小了很多。20世纪90年代之前都一直是做市商在维护股价，当时的买卖价差要比现在大得多，做市商以普通投资者的利益为代价，在每笔交易中赚取了巨额利润。

一项研究表明，更好的资本市场架构可以帮助所有投资者每年节省下50亿美元的交易成本，而如今，许多交易成本都被高频交易员拿走了。[6]改进措施包括，设立"减速带"（speed bumps）来消除超高速计算机的优势，或是实行"批量拍卖"（batch auctions），即每隔几秒钟，把一只股票所有的买入卖出报价都汇总起来，然后取平均值，这种方式很像许多证券交易所采用的开盘交易流程。[7]

最重要的一点就是，高频交易员可能会导致买卖价差产生轻微的扩大，这对于那些进行数百万笔交易的人来说，是需要担心的一个点。但对于普通的个人长期投资者来说，几乎没有什么影响。

了解期货市场

有些投资者认为股指期货和ETF都是另类证券，跟股市没什么关系，并且有许多投资者在不了解这些新的投资工具的情况下，股票交易做得很好。不过，一个不了解股指期货和ETF的人，是无法理解市场的短期波动的。

期货交易的开始，可以追溯到几百年前。"期货"这个词，代表的含义就是承诺将会在未来某个时间，以某个特定的价格，来买入或卖出某个商品。期货最初在农业领域开始兴起，农民们希望，他们将来收获的农作物的出售价格能有个保障。于是渐渐的，这样一个市场就建立起来了，在这个市场里，买家和卖家可以达成一个协议，为未来交付的商品提前定好一个价格，以此来打消双方的不确定性。这样的协议，就称为"期货合约"。期货合约是可以自由转让的，于是一个活跃的交易期货合约的市场就发展起来了。

1982年2月，堪萨斯期货交易所（Kansas City Board of Trade）使用包含了约1 700只股票的价值线指数（Value Line Index），发行了股指期货。两个月后，芝加哥商品交易所推出了基于标普500指数的股指期货，成为全球最成功的股指期货。到1984年，这个股指期货交易的合约总价值就已经超过了纽约证券交易所里所有股票的总交易量。如今，标普500指数期货每天的交易量所对应的股票总价值已经超过3 000亿美元。

所有股指期货的结构都是类似的。对卖方来说，标普500指数期货就意味着在未来某个时候，承诺将要交付标普500指数价值乘以一个固定乘数。这个未来的交付时间称为"结算日"。对买方来说，标普500指数期货则意味着，承诺未来将会接收标普500指数价值乘以一个固定乘数。最初，每份合约中指数的乘数都为250，但到了1998年，一种"迷你"版本的合约出现了，被称为"迷你期货"（E-mini），指数的乘数为50，如今E-mini的交易量已经远远超过了大型合约的交易量。

每年有4个结算日，间隔时间是均等的，分别是3月、6月、9月和12月的第三个星期五。每个结算日都对应一份合约。如果你买入一份期货合约，那么就要看一下结算日那天标普500指数的价格相比你买入那天的价格是涨了还是跌了，如果涨了，那么你将赚到价差的50倍，如果跌了，你将亏损价差的50倍。

举个例子。如果你在标普500指数4 400点的时候，买入了标普500指数期货9月合约，9月到了的第三个星期五标普500指数的点数为4 410，你就赚了10个点，10乘以50美元，也就是你赚到了

500美元。类似的，假如结算日标普500指数跌到了4 390点，你就会亏损500美元。标普500指数每上涨或下跌1个点，你就会赚到或亏掉50美元。同样的道理，如果是卖出股指期货，那么卖家的盈利或亏损正好和买家是相反的。

股指期货之所以受欢迎，最主要的原因就是它有独一无二的结算流程。如果你买入一份标准的期货合约，那你就必须在结算时接收合约里约定的特定数量的商品，如果你卖出一份标准的期货合约，那你就必须在结算时交付合约里约定的特定数量的商品。有许多传闻都讲过交易员忘记平仓的事儿，结果到了结算日，惊讶地发现大量的小麦、玉米或冷冻猪腩堆在自家的草坪上。

如果把商品的交割规则应用到标普500指数期货合约上，那么交割对象就得是指数里包括的500家公司的股票，每只股票分配有特定数量的份额。很显然，这将是极其麻烦的，成本也会非常高。为了解决这个问题，股指期货被设计为使用现金来进行结算，直接用合约交易日的价格和结算日的价格之差来进行计算。并不发生真实的股票份额交易，如果一个投资者没有在结算日之前平仓，那么根据结算日的价格情况，他的账户将会被计入一笔收入或是支出。

建立以现金结算的期货合约并非易事。在大多数州，尤其是伊利诺伊州，那里有很多大型期货交易所，当地把用现金结算的期货看成一种赌博行为，而赌博，除非是在特殊情况下，否则都是违法的。不过，到了1974年，国会成立了商品期货交易委员会，属于联邦机构，来负责监管所有的期货交易。由于联邦并没有赌博禁令，因此州禁令就不起作用了。

指数套利

在期货市场上，商品或金融资产的价格不会跟基础商品的价格有什么差别。假如期货合约的价值大幅上升，远高于在公开市场或"现货市场"（cash or spot market）上可以立刻买到的商品价格，那投资者就可以立刻买下商品，储存好，然后在结算日以期货合约上更高的价格进行交付，从而获利。假如期货合约的价值大幅下降，比现货市场的价格低很多，那拥有现货商品的人，就可以立刻卖出商品，买入期货合约，然后在结算日以低价接收商品，实质上就是利用储存的商品来赚钱。

这种根据期货合约的价格来买入卖出商品的行为，就是一种"套利"。还有一种套利则是利用相同或非常相似的商品或资产之间临时出现的价格差异来获利，这样的投资者被称为"套利者"。在股指期货市场和ETF市场中，套利是很常见的操作。如果股指期货的价格大幅高于标普500指数，那套利者就可以买入指数、卖出股指期货。如果股指期货的价格大幅低于标普500指数，套利者就可以卖出指数、买入股指期货。到结算日，根据合约条款，股指期货价格必须等于指数，套利者就获利了。所以，无论是出现了溢价，即股指期货的价格高于指数价格，还是出现了折价，即股指期货的价格低于指数价格，都是套利的机会。

指数套利是一门艺术。股指期货和ETF的价格，通常跟指数的价格之间相差的幅度不会太大。如果投资者对股指期货或ETF的买卖导致价格差距拉大，那么套利者就会入场，一大批买入和卖出指令就会传递给证券交易所。这些同时发出的交易指令被称为"程序化交易"（programmed trading），既有买入程序，也有卖出程序。有时候我们会听到市场评论员说"程序性抛售正在冲击市场"（sell programs hitting the market），意思就是指数套利者正在抛售股票、买入股指期货或折价的ETF。

根据期货交易来预判纽约股市开盘价

股指期货的交易时间是全天候的，只在东部时间下午5点到6点之间会暂停一小时。每周，从周五下午6点到周日晚上6点休市，之后就开始了新一周的交易。清晨，当欧洲交易所开盘时，股指期货的交易非常活跃。到了上午8点30分左右，许多政府经济数据会在此时公布出来，比如就业报告和CPI等，于是股指期货的交易又会非常活跃起来。

投资者可以利用标普500指数期货、纳斯达克指数期货以及道琼斯指数期货，来预判纽约股市的开盘价。这些股指期货的"公允价值"，会根据期货和指数之间的套利空间来计算。

期货合约的公允价值，是基于当天股市开盘时指数的价值以及前一天收盘时的价值来确定的。由于市场上的消息是源源不断的，所以期货的隔夜价，通常来说都会高于或低于之前收盘时的公允价值，而不是等于。例如，假如欧洲股市上涨了，或是美国公司公布了不错的季度盈利，那么美股期货交易价格通常就会高于上一个交易日收盘时的公允价值。于是，人们就可以根据期货交易价格高于或低于公允价值的幅度，来预测纽约证券交易所的股票开盘价。许多财经新闻频道都会根据期货价格，来发布主要指数可能的开盘价。

计算期货合约的公允价值时会用到两个变量，一个是股息率，另一个是利率。如果一个投资者投入一笔钱到无风险债券中，这笔钱将按现行利率获得利息。相反，如果另一个投资者买入了股票投资组合，同时卖出了1年期的期货合约，合约里约定了一年后将会以某个价格卖出这些股票，那么这个投资者将会赚到股票的分红收益，以及约定价与现价之间的差价收益。

由于这两种投资方式都无风险地提供了一个确定的收益金额，所以两种方式都应该有相同的收益率。期货的交易价格，到底是高于现货指数还是低于现货指数，则取决于短期利率和指数股息率之间的差值。在金融危机之前，利率基本上一直都高于股息率，期货的价格也一直高于现货指数。金融危机之后，由于短期利率一直徘徊在0附近，于是期货的价格低于了现货指数。

双巫日和三巫日

当期货合约到期时，股价可能会发生不寻常的波动。指数套利是通过同时买入股票卖出期货，或是卖出股票买入期货来实现的，在合约到期的那一天，套利者也会正好在那一天平仓。

我们已经知道，期货合约的结算日是每季度最后一个月的第三个星期五，也就是3月、6月、9月和12月的第三个星期五。接下来的内容里将会介绍的指数期权和个股期权，结算日是每个月的第三个星期五。于是，每年有4天，3种合约会同时到期。过去，这4天里股价会出现剧烈的波动，于是人们把这种现象称为"三巫日"（triple witching hour）。每个月的第三个星期五，则被称为"双巫日"（double witching），股价的波动相比前者要小一些。

为何市场会在双巫日和三巫日有剧烈波动？其实并不奇怪。因为这些日子里，机构投资者要对他们的套利进行平仓，于是纽约证券交易所的专家和纳斯达克的做市商，都会在收盘时收到大量的股票买入卖出指令，不计价格地进行交易。如果买入指令特别多，那么股价就会大幅上涨，如果卖出指令特别多，那么股价就会大幅下跌。不过这些波动对于套利者来说并不重要，他们在期货上赚到的钱，可以弥补股市里的亏损，反之亦然。

1988年，纽约证券交易所敦促芝加哥商品交易所改变了流程，在周四收盘时就停止期货交易，以周五开盘价来结算合约，而不是周五收盘价。这个改变让专家有更充裕的时间来平衡买入和卖出交易单，极大地缓解了三巫日的股价波动问题。

保证金和杠杆

期货受投资者欢迎的一个原因是，只需要拿出一小部分资金就可以参与，不需要拿出合约价值的全部资金。当交易期货合约时，买家和卖家之间并没有资金往来，这一点跟股票是不同的。经纪商会要求买家和卖家都缴纳少量的保证金，以确保双方会在结算日履行合约。对于标普500指数来说，目前初始保证金是合约价值的5%。这笔保证金可以放在短期国债里进行打理，利息给投资者。所以期货交易既不涉及现金转移，也不会损失利息。

你拿出的保证金，相比起你控制的股票价值来说，是很小的，也就是说，杠杆是很高的。拿标普500指数期货来说，你投入保证金中的每一美元或短期国债，都对应着价值20美元的股票。在日内交易中，如果你在收盘前平仓，那么保证金还会少得多。相比之下，自1974年以来，购买个股或ETF的融资保证金一直高达50%。

用这么少的金额就可以控制如此多的股票，这不禁让人想起了20世纪20年代火热的投机行为，当时还没有建立最低股票融资保证金的制度。在20世纪20年代，人们经常以10%的保证金购买个股。这种融资行为很流行，因为只要市场上涨了，大部分投资者都是赚钱的。但是，如果市场急剧下跌，融资的人就会发现自己不仅损失了股票，还欠了经纪商的钱。用很少的保证金来买期货，也可能会导致类似的后果。

ETF和期货的税收优势

通过使用ETF和期货，投资者可以更加灵活地管理自己的投资组合。假设有一个投资者，目前投资的个股是盈利的，但是他担心市场会出现下跌，而卖出个股的话，又面临着需要缴纳一大笔税的问题。怎么办呢？使用ETF或是期货，不失为一个好的解决方法。他可以做空ETF，做空金额要大于等于他投资组合的价值。如果市场下跌了，他的ETF仓位会获利，从而弥补投资组合的损失。如果市场上涨了，正好相反，ETF仓位的损失会由投资组合的盈利来弥补。这个方法叫作"对冲股市风险"（hedging stock market risk）。由于自始至终投资者都没有卖出过股票，所以也就不会涉及缴税的问题。

ETF还有一个优势，即便一个投资者不持有任何股票，也可以在市场下跌时赚到钱。做空ETF代替了做空股票，即卖出你并不持有的股票，希望股价未来会下跌，然后就可以用更低的价格把股票买回来了。使用ETF来赌市场会下跌，比使用一个股票投资组合更加方便，因为监管有规定，如果个股的跌幅超过了10%就禁止做空了。[8]

ETF、期货和指数基金的对比

随着股指期货和ETF的发展，投资者想要追踪股票指数的表现，主要有三种方式：ETF、股指期货和指数型共同基金[①]。表26.1展示了这三类投资品各自的重要特点。

---

① 共同基金，从分类上看，类似于国内常见的场外基金。——译者注

表26.1 ETF、股指期货和指数型共同基金的特点

对比项	ETF	股指期货	指数型共同基金
交易连续性	是	是	否
是否可做空	是	是	否
杠杆	有	极高，可借总价值的90%	无
费用比率	极低	无	很低
交易成本	股票佣金	期货佣金	无
分红再投入	是	否	是
节税程度	极好	差	很好

从交易灵活性上看，ETF和股指期货要远远优于共同基金。ETF和股指期货可以在交易日实时交易，而共同基金得在收盘时才能成交，投资者得提前好几个小时下单。ETF和股指期货还可以作为投资组合的对冲工具，或是赌一把市场下跌，而共同基金却不能。ETF跟个股一样可以融资，目前监管规定保证金为50%，股指期货的杠杆则是最高的，投资者可以控制价值几乎等于20倍保证金的股票。

ETF和股指期货的交易灵活性是把双刃剑。它们使投资者很容易对源源不断的乐观消息或悲观消息反应过度，从而在低位卖出、高位买入。此外，做空的能力，或是加杠杆的能力，可能会促使投资者想要靠自己的短期直觉赌一把，这是非常危险的。对大多数投资者来说，限制交易频率、降低杠杆才是有益的。

在成本费用方面，这三类品种都不高。指数型共同基金每年费用大约为0.1%，ETF还要更低一些。ETF和股指期货都需要通过券商来交易，所以需要支付佣金，不过，交易活跃的ETF佣金一般很低。而大多数指数基金是免佣的。此外，虽然股指期货没有每年费用，但这些合约必须每年至少展期一次，从而会产生额外的佣金。

在税收方面，ETF的优势就相当亮眼了。ETF自身的结构使得它几乎没有资本利得税，即便有也非常少。指数型共同基金的税也很少，但是免不了时常要缴纳资本利得税，因为当投资者赎回基金或某只成分股被指数剔除出去时，基金就被迫必须卖出股票份额。虽然大多数指数型共同基金的资本利得税并不多，但比ETF还是要多一些的。[9]股指期货就没有税上的优势了，无论是否卖出了合约，所有的浮盈或浮亏都必须在年底变成实盈或实亏。

当然，如果投资者是在一个免税账户里，比如"个人养老金账户"（individual retirement account，简写为IRA）里，来持有ETF和指数型共同基金的话，那在税的方面就没有什么差异了。但如果不是在免税账户里，那么ETF的税后收益很可能会比指数型共同基金更高一些。

杠杆ETF

2006年6月，一家名为"专业股"（ProShares）的公司发行了一种指数ETF，可以在纳斯达克100指数上实现当日收益翻倍的效果。很快，就有很多基于纳斯达克指数和标普500指数的类似ETF陆续推出，可以实现当日收益乘以2甚至乘以3的效果。2009年，一家名为Direxion的ETF公司构建了一种新型ETF，可以在市场下跌时上涨，叫作"做空ETF"（bear ETF）。随后，就有更多"2倍做空指数和3倍做空指数"（2× and 3× Bear Indices）的ETF被推出，可以在市场下跌时让收益达到当日指数跌幅的2倍和3倍。这些产品利用期货和期权市场里的杠杆来实现收益目标，很受投资者的欢迎。

但是很多投资者其实并不了解杠杆ETF的运作原理。杠杆ETF的结构使得它们必须不停地进行再平衡，这会使它们的价格逐渐向下走。也就是说，一开始收益能几乎达到指数的两倍或三倍，但时间拉长后收益就会逐渐降低，达不到指数的两倍或三倍了。尤其是在市场下跌时才会上涨的做空ETF，这种向下走的趋势尤为严重。

表26.2展示了标普500ETF、纳斯达克100ETF以及各自相应的杠杆ETF在两个时间区间内的年收益率情况，两个统计时间区间分别为2015年12月31日~2021年12月31日，以及新冠疫情暴发期间。2016—2021年这6年间，标普500指数的年收益率为17.3%，纳斯达克100指数的年收益率为24.5%，但2倍做多ETF和3倍做多ETF的年收益率都远达不到指数年收益率的2倍和3倍，而3倍做空ETF每年损失近50%，也就是说，假如一个投资者在2015年12月31日投资了10万美元到SPXS中，6年后就只剩下2 000美元了。

表26.2　2016—2021年以及疫情期间杠杆ETF的年收益率

	标普500				纳斯达克100		
	1x	2x	3x	−3x	1x	2x	3x
代码	SPY	SSO	UPRO	SPXS	QQQ	QLD	TQQQ
费用比率	0.095%	0.75%	0.75%	1.01%	0.20%	0.75%	0.75%
年收益率							
2015年12月31日~2021年12月31日	17.3%	29.8%	39.6%	−49.9%	24.5%	44.5%	61.1%
2020年2月12日~2020年3月23日	−33.5%	−58.6%	−76.2%	134.9%	−26.4%	−49.4%	−67.9%

不过，3倍做空ETF在疫情熊市期间表现确实很不错。从2020年2月12日至3月23日，当市场下跌了超过1/3时，它上涨了近135%。不过，我们可以从图26.3中看到，当市场后面反弹到原来的水平后，没有任何一只杠杆ETF跟上了涨幅，2倍做多ETF仍然比之前下跌了10%，3倍做多ETF下跌了28%，3倍做空ETF则下跌了50%。

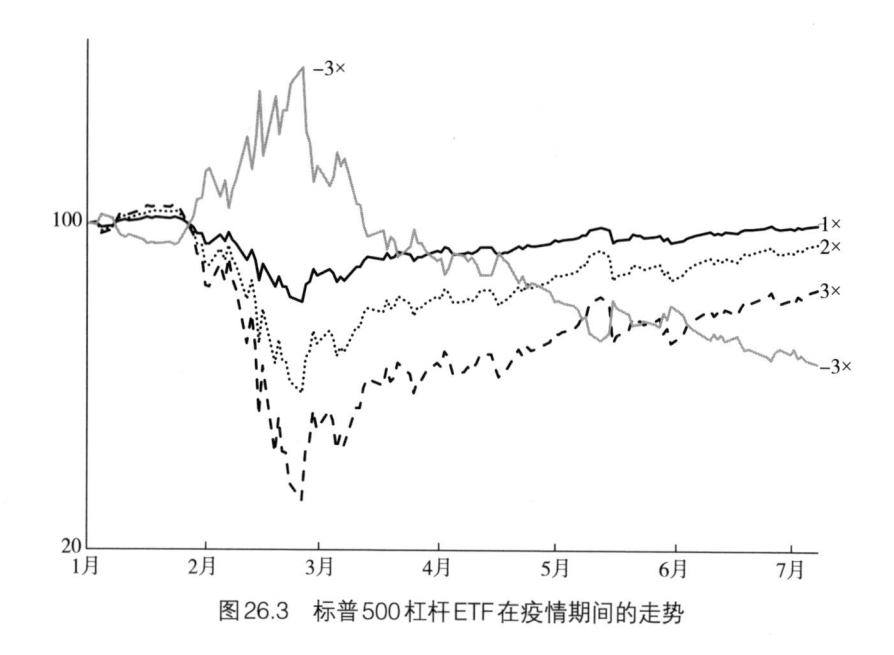

图26.3　标普500杠杆ETF在疫情期间的走势

指数期权

除了ETF和股指期货很受投资专家和机构的欢迎，期权市场也吸引了许多投资者的兴趣。这不难理解，期权的美妙之处从名字上就可以看出来：对于是否要在一个约定的时间、按照约定的价格来买入或卖出股票，你有选择权，而不是必须履行义务。跟期货不同，对于期权买家来说，期权天然就会将你的最大亏损控制在你的投资金额之内。

期权主要有两种类型：看跌期权和看涨期权。看涨期权（calls）的意思是，在给定的时间范围内，你有按照某个特定价格来买入一只或多只股票的权利。看跌期权（puts）的意思则是，在给定的时间范围内，你有按照某个特定价格来卖出股票的权利。个股的看跌期权和看涨期权的历史已经有几十年了，不过直到1974

年成立了芝加哥期权交易所（CBOE）之后，人们才开始通过规范化的交易系统来进行买卖。

期权最吸引人的地方，就在于它能将亏损控制在一定范围内。如果市场走势跟期权买家预想的不一致，他可以放弃自己按照某个特定价格来买入或卖出股票的权利，不去进行交易。这一点跟期货截然不同，在期货合约中，如果市场走势对买家不利，那亏损可能会迅速加大，投资者可能会收到要求"追加保证金"的通知，投入更多的资金。当市场大幅波动时，期货的风险可能会变得非常大，投资者很难在不大幅亏损的情况下解除合约。

指数看涨期权可以允许投资者在指定的时间范围内，以特定的价格来购买股票指数。假设标普500指数目前是4 600点，你认为指数将会继续上涨，于是你买了一个6个月的4 700点的看涨期权，花了80点的费用，也就是8 000美元。买期权的费用，叫作"期权费"。期权里约定的特定价格叫作"行权价"，在这个例子里就是4 700点。然后，在接下来的6个月时间里，只要你愿意，你就可以行权，只要标普500指数超过了4 700点，你就可以赚到钱，每超过4 700点一个点，你就能赚到100美元。如果标普500指数涨到了4 780点，你就回本了，赚到的钱能覆盖掉购买期权的钱，总体来看不赚不亏。如果标普500指数上涨超过了4 780点，你就盈利了。比如标普500指数上涨到了4 880点，你就可以盈利100点，也就是10 000美元，相比起原始投入，收益率超过了100%。另外，你不一定需要行权才能获得收益，期权市场相当活跃，你可以在期权到期之前将它卖给其他投资者。

指数看跌期权原理跟看涨期权类似，只不过是当市场下跌的时候，买家能获利。假设你买了一个6个月的标普500看跌期权，行权价为4 500点，期权费为80点也就是8 000美元。于是当标普500指数每低于4 500点一个点，你就能收回100美元。当标普500指数跌到4 420点时，你就盈亏平衡了，当标普500指数跌到4 420以下时，你就盈利了。

期权的价格是由市场决定的，并取决于许多因素，包括利率和股息率等。其中最重要的影响因素是市场的预期波动率，这个波动率可以用VIX指数来衡量，我们在第22章里介绍过VIX指数。很显然，波动率越高，期权的价格也会越高。

20世纪70年代，学术界里有两位经济学家——费希尔·布莱克和迈伦·斯科尔斯（Myron Scholes），首次提出了为期权定价的数学公式，极大推动了对期权价格的研究。布莱克—斯科尔斯期权定价模型取得了巨大的成功。交易员可以不再靠自己的直觉来估值了，而是有了科学的参考基准。目前这个模型已经在全世界普及了，大量交易员都在使用它。虽然有些情况下公式还需要改进，但在实际应用中已经证明了，布莱克—斯科尔斯模型能相当准确地估算期权交易的价格，偏差很小。迈伦·斯科尔斯由此获得了1997年的诺贝尔经济学奖。[10]

买入指数期权

期权比期货和ETF都要更加灵活。你可以用期权来复制出期货和ETF，反过来却不行。期权可以为投资者提供比期货更多的投资策略，无论是极其投机的策略，还是极其保守的策略，都可以用期权来实现。

举个例子，假如你想要在市场下跌时免受影响，那么你可以买入一个指数看跌期权，看跌期权会在市场下跌时上涨。当然，你要为此支付期权费，就像是保险费一样。如果市场并没有下跌，那么你的损失就是期权费，如果市场确实下跌了，那么期权的上涨会弥补你股票投资组合的亏损，即便不能完全弥补，也至少可以弥补一部分。

看跌期权的另一个好处是，你可以根据自己想要对冲的风险程度，来买入对应的期权。比如说，假如你的需求是仅当市场出现全面大崩盘时免受影响，那你可以选择购买"价外看跌期权"（out-of-the-money），也就是一种行权价远低于当前指数的期权。这种期权只有当市场遭遇重挫时才会有回报。并且，你也可以买入行权价高于当前指数的期权，这样如果市场没有下跌，期权也还能有一些价值。当然了，这种"价内看跌期权"（in-the-money）的价格很贵。

历史上有很多如何利用看跌期权和看涨期权赚了大钱的故事。但是在每一只获得了巨大收益的期权的背后，都有成千上万只变得一文不值的期权。一些市场专业人士估计，参与期权市场的个人投资者，有85%都是赔钱的。购买期权的投资者如果想要获利，不仅要正确判断出市场走势，还要近乎完美地把握好时机，并且挑选出合适的行权价。

卖出指数期权

有人买入期权，相应的就有人卖出期权，或者说"卖出一份期权合约"。卖出看涨期权的投资者，认为市场不会上涨太多使买家获利。通常来说，卖出看涨期权的时候，投资者就已经赚到钱了，因为大部分期权最终到期时都会变得一文不值。但是，如果市场走势不利于期权卖家，那卖家的损失可能会是巨大的。

因此，许多卖出看涨期权的投资者本身就已经持有股票了。这个策略，叫作"卖出备兑认购期权"（buy and write），在投资者中很受欢迎，被认为是一种双赢的策略。如果股票下跌了，由于卖家已经从看涨期权买家那里收取了期权费，因此可以弥补一部分股票上的亏损，比没有卖出看涨期权的情况要好。如果股票不涨不跌，卖家仍然是收取了期权费，也是比不卖看涨期权时更好。如果股票小涨，虽然期权上略有损失，但股票上赚的钱会更多一些，所以也不错。但是，如果股票大涨，卖家的损失就比较大了，因为卖家承诺了要用更低的价格卖出股票，这种情况下显然是不卖出看涨期权会更好。

看跌期权的买家，目的是保护自己的股票不受市场下跌的影响。那么，卖出看跌期权的人是谁呢？他们主要是想买股票的人，但想以更低的价格来买股票。卖出看跌期权的投资者会收到期权费，当市场下跌到低于行权价之后，才会以行权价来买入股票。

总结：指数产品的重要性

20世纪80年代，股指期货和期权的发展对投资者和基金经理来说非常重要。资本雄厚的公司，比如道琼斯指数中的成分股公司，由于流动性非常好，一直吸引着大量的资金来投资。有了股指期货，投资者就可以一次性购买指数中的所有股票。

20年后，ETF为投资者提供了另一种低成本、分散投资全市场的方式。这些ETF，紧密跟踪股票，流动性非常好，并且在税收方面很有优势。如今，当投资者想要在市场上建仓时，最容易的方式就是用股指期货或ETF。指数期权可以帮投资者保护自己投资组合的价值，也能节省交易成本和税。

尽管沃伦·巴菲特和彼得·林奇等知名投资者最初对这些指数产品表示反对，但没有确凿证据表明，这些指数产品提高了市场波动率或是损害了投资者的利益。事实上，我相信这些指数产品增强了全球股市的流动性，让投资更加多样化，从而推高了股价。

[第 27 章]

基金的收益，指数投资和投资者的收益

CHAPTER
—— TWENTY-SEVEN ——

对于分析师挑选出业绩好于平均水平的普通股的能力，我都没有信心，就更不用说没受过训练的普通投资者了。因此，我认为一个标准的投资组合，起码应该或多或少地复制道琼斯指数。

——本杰明·格雷厄姆[1]

机构投资者怎么能指望跑赢市场呢……实际上，他们自身就是市场。

——查尔斯·D. 埃利斯（Charles D. Ellis），1975[2]

华尔街有一个古老的故事，说的是，两位管理大型股票基金的基金经理一起去国家公园露营，扎好帐篷后，其中一位基金经理告诉同伴，他无意中听到公园管理员警告说，在这个营地附近看到过黑熊。同伴笑了笑，说："我不担心，我跑得很快。"第一位基金经理摇了摇头，提醒说："你跑不过黑熊的，它们在捕捉猎物的时候，冲刺速度高达每小时40千米以上！"同伴回答说："我当然知道我跑不过黑熊，重要的是，我比你跑得快！"

在竞争激烈的资产管理领域，衡量业绩的标准并不是绝对收益，而是相对于基准指数的超额收益有多少。对股票资产来说，基准指数包括标普500指数、罗素3 000指数、这些指数的成长指数、价值指数，以及其他等。

投资技巧跟其他任何竞技类项目相比，有一个很大的不同点。在竞技类项目中，我们大多数普通人都不可能做得像专业人员那么好，因为专业人员花了多年的时间来训练自己的能力。比如我们不太可能在网球比赛中击败费德勒。但是，投资领域里不一样，任何人在股市里都可以毫不费力的成为一名能力达到平均水平的普通投资者。

听起来可能很不可思议，但这确实是基于一个简单的事实而得出的：因为所有投资者持有的股票总和肯定等于全市场，所以全市场整体的表现，肯定等于每个投资者的平均表现。也就是说，如果有一个投资者投入的1美元跑赢了市场，就必然对应着另一个投资者投入的1美元跑输了市场。所以，无论你是否对市场有研究，只要你能跟得上市场整体的表现，你就可以确定地说，自己做的不比平均水平差。

怎样才能跟上市场整体的表现呢？谁能同时持有全球交易所里数千家上市公司的股票？在1975年之前，除了最富有的投资者，普通人是不可能做到的。

然而，1975年之后，指数基金和ETF的发展使得中小投资者都可以紧跟这些宽基指数的表现了。指数基金彻底改变了人们的投资方式，以往只有大型主动投资组合才能获得的收益，如今中小投资者也能享受到了。

股票基金的收益情况

许多人认为，追求市场平均收益不是一个好策略。他们坚称，只要市场上有足够多消息不灵通、收益率持续低于市场平均的投资者存在，那么对于消息灵通的投资者来说，获得超过市场平均的收益率就不是什么难事。

遗憾的是，历史数据并不支持这种观点。标普道琼斯公司每两年会发布一份主动基金和ETF的业绩报告。表27.1展示了2021年中期的业绩情况，从数据来看，主动基金的表现不容乐观。[3] 截至2021年6月30日，在所有美国国内的基金中，有超过75%的基金3年业绩表现低于基准指数，有超过90%的基金10年业绩和20年业绩都低于基准指数。[4]

表27.1 美国股票基金业绩表现低于基准指数的比例（经风险调整后）

基金类别	基准指数	3年(%)	5年(%)	10年(%)	20年(%)
所有美国国内基金	标普综合1500指数	75.79	78.26	92.42	93.80
所有大盘股基金	标普500指数	68.38	74.92	89.49	94.05
所有中盘股基金	标普中盘400指数	46.73	56.75	72.30	88.70
所有小盘股基金	标普小盘600指数	53.01	62.77	83.16	92.25
所有全市场基金	标普综合1500指数	73.72	74.69	93.21	93.91
大盘成长股基金	标普500成长指数	66.95	62.30	98.48	99.71
大盘核心股基金	标普500指数	74.80	85.20	96.14	95.67
大盘价值股基金	标普500价值指数	68.90	70.96	82.78	75.12
中盘成长股基金	标普中盘400成长指数	22.66	34.72	61.14	90.81
中盘核心股基金	标普中盘400指数	61.29	70.97	86.92	90.91
中盘价值股基金	标普中盘400价值指数	59.26	72.41	78.38	79.38
小盘成长股基金	标普小盘600成长指数	18.68	30.57	79.61	98.76
小盘核心股基金	标普小盘600指数	65.44	76.89	93.33	89.52
小盘价值股基金	标普小盘600价值指数	76.29	80.70	90.48	82.26
全市场成长股基金	标普综合1500成长指数	75.72	80.77	98.52	96.49
全市场核心股基金	标普综合1500指数	85.17	89.43	97.02	91.95
全市场价值股基金	标普综合1500价值指数	88.33	83.33	88.33	83.91
房地产基金	标普美国REITs指数	38.27	44.19	59.09	81.67

资料来源：标普道琼斯指数公司©2021。

图27.1展示了每年股票基金跑赢市场平均的比例，这个数据被称为所有美国股票的CRSP市值加权收益率（CRSP capitalization-weighted returns）。结果同样令人沮丧。在过去的半个世纪里，只有11年里出现了超过50%的基金跑赢了市场的情况，并且通常都是出现在小盘股表现优于大盘股的年份。此外，近年来情况变得愈发糟糕，2008—2021年，没有任何一年里有超过50%的基金跑赢了市场。

图27.2展示了1972—2021年存活下来的132只基金的收益率分布情况。只有1只基金，名为资产管理基金大盘股基金（AMF Large Cap Equity Fund），每年跑赢标普500指数超过4%，有93只基金都跑输了指数，占比达到2/3以上。

图27.2中还展示了假设基金经理为自己的投资组合随机挑选股票时，收益率分布情况的理论值。在完全随机的情况下，理论上应

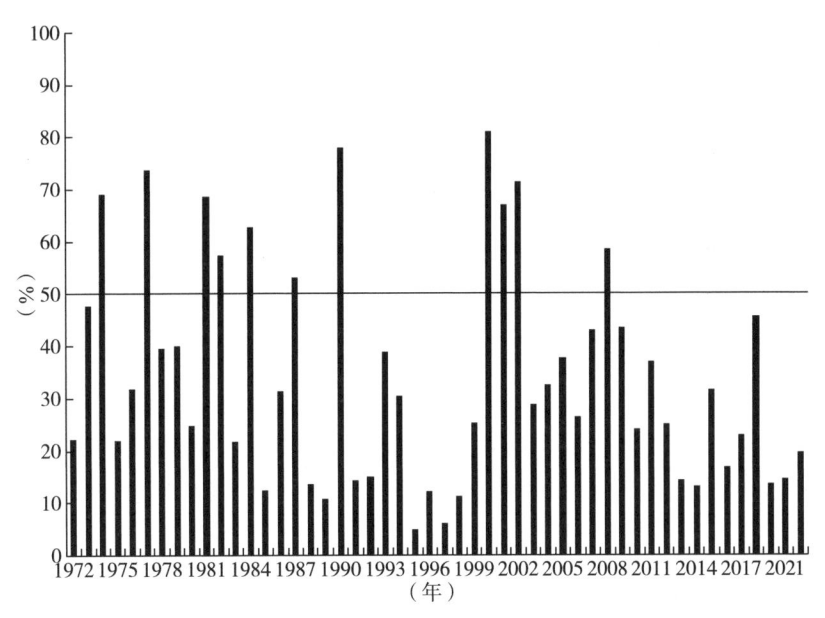

图27.1　1972—2021年美国股票基金业绩表现高于市场平均的比例

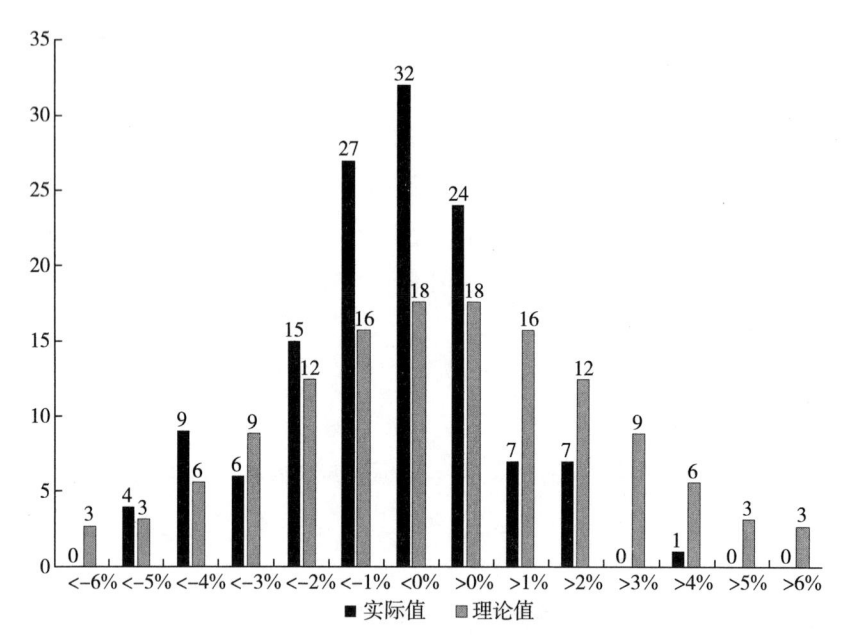

图27.2 存活的共同基金相较于市场平均的相对收益率的分布情况，分为理论值和实际值（1972—2021）

该会有21只基金跑赢标普500指数的幅度大于等于3%。而在实际情况中，我们也看到了，只有1只基金做到了。

其实，这张图反映的还是不全面，所有主动基金真正的业绩表现情况要比图中展示的更糟糕，因为图中只统计了50年里存活下来的基金，事实上还有更多的基金业绩糟糕到已经清盘了，于是并没有被统计进来。这种片面性被称为"幸存者偏差"（survivorship bias），这意味着，全部主动基金的真实业绩表现要比表27.2中展示的更差。此外，表中的收益率是没有扣除交易佣金和赎回费的，所以实际上费后收益率是更低的。

业绩最好的基金

许多投资者认为，过去很长时间里业绩表现优异的基金将会是

表27.2 业绩表现最好的基金分别在1972—2012年和2012—2022年的年收益率

代码	名称	总收益率		相对于标普500指数的超额收益率	
		1972—2012年	2012—2022年	1972—2012年	2012—2022年
IICAX	资产管理基金大盘股基金	16.19%	13.76%	6.26%	-2.87%
SEQUX	红杉基金	14.11%	10.51%	4.18%	-6.11%
MUTHX	富兰克林共同份额基金Z	13.43%	9.24%	3.50%	-7.38%
ACRNX	哥伦比亚橡果基金机构类	13.42%	12.35%	3.49%	-4.27%
FMAGX	富达麦哲伦基金	13.03%	17.67%	3.10%	1.05%
TWCGX	美国世纪成长基金投资者类	12.95%	18.22%	3.01%	1.60%
OTCFX	普信小盘股基金	12.89%	14.68%	2.96%	-1.95%
TEPLX	邓普顿成长基金A	12.60%	7.36%	2.66%	-9.26%
FCNTX	富达反向基金	12.41%	17.95%	2.47%	1.33%
ACSTX	景顺康斯托克基金A	12.12%	12.79%	2.19%	-3.83%
TWCIX	美国世纪精选基金投资者类	11.97%	18.21%	2.04%	1.59%
FDESX	富达顾问多样化股票基金O	11.89%	16.70%	1.95%	0.08%
NYVTX	戴维斯纽约创投基金A	11.84%	12.27%	1.90%	-4.35%
SGENX	第一鹰全球基金A	11.68%	8.31%	1.75%	-8.31%
SPECX	阿尔杰光谱基金A	11.44%	18.37%	1.51%	1.75%
	平均值	12.80%	13.89%	2.87%	-2.73%
	伯克希尔-哈撒韦	17.88%	14.66%	7.95%	-1.96%
	标普500指数	9.93%	16.62%	—	—

未来业绩表现优异的基金。表27.2展示了自1972年以来,存活下来的基金中业绩最好的基金,分别列出了它们前40年的收益率和最近10年的收益率情况。

持续跑赢市场的期望恐怕要落空了。头40年里跑赢了标普500指数的15只基金,平均来看跑赢的幅度为近3%,但它们在接下来的10年里竟然跑输了指数，且跑输的幅度也为近3%！1972—2012年，表现最好的4只基金跑赢标普500指数的幅度为3.5%~6%，而它们在接下来的10年里全都跑输了指数，有的跑输幅度还很大。富达旗下的麦哲伦基金排在第五位，1977—1990年是由著名的基金经理彼得·林奇所掌管，这期间创造出了高达29%以上的惊人年收益率，这个收益率已经是标普500指数的2倍以上了。为了达到如此高的收益率，麦哲伦基金确实承担了比较高的风险，但如果是随机仅凭运气的话，在14年的时间里跑赢市场达到这个幅度的概率，只有50万分之一！林奇卸任后，麦哲伦基金仍然是跑赢市场的，只不过跑赢的幅度大大减小了。

表中还包括了沃伦·巴菲特著名的伯克希尔-哈撒韦，是1972—2012年收益率最高的股票，年收益率达到17.88%，跑赢了标普500指数约8%。随机情况下能实现这个跑赢幅度的概率，只有1%。然而，在接下来的10年里，伯克希尔-哈撒韦也跑输了标普500指数。

基金跑输市场的历史情况

共同基金表现变差，并不是从20世纪70年代才开始的。1970年，贝克尔证券公司（Becker Securities Corporation）统计了企业养老金的业绩记录，震惊了整个华尔街。记录显示，这些基金的平均业绩要低于标普500指数1%，只有1/4的基金是跑赢标普500指数的。[5]这项研究引用了许多学术论文，尤其是威廉·夏普和迈克尔·詹森的论文，以及欧文·弗兰德[6]著名的1962年研究，弗兰德在这项研究中也表明了共同基金跑不赢指数。

虽然表27.2中的数据否定了过去跑赢的基金，未来就会长期跑赢，但是有一些证据表明，上一年跑赢的基金，很有可能下一年也会跑赢。[7]这种短期的业绩持续性，可能是由于基金经理通常有自己的投资风格，而有利于某一种投资风格的时间，通常会持续好几年。

爱德华·埃尔顿（Edward Elton）、马丁·格鲁伯（Martin Gruber）和克里斯托弗·布雷克（Christopher Blake）认为，超额收益会持续3年以上，[8]而伯顿·马尔基尔、约翰·博格以及另外一些人则持反对意见。[9]从长期来看，明星基金通常是会陨落的。也许投资者能理解，为何麦哲伦基金在彼得·林奇离任的短短几年后，就表现平平，但即便一个成功基金的基金经理继续在任掌舵，基金的表现也有可能发生巨大变化。比尔·米勒（Bill Miller）的美盛价值信托基金（Legg Mason's Value Trust）曾经风光无限，1991—2005年，保持了连续15年跑赢标普500指数的纪录，但2006—2008年突然就业绩下滑了。

寻找明星基金经理

我们无法否认，沃伦·巴菲特和彼得·林奇的好收益源自他们高超的选股技巧。但对普通的基金经理来说，就真的没有任何把握来判断他们的好收益到底是运气还是实力。表27.3展示了选股能力高于平均的基金经理跑赢市场的概率。[10]

结果出乎意料。基金经理即使选择了预期收益率高于市场1%的股票，也只有62.7%的概率在10年的长度里跑赢市场，时间拉长到30年，也只有71.2%的概率跑赢市场。原因就是，市场是波动的。如果基金经理选择了预期收益率高于市场2%的股票，他们在10年的长度里跑赢市场的概率也仍然只有74.0%。这意味着他们有1/4的可能性跑输市场。想要真正有理有据地确定一位基金经理有能力跑赢市场，所需要的时间长度绝对会超过他们的试用期。

表27.3　跑赢市场的概率

预期超额收益	持有时间长度（年）						
	1	2	3	4	10	20	30
1%	54.1%	55.7%	57.0%	59.0%	62.7%	67.6%	71.2%
2%	58.1%	61.3%	63.8%	67.5%	74.0%	81.9%	86.7%
3%	61.9%	66.6%	70.1%	75.2%	83.2%	91.3%	95.2%
4%	65.7%	71.6%	75.8%	81.7%	89.9%	96.4%	98.6%
5%	69.2%	76.1%	80.8%	86.9%	94.4%	98.8%	99.7%

想要确定一位基金经理的能力很差也同样很难。事实上，一个基金经理必须在近15年的时间里每年跑输市场4%，你才能从统计学上确定这位基金经理确实是能力差，而不是运气不好。所谓从统计学上确定，意思就是你的判断出了错的概率在1/20以下。然而到那时，你将会比另一位同期投资基准指数的投资者少赚50%。

再来看极端情况，也不乐观。也许你会想当然地以为，如果一位基金经理选择了预期收益率高于市场5%的股票，那他肯定很快就会脱颖而出。首先，这种情况自1970年以来从没出现过，没有任何一只共同基金如此了不起。其次，即使有人做到了，结果也不像想象中的那么美好，1年后，基金跑赢市场的概率只有70%，2年后，概率也只提高到了76.1%。

假设现在有一位年轻的基金经理潜力还没有被人发掘，但他其实是未来的彼得·林奇，也就是说，长期看他将会实现每年跑赢市场5%的好收益。你给他下了最后通牒，告诉他，如果他在2年后还不能做到至少跟市场持平的收益率，就要开除他。根据表27.3里的数据，我们知道，他在2年后战胜市场的概率只有76.1%，这意味着他有近1/4的可能性仍然跑输市场，于是你开除了他，认为他根本没能力挑选出好股票！

主动基金跑输市场的原因

主动基金整体表现不及市场平均的原因，并不是基金经理有意挑选那些表现不好的股票。费用和交易成本才是主动基金收益率低于基准指数的主要原因，通常会高达每年2%或更多。首先，基金经理为了寻求更高的收益会买入和卖出股票，这就涉及支付交易佣金和买卖价差了。其次，投资者要给销售基金的机构或个人支付管理费，或是销售服务费、申购费等。最后，基金经理之间存在着竞争，一位基金经理会跟其他选股能力跟自己一样好，或是比自己更好的基金经理竞争。从数学的角度看，不可能每个人都能跑赢市场，每当有一美元获得了超额收益时，必然会有另一美元跑输了市场。

一知半解是件危险的事

值得注意的是，一个懂一点股票估值原理的投资者，往往收益率还不如那些完全不懂、于是直接投资指数的投资者。我们把刚刚开始学习股票估值的投资者叫作新手，他们最喜欢买《如何打败市场》(*How to Beat the Market*) 这样的书。一个新手可能看到了一个消息，报道某只股票的盈利很不错，然后新手发现，这只股票并没有出现他所认为的跟利好消息相匹配的涨幅，于是他就买入了这只股票。

然而，消息灵通的投资者知道，这次盈利上涨是由于出现了特殊事件，这种特殊情况未来不太可能重现。于是这些知情的投资者非常开心地把股票卖给了新手，明白这只股票的上涨是不合理的，跟基本面不匹配。知情投资者通过自己更全面的消息，从自以为捡到便宜的新手那里，赚到了收益。毫不知情的指数投资者，他们甚至有可能完全不知道公司盈利是什么，反而往往做得比新手更好。

老话儿说"一知半解是件危险的事"，这句话同样适用于金融市场。许多股票或其他金融品种之所以价格看起来比较异常，其实就是知情投资者的交易而导致的。这些知情投资者知道一些普通人并不知道的事情。当一只股票看起来非常便宜或非常贵的时候，像投资者情绪或有人标错了价格这样简单的解释往往是错的。虽然不是一定的，但也大概率会有一个很合理的理由来解释为何股价会是如此，这也就是基于自己的理解来买股票的新手往往做得很糟糕的原因。

掌握更多消息就能赚到钱吗？

随着新手掌握的信息越来越多，他们肯定会找到一些真的被低估或高估的股票。投资这些股票会获得收益，弥补他们的交易成本和在其他股票上亏掉的钱。到了某个时候，他们可能会变得消息足够灵通，赚到的钱可以覆盖所有交易成本，并且赶上甚至超过市场平均收益。不过，这里的关键词是"可能"，因为能持续跑赢市场的投资者仍然是少数。如果没有花大量的时间来分析股票，那么持续跑赢市场的概率是很小的。

尽管如此，"挑出赚钱的股票，抛弃亏钱的股票"这件事看起来是如此简单，吸引了大量投资者积极炒股。我们在第25章中了解到，每个人都倾向于认为自己的能力要高于平均水平，可以获得超越市场平均的收益。所以投资这个游戏吸引了全世界很多最聪明的头脑来参加。很多人坚信自己比游戏中的其他人都要聪明，实际上，如果仅仅跟其他人一样聪明，是不够的。一个能力处于平均水平的投资者将会跑输市场，因为交易成本会吞噬掉一部分收益，导致跑输指数。

1975年，格林伍德合伙公司（Greenwood Associates）的管理合伙人查尔斯·D.埃利斯，写了一篇颇具影响力的文章，名为《失败者的游戏》（The Loser's Game）。在文章中他指出，考虑到交易成本，一个中等水平的基金经理将会跑赢市场是不可能的事，因为他们自身就是主要的市场玩家了。埃利斯总结说："他们经常说自己的目标是超越市场平均，但事实与之相反，基金经理并没有打败市场，而是市场打败了基金经理。"[11]

交易成本是如何拖累收益的？

对于一个想要追求20%或30%年收益率的投资者来说，每年2%或3%的交易成本及咨询顾问费似乎看起来是微不足道的。然而这个成本其实对长期财富积累是很有危害的。举个例子，假如你投资1 000美元到一个年复合收益率为11%的产品中，30年后你将会积累下23 000美元。如果每年的费用成本为1%，那么你的财富将会减少近1/3。如果每年的费用成本为3%，那么30年后你积累下的财富就只有10 000美元，比费前少了一半多。我们再换个角度来看待交易成本的重要性，费用每增加1%，一个25岁的投资者就必须晚两年退休，才能积累出跟费前相同金额的财富。

被动投资越来越受欢迎

越来越多的投资者意识到，既然主动基金的收益不及基准指数，那他们只要能跟上某个市场宽基指数的收益，就已经是做得很好了。自1990年以来，被动投资（passive investing）飞速发展，被动基金的唯一目标就是复制指数。

历史最悠久、多年来最受投资者欢迎的指数基金，是"先锋领航500指数基金"（Vanguard 500 Index Fund）。[12]这只基金由富有远见卓识的约翰·博格创建，不过在1976年基金刚成立时，仅募集到了1 140万美元，人们都认为指数基金这个概念只是昙花一现。但渐渐的，指数基金默默开始发力，虽慢但稳，到1995年底基金规模已经达到了170亿美元。

在20世纪90年代的牛市中，指数基金有了大爆发，越来越受投资者的欢迎。2000年3月，标普500指数创了历史新高，先锋领航500指数基金的规模超过了1 000亿美元，成为世界上规模最大的股票基金。到2021年底，基金规模已经达到了8 000亿美元。与此同时，持有美股所有股票的"先锋领航全市场指数基金"（Total Stock Market Fund）规模更大，超过了1.3万亿美元。

指数基金的优势之一就是成本极低。先锋领航500指数基金每年的成本只有0.04%，这个数字，正好是先锋领航500指数基金2012—2021年落后于标普500全收益指数的幅度。全收益指数的意思是把分红再投入的收益也计算在内了。

标普500指数的缺点

虽然指数基金过去取得了成功，但正是因为太受欢迎了，尤其是标普500指数基金，它们反而会导致投资者的收益低于市场平均。原因很简单，当一个股票将会被标普500指数纳入成为成分股时，人们预期指数基金将会买入这只股票，从而导致股价上涨，那么基金就会以更高的价格来买入股票，从而使未来的收益率降低了。

举个例子。1999年12月标普500指数纳入雅虎时，就买贵了。11月30日收盘后，标普宣布，将在12月8日把雅虎纳入指数。就在宣布准备要纳入和正式纳入之间的短短5个交易日里，雅虎暴涨了64%。

同样的事情，在2020年12月21日特斯拉被纳入指数时，也发生了。就在指数宣布将要纳入这家电动汽车制造商之后，特斯拉的股价立即跳涨了7%，然后继续上涨，一直到12月21日又上涨了56%。纳入当天，特斯拉的交易量超过了2亿股，达到1 500亿美元以上。

类似的故事还有很多，大多数股票在被纳入指数时都有着相似的经历，只不过这些股票的平均上涨幅度远不及雅虎和特斯拉那么高而已。标普在2000年9月发表了一份研究报告，内容是标普指数纳入股票会对股价有怎样的影响。研究表明，从标普500指数宣布将要纳入某只股票开始，到正式实施纳入的那天为止，股价平均会上涨8.49%。[13]在纳入之后的10天里，这些股票平均会下跌3.23%，也就是这段时间会跌去纳入前涨幅的近1/3。不过在宣布即将纳入的1年之后，刚纳入时的损失又弥补回来了，这些股票的平均涨幅达到8.98%。这些数据都根据市场整体的波动情况做了修正。后来另一项研究发现，近年来纳入之前的涨幅有所下降，不过当标普500指数宣布即将纳入某只股票之后，这些股票平均来看仍然会立刻跳涨4%以上。[14]

持有一个全市场指数的好处之一，就是可以享受到标普500指数纳入新成分股时这些股票的跳涨。全市场指数包含所有的股票，不会遇到买贵了某只成分股的情况。不过，虽然存在这些不利的价格因素，2021年，标普500指数的表现却仍然比绝大多数综合性的指数基金更好。

基本面加权指数和市值加权指数

基本上所有主流的指数，比如标普系列的指数、罗素系列的指数以及其他指数等，都是市值加权型的（capitalization weighted）。

也就是说，指数里每家公司的占比是根据公司市值来确定的，即当前股价乘以流通股数量。[15]

市值加权指数有一些很好的特性。第一，我们在本章前面也提过的，这些指数代表了所有投资者平均每1美元所带来的回报，所以只要有人跑赢了指数，就一定有人跑输了指数。第二，在有效市场的假设下，这些指数能为投资者提供最优的风险收益权衡结果。这意味着给定风险水平，这些市值加权的投资组合将会提供最好的收益；给定了收益，这些投资组合会提供最低的风险。这种特性叫作"均值方差最优"（mean-variance efficiency）。

不过，这些好的特性所依据的假设前提是很难达到的。只有当市场是有效的，市值加权指数才是最优的。在有效市场里，每只股票的价格在任何时候都能无偏差地反映出公司真正的内在价值。这不是说股价总是正确的，而是说，这是投资者基于已知的信息所能给出的最合理的价格。如果还存在一些能反映公司真正价值但投资者难以接触到的信息的话，就另当别论了。在有效市场里，如果一只股票的价格从每股20美元上涨到了每股25美元，那么这说明公司真正的价值也增长了25%，并且不存在跟公司基本面无关的因素会影响股价。

我们在第13章中了解过，股价发生变动，并不一定表示公司的价值发生了变化。流动性、信用和税等原因，以及投机者根据某些凭空捏造或是小题大做的消息而采取了行动，都有可能会引起股价的波动。由于股价会因跟公司基本面无关的因素而发生变化，所以股价是带有噪声的，并不是一直代表着公司的真正价值。我们在前面的章节里介绍过，我将这种对市场的认知叫作"噪声市场假说"。

如果噪声市场假说才能更准确地描述市场的运作方式，那么市值加权指数就不再是投资者的最优选择了，更合适的指数是"基本面加权指数"（fundamentally weighted index）。在基本面加权指数中，每只股票的权重,不再根据股票市值来确定,而是根据公司的一些基本财务数据来确定,比如分红、盈利、现金流和净资产等。[16]

在市值加权指数中,无论一只股票的股价如何变化,指数都不会卖出这只股票。这是因为,如果市场是有效的,那么股价反映的就是公司的真实价值,也就不需要买入或卖出。

然而,在基本面加权指数中,如果一只股票的股价上涨了,但公司盈利等基本面并没有上涨,那指数就会卖出这只股票的份额,直到指数中这只股票的价值跟公司基本面相匹配为止。相反的,假如一只股票的股价由于非基本面的原因而下跌了,指数就会以低价来买入这只股票,使得指数中这只股票的价值回归到跟基本面相匹配的水平为止。这种买入和卖出行为,被称为对基本面加权指数的"再平衡"。[17]

基本面加权指数的优势之一,是它能缓解股价出现泡沫所带来的影响。所谓泡沫股价,意思是股价快速大涨,但分红、盈利等衡量公司价值的客观指标却并没有出现相应的增长。1999年和2000年初的情形就是如此。当时科技股和互联网股的估值高得惊人,人们以为这些股票的盈利增长最终将会匹配得上价格的上涨。在这种情况下,任何一个基本面加权指数都会在这些股票上涨的时候卖出它们,而市值加权指数却会始终持有它们,因为有效市场假说认为这些股票的涨幅是合理的。

要注意的是,基本面加权指数并不知道哪些股票被高估或低估了,它是一个"被动"指数,所有的买入和卖出操作都是根据事先设置好的规则公式来进行的。当然,这也可能会导致指数买入某些高估的股票,卖出某些低估的股票。但我们可以看到,如果市场是遵循噪声市场假说的话,那么平均来看,一个买入价格低于基本面的股票、卖出价格高于基本面的股票的投资组合,大概率会比市值加权指数获得更高的长期收益。[18]

基本面加权指数的发展历史

基本面加权指数的创立,源自全球市场。20世纪80年代,日本股市处于泡沫阶段,许多做全球分散化配置的投资者,都在寻找一种方式来降低自己投资组合里日本股票的权重。于是当时,摩根士丹利建立了一个国际指数,没有采用市值加权方式,而是根据每个国家的GDP来进行加权,很幸运地减少了对日本股市的配置比例。[19]

1987年,高盛量化资产管理中心的罗伯特·琼斯(Robert Jones)开发和管理了一个美股指数,这个指数根据公司盈利对每个成分股加权。琼斯把他的这个策略叫作"经济投资"(economic investing),理由是每家公司的权重占比是根据公司的经济重要性来确定的,而不是根据公司市值。[20]随后,全球财富配置公司(Global Wealth Allocation)的创始人兼首席执行官大卫·莫里斯(David Morris)设计了一种新的策略,将多个基本面因素融合到了一个名为"财富"的变量中。

2003年,保罗·伍德(Paul Wood)和理查德·埃文斯(Richard Evans)发表了一项研究结果,他们开发了一种基于公司基本面的方法,来对包含100家大公司的利润加权指数(profit-weighted index)进行估值。[21]2005年初,锐联资产管理公司(Research Affiliates)的罗伯特·D.阿诺特(Robert D. Arnott),以及杰森·徐(Jason Hsu)和菲利普·摩尔(Philip Moore),共同在《金融分析师杂志》(*Financial Analysts Journal*)上发表了一篇文章《基本面指数》(Fundamental Indexation),指出了市值加权指数的缺点,为基本面策略的发展奠定了基础。[22]2005年12月,景顺发行了第一只基本面加权ETF,名为"富时RAFI美国1 000"(FTSE RAFI US 1 000),跟踪锐联开发的一个指数,这个指数是基于销售额、现金流、净资产和分红来加权的。6个月之后，智慧树投资公司发行了20只基于分红的ETF。

表27.4展示了三只基本面指数基金自2007年以来的收益情况，一只是景顺的基金，另外两只都是智慧树的基金，一只代码为EPS，是基于盈利来加权的，另一只代码为DTD，是基于分红来加权的。从数据可以看出，这3只基金的表现虽然都不如标普500指数基金，但是都比标普500价值指数基金和罗素1 000价值指数基金的表现更好。

表27.4 三只基本面加权指数基金和基准指数的收益率

	平均年收益率（2007年2月23日~2022年3月4日）	
代码	名称	收益率
PRF	Invesco FTSE RAFI US 1 000 ETF	9.15%
EPS	WisdomTree U.S. LargeCap Fund	9.19%
DTD	WisdomTree U.S. Total Dividend Fund	8.22%
SPY	SPDR S&P 500 ETF Trust	9.66%
IVE	iShares S&P 500 Value ETF	7.00%
IWD	iShares Russell 1 000 Value ETF	6.89%

当然，我必须提醒大家，过去的收益并不能保证未来收益将会如何。但如果有投资者想要调整自己的投资组合，向价值投资靠拢，那么相比起大多数市值加权指数基金而言，基本面加权指数基金通常是实现分散配置的更好选择。

总结

主动基金过去的表现不尽如人意，大多数基金无法给投资者带来超额收益，但基金收取的费用却会严重拖累财富的积累。并且，想要识别出一位优秀的基金经理非常难，因为运气在所有成功的投资中都占有一席之地。

考虑到交易成本之后，绝大多数主动基金都大幅跑输了基准指数，对大多数投资者来说，最好是直接投资市值加权指数基金或基本面加权指数基金。

[第28章]

构建一个长期增值的投资组合

CHAPTER TWENTY-EIGHT

看长期，其实是对现实的误导。长期看，我们都会死去。如果在暴风雨来临的季节，经济学家总是只能在风暴已经过去、海面即将风平浪静之时，才告知我们风暴的消息，那他们的工作未免太简单、太无用了。

——约翰·梅纳德·凯恩斯，1924[1]

我最中意的持有时间长度是永远。

——沃伦·巴菲特，1994[2]

凯恩斯说长期看我们都会死去，没人可以反驳这一点。但对长期的愿景，必须成为我们今天的行动指南。那些在困难时期，仍然能够保持专注和远见的人，更有可能成为成功的投资者。当风暴已经过去，明白海面终将回归风平浪静，并不像凯恩斯说的那样是无用的，是极大的安慰。

投资，做起来难

成为一个成功的长期投资者，说起来容易，做起来难。说起来容易是因为，"买入并持有一个分散配置的投资组合，不要试图做任何预测的动作"这个策略，是所有投资者都可以去做的，跟投资者的智力、判断力和财务状况等都无关。但做起来难，这是因为我们都很容易受到情绪的影响，情绪会让我们偏离方向。听到有人在股市里快速赚了大钱，可能会诱使我们走进错误的道路里。

选择性记忆也会让我们误入歧途。那些密切关注市场的人经常惊呼："我早就知道那只股票会上涨！如果我当时凭感觉买了，如今就已经赚到大钱了！"但这就是事后诸葛亮，会蒙蔽我们的真实想法。我们忘记了当初是因为什么而犹豫，导致没有买那只股票。总通过后视镜来看事情，会扭曲我们对过去的记忆，影响我们的判断力，导致我们依靠直觉来行事，总是试图比别人更聪明。而实际上，别人也跟我们一样，身处同一个游戏中。

对大多数投资者来说，按这样的想法玩下去，会是死路一条。我们会承担多得多的风险，我们的交易成本会变得很高，我们会陷入情绪的困扰，当市场下跌我们就会很悲观，而当市场上涨时我们就会很乐观。结果将会令人沮丧，因为我们错误的行为会导致收益率很低，而假如我们只是简单的坚持持有，收益率会好得多。

成功投资指南

想要在股市中获得好收益，就需要一个严格的投资计划，并坚持长期执行。下面，我列出了从本书介绍过的研究中总结出的一些投资原则，无论是新手还是经验丰富的投资者，都可以通过这些原则，来更好地实现自己的投资目标。

1. 从历史上看，在过去的两个世纪里，剔除通货膨胀之后的股票年收益率为6%~7%，平均市盈率在15倍左右。但也有一些情况表明，未来的真实收益率可能会更低，剔除通货膨胀之后大约为5%。

股票的估值会比过去更高，因为交易成本降低了，并且如今普通投资者都可以轻松构建出低成本的、分散配置的投资组合。19

世纪到20世纪中叶，平均15倍的股票市盈率如今将会提高到20倍左右。20倍市盈率，和剔除通货膨胀之后5%的年收益率，也是匹配的。

2. 股票属于实物资产，因此是优秀的长期抗通货膨胀的对冲工具。

股票代表着对实物资产的所有权，包括厂房、设备、版权、商标和其他智力资本等。美国所经历的通货膨胀，几乎全部都发生在二战之后，但通货膨胀对股市的真实收益率并没有什么影响。不过在短期里，当央行为了抑制通货膨胀而采取紧缩政策时，股市的收益率很可能会低于平均。

3. 股票的风险随时间增加而降低，债券的风险却会随时间增加而上升。这意味着相比起短期投资者而言，长期投资者应该持有更高比例的股票资产。

股票收益率呈现出均值回归现象。也就是说，股市向着一个方向的走势，往往会由于某些冲击而改变，转而朝向另一个方向，以此来保持长期收益的稳定性。从长期来看，债券受到通货膨胀不确定性的影响很大。这意味着，长期投资者应该在自己的投资组合里配置更多比例的股票、更少比例的债券。

4. 在你的股票资产里，将大部分投入低成本的、包括全球股票的指数基金里。

在第27章里介绍了，在过去半个世纪里宽基指数基金跑赢了绝大部分的主动基金。如果看长期收益率，一个指数基金投资者由于年复一年的获得市场平均收益，他的收益率很可能会接近最高收益率水平。

5. 至少投资1/3的股票资产到全球市场里，也就是那些总部不在美国的公司。在高速发展的国家里股票往往是高估的，从而带给投资者较低的回报。

如今，美股总市值约占全球股市总市值的一半。虽然过去10年美股的表现比其他股市更好，但2022年美股是全球估值最高的市场。从长期来看，较低的估值更有可能让投资者获得好收益。

6. 从历史上看，价值股比成长股的收益更好、风险更低。价值股也就是那些价格低于盈利和分红等公司基本面的股票。想要调整投资组合，配置更多价值股的话，可以买价值类的指数基金，也可以买新出现不久的基本面指数基金。

2006—2021年，是近100年来价值股相对于成长股而言表现最差的时间段。从历史上看，成长股每隔25年左右就会被高估一次，即20世纪70年代中期的"漂亮50"热潮，2000年的互联网泡沫，以及2020—2021年的大盘股暴涨。最近这段时间大型科技股的优异表现，相比起2000年那次是更加合理的，因为目前这些科技股的估值并不算高，公司盈利增长也比2000年要强劲许多。

不过，股市的悠久历史已经表明，任何股票、行业或国家，如果低迷了很长时间，那未来往往就会提供更好的收益。价值投资的原则是，个股很容易受到噪声投资者的影响，从而使其价格偏离了价值，那些低估的股票未来大概率会有更好的收益。投资者可以利用价格的偏离来买入低成本、被动的价值类指数基金，或是买入基本面加权指数基金，而非市值加权指数基金。

7. 建立严格的投资计划，来保证你的投资组合不偏离轨道，尤其当你屈服于短期的情绪之时，能帮助你继续坚持。如果你对市场波动非常焦虑，请坐下来重读本书的头两章。如果想要更快地解决问题，那就去看一看图1.1展示的各类资产过去220年的真实收益率情况，这也是促使我写下本书的动力。

投资者情绪的变化，常常会使股票被高估或低估。当众人都看涨时，想要买入，当众人都看跌时，想要卖出，这种冲动很难抗拒。远离市场情绪是如此困难，于是绝大多数忍不住交易了的投资者，收益都很差。本书试图通过让读者明白股票长期收益的根本来源，来教会读者如何坚持长期持有。

按计划执行和投资顾问的角色

我写下这本《股市长线法宝》，阐述了股票资产和债券资产的预期收益率，分析了影响收益率的主要因素。许多投资者可能会把本书看成一个"DIY"指南，即帮助自己动手挑选股票、构建投资组合的指南。但知道正确的策略，和按正确的策略来执行，并不是一回事。正如彼得·伯恩斯坦在前言里贴切地指出的那样，在通往成功投资的道路上有许多陷阱，会阻碍投资者实现自己的预期目标。

第一个陷阱是为了想要跑赢市场而频繁交易。许多投资者并不满足于股票稳稳的历史平均收益率，他们知道，总有一些股票能在一年之内上涨一倍甚至两倍。找到这样的宝藏股票自然是极其高兴的，许多人也都梦想着能在底部买到一家巨头公司。但是，大量证据已经表明，这样的投资者收益率往往很糟糕，交易成本和错误的择时吞噬了他们的收益。

在挑选个股上遭遇失败的投资者，常常会转向共同基金，想要从基金中获得更好的收益。然而，挑选基金也面临着同样的问题。历史业绩优秀的热门基金经理，取代了热门股票，成为投资者想要跑赢市场的新途径。结果，跟炒股一样，这些投资者的收益仍然低于市场平均。

还有一些投资者，放弃了挑选最好的基金这条路，却选择了另一条更加困难的路：试图通过把握市场周期来击败市场。令人惊讶的是，落入这个陷阱的往往是消息最灵通的投资者。随着大量的财经新闻、信息和评论充斥在我们的周围，想要远离市场观点是非常困难的。因此，当市场暴跌时，人们很容易就陷入恐慌之中，而当市场暴涨时，人们又很容易就陷入贪婪之中。

许多人想要抵制恐慌和贪婪的冲动。智者可能会说："坚持到底！"但是，当你身边的其他人，包括许多知名专家，都在建议投资者赶紧撤退时，要做到坚持就太难了。跟着大家一起行动，而不是自己特立独行，显然是更容易的。正如约翰·梅纳德·凯恩斯在《就业、利息和货币通论》中指出的那样："人情世故告诉我们，想要保持好名声，就要宁愿遵循传统而失败，也不要与众不同的成功。"[3]听从专家的建议结果失败了，要比拒绝随大溜、独自行动而失败容易得多。

所有这些，对于本书的读者来说意味着什么呢？正确的投资策略，是对心理和智力的双重挑战。投资，就像生活中面临的许多其他挑战一样，最好是找一位专业人士来帮助你构建和维护投资组合。你如果决定寻求帮助，注意，要找一位认同分散配置和长期投资理念的专业投资顾问，这些理念正是我在《股市长线法宝》这本书里讲述的理念。避开投资陷阱，从股票资产中获得合理的丰厚收益，是每个人都可以掌握的。

结论

股市令人兴奋。股市每天的走势，是金融媒体关注的核心，代表着数万亿美元投资资本的流动。股市远不只是资本主义的典型象征。如果几乎全世界所有的国家里都有股票市场，那么它们是全球资本配置的驱动力，是经济增长的引擎。本书围绕的主题，即从长期看股票是财富积累的最佳途径，在我1994年出版第1版《股市长线法宝》时是正确的，放在今天仍然是正确的。

注释

第1章

1. Benjamin Graham and David Dodd, *Security Analysis,* New York: McGraw-Hill, 1934, 11.
2. Roger Lowenstein, "A Common Market: The Public's Zeal to Invest," *Wall Street Journal,* September 9, 1996, A11.
3. Irving Fisher, *The Stock Market Crash and After,* New York: Macmillan, 1930, xi.
4. "The Crazy Things People Say to Rationalize Stock Prices," *Forbes* (April 27, 1992), 150.
5. 20世纪20年代，拉斯科布还为那些当时想要一夜暴富的投资者设计了另一种投资方案，即一次性投入500美元到股票资产中，其中300美元是借来的，200美元是自己的。虽然在1929年，这个方案的效果不如长期持续定投的效果好，但即便这个方案，20年后的收益也击败了投资短期国债的收益。
6. Irving Fisher, *How to Invest When Prices Are Rising,* Scranton, PA: G. Lynn Sumner & Co., 1912.
7. Edgar L. Smith, *Common Stocks as Long-Term Investments,* New York: Macmillan, 1925, v.
8. Edgar L. Smith, *Common Stocks as Long-Term Investments,* 81.
9. "Ordinary Shares as Investments," *Economist* (June 6, 1925), 1141.
10. John Maynard Keynes, "An American Study of Shares versus Bonds as Permanent Investments," *The Nation & the Athenaeum* (May 2, 1925), 157.

11. Edgar L. Smith, "Market Value of Industrial Equities," *Review of Economic Statistics* 9 (January 1927), 37–40, and "Tests Applied to an Index of the Price Level for Industrial Stocks," *Journal of the American Statistical Association,* Supplement (March 1931), 127–135.
12. Siegfried Stern, *Fourteen Years of European Investments,* 1914–1928, London: Bankers' Publishing Co., 1929.
13. Chelcie C. Bosland, *The Common Stock Theory of Investment, Its Development and Significance,* New York: Ronald Press, 1937.
14. From the Foreword by Irving Fisher in Kenneth S. Van Strum, *Investing in Purchasing Power,* New York: Barron's, 1925, vii. Van Strum was a writer for *Barron's* weekly and confirmed Smith's research.
15. Robert Loring Allen, *Irving Fisher: A Biography,* Cambridge: Blackwell, 1993, 206.
16. Commercial and Financial Chronicle (September 7, 1929).
17. "Fisher Sees Stocks Permanently High," New York Times (October 16, 1929), 2.
18. Lawrence Chamberlain and William W. Hay, Investment and Speculations, New York: Henry Holt & Co., 1931, 55 (emphasis his).
19. Benjamin Graham and David Dodd, Security Analysis, 2nd ed., New York: McGraw-Hill, 1940, 357.
20. 他认为人们对股票内在价值的低估程度大约是25%。Alfred Cowles III and associates, *Common Stock Indexes 1871–1937,* Bloomington, IN: Pricipia Press, 1938, 50.
21. Wilford J. Eiteman and Frank P. Smith, *Common Stock Values and Yields,* Ann Arbor: University of Michigan Press, 1962, 40.
22. Lawrence Fisher and James H. Lorie, "Rates of Return on Investment in Common Stocks," *Journal of Business* 37 (January 1964), 1–21.
23. Lawrence Fisher and James H. Lorie, "Rates of Return on Investment in Common Stocks," 20.
24. Roger Ibbotson and Rex Sinquefield, "Stocks, Bonds, Bills, and Inflation: Year by Year Historical Returns (1926–1974)," *Journal of Business* 49

(January 1976), 11–43.

25. Roger Ibbotson and Rex Sinquefield, *Stocks, Bonds, Bills, and Inflation Yearbooks, 1983–1997,* Chicago: Ibbotson and Associates.
26. 3个月后，也就是1995年12月，舒尔曼改变了观念，转而看涨，并声称他一直以来对股息率的强调和重视是不对的。
27. Roger Lowenstein, "A Common Market: The Public's Zeal to Invest," *Wall Street Journal,* September 9, 1996, p. A1.
28. Floyd Norris, "In the Market We Trust," *New York Times,* January 12, 1997.
29. Henry Kaufman, "Today's Financial Euphoria Can't Last," *Wall Street Journal,* November 25, 1996, p. A18.
30. Robert Shiller and John Campbell, "Valuation Ratios and the LongRun Stock Market Outlook," *Journal of Portfolio Management* 24 (Winter 1997).
31. 见1998年4月27日的《新闻周刊》。各大新闻报刊刊登的关于股市的封面故事，往往都是不合时宜的。1979年8月13日，《商业周刊》发表了封面文章《股票已死》（The Death of Equities），此时距离股市见顶已经过去了14年，而离即将到来的史上最大股票牛市仅仅3年。
32. 我立即在《华尔街日报》上反驳了他们的观点。我指出他们的分析是错误的，股票的真实收益率必须比美国通胀保值债券更高，当时美国通胀保值债券的收益率达到了4%。详情可以查阅1999年9月21日《华尔街日报》上乔纳森·克莱门茨对我的采访，标题为《给道琼斯指数36 000点这个观点泼冷水》（Throwing Cold Water on Dow 36,000 View）。
33. Jeremy Siegel, "Big Cap Tech Stocks Are a Sucker's Bet," *Wall Street Journal,* March 14, 2000, A8.
34. William Gross, "Dow 5,000," PIMCO Investment Outlook, September 1, 2002.
35. Paul Sloan, "The Craze Collapses," *US News and World Report Online,* November 30, 2000.
36. "In Defense of the Shiller P/E," *Economist* (May 18, 2011)，这篇文章

受到了批评，于是《经济学人》又发表了另一篇文章，"Defending Shiller (again)," *Economist* (September 13, 2011)。自这些文章发表以来，美国股市的10年真实回报率似乎超过了每年12%，几乎是历史平均水平的两倍。

37. "Pay the Premium," *Economist* (February 6, 2013).
38. Cliff Asness, "An Old Friend: The Stock Market's Shiller P/E," (November 1, 2012), https://www.aqr.com/Insights/Research/White-Papers/An-Old-Friend-The-Stock-Markets-Shiller-PE.
39. Robert D. Arnott, Denis B. Chaves, and Tzeeman Chow, "King of the Mountain: The Shiller P/E and Macroeconomic Conditions," *Journal of Portfolio Management* (Fall 2017) 44 (1), 55–68.
40. Ben Carlson, "Expected Returns & the 7 Year Itch," A Wealth of Common Sense (August 21, 2018), https://awealthofcommonsense.com/2018/08/expected-returns-the-7-year-itch/.
41. "Jeremy Grantham Predicted Two Previous Bubbles, and Now?" *Wall Street Journal*, November 5, 2017, and *Institutional Investor*, "Why Is No One Listening to Jeremy Grantham?" (February 28 , 2018).

第2章

1. 1775年3月23日在弗吉尼亚议会上的演讲。
2. Robert Shiller, *Market Volatility,* Cambridge: MIT Press, 1989.
3. Roger G. Ibbotson, *Stocks, Bonds, Bills, and Inflation* (SBBI) Classic Yearbook, published annually by Morningstar, Chicago.
4. G. William Schwert, "Indexes of United States Stock Prices from 1802 to 1897," *Journal of Business* 63 (July 1990), 399–426.
5. See Walter Werner and Steven Smith, *Wall Street,* New York: Columbia University Press, 1991, for a description of some early dividend yields. See also the earlier work by William Goetzmann and Phillipe Jorion, "A Longer Look at Dividend Yields," *Journal of Business* 68, no. 4 (1995), 483–508, and William Goetzmann, "Patterns in Three Centuries of Stock Market Prices," *Journal of Business* 66, no. 2 (1993), 249–270.

6. Bill Goetzmann and Roger G. Ibbotson, "A New Historical Database for NYSE 1815–1923: Performance and Predictability," reprinted in *The Equity Risk Premium,* New York: Oxford University Press, 2006, 73–106.
7. 戈茨曼和伊博森构建了两组股票收益率数据，一组数据中，假设那些找不到股息数据的股票股息为0，他们称之为"低股息率假设"；另一组数据中，则假设那些找不到股息数据的股票股息率等于那些有股息数据的股票的平均股息率，他们称之为"高股息率假设"。于是他们得出低股息率假设和高股息率假设两种情况下的中间值为6.52%，略高于我最初估算的6.4%。
8. See Edward McQuarrie, "Stock for the Long Run? Sometimes Yes, Sometimes, No," Edblogger, July 1, 2021. And "The First 50 Years of the U.S. Stock Market: New Evidence on Investor Total Return Including Dividends: 1793–43," *SSRN Electronic Journal* (January 2018).
9. Edward McQuarrie, "The First 50 Years," 84–85.
10. 19世纪早期的经济学家塞缪尔·布洛吉特估计，当时美国的总财富接近25亿美元，因此，100万美元只占总财富的0.5%左右。S. Blodget, Jr., *Economica, A Statistical Manual for the United States of America,* 1806 edition, 68.
11. See Jeremy Siegel, "The Real Rate of Interest from 1800–1990: A Study of the U.S. and the U.K.," *Journal of Monetary Economics* 29 (1992), 227–252. 详细介绍了如何构建一个历史数据集合的过程。
12. 讽刺的是，尽管纸币制度很容易产生通货膨胀，但在收藏品市场上，保存完好的19世纪早期纸币的价值是其面值的许多倍，作为长期投资，其收益率远远超过了金条。对于一个古玩家来说，发现一个装有19世纪纸币的旧床垫，比一块等额的金条更有价值！
13. 美股6%~7%的长期真实年收益率，被安德鲁·史密瑟斯和史蒂夫·赖特称为"西格尔常数"。Andrew Smithers and Stephen Wright, *Valuing Wall Street: Protecting Wealth in Turbulent Markets,* New York: McGraw-Hill, 2000.
14. Bill Gross, "The Death of the Cult of Equities," PIMCO newsletter (August 2012).

15. 投资者通常会把股票6.8%的长期真实年收益率中的一半拿来消费，GDP的增长正好与此相一致。

16. For a review of the equity premium, see Jeremy Siegel and Richard Thaler, "The Equity Premium Puzzle," *Journal of Economic Perspectives* 11, no. 1 (Winter 1997), 191–200. A rigorous and complete analysis is given in John Y. Campbell, *Financial Decision and Markets,* Chapter 6, "Consumption Based Asset Pricing."

17. Robert Shiller, "Do Stock Prices Move Too Much to Be Justified by Subsequent Changes in Dividends?" *American Economic Review* 71 (1981), 421–435.

18. See Stephen J. Brown, William N. Goetzmann, and Stephen A. Ross, "Survival," *Journal of Finance* 50 (1995), 853–873.

19. Elroy Dimson, Paul Marsh, and Michael Staunton, *Triumph of the Optimists: 101 Years of Global Investment Returns,* Princeton, NJ: Princeton University Press, 2002.

20. Elroy Dimson, Paul Marsh, and Michael Staunton, *Triumph of the Optimists: 101 Years of Global Investment Returns, op. cit.* 三位研究人员自发表以来已将3个国家列入名单。

21. 事实上，《乐观主义者的胜利》可能还低估了全球股票市场的长期回报。其中的研究是从1900年开始的，而在1900年之前的30年里，所有我们能找到数据的美股和全球其他股市，表现都非常好。1871年以来的美股回报率，明显高于1900年以来的美股回报率。英国股市也是类似的情况。

22. See Òscar Jordà, Katharina Knoll, Dmitry Kuvshinov, Moritz Schularick, and Alan Taylor, "The Rate of Return on Everything, 1870–2015," *Quarterly Journal of Economics* 134, 2019, 1225–1298.

23. See http://www.econ.yale.edu/~shiller/data.htm.

24. Jordà, "The Rate of Return on Everything."

25. Jack Francis and Roger Ibbotson, "Real Estate Returns," *Journal of Alternative Investments* (Fall 2020).

26. David Chambers, Christophe Spaenjers, and Eva Steiner, "The Rate of

Return on Real Estate, Long-Run Micro-Level Evidence," working paper (January 2021).

27. 1960年，艾森豪威尔总统签署了86-779号公法后，REITs首次被允许发行。

28. 有关房地产投资信托基金指数收益率的早期研究，请参阅：Joseph Gyourko and Jeremy Siegel, "Long-Term Characteristics of Income Producing Real Estate," *Real Estate Finance* (Spring 1994), 14–22. 房地产投资信托基金股票指数最初只包括商业地产、零售地产和工业地产，后来才增加了其他地产类型，比如自助存储、基础设施、数据中心等。2015年又增加了独栋住宅。关于房地产投资信托基金的收益率可以参阅网址：https://www.reit.com/data-research/reit-indexes/annual-index-values-returns.

29. Charles D. Ellis, ed., "Memo for the Estates Committee, King's College, Cambridge, May 8, 1938," *Classics,* Homewood, IL: Dow JonesIrwin, 1989, 79.

30. 事实上，在2018年，标普500指数把REITs从金融行业中移除，并列为了一个单独的行业。于是，标普500指数中原本包括的10个行业，变成了11个。这是标普500指数自1958年成立以来，首次也是唯一一次新增行业。

第3章

1. Irving Fisher, Edwin Kemmerer, and Harry Brown, *How to Invest When Prices Are Rising,* Scranton, PA: G. Lynn Sumner & Co., 1912, 6.

2. 第25章会介绍为何投资者的损失厌恶会影响到整个投资组合的表现，而无论这个损失有多小。

3. Robert Arnott, "Bonds, Why Bother?" *Journal of Indexes* (May/June 2009).

4. Paul A. Samuelson, "Proof That Properly Anticipated Prices Fluctuate Randomly," *Industrial Management Review* 6 (1965a), 41–49.

5. James C. Van Horne and George G. C. Parker, "The Random-Walk Theory: An Empirical Test," *Financial Analysts Journal* 23, no. 6 (1967),

87–92, http://www.jstor.org/stable/4470248. Benoit Mandelbrot, "Some Aspects of the Random Walk Model of Stock Market Prices: Comment," *International Economic Review* 9, no. 2 (1968), 258–59, https://doi.org/10.2307/2525479.

6. Paul A. Samuelson, "Risk and Uncertainty: A Fallacy of Large Numbers," *Scientia* 57, no. 98 (1963), 108.

7. 波士顿大学的滋维·博迪教授总是说，人们的这种错误认知，正是来自我的书《股市长线法宝》。当我有机会遇到滋维时，我跟他说，我从未在书中表达过这样的观点。他同意我的说法，回答说："我知道你没有，杰里米，但每个人都认为你有！" Zvi Bodie, "On the Risks of Stocks in the Long Run," *Financial Analysts Journal* 51, no. 3 (1995), 18–21.

8. James Poterba and Lawrence Summers, "Mean Reversion in Stock Returns: Evidence and Implications," *Journal of Financial Economics* 22 (1988), 27–59. Eugene F. Fama and Kenneth R. French, "Permanent and Temporary Components of Stock Prices," *Journal of Political Economy* 96e, no. 2 (1988), 264–273.

9. Paul Samuelson, "At Last, a Rational Case for Long-Horizon Risk Tolerance and for Asset-Allocation Timing," in *Active Asset Allocation, State of the Art Polio Policies, Strategies and Tactics,* eds. R. Arnold and F. Fabozzi, Chicago: Probus, 1992, 415–416.

10. Paul Samuelson, "The Long-Term Case for Equities," *Journal of Portfolio Management* (Fall 1994), 17.

11. 1996年初，波士顿大学的滋维·博迪教授邀请我参加一场关于股票和债券长期风险与收益的辩论，他和萨缪尔森一样，对均值回归持怀疑态度。在我的演讲结束时，萨缪尔森向台下听众问道："有多少人相信股票收益遵循均值回归？"并要求观众举手示意。结果是大约一半的人相信，一半的人不相信。

12. John Cochrane, "New Fact in Finance, Economic Perspectives," Federal Reserve Bank of Chicago 23, no. 3 (1999).

13. 我于2018年4月12日收到了他的邮件。

14. Luboš Pástor and Robert F. Stambaugh, "Are Stocks Really Less Volatile in the Long Run," *Journal of Finance* 67, no. 2 (April, 2012), 431–477.
15. 这可能意味着债券收益率和股价走势呈相同方向。
16. TIPS 的存在，可以帮助投资者避免大部分的通货膨胀风险，但不能完全避免。不过在 2021 年，TIPS 的真实收益率为负数。
17. 保罗·萨缪尔森的研究表明，当投资者的风险厌恶系数大于 1 时，那些持有时间比较长的投资者在均值回归的作用下，会提升股票资产的比例。大多数研究者发现情况确实如此。J. J. Siegel, "Climbing Mount Everest: Paul Samuelson on Financial Theory and Practice," eds. Robert Cord, Richard, Anderson and Willian Barnett. Paul Samuelson, *Remaking Economics: Eminent Post-War Economists,* London: Palgrave Macmillan, https://doi.org/10.1057/978-1-137-56812-0_13.
18. William Bengen, "Determining Withdrawal Rates Using Historical Data," *Journal of Financial Planning* (October 1994), 171–180.
19. Steven Dolvin, William Templeton, and William Rieber, "Asset Allocation for Retirement: Simple Heuristics and Target-Date Funds," *Journal of Financial Planning* (March 2010), 60–71.
20. Javier Estrada, "The Retirement Glidepath: An International Perspective," IESE Business School, Department of Finance, Barcelona, Spain, 13.
21. Paul Samuelson, "Prudent Investment, II" in *Samuelson Sampler* (September 1967), 132–134.
22. 使用新的蒙特卡罗模拟分析时，我将股票每年的历史收益率降低了 2.66%，将债券每年的历史收益率降低了 3.08%，并进行了数千次模拟。

第 4 章

1. 摘自 1984 年 5 月 2 日在金融分析师联盟年会上发表的讲话。
2. Eric D. Nelson, "Should You Still Own International Stocks," Servo Wealth Management (March 26, 2021).
3. Martin Mayer, *Markets,* New York: Norton, 1988, 60.
4. James O'Neill, Global Economics, paper, no. 66 (November 30, 2001).

5. Dominic Wilson and Roopa Purushothaman, 1st October 2003, Global Economics, paper no. 99.
6. 投资公司在向公众发布预测报告时，无论研究人员对这个预期的确定性有多大，都会被强制要求加入"可能""也许"等词语以避免被追责。
7. 这些新兴股票市场分别是：巴西股市、智利股市、中国A股股市、哥伦比亚股市、捷克股市、埃及股市、希腊股市、匈牙利股市、印度股市、印度尼西亚股市、韩国股市、科威特股市、马来西亚股市、墨西哥股市、秘鲁股市、菲律宾股市、波兰股市、卡塔尔股市、俄罗斯股市、沙特股市、南非股市、中国台湾股市、泰国股市、土耳其股市和阿联酋股市。
8. 富时指数将韩国股市列入了成熟市场指数。
9. 俄罗斯股市占该指数的3%。
10. 这些前沿股票市场分别是：巴林股市、孟加拉国股市、布基纳法索股市、贝宁股市、克罗地亚股市、爱沙尼亚股市、几内亚比绍股市、冰岛股市、科特迪瓦股市、约旦股市、肯尼亚股市、立陶宛股市、哈萨克斯坦股市、毛里求斯股市、马里股市、摩洛哥股市、尼日尔股市、尼日利亚股市、阿曼股市、巴基斯坦股市、罗马尼亚股市、塞尔维亚股市、塞内加尔股市、斯洛文尼亚股市、斯里兰卡股市、多哥股市、突尼斯股市和越南股市。
11. 另外5家公司分别是：加拿大北电网络（Canadian companies Nortel Networks）、加拿大铝业（Alcan）、巴里克黄金（Barrick Gold）、普拉赛尔·多姆公司（Placer Dome）和加拿大国际镍业公司（Inco）。
12. Jose Menchero and Andrei Morozov, "Decomposing Global Equity CrossSectional Volatility," *Financial Analysts Journal* 67, no. 5 (2011), 58–68.
13. 研究结果来源于智慧树投资公司。

第5章

1. 标普500指数由标普道琼斯指数公司维护，这是一家由标普全球控股的合资公司。

2. 2018年，也就是道琼斯指数成立122年后，通用电气被指数剔除了，这是最初12家公司里最后被剔除的一家。芝加哥燃气公司更名为人民能源公司，曾被纳入道琼斯公用事业平均指数中，不过1997年5月之后也被指数剔除了。

3. 在价格加权指数中，当一只成分股进行拆分时，拆分后的股票对指数的影响减小，而所有其他股票对指数的影响则略有增加。在1914年以前计算指数时，如果一只成分股进行了拆分，除数保持不变，股价乘以拆分比例。这会使得上涨的股票在指数中占有更高的权重，类似于今天的市值加权指数。

4. 因通货膨胀而使得长期参考基准被打破的相关情况，请参见第10章的第一小节"不祥之兆来了"。

5. 2004年，标普采用了"流通股"的股票权重计算方式，排除了内部人士、其他公司和政府持有的股票。这种方式降低了像沃尔玛这样的大公司在标普500指数中的权重，因为沃尔顿家族拥有沃尔玛的大量股份。

6. 2021年的准入标准包括：（1）市值至少要达到131亿美元；（2）满足流动性要求；（3）最新一期和最近连续四个季度的报告盈利为正（GAAP盈利）；（4）总部位于美国。自2017年以来，发行双重股票的公司已被排除在外。

7. 不过在2021年，纳斯达克对新上市公司的董事会增加了一项多样性要求，这项要求目前尚有争议。

8. 不可否认的是，由于交易员购买股票而非充当拍卖商，在纳斯达克交易系统中存在部分成交量被重复计算的现象。See Anne M. Anderson and Edward A. Dyl, "Trading Volume: NASDAQ and the NYSE," *Financial Analysts Journal* 63, no. 3 (May/June 2007), 79.

9. 与CRSP指数密切相关的是1974年成立的道琼斯威尔逊5000指数。

10. Henrik Bessembinder, "Do Stock Outperform Treasury Bills?," *Journal of Financial Economics* (May 28, 2018), SSRN: https://ssrn.com/abstract=2900447 or http://dx.doi.org/10.2139/ssrn.2900447.

11. Henrik Bessembinder, "Do Stocks Outperform Tbills?" August 2017, 21.

12. J.P. Morgan, "The Agony and the Ecstasy," *Eye on the Markets, Special*

Edition, March 2021.

第6章

1. 上市标准和其他信息可以在标普官方网站上找到。
2. 1997年，SIC代码扩展到包括加拿大和墨西哥的公司，修订后的清单被重新命名为北美行业分类系统（North American Industry Classification System，简称NAICS）。
3. 自1957年以来，石油行业进行了多次整合。海湾石油、加利福尼亚标准石油公司和德士古现在都属于雪佛龙公司。苏康尼美孚石油和新泽西标准石油公司现在都属于埃克森美孚。荷兰皇家石油和壳牌石油合并了，并于2008年被剔除出标普500指数，原因是标普500指数剔除了所有外国公司。菲利普斯石油现在属于康菲石油公司。印第安纳标准石油公司并入了英国石油公司，也被剔除出了指数。
4. Jeremy J. Siegel and Jeremy D. Schwartz, "LongTerm Returns on the Original S&P 500 Companies," *Financial Analysts Journal* 62, no. 1 (2006), 11–12, http://www.jstor.org/stable/4480755.
5. 菲利普·莫里斯国际保留了原股票代码MO，交易员亲切地称之为"大莫"（Big Mo）。
6. 在那些非体育爱好者的眼里，登上这本杂志的封面往往意味着运动员或球队即将走上下坡路。

第7章

1. Robert Arnott, "Dividends and the Three Dwarfs," *Financial Analysts Journal* 59, no. 2 (March/April 2003), 4.
2. 这与分红的情况截然不同，分红会通过分配现金的方式降低股价。
3. William Lazonick, Mustafa Erdem Sakinc, and Matt Hopkins, "Why Stock Buybacks Are Dangerous for the Economy," *Harvard Business Review* (January 7, 2020).
4. Roger Gordon, *The Investment, Financing, and Valuation of the Corporation,* Homewood, IL: Irwin, 1962.
5. 这里还假定了资本利得税和分红税是相同的。有关这个问题的更多讨论，请参阅第9章。

6. 由于使用的是平均值，所以股息率和资本利得收益的总和，低于总真实收益率。

7. John Burr Williams, *The Theory of Investment Value,* Cambridge, MA: Harvard University Press, 1938, 30.

8. 沃伦·巴菲特坚称，投资者税是伯克希尔–哈撒韦公司从不进行分红的原因之一。

9. 虽然向国税局提交的盈利可能与此不同。

10. 这些准则不再被称为SFAS。如今所有标准都归入了美国会计准则汇编（accounting standard codification，简称ASC）中，并且由FASB发布会计准则更新（ASU）。

11. Dan Givoly and Carla Hayn, "Rising Conservatism: Implications for Financial Analysis," *Financial Analysts Journal* 58, no.1 (Jan.Feb. 2002), 56–74.

12. 国际财务报告准则（International Financial Reporting Standards，简称IFRS）允许在某些情况下对资产价值进行增计。

13. Berkshire Hathaway, *2017 Annual Report.*

14. 这两组数据的差异，促使美国经济分析局（BEA）发布了一篇摘要来介绍，题为《NIPA盈利与标普500盈利的比较》（Comparing NIPA Profits with the S&P 500 Profits）。详情可以参阅2011年3月第91期《当代商业纵览》（*Survey of Current Business*）中的文章《2011年NIPA盈利与标普500盈利的比较》（2011 Comparing NIPA Profits with AS&P 500 Profits），作者为安德鲁·W. 霍奇（Andrew W. Hodge）。BEA将"企业盈利"定义为美国企业在"调整、补充、整合基于财务和税收的源数据"的基础上，从当前生产中获得的收入。

15. 华尔街分析师预测这些公司的营业盈利时，了解这些公司通常会习惯性地包括或不包括某些项目。GAAP盈利则很少被预测，因为想要预测公司何时会为重组支付额外费用，或是何时会报告像资本收益这样的一次性项目，是很难的。

16. 如果分红税和资本利得税之间存在差异，那么当前股价将会受到分红政策的影响。

第8章

1. See Irving Fisher, *The Rate of Interest,* New York: Macmillan, 1920, in *The Works of Irving Fisher,* 3rd ed., William J. Barber, London: Pickering and Chatto, 1997; Eugen von Böhm-Bawerk, *Capital and Interest: A Critical History of Economical Theory,* London: MacMillan, 1890; Knut Wicksell, *The Rate of Interest,* 1898, in *Interest and Prices,* translated by R. F. Kahn, London: Macmillan, 1936; reprinted New York: Augustus M. Kelley, 1965.

2. 1月17日，中国国家统计局表示，2021年出生率大幅下降，仅略高于死亡率。

3. "India's Population: The Patter of Few Tiny Feet," *Economist* (December 4, 2021), 39–40.

4. 奥地利、澳大利亚、比利时、加拿大、智利、哥伦比亚、哥斯达黎加、捷克、丹麦、爱沙尼亚、芬兰、法国、德国、希腊、匈牙利、冰岛、爱尔兰、以色列、意大利、日本、韩国、拉脱维亚、立陶宛、卢森堡、墨西哥、荷兰、新西兰、挪威、波兰、葡萄牙、斯洛伐克、斯洛文尼亚、西班牙、瑞典、瑞士、土耳其、英国和美国。

5. 美国、加拿大、英国、法国、德国、意大利和日本。

6. 奥地利、比利时、塞浦路斯、爱沙尼亚、芬兰、法国、德国、希腊、爱尔兰、意大利、拉脱维亚、立陶宛、卢森堡、马耳他、荷兰、葡萄牙、斯洛伐克、斯洛文尼亚和西班牙。

7. John Y. Campbell, Adi Sunderam, and Luis M. Viceira, "Inflation Bets or Deflation Hedges? The Changing Risks of Nominal Bonds," *Critical Finance Review* 6 (September, 2017), 265, 263–30.

8. Richard Clarida, "Monetary Policy, Price Stability, and Equilibrium Bond Yields: Success and Consequences, delivered in Zurich Switzerland at the High-level Conference on Global Risk, Uncertainty, and Volatility" (November 12, 2019), p. 9.

第9章

1. 2008年7月，在油价暴跌之后，按月计算的话通货膨胀率同比下降至2.1%，但按年来看的话，在金融危机之后的经济衰退期间，并没有出现通货紧缩。

2. See Irving Fisher, *The Rate of Interest,* New York: Macmillan, 1907.
3. 参阅1974年8月2日至5日进行的盖洛普民意调查。
4. 图9.2中假设总真实收益率为7%（其中真实股价上涨为5%，股息率为2%），资本利得税和分红税为23.8%。如果通货膨胀率为3%，则股票资产的名义税前总收益率为10%。
5. 1986年，美国财政部曾提议将资本利得指数化，但这一提议并没有被采纳。1997年，众议院在其税法中加入了资本利得指数化条款，但在总统的否决下，参众两院又将其删除了。
6. 迈克尔·达比指出，如果所有的贷款人和借款人都以同样的税率征税，利率的上升幅度将超过通货膨胀率，以补偿税收，从而消除利息失真的情况。

第10章

1. Benjamin Graham and David Dodd, "The Theory of CommonStock Investment," *Security Analysis,* 2nd ed., New York: McGraw-Hill, 1940, 343.
2. *BusinessWeek,* August 9, 1958, 81.
3. "In the Markets," *BusinessWeek,* September 13, 1958, 91.
4. Nicholas Molodovsky, "The Many Aspects of Yields," *Financial Analysts Journal* 18, no. 2 (March–April 1962), 49–62.
5. See Jeremy J. Siegel, "The S&P Gets Its Earnings Wrong," *Wall Street Journal,* February 25, 2009, A13.
6. John Y. Campbell and R. J. Shiller, "Valuation Ratios and the LongRun Stock Market Outlook," *Journal of Portfolio Management* (Winter 1998), 11–26. Their earlier paper was "Stock Prices, Earnings and Expected Dividends," *Journal of Finance* 43, no. 3 (July 1988), 661–76. 罗伯特·希勒于1996年7月21日在他的网站上发表了一篇文章，名为《用市盈率预测收益：展望1996年的股市》（Price Earnings Ratios as Forecasters of Returns: The Stock Market Outlook in 1996）。这篇文章正是他给美联储提交的报告的基础。

7. 希勒在 7 月份的论文中预测，标普 500 指数在未来 10 年将下跌 38.07%。尽管剔除掉通货膨胀因素之后，标普 500 指数在此期间上涨了 41%，股票真实收益率为 5.6%，但随着时间的推移，希勒市盈率的警告变得越来越准确。事实上，自 1999 年 3 月以来，剔除通货膨胀之后的标普 500 指数下跌超过了 50%，印证了希勒的看跌观点。

8. 2019 年，希勒在他的网站上介绍说建立了一个新的比率，名为"总收益希勒市盈率"（total return CAPE ratio），这个比率对股息率进行了修正。

9. Jeremy Siegel, "The CAPE Ratio: A New Look" *Financial Analysts Journal* 72, no. 3 (May/June 2016), 1–10.

10. Robert Shiller, Laurence Black, and Farouk Jivraj, "Making Sense of SkyHigh Stock Prices," Project Syndicate, November 30, 2020.

11. Jason Zweig, "The Market Doesn't Care About History," *Wall Street Journal,* February 12, 2022, B6.

12. Joel Lander, Athanasios Orphanides, and Martha Douvogiannis, "Earnings Forecasts and the Predictability of Stock Returns: Evidence from Trading the S&P," Federal Reserve, January 1997. Reprinted in the *Journal of Portfolio Management* 23 (Summer 1997), 24–35. 这篇文章引用了 1996 年 10 月发表的较早版本。

13. Warren Buffett and Carol Loomis, "Warren Buffett on the Stock Market," *Fortune Magazine,* December 10, 2001.

14. James Tobin, "A General Equilibrium Approach to Monetary Theory," *Journal of Money, Credit, and Banking* 1 (February 1969), 15–29.

15. 2000 年，英国的安德鲁·史密瑟斯和史蒂夫·赖特出版了《华尔街价值投资》（*Valuing Wall Street*）一书（纽约：麦格劳 – 希尔出版社，2000）。他们认为，托宾的 Q 比值是最好的股市估值方法。

16. "Science and Stocks," *The Samuelson Sampler,* Thomas Horton and Company, September 1966, 110–112.

17. Charles M. Jones, "A Century of Stock Market Liquidity and Trading Costs," May 23, 2002.

18. Rajnish Mehra and Edward C. Prescott, "The Equity Premium: A Puzzle,"

Journal of Monetary Economics 15 (March 1985), 145–162.

19. 梅赫拉和普雷斯科特使用了考尔斯委员会统计的自1872年以来的数据。在他们的研究中，他们甚至没有提到股票收益率遵循的均值回归特征，这个特征可能会使股票风险溢价进一步降低。

20. See Jeremy Siegel, "Perspectives on the Equity Risk Premium," *Financial Analysts Journal* 61, no. 1 (November/December 2005), 61–73. Reprinted in Rodney N. Sullivan, ed., *Bold Thinking on Investment Management, The FAJ 60th Anniversary Anthology,* Charlottesville, VA: CFA Institute, 2005, 202–217.

21. Chelcie C. Bosland, *The Common Stock Theory of Investment,* New York: Ronald Press, 1937, 132.

第11章

1. 来自马克·吐温。

2. Benjamin Graham, *The Intelligent Investor: A Book of Practical Counsel,* Prabhat Prakashan, 1965, 23.

3. Jay R. Ritter, "Economic Growth and Equity Returns," *Pacific-Basin Finance Journal* 13 (2005), 489–503. Elroy Dimson, Paul Marsh, and Mike Staunton, *Triumph of the Optimists: 101 Years of Global Investment Returns,* Princeton NJ: Princeton University Press, 2002.

4. Anthony Bianco, "Homespun Wisdom from the 'Oracle of Omaha'" *Businessweek,* July 5, 1999.

5. Elroy Dimson, Terry Marsh, and Michael Staunton, "Industries: Their Rise and Fall, *Credit Suisse Global Investment Returns Yearbook,* 2015, 7.

第12章

1. Rey Mashayekhi, "Why Warren Buffett's 'Bible of Investing' Still Matters More Than 70 Years Later," *Fortune Magazine,* April 17, 2021.

2. Warren Buffett, "The Superinvestors of Graham-and-Doddsville," *Columbia Business School Magazine,* 1984.

3. 在20世纪80年代之前，价值股通常被称为周期股，因为低市盈率股票往往出现在那些利润与商业周期密切相关的行业中。随着风格投资越来越流行，许多专门投资这些股票的经理对"周期"这个绰号感到不舒服，他们更喜欢"价值"这个词。

4. Graham and Dodd, *Security Analysis,* 1st ed., 453. Emphasis theirs.
5. Graham and Dodd, *Security Analysis,* 2d ed., 533.
6. S. F. Nicholson, "Price-Earnings Ratios," *Financial Analysts Journal,* July/August 1960, 43–50, and Sanjoy Basu, "Investment Performance of Common Stocks in Relation to Their Price-Earnings Ratio: A Test of the Efficient Market Hypothesis," *Journal of Finance* 32 (June 1977), 663–682.
7. 这里使用的是过去12个月的盈利。收益率计算的是上一年的2月1日至次年2月1日，这样投资者就可以使用第四季度的实际盈利，而不是预期盈利。盈利为零或为负的公司被归入市盈率最高的20%这一层级中。
8. Graham and Dodd, *Security Analysis,* 2nd ed., 381.
9. See Robert Litzenberger and Krishna Ramaswamy, "The Effects of Personal Taxes and Dividends on Capital Asset Prices: Theory and Empirical Evidence," *Journal of Financial Economics* (1979), 163–195.
10. James P. O'Shaughnessy, *What Works on Wall Street,* 3rd ed., New York: McGraw-Hill, 2003.
11. 1963年以前的回购数据无法获取。图中用全市场收益率来替代1963年以前的数据。
12. See Jamie Catherwood, "Shareholder Yield," O'Shaugnessy Asset Management, November 2019.
13. John R. Dorfman, "Study of Industrial Average Finds Stocks with High Dividends Are Big Winners," *Wall Street Journal,* August 11, 1988, C2.
14. Eugene Fama and Ken French, "The Cross Section of Expected Stock Market Returns," *Journal of Finance* 47 (1992), 427–466. 法马和弗兰奇研究的一些基础工作是丹尼斯·斯塔特曼（Dennis Stattman）在他1980年未发表的MBA论文《账面价值和预期股票回报》（Book Values and Expected Stock Returns）中完成的。

15. Fama and French, "Cross Section of Expected Stock Returns."
16. Graham and Dodd, *Security Analysis,* 1st ed., 493–494.
17. Cate M. Elsten and Nick Hill, "Intangible Asset Market Value Study," *les Nouvelles: Journal of the Licensing Executives Society,* LII, no. 4 (September 2017), 245, https://ssrn.com/abstract=3009783.
18. Robert D. Arnott, Campbell R. Harvey, Vitali Kalesnik, and Juhani T. Linnainmaa, "Reports of Value's Death May Be Greatly Exaggerated," *Financial Analysts Journal* 77 no. 1, 44–67.
19. Jeremy Siegel, "The Nifty Fifty Revisited: Do Growth Stocks Ultimately Justify their Price," *Journal of Portfolio Management* 2, no. 4 (Summer 1995).
20. See Siegel, "Big Cap Tech Stocks Are a Sucker's Bet." *Wall Street Journal,* March 12, 2000.
21. 在大盘股和小盘股之间，账面市值比最高的30%股票的收益率减去账面市值比最低的30%股票的收益率的平均值。
22. 尽管2007—2020年有所减少，但在1963年7月至2020年6月的57年间，价值投资者的投资组合积累的资产，仍是成长投资者的投资组合的4.3倍。若是使用加上了知识产权的净资产数据，跌幅有所减少，为43%。下跌始于2016年12月，而在此之前的10年都是相对平稳的。Robert D. Arnott, Campbell R. Harvey, Vitali Kalesnik, and Juhani T. Linnainmaa, "Reports of Value's Death May Be Greatly Exaggerated," *Financial Analysts Journal* 77, no. 1, 44–67.
23. Luboš Pástor, Robert Stambaugh, and Lucian Taylor, "Dissecting Green Returns," working paper, September 7, 2011.
24. CNBC《疯狂金钱》节目的主持人吉姆·克莱默在给这些股票起名时，还称赞这些公司"在各自市场上独领风骚"。最初使用的名字是"FANG"，后来在2017年又加入了苹果公司。

第13章

1. Benjamin Graham and David Dodd, "Price Earnings Ratios for Common Stocks," *Security Analysis,* 2nd ed., New York: McGraw-Hill, 1940, 530.

2. Harry Roberts, "Statistical Versus Clinical Prediction of the Stock Market," Unpublished manuscript, 1967. Eugene Fama, "Efficient Capital Markets: A Review of Theory and Empirical Work," *Journal of Finance* 25, no. 2 (1970), 383–417. An excellent history is also provided by Martin Sewell, "History of the Efficient Market Hypothesis," UCL Research Note, January 20, 2011.
3. Harry Markowitz, "Portfolio Selection," *Journal of Finance* 7, no. 1 (1952), 77–91; Harry Markowitz, *Portfolio Selection*. New York: John Wiley & Sons, Inc., 1959.
4. See Andre Perold, "The Capital Asset Pricing Model," *Journal of Economic Perspectives* 18, no 3 (Summer 2004)*, 3*–24, for an excellent summary of the development of *CAPM*.
5. 正如我们所指出的，除道琼斯指数外，大多数受欢迎的股票指数都是市值加权型的。
6. 这个结论是基于耶鲁大学的詹姆斯·托宾教授的开创性论文而得出的："Liquidity Preference as Behavior Towards Risk," *Review of Economic Studies* 25, no. 1 (1958), 65–86.
7. Jack L. Treynor, "How to Rate the Performance of Mutual Funds," *Harvard Business Review* 43 (January/February 1965), 43, 63–75, and Michael C. Jensen, "The Performance of Mutual Funds in the Period 1945–64." *Journal of Finance* 23 (May 1968), 389–416. Also see Irwin Friend's influential 1962 *Study on Mutual Funds*.
8. Fischer Black, Michael C. Jensen, and Myron Scholes, "The Capital Asset Pricing Model: Some Empirical Tests," *Studies in the Theory of Capital Markets*, Michael C. Jensen, ed., New York: Praeger, 1972, 79–121; Eugene Fama and James D. MacBeth, "Risk, Return, and Equilibrium: Empirical Tests," *Journal of Political Economy* (May/June 1973), 753–55.
9. Eugene Fama and Ken French, "The Cross Section of Expected Stock Returns," *Journal of Finance* 47 (1992), 427–466.
10. Eugene Fama and Ken French, "The CAPM Is Wanted, Dead or Alive," *Journal of Finance* 51, no. 5 (December 1996), 1947–1958.

11. Sanford J. Grossman and Joseph E. Stiglitz, "On the Impossibility of Informationally Efficient Markets," *American Economic Review 70* (June 1980), 393–408.
12. See Eugene F. Fama, "The Behavior of Stock Market Prices," *Journal of Business* 38 (January 1965), *34*–105; Fischer Black, "Noise," *Journal of Finance* 41, no. 3 (July 1986), 529–543.
13. Jeremy Siegel, "The Noisy Market Hypothesis," *Wall Street Journal,* June 6, 2006.
14. 基本面加权指数产品,是由智慧树投资公司和锐联资产管理有限公司(Research Affiliates)联合开发的。See Robert Arnott, Jason Hu, and Philip Moore, "Fundamental Indexation," *Financial Analyst Journal* 63, no. 2 (March/April 2004). 韦莱韬悦(Willis Towers Watson)咨询公司在21世纪初创造了"聪明贝塔"(smart beta)这个词。
15. Milton Friedman, "The Case for Flexible Exchange Rates," *Essays in Positive Economics,* Chicago: University of Chicago Press, 1953.
16. 虽然噪声投资者可能获得更高的回报,但他们确实承担了更大的风险。See James Bradford De Long, Andrei Shleifer, Lawrence Summers, and Robert Waldmann, "Noise Trader Risk in Financial Markets," *Journal of Political Economy* 98, no. 4 (1990) 703–738.
17. Fischer Black, "Noise," *Journal of Finance* 41, no. 3 (July 1986), 528–543. 很少有学者如此直言不讳!
18. John Maynard Keynes, *General Theory,* London: Macmillan, 1936, 157.
19. 这句话被认为是凯恩斯说的,但从未得到证实。第一个提到这句话的是20世纪80年代的一位金融分析师A.加里·希林(A. Gary Shilling)。
20. Andrei Shleifer and Robert Vishny, "The Limits of Arbitrage," *Journal of Finance* 52, (1997), 35–55.
21. Robert F. Stambaugh, Jian Feng Yu, and Yu Yuan, "The Short of It: Investor Sentiment and Anomalies," *Journal of Financial Economics* 104 (2012), 288–302. 这些市场异象包括动量、失败概率、财务困境、净股票发行量和综合股票发行量、应计项目、营业资产、毛利率、资产增

长、资产回报率和资本投资等。在他们的研究中，多空投资组合会做多每种策略下表现最好的前10%的股票，做空表现最差的股票。

22. Malcolm Baker and Jeffrey Wurgler, "Investor Sentiment and the CrossSection of Stock Returns," *Journal of Finance* 61, no. 4 (2006).

23. Richard Roll, "A Critique of the Asset Pricing Theory's Tests," *Journal of Financial Economics* 4 (1977), 129–76. Also see D. Mayers, "Nonmarketable Assets and Capital Market Equilibrium Under Uncertainty," in M. Jensen, ed., *Studies in the Theory of Capital Markets,* New York, NY: Praeger (1972).

24. Leonid Kogan, Dimitris Papanikolaou, and Noah Stoffman, "Left Behind: Creative Destruction, Inequality, and the Stock Market," *Journal of Political Economy* 128, no. 3 (2020).

25. Robert C. Merton, "An Intertemporal Capital Asset Pricing Model," *Econometrica* 41, no. 5 (September 1973), 867–887.

26. John Y. Campbell and Tuomo Vuolteenaho, "Bad Beta, Good Beta," *American Economic Review* 94, no. 5 (December 2004), 1249–1275.

27. Daniel Kahneman and Amos Tversky, "Prospect Theory: An Analysis of Decision Under Risk," *Econometrica* 47, (1979), 263–291.

第14章

我与沃顿商学院的同事罗伯特·斯坦博的讨论，对这一章有很大的帮助。

1. Campbell R. Harvey and Yan Liu, "A Census of the Factor Zoo" (February 25, 2019), 1–2, available at SSRN: https://ssrn.com/abstract=3341728 or http:// dx.doi.org/10.2139/ssrn.3341728.

2. Eugene F. Fama and Kenneth R. French, "Dissecting Anomalies with a Five-Factor Model," *The Review of Financial Studies* 29, no. 1 (2016), 69–103. http://www.jstor.org/stable/43866012.

3. John H. Cochrane, "Presidential Address: Discount Rates," *Journal of Finance* 66, no. 4 (August 2011), 1047–1108.

4. 对于估值和动量因素，会基于市值高于中位数的股票的收益率和市值低于中位数的股票的收益率，构建出一个等权重投资组合。

5. Rolf Banz, "The Relationship Between Return and Market Value of Common Stock," *Journal of Financial Economics* 9 (1981), 3–18.
6. 想要详尽了解"小公司效应"（small firm effect）理论，请参阅：Bruce I. Jacobs and Kenneth N. Levy, "Forecasting the Size Effect," *Financial Analysts Journal* 45, no. 3 (May–June 1989), 38–54.
7. 1981年之前，小盘股指数包括的是纽约证券交易所里市值最小的20%股票。1982—2000年，则指的是德明信基金公司（Dimensional Fund Advisors，简称DFA）的"小公司基金"的表现。从2001年开始往后，则指的是罗素2 000指数。
8. 来自2021年5月10日克里夫·阿斯内斯的电子邮件。
9. Clifford Asness, Andrea Frazzini, Ronen Israel, Tobias J. Moskowitz, and Lasse H. Pedersen, "Size Matters, If You Control Your Junk," *Journal of Financial Economics* 129 (2018), 479–509.
10. 想要了解关于争论的概况，请参阅：Robert Stambaugh and Yu Yuan, "Mispricing Factors," *Review of Financial Studies* 30, no. 4 (2017), and 1270–1315; Ron Alquist, Ronen Israel, and Tobias Moskowitz, "Fact, Fiction, and the Size Effect," *Journal of Portfolio Management* 45, no. 1 (Fall 2018), 3–30.
11. Werner F. M. De Bondt and Richard Thaler, "Does the Stock Market Overreact? *Journal of Finance* 40, no. 3 (July 1985) papers and proceedings of the Forty-Third Annual Meeting, American Finance Association, Dallas, Texas, December 28–30, 1984 793–805.
12. Werner F. M. De Bondt and Richard H. Thaler, "Further Evidence on Investor Overreaction and Stock Market Seasonality," *The Journal of Finance* 42, no. 3 (July 1987) and papers and proceedings of the Forty-Fifth Annual Meeting, American Finance Association, New Orleans, Louisiana, December 28–30, 1986 (July 1987), 557–581.
13. 德邦特和塞勒无法解释的一个难题是，为何跑输了市场的投资组合的大部分收益，都发生在1月份。
14. Narasimhan Jegadeesh, "Evidence of Predictable Behavior of Security Returns," *Journal of Finance* 45, no. 3, papers and proceedings,

FortyNinth Annual Meeting, American Finance Association, Atlanta, Georgia, December 28–30, 1989 (July 1990), 881–898.

15. See Geert K. Rouwenhorst, "International Momentum Strategies," *Journal of Finance* 53 (1998), 267–284.

16. David Blitz, Joop Huij, and Martin Martens, "Residual Momentum," *Journal of Empirical Finance* 18, no. 3 (June 2011), 506–521.

17. "Buffett Takes Stock," *New York Times Magazine,* Section 6 (April 1, 1990), 16.

18. Eugene Fama and Robert Litterman, "An Experienced View on Markets and Investing," *Financial Analysts Journal 68,* no. 6, CFA Institute, 2012, 15–19, http://www.jstor.org/stable/41714292.

19. Nicholas Barberis, Andrei Shleifer, and Robert Vishny, "A model of investor sentiment," *Journal of Financial Economics* 49 (1998), 307–343.

20. Kent Daniel, David Hirshleifer, and Avanidhar Subrahmanyam, "Investor Psychology and Security Market Under and Overreactions," *Journal of Finance* 53 (1998), 1839–1886.

21. Cliff Asness, Andrea Frazzini, Ronen Israel, and Tobias Moskowitz, "Fact, Fiction, and Momentum Investing," *Journal of Portfolio Management,* 40th Anniversary Issue, Fama-Miller working paper (May 9, 2014), SSRN: https://ssrn.com/abstract=2435323 or http://dx.doi.org/10.2139/ssrn.2435323 .

22. Eugene Fama and Kenneth R. French, "A Five-Factor Asset Pricing Model," *Journal of Financial Economics* 116, no. 1 (April 2015), 1–22.

23. Sheridan Titman, K. C. John Wei, and Feixue Xie, "Capital Investment and Stock Returns," *Journal of Financial and Quantitative Analysis* 39 (2004), 677–700.

24. Jim Collins, *Good to Great,* New York, NY: HarperCollins Publishers Inc., 2001.

25. Jay Ritter, "The Long-Run Performance of Initial Public Offerings," *Journal of Finance* 46 no. 3 (1991), 3–27.

26. 他们在2006年发现了这个因子，请参阅：Eugene Fama and Kenneth

French, "Profitability, Investment and Average Returns," *Journal of Financial Economics* 82, no. 3 (December 2006), 491–518.

27. Robert Novy-Marx, "The Other Side of Value: The Gross Profitability Premium," *Journal of Financial Economics* 108, no. 1 (2013), 1–28.

28. Sunil Wahal, "The Profitability and Investment Premium: Pre-1963 Evidence," *Journal of Financial Economics,* 2018.

29. 法马和弗兰奇认为，这些因子可以从股息贴现模型中推导出来，但在我看来，这并不怎么可信。

30. Richard G. Sloan, "Do Stock Prices Fully Reflect Information in Accruals and Cash Flows About Future Earnings?" *Accounting Review* 71 (1996), 289–315.

31. Cliff Asness, Andrea Frazzini, and Lasse Pedersen, "Quality Minus Junk," *Review of Accounting Studies* 24 (2019), 34–112.

32. Robert Stambaugh and Yu Yuan, "Mispricing Factors," *Review of Financial Studies* 30, no. 4 (2017).

33. Andrew Ang, Robert J. Hodrick, Yuhang Xing, and Xiaoyan Zhang, "The CrossSection of Volatility and Expected Returns," *Journal of Finance* 61, no. 1 (2006), 259–299; Roger Clarke, Harindra de Silva, and Steven Thorley, "Minimum-Variance Portfolios in the US Equity Market," *Journal of Portfolio Management* 33, no. 1 (Fall 2006), 10–24; David Blitz and Pim van Vliet, "The Volatility Effect: Lower Risk Without Lower Return," *Journal of Portfolio Management* 34, no. 1 (2007), 102–113.

34. See David Swedroe, "Deconstructing the Low Volatility/Low Beta Anomaly," *Research Insights* (July 12, 2018).

35. Yakov Amihud and Haim Mendelson, "Asset Pricing and the Bid-Ask Spread," *Journal of Financial Economics* 17, no. 2 (December 1986), 223–249.

36. Roger G. Ibbotson, Zhiwu Chen, Daniel Y.-J. Kim, and Wendy Y. Hu, "Liquidity as an Investment Style," *Financial Analysts Journal* 69, no. 3 (May/June 2013), 30–44.

37. Luboš Pástor and Robert F. Stambaugh, "Liquidity Risk and Expected

Stock Returns," *Journal of Political Economy* 111, no. 3 (June 2003), 642–685.

38. Xiaomeng Lu, Robert F. Stambaugh, and Yu Yuan, "Anomalies Abroad: Beyond Data Mining," working paper (January 9, 2018).
39. 罗伯特·斯坦博教授在2022年3月17日发给我的邮件中说，动量因子在中国股市也不起作用。
40. 克里夫·阿斯内斯发现，如果把动量因子和价值因子相结合，那么在日本股市是有效的。
41. 质量因子带来的收益率来自前面引用过的克里夫·阿斯内斯的《质量减去垃圾》(Quality Minus Junk)。流动性因子带来的收益率则使用的是罗伯特·斯坦博、罗伯特·伊博森和雅可夫·阿米哈德三人研究结果的平均值。

第15章

1. Milton Friedman, "The Social Responsibility of Business Is to Increase Its Profits," *New York Times Magazine,* September 13, 1970.
2. "Greed Is Good. Except When It's Bad," DealBook/*New York Times Magazine,* September 13, 2020.
3. https://www.businessroundtable.org/business-roundtable-redefines-the-purpose-of-a-corporation-to-promote-an-economy-that-serves-all-americans.
4. "Greed Is Good. Except When It's Bad," DealBook/*New York Times Magazine,* September 13, 2020.
5. 弗里德曼确实认可，那些做出慈善捐赠并改善了其所处的政治或监管环境的公司，是合适的、为股东服务的。See Edward Nelson, *Milton Friedman & Economic Debate in the United States, 1932–72,* vol. 2, Chicago: University of Chicago Press, 2020, 185–188.
6. 本章讨论的内容受益于这篇文章里的学术研究：Luboš Pástor, Robert Stambaugh, and Lucian Taylor, "Sustainable Investing in Equilibrium," *Journal of Financial Economics,* February 21, 2021. 我还要感谢埃里卡·迪卡洛（A. DiCarlo）为我提供了非常棒的ESG投资相关数据。

7. 更具体地说，这三个类别分别包括环境：管理地球，如排放控制、可再生能源、节水、回收、污染等；社会：利益相关者的福利，包括人权、员工健康、安全和福利、童工和反贿赂法律、公平贸易政策、多样性、社区发展、平等机会；治理：公司良好实践、高管薪酬、投票等级、透明度、独立董事会等。

8. 美国社会投资论坛基金会，《美国可持续和影响力投资趋势报告》，2020年。还可参阅："Advancing Environmental, Social, and Governance Investing," *Deloitte Insights,* 2021, https://www2.deloitte.com/us/en/insights/industry/financial-services/esg-investing-performance.html.

9. 需要注意的是，随着ESG越来越受欢迎，投资者买入ESG评级较高的公司，可能会对股价产生一些暂时性的压力，从而推高股价。但当买入完成后，高股价消失了，股价则会回落。类似的这种股价一次性跳涨的情况，也会在公司被纳入像标普500这样的主流指数中时出现，这一点可以参阅第27章。

10. 在这种情况下，进行ESG投资就像是购买艺术品，观赏的乐趣抵销了其转售价值。

11. John Authers, "ESG: Everything Sounds Good: But Is It?" *Bloomberg Opinion,* April 26, 2021.

12. 同上。

13. Luboš Pástor, et al., "Dissecting Green Returns."

14. Casey Clark and Harshad Lalit, "ESG Improvers, an Alpha Enhancing Factor," Rockefeller Asset Management, 2020.

15. Elroy Dimson, Paul Marsh, and Mike Staunton, "Industries: Their Rise and Fall," *Credit Suisse Global Investment Returns Yearbook,* 2015.

16. 用经济学家的话来说，一个人的效用函数既包括了他的财富水平，还包括环境状况。

17. 应该注意的是，这种对绿色股票的对冲需求，不是由纯粹的"监管风险"产生的，即不纯粹是担心未来气候的意外变化。监管风险来源于法规上的意外变化，这些变化会增加企业的成本。如果一个更重视气候风险的政党上台执政，那么某些绿色企业可能会跑赢市场。但这些风险都被归入正常的市场风险之内，并不需要为此专门构建一个对冲投资组合。

第16章

1. Benjamin Graham and David Dodd, *Security Analysis,* New York: McGraw-Hill, 1934, 618.

2. Burton Malkiel, *A Random Walk Down Wall Street,* New York: Norton, 1990, 133. 在2022年2月23日发给我的邮件中，他表示他今天仍持有相同的观点。

3. See William Brock, Josef Lakonishok, and Blake LeBaron, "Simple Technical Trading Rules and the Stochastic Properties of Stock Returns," *Journal of Finance* 47, no. 5 (December 1992), 1731–1764, and Andrew Lo, Harry Mamaysky, and Jiang Wang, "Foundations of Technical Analysis: Computational Algorithms, Statistical Inference, and Empirical Implementation," *Journal of Finance* 55 (2000), 1705–1765.

4. Martin Pring, *Technical Analysis Explained,* 3rd ed., New York: McGraw-Hill, 1991, 31. Also see David Glickstein and Rolf Wubbels, "Dow Theory Is Alive and Well!" *Journal of Portfolio Management* (April 1983) 28–32.

5. *Journal of the American Statistical Association* 20 (June 1925), 248. Comments made at the Aldine Club in New York on April 17, 1925.

6. Paul Samuelson, "Proof That Properly Anticipated Prices Fluctuate Randomly," *Industrial Management Review* 6 (1965), 49.

7. 更一般地说，每一种可能的价格变化与其发生概率的乘积之和为零。这被称为鞅，其中随机游走（50%概率向上，50%概率向下）是一种特殊情况。

8. 图16.1B展示的时间为1991年2月15日至7月1日；图16.1E展示的时间为1992年1月15日至6月1日；图16.1H展示的时间为1990年6月15日至11月1日。

9. Martin Zweig, *Winning on Wall Street,* New York: Warner Books, 1990, 121.

10. See William Brock, Josef Lakonishok, and Blake LeBaron, "Simple Technical Trading Rules and the Stochastic Properties of Stock Returns," *Journal of Finance* 47, no. 5 (December 1992), 1731—1764. 对移动平均线的首个权威分析来自这本书：H. M. Gartley, *Profits in the Stock*

Market, New York: H. M. Gartley, 1930.

11. William Gordon, *The Stock Market Indicators,* Palisades, NJ: Investors Press, 1968.
12. Robert W. Colby and Thomas A. Meyers, *The Encyclopedia of Technical Market Indicators,* Homewood, IL: Dow JonesIrwin, 1988.
13. 事实上，如果股票价格是随机游走的，那么买入和卖出指令的数量与波动范围的大小成反比。
14. 从历史上看，股票均价的日内最高水平和最低水平，是根据每只股票当天在交易时间内达到的最高价和最低价来计算的。这被称作"理论高点"或"理论低点"。实际高点指的是股票当天在交易时间内曾经达到过的最高价。
15. Benjamin Graham and David Dodd, *Security Analysis,* 2nd ed., New York: McGraw-Hill, 1940, 715–716.

第17章

1. Donald Keim, "Size-Related Anomalies and Stock Return Seasonality: Further Empirical Evidence," *Journal of Financial Economics* 12 (1983), 13–32.
2. See Gabriel Hawawini and Donald Keim, "On the Predictability of Common Stock Returns: World-Wide Evidence," in Robert A. Yarrow, Vojislav Macsimovic, and William T. Ziemba, eds., *Handbooks in Operations Research and Management Science,* 9, North Holland: Elsevier Science BV, (1995), 497–544.
3. 想了解早期全球股市的详尽论证总结，请参阅：Gabriel Hawawini and Donald Keim, "The Cross Section of Common Stock Returns: A Review of the Evidence and Some New Findings," in Donald B. Keim and William T. Ziemba, eds., *Security Market Imperfections in World-wide Equity Markets,* Cambridge: Cambridge University Press, 2000.
4. Edward M. Saunders, Jr., "Stock Prices and Wall Street Weather," *American Economic Review* 83 (December 1993), 1337–1345.
5. 当然，澳大利亚和新西兰股市的许多投资者都生活在赤道以北。

6. Robert A. Ariel, "A Monthly Effect in Stock Returns," *Journal of Financial Economics* 18 (1987), 161–174.
7. 从历史上看，大约2/3的道琼斯指数成分股在上半月分红。

第18章

1. Martin Zweig, *Winning on Wall Street,* updated ed., New York: Warner Books, 1990, 43.
2. Linda Grant, "Striking Out at Wall Street," *U.S. News & World Report* (June 30, 1994), 59.
3. "World Crisis Seen by Vienna Bankers," *New York Times,* September 21, 1931, 2.
4. "British Stocks Rise, Pound Goes Lower," *New York Times,* September 24, 1931, 2.
5. 当政府在内战期间发行非黄金担保的货币时，这种纸币被称为"绿币"（greenbacks），因为唯一的"担保"是印在纸币上的绿色墨水。然而，仅仅20年后，政府就用黄金赎回了所有这些纸币，彻底扭转了内战时期的通货膨胀。
6. "We Start," *BusinessWeek* (April 26, 1933), 32.
7. *Economic Report of the President,* Washington, DC: Government Printing Office, 1965, 7.
8. *Economic Report of the President,* Washington, DC: Government Printing Office, 1969, 16.
9. 2000年，国会允许《汉弗莱—霍金斯法案》失效，但仍然立法要求美联储主席每半年向国会提交一次报告。
10. 伦敦银行间同业拆借利率（LIBOR）曾经被包括在内，不过如今正逐渐被其他短期市场指标所取代，比如有担保隔夜融资利率（SOFR）。
11. 表格底部计算的平均值，分别是包括了1986年12月加息的数据，和不包括1986年12月加息的数据。这是1976年以来加息幅度最小的一次，发生在强劲的牛市期间，最终在1987年10月股市崩盘前达到顶峰。

12. M2是米尔顿·弗里德曼教授在他的《美国货币史》中对所有存款和流通银行货币（不包括储备金）的总和的称呼。
13. 每张美钞上都写着："这张钞票是所有债务的法定货币，无论是公共债务还是私人债务。"

第19章

1. Paul Samuelson, "Science and Stocks," *Newsweek* (September 19, 1966), 92.
2. Peter Lynch, *One Up on Wall Street,* New York: Penguin Books, 1989, 14.
3. Wesley C. Mitchell and Arthur Burns, "Measuring Business Cycles," *NBER Reporter,* 1946, 3.
4. 1802—1854年的数据摘自：Wesley C. Mitchell, *Business Cycles: The Problem and Its Setting,* Studies in Business Cycles No. 1, Cambridge, MA: National Bureau of Economic Research, 1927, 444. 有关美国经济衰退的数据来自NBER的网站http://www.nber.org, 该网站列出了1854年以来的商业周期。
5. Robert E. Hall, "Economic Fluctuations," *NBER Reporter,* Summer 1991, 1.
6. 第22章将讨论1987年的股市崩盘，并解释为什么它没有导致经济衰退。
7. 有两种方式来看待2000—2002年的熊市。第一种观点认为，这是一次熊市，基于总收益率来看，于2000年9月1日达到顶峰，于2002年10月9日触底，跌幅为47.4%。第二种观点认为，这是两次熊市，一次是从2000年9月1日到2001年9月21日（也就是9·11恐怖袭击发生后的10天），股市下跌了35.7%，随后到2002年3月19日，股市上涨了22.1%；接着是第二次熊市，下跌了33.0%，于10月结束。
8. See "Does It Pay Stock Investors to Forecast the Business Cycle?" *Journal of Portfolio Management* 18 (Fall 1991), 27–34.
9. Stephen K. McNees, "How Large Are Economic Forecast Errors?" *New England Economic Review* (July/August 1992), 33.
10. "New Wave Economist," *Los Angeles Times,* March 18, 1990, Business

Section, 22.

11. Leonard Silk, "Is There Really a Business Cycle?," *New York Times,* May 22, 1992, D2.
12. See Steven Weber, "The End of the Business Cycle?" *Foreign Affairs* (July/August 1997).
13. *Blue Chip Economic Indicators,* September 10, 2001, 14.
14. *Blue Chip Economic Indicators,* February 10, 2002, 16.
15. Transcript of Federal Open Market Committee meeting on December 11, 2007, 35.

第20章

1. 表20.1排除了1933年3月3日至3月15日15.34%的变化，因为这段时间美国银行停业整顿。
2. 这些数据是基于这篇文章里的研究扩展而来的：David M. Cutler, James M. Poterba, and Lawrence H. Summers, "What Moves Stock Prices," *Journal of Portfolio Management* (Spring 1989), 4–12.
3. 1989年10月的下跌，虽然有时被归因于杠杆收购的失败，但仍然是有争议的，因为在收购谈判终止之前，几乎没有什么消息，而市场已经大幅下跌。
4. Virginia Munger Kahn, *Investor's Business Daily* (November 16, 1991), 1.
5. 不过，2021年1月在佐治亚州举行的两场参议院决选中，民主党控制了参议院和所有政府部门。

第21章

1. 通常来说，一致预期的范围和中位数都会公布。不同机构的一致预期会有些差别，但通常差距不大。
2. John H. Boyd, Jian Hu, and Ravi Jagannathan, "The Stock Market's Reaction to Unemployment News: 'Why Bad News Is Usually Good for Stocks,'" EFA 2003 Annual Conference, December 2002, Paper No. 699.
3. Martin Zweig, *Winning on Wall Street,* New York: Warner Books, 1986, 43.

第22章

1. 这个数据是基于2012年底55万亿美元的全球股市市值得出的。
2. 第26章将会讨论期货市场。
3. James Stewart and Daniel Hertzberg, "How the Stock Market Almost Disintegrated a Day After the Crash," *Wall Street Journal,* November 20, 1987, 1.
4. Martin Mayer, *Markets,* New York: Norton, 1988, p. 62.
5. 1998年以前,当道琼斯指数下跌350点时,纽约证券交易所暂停交易半小时,当道琼斯指数下跌550点时,纽约证券交易所关闭交易。这两次停牌都是在1997年10月27日触发的,当时道琼斯指数因亚洲货币危机下跌了554点。由于遭到了对这些停牌的强烈批评,纽约证券交易所大幅放宽了限制,以保持交易正常进行。
6. 当市场跌破350点遭遇限制,之后重新开放时,交易员们急于离场,使市场在几分钟内就达到了跌破550点的限制。参见注释4。
7. SEC and CFTC, *Findings Regarding the Market Events of May 6, 2010,* September 30, 2010.
8. 这些期货合约是通过迷你期货(E-mini)市场来交易的,每份合约价值约5万美元。
9. 这些解释很快就受到芝加哥商品交易所的质疑,该交易所声称,在1:45:28市场触底前的3分半钟内,大批卖单只占标普期货市场总交易量的不到5%。芝加哥商品交易所的质疑可以在其网站上找到:http://cmegroup.mediaroom.com/index.php?s=43&item=3068。
10. Tom Lauricella and Peter McKay, "Dow Takes a Harrowing 1010.14 Point Trip," *Wall Street Journal,* May 7, 2010.
11. 对于杠杆证券或交易价格低于3美元的证券,限制更严。
12. Charles D. Ellis, ed., "Memo for the Estates Committee, King's College, Cambridge, May 8, 1938," *Classics,* Homewood, IL: Dow JonesIrwin, 1989, 79.
13. 这是通过使用布莱克—斯科尔斯期权定价模型求解波动率来得出的。请参阅第26章。
14. 2003年之前,VIX指数是基于标普100(即标普500指数中规模最大的前100只股票）来计算的。

15. Robert Shiller, *Market Volatility,* Cambridge, MA: MIT Press, 1989. 催生出过度波动理论的开创性文章是："Do Stock Prices Move Too Much to Be Justified by Subsequent Changes in Dividends?," *American Economic Review* 71 (1981), 421–435. 希勒获得2013年诺贝尔经济学奖，部分就是归功于他对市场波动的研究。

16. 迪恩威特公司备忘录，1932年5月6日。

17. John Maynard Keynes, *The General Theory of Employment Interest, and Money,* London: Macmillan, 1936, 149.

第23章

1. 早在6月，法国外贸银行（Natixis）就切断了与雷曼兄弟的所有业务往来。《金融危机调查报告》（*The Financial Crisis Inquiry Report*）中称，9月初，摩根大通、花旗集团和美国银行都要求雷曼兄弟提供更多担保品，并威胁说："如果得不到担保品，它们可能会切断与雷曼兄弟的业务。"

2. 风险价差，如TED价差（美国国债与欧洲美元之间的价差）、LIBOR-OIS价差（伦敦银行同业拆借利率与联邦基金之间的价差）、商业票据与美国国债之间的价差等，都大幅上升。截至周三，彭博金融状况指数（Bloomberg Financial Conditions Index）的风险已恶化至比正常水平低4至5个标准差，其中正常水平是根据过去16年的数据得出的。

3. 9月15日周一，储备首要货币基金（Reserve Primary Fund）对雷曼商业票据的估值为80美分。周二，基金在其网站上发布消息称，基金所持有的由雷曼兄弟发行的债券（票面价值为7.85亿美元），价值归零，于纽约时间当天下午4点生效。因此，基金净值在下午4点变为每份0.97美元。

4. 事实上，就在雷曼兄弟破产前几天，REITs指数仅比2007年7月创下的高点低25%。相比之下，住宅建筑类股票已经在2005年7月见顶，在雷曼危机爆发时已下跌逾60%。

5. See Alex Frangos, "At Lehman, How a Real-Estate Start's Reversal of Fortune Contributed to Collapse," *Wall Street Journal,* October 1, 2008.

6. 名义GDP季度变化的标准差从1947—1983年的5.73%，下降到1983—2009年的2.91%。
7. The Jerome Levy Economics Institute of Bard College, Working Paper No. 74, May 1992; see also Robert Pollin, "The Relevance of Hyman Minsky," *Challenge,* March/April 1997.
8. 政客们希望让数百万美国人第一次有机会实现拥有住房的美国梦，并鼓励由政府支持的贷款机构房利美和房地美向那些通常没有资格申请传统抵押贷款的人发放贷款。
9. 由于抵押贷款是以美元计价的，因此债券买卖只关注名义房价指数的走势，而不关注真实房价走势。
10. 的确，名义房价在大萧条期间大幅下降，房地产价格指数在1928—1932年下跌了25.9%。但这完全是由于总体价格指数出现了通缩，因为CPI下降的幅度几乎完全相同。既然美联储已经承诺要避免通货紧缩，并且可以通过货币创造的能力来做到这一点，那么认为研究人员会忽略这些数据就是合情合理的。
11. "Absence of Fear," CFA Society of Chicago Speech, June 28, 2007, reported by Robert Rodriguez, CEO of First Pacific, http://www.fpafunds.com/docs/special-commentaries/absence_of_fear.pdf?sfvrsn=2.
12. 德意志银行受托人报告，2007年10月15日。
13. 数据来自人口普查局和凯斯—希勒全美房价指数。
14. Noelle Knox, "43% of First-Time Home Buyers Put No Money Down," *USA Today,* January 18, 2006, 1A.
15. Charles Himmelberg, Chris Mayer, and Todd Sinai, "Assessing High House Prices, Bubbles, Fundamentals and Misperceptions," *Journal of Economic Perspectives* 19, no. 4 (Fall 2005), 67–92. 他们还写了一篇文章，名为《陷入泡沫？不可能》(Bubble Trouble? Not Likely)，发表在2005年9月19日《华尔街日报》的社论版，当时正值房价达到顶峰。
16. 根据《住房抵押贷款披露法》的数据，2000—2004年，全美购买第二套住房的贷款比例从8.6%上升到14.2%。第二套住房的定义是"业主自住以外的主要住宅"。这意味着在此期间的年平均增长率为16%，实际住房贷款从40.5万笔增加到88.12万笔，增加了一倍。See Kenneth R. Harney and Washington Post Writers Group, "Boomer Homeowners Going Back for Seconds," *Chicago Tribune,* April 2, 2006, https://www.chicagotribune.com/news/ct-xpm-2006-04-02-0604020254-story.html. Keunwon Chung是NAR的统计经济学家。

17. Robert Shiller, *Irrational Exuberance,* 2nd ed., Princeton, NJ: Princeton University Press, 2005, Chapter 2. Also see *Forbes* columnist Gary Shilling, "End of the Bubble Bailouts," *Forbes* (August 29, 2006).

18. Dean Baker, "The Menace of an Unchecked Housing Bubble," *Economists' Voice* 3, no. 4 (2006), article 1; Dean Baker, "The Run-Up in Home Prices: Is It Real or Is It Another Bubble?" *CEPR,* August 2002; and Dean Baker, "The Housing Bubble and the Financial Crisis," *Real-World Economics Review* 46 (March 20, 2008).

19. 其他发出经济危机警告的人是，经济顾问和《福布斯》专栏作家加里·希林（"End of the Bubble Bailouts," *Forbes,* August 29, 2006），以及瑞银集团高级经济顾问乔治·马格努斯（"What This Minsky Moment Means," *Financial Times,* August 22, 2007）。

20. 许多质疑价格会持续上涨的人指出，由需求上涨带来的房价上涨，会随着供应量的增加而受到抑制，从而导致房价下跌。只有当供应量固定，比如土地稀缺时，需求上涨才会一直促使房价上涨。住宅的土地成本仅占房屋总价的20%左右，因此，土地价格必须上涨5倍，才能使住宅价格翻倍。

21. 格拉姆利克在此书出版3个月之后就去世了，享年68岁。

22. 艾伦·格林斯潘博士2008年10月23日在政府监督和改革委员会的证词。

23. 一些人指责格林斯潘的沉默是因为他对市场和有效市场假说的天真信仰。但如果格林斯潘一直都相信市场价格是正确的，他就不会在1996年12月发表"非理性繁荣"的演讲。并且，有效市场假说并没有认为价格会一直都是正确的，事实上，基于所有能得到的未来信息，价格总是错误的。有效市场假说确实表明，由于知情交易者之间的相互作用，市场价格并没有"明显"错到让普通投资者容易获利的程度。如前所述，对于房地产市场是否发生了范式转变，从而证明房价上涨是合理的，还存在着很大的争议，甚至在专家中也是如此。

24. 斯坦福大学教授、《脱轨：政府行为和发明如何导致、延长和恶化金融危机》(Getting off Track: How Government Actions and Invention Caused, Prolonged, and Worsened the Financial Crisis)一书的作者约翰·G.泰勒指责格林斯潘领导下的美联储将利率维持在过低水平的时间过长。其他指责美联储导致房地产危机的人包括，卡托研究所的杰拉尔德·奥德里斯科尔、英西玛全球公司总裁戴维·马尔帕斯，以及美联储坚定的批评者、得克萨斯州众议员罗恩·保罗（Ron Paul）。

25. BBC新闻，来源为美联储、英格兰银行和证券业及金融市场协会（SIFMA），news.bbc.co.uk/2/hi/business/7073131.stm。

26. 这些基金的名字很花哨，比如"高等级结构信贷策略增强型杠杆基金"（High-Grade Structured Credit Strategies Enhanced Leverage Fund）。

27. 贝尔斯登和花旗银行试图通过发行资产负债表之外的基金和特殊投资工具来隔离自己。随着违约的增加，投资者抱怨他们没有充分了解这些证券的风险，公司的法律顾问建议他们将其中许多抵押贷款收回到资产负债表上。

28. 当联邦政府没有得到央行明确支持时，政府债务就不再被认为是"无风险的"，正如2011—2012年的欧债危机所表明的那样。

29. 这个新工具被称为"资产支持商业票据货币市场共同基金流动性工具"（Asset-Backed Commercial Paper Money Market Mutual Fund Liquidity Facility）。

30. 无息账户（活期存款）被企业用来处理工资和其他支付。为了保证支付系统的正常运行，它们的安全对美联储来说至关重要。

31. 1996年，FDIC信托基金与存款的比率（称为委托存款比率）设定为1.25%，但到2008年9月降至1.0%以下。

32. 伯南克跟我都在经济学系，学习的是同一专业，他获得博士学位的时间比我晚了8年。尽管麻省理工学院以"凯恩斯主义"学派而闻名，但对货币主义思想，尤其是货币历史，都有很充分的涉及。

33. 于2002年11月8日报道。第18章对货币政策做了更广泛的描述。

34. 12 USC 343。经1932年7月21日法案（47 Stat. 715）补充，并经1935

年8月23日法案（49 Stat. 714）修正，以及1991年12月19日法案（105 Stat. 2386）修正。

35. Henry M. Paulson, Jr., *On the Brink*, New York: Hachette Book Group, 2010。见书第8章。

36. See Peter Chapman, *The Last of the Imperious Rich: Lehman Brothers 1844–2008,* New York: Penguin Group, 2010, 262–263.

37. 作为共和党人，伯南克对救助这些金融公司并不感兴趣。2009年7月，在堪萨斯城的一次市政厅会议上，他说："我不想成为带来第二次大萧条的美联储主席。我不得不硬着头皮上……（当我不得不救助这些金融公司时），我和你们一样感到厌恶。" Reported by the Associated Press, Monday, July 27, 2009, "Bernanke Had to 'Hold My Nose' over Bailouts."

38. From Table A1, in Milton Friedman and Anna Schwartz, *A Monetary History of the United States, 1867–1960,* Princeton, NJ: Princeton University Press, 1963.

39. 如果有季度数据，降幅会更大。季度GDP数据直到1946年才公布。

40. Joseph Swanson and Samuel Williamson, "Estimates of National Product and Income for the United States Economy, 1919–1941," *Explorations in Economic History* 10, no. 1 (1972), and Enrique Martínez-García and Janet Koech, "A Historical Look at the Labor Market During Recessions," Federal Reserve Bank of Dallas, *Economic Letter* 5, no. 1 (January 2010).

41. 这一下降发生在2008年7月至12月，当时油价暴跌。

42. 这是根据之前提到的27%的价格水平下降（1/0.73）计算出来的。

43. 还有其他一些在大萧条时期没有出现的因素，减缓了大衰退期间GDP的下降，包括FDIC存款保险的存在，慷慨的失业补偿，随着收入和资产价格下降，税收自动减少，从而缓冲了可支配收入的下降，以及联邦政府开支的扩大。

44. 按真实市值计算的话，1974年和2008年的股市跌幅几乎相同，原因是1973—1974年的通货膨胀要高得多。

45. 10月20日上午，VIX指数（使用略有不同的指数期权计算）接近170点。此后，在1997年亚洲金融危机期间、1998年长期资本管理公司破产时、2001年9·11恐怖袭击后以及2002年上一轮熊市触底时，VIX指数都曾达到50点。更多详情可参阅第19章。

46. 对市场波动和引起市场波动的事件更详细的分析，请参阅第16章和第19章。

47. 以美元计算，所有市场都下跌了至少50%。意大利、芬兰、比利时、俄罗斯、希腊和奥地利的房价下跌了至少70%，爱尔兰的房价下跌了80%以上。在从2009年3月的低点反弹之后，许多欧洲市场在欧债危机期间跌至新低，包括意大利、葡萄牙、西班牙和希腊。雅典证券交易所指数从1999年9月至2012年6月的高点下跌了92.7%。

48. 从2007年10月至2009年3月，摩根大通新兴市场货币指数相对美元下跌约19%。以当地货币计算，新兴市场平均下跌约53%，与成熟市场大致相同。

49. 美国商业地产公司GGP（General Growth Properties）拥有几处美国最优质的购物中心，由于债权人要求偿还延期贷款，公司股价从雷曼兄弟破产时的每股逾20美元跌至不到20美分。

50. 从2000年1月到2002年3月，投机性更强的摩根士丹利互联网指数（Morgan Stanley Internet Index）下跌了96%。

51. 到2012年9月，即熊市触底两年半后，这几只股票仍分别较高点下跌了89%、95%和98%。

52. 那些基本上避开了金融危机的银行，比如在熊市底部下跌超过80%的富国银行，以及在熊市底部下跌超过70%的摩根大通，都在2013年反弹至新高。

53. 由于大萧条时期物价水平的下降，20世纪30年代真实盈利的下降甚至没有那么严重。更多介绍请参阅第10章。

54. 由于金融危机期间发生的丑闻和LIBOR的错误定价，在21世纪20年代初，LIBOR被其他短期指标所取代。在美国，SOFR已于2022年成为主要替代利率。

第24章

1. 以标普500指数来衡量，最长的牛市是从1987年12月4日至2000年3月24日，持续了13年，并在1990年经受住了19.92%的下跌。

2. 尽管民主党2021年3月在国会和总统两院以微弱优势，通过了一项1.9万亿美元的《美国救援法案》（American Rescue Act），但在接下来的一年里，随着经济复苏，反对进一步支出的保守派重新抬头。11月，一项700亿美元的两党基础设施法案获得通过，截至本书出版之时，未来的支出计划在国会还呈僵持状态。

3. Federal Reserve Bank of New York Staff Reports "Direct Purchases of U.S. Treasury Securities by Federal Reserve Banks," Kenneth D. Garbade, Staff Report No. 684, August 2014.

4. M2包括M1以及储蓄账户、存单、货币基金和其他几种随时可用的流动资产。第18章描述了美联储的货币创造过程。

5. 这篇文章可以在全球合作中心的网站上找到：https://www.interdependence.org/blog/who-is-paying-for-war-on-covid19/. An updated version of the article was printed in *The Financial Times,* January 19, 2021, https://on.ft.com/38UjWPp.

6. Reade Pickert and Vince Golle, "Get Ready for the Great U.S. Inflation Mirage of 2021" Bloombergquint.com (December 7, 2020), https://www.bloombergquint.com/global-economics/get-ready-for-the-great-u-s-inflation-mirage-of-2021.

7. 同上。

8. 当然，TIPS确实会根据通货膨胀进行调整，但它提供的真实收益率是低得多的负收益率（撰写本书时）。

9. Erik P. Gilje, Robert Ready, Nick Roussanov, and Jérôme P. Taillard, "When Benchmarks Fail: The Day That WTI Died," working paper, November 30, 2021.

10. 这些数据是《经济学人》杂志对2021年底的预测。

第25章

1. David Dreman, *Contrarian Investment Strategies: The Next Generation,* New York: Simon & Schuster, 1998.

2. Frank J. Williams, *If You Must Speculate, Learn the* Rules, Burlington, VT: Freiser Press, 1930.

3. Daniel Kahneman and Amos Tversky, "Prospect Theory: An Analysis of Decision Under Risk," *Econometrica* 47, no. 2 (March 1979).
4. Robert Shiller, "Stock Prices and Social Dynamics," *Brookings Papers on Economic Activity,* Washington, DC: Brookings Institution, 1984.
5. Robert Shiller, "Do Stock Prices Move Too Much to Be Justified by Subsequent Movements in Dividends?" *American Economic Review* 71, no. 3 (1981), 421–436. 更进一步的讨论见第22章。
6. Solomon Asch, *Social Psychology,* Englewood Cliffs, NJ: Prentice Hall, 1952.
7. Morton Deutsch and Harold B. Gerard, "A Study of Normative and Informational Social Influences upon Individual Judgment," *Journal of Abnormal and Social Psychology* 51 (1955), 629–636.
8. Charles Mackay, *Memoirs of Extraordinary Popular Delusions and the Madness of Crowd,* London: Bentley, 1841.
9. See James Surowiecki, *The Wisdom of Crowds,* New York: Anchor Books, 2005.
10. Robert Shiller, "Conversation, Information, and Herd Behavior," *American Economic Review* 85, no. 2 (1995), 181–185; S. D. Bikhchandani, David Hirshleifer, and Ivo Welch, "A Theory of Fashion, Social Custom and Cultural Change," *Journal of Political Economy* 81 (1992), 637–654; and Abhijit V. Banerjee, "A Simple Model of Herd Behavior," *Quarterly Journal of Economics* 107, no. 3 (1992), 797–817.
11. Brad Barber and Terrance Odean, "Trading Is Hazardous to Your Wealth: The Common Stock Investment Performance of Individual Investors," *Journal of Finance* 55 (2000), 773–806.
12. B. Fischhoff, P. Slovic, and S. Lichtenstein, "Knowing with Uncertainty: The Appropriateness of Extreme Confidence," *Journal of Experimental Psychology: Human Perception and Performance* 3 (1977), 552–564.
13. A. H. Hastorf, D. J. Schneider, and J. Polefka, *Person Perception,* Reading, MA: Addison-Wesley, 1970. 这也被称为基本归因错误。
14. 研究把成果作为过度自信来源的模型，可参阅：Simon Gervais and

Terrance Odean, "Learning to Be Overconfident," *Review of Financial Studies* 14, no. 1 (2001), 1–27.

15. 研究把直觉作为过度自信的来源的参考文献，可参阅：N. Barberis, A. Shleifer, and R. Vishny, "A Model of Investor Sentiment," National Bureau of Economic Research (NBER) Working Paper No. 5926, NBER, Cambridge, MA, 1997, or Kent Daniel, David Hirshleifer, and Avanidhar Subrahmanyam, "Investor Psychology and Security Market Under and Overreactions," *Journal of Finance* 53, no. 6 (1998), 1839–1886.

16. 关于数据挖掘的参考文献，可参阅：Andrew Lo and Craig MacKinlay, "Data-Snooping Biases in Tests of Financial Asset Pricing Models," *Review of Financial Studies* 3, no. 3 (Fall 1999), 431–467.

17. See Nassim Taleb, *Fooled by Randomness: The Hidden Role of Chance in Life and the Markets,* 2005.

18. David Dreman, *Contrarian Investment Strategies,* New York: Free Press, 1998.

19. Richard Thaler, "Mental Accounting and Consumer Choice," *Marketing Science* 4, no. 3 (Summer 1985), 199–214; and Nicholas Barberis, Ming Huang, *and Richard H. Thaler,* "Individual Preferences, Monetary Gambles, and Stock Market Participation: A Case for Narrow Framing," *American Economic Review* 96, no. 4 (September 2006), 1069–1090.

20. Richard H. Thaler, "Mental Accounting Matters," *Journal of Behavioral Decision Making* 12 (1999), 183–206.

21. Hersh Shefrin and Meir Statman, "The Disposition to Sell Winners Too Early and Ride Losers Too Long: Theory and Evidence," *Journal of Finance* 40, no. 3 (1985), 777–792.

22. See Tom Chang, David Solomon, and Mark Westerfield, "Looking for Someone to Blame: Delegation, Cognitive Dissonance, and the Disposition Effect," May 2013.

23. Leroy Gross, *The Art of Selling Intangibles,* New York: New York Institute of Finance, 1982.

24. Amos Tversky and Daniel Kahneman, "Judgment Under Uncertainty:

Heuristics and Biases," *Science* 185 (1974), 1124–1131.

25. Terrance Odean, "Are Investors Reluctant to Realize Their Losses?" *Journal of Finance* 53, no. 5 (October 1998), 1786.

26. Hersh Shefrin and Richard Thaler, "An Economic Theory of Self-Control," *Journal of Political Economy* 89, no. 21 (1981), 392–406.

27. Shlomo Benartzi and Richard Thaler, "Myopic Loss Aversion and the Equity Premium Puzzle," *Quarterly Journal of Economics* 110, no. 1 (1995), 73–91.

28. 有关股权溢价之谜的进一步介绍,请参阅第10章。

29. Humphrey B. Neill, *The Art of Contrary Thinking,* Caldwell, ID: Caxton Printers, 1954, 1.

30. Benjamin Graham and David Dodd, *Security Analysis,* New York: McGraw-Hill, 1934, 12.

31. 关于VIX指数的讨论,请参阅第22章。

32. Werner F. M. De Bondt and Richard H. Thaler, "Does the Stock Market Overreact?" *Journal of Finance* 49, no. 3 (1985), 793–805.

33. 关于这个策略的介绍,请参阅第12章。

第26章

1. 利奥·梅拉米德是国际货币市场的创始人,这是世界上最成功的股指期货市场的家园。Quoted in Martin Mayer, *Markets,* New York: Norton, 1988, 111.

2. Peter Lynch, *One up on Wall Street,* New York: Penguin, 1989, 280.

3. *2013 Investment Company Fact Book,* Investment Company Institute, 9.

4. Robert Steiner, "Industrials Gain 14.53 in Trading Muted by Futures Halt in Chicago," *Wall Street Journal,* April 14, 1992, C2.

5. "Flood in Chicago Waters Down Trading on Wall Street," *Wall Street Journal,* April 14, 1992, C1. 如今,电子交易的普及已使类似20年前令芝加哥交易所瘫痪的事件不可能再次发生。

6. Matteo Aquilina, Eric Budish, and Peter O'Neill, "Quantifying the High-Frequency Trading 'Arms Race'" Becker-Friedman Institute Working

Papers, July 13, 2021.

7. Also see Eric Budish, Peter Cramton, and John Shim, "The High-Frequency Trading Arms Race: Frequent Batch Auctions as a Market Design Response," *Quarterly Journal of Economics* 130, no. 4 (2015), 1547–1621.

8. 美国证券交易委员会在2007年取消了提价交易规则（即做空报价必须高于上一次成交价，否则不允许做空）。但在2010年2月，美国证券交易委员会针对价格下跌10%或以上的情况时，恢复了这个规则。

9. 1997—2012年，蜘蛛（即标普500指数ETF）没有资本利得税，而同期先锋领航500指数基金是有一些资本利得税的（从2000年之后就没有了）。

10. 原文发表于1973年：Fischer Black and Myron Scholes, "The Pricing of Options and Corporate Liabilities," *Journal of Political Economy* 81, no. 3 (1973), 637–654. 1997年诺贝尔经济学奖颁发时，费希尔·布莱克已经去世了。迈伦·斯科尔斯与威廉·夏普和罗伯特·默顿共同获得了诺贝尔经济学奖，后者也为公式的发现做出了贡献。

第27章

1. Benjamin Graham and Seymour Chatman, ed., *Benjamin Graham: The Memoirs of the Dean of Wall Street,* New York: McGraw-Hill, 1996, 273.

2. Charles D. Ellis, "The Loser's Game," *Financial Analysts Journal* 31, no. 4 (July/August 1975).

3. 2021年中的SPIVA报告。①

4. 由于大多数频繁交易的基金会比指数基金承担更大的风险，因此这样获取的收益是"风险调整"后的。

5. Burton G. Malkiel, *A Random Walk Down Wall Street: The Time Tested Strategy for Successful Investing,* 5th ed., New York: Norton, 1990, 362.

6. Irwin Friend, F. E. Brown, Edward S. Herman, and Douglas Vickers, *A Study of Mutual Funds,* prepared for the SEC by the Securities Research

---

① SPIVA报告研究的是标普指数和主动管理型基金之间的表现对比情况。——译者注

Unit at the Wharton School, 1962.

7. Darryll Hendricks, Jayendu Patel, and Richard Zeckhauser, "Hot Hands in Mutual Funds: Short-Run Persistence of Relative Performance, 1974–1988," *Journal of Finance* 48, no. 1 (March 1993), 93–130.

8. Edwin J. Elton, Martin J. Gruber, and Christopher R. Blake, "The Persistence of Risk-Adjusted Mutual Fund Performance," *Journal of Business* 69, no. 2 (April 1996), 133–157.

9. Burton G. Malkiel, *A Random Walk Down Wall Street,* 8th ed., New York: Norton, 2003, 372–274, and John C. Bogle, *The Little Book of Common Sense Investing,* Hoboken, NJ: Wiley, 2007, Chapter 9.

10. 在这个表中，假设了基金经理让客户承担与市场相同的风险，基金经理与市场收益之间的相关系数为0.88，这是1971年以来股票型共同基金的典型特征。

11. Ellis, "The Loser's Game," 19.

12. 先锋领航500指数基金成立的5年前，富国银行创建了一只名为新秀丽的等权重指数基金，不过这只基金的规模相对较小。

13. Roger J. Bos, *Event Study: Quantifying the Effect of Being Added to an S&P Index,* New York: McGraw-Hill, Standard & Poor's, September 2000.

14. See David Blitzer and Srikant Dash, "Index Effect Revisited," *Standard & Poor's,* September 20, 2004, and Hanis Preston and Aye Soa, "What Happened to the Index Effect? A Look at Three Decades of S&P 500 Adds and Drops," S&P Global Research, September 2021.

15. 绝大多数指数通过排除内部持股来调整流通股数量，比如从总股份数中减去内部人士和政府持有的大量股份。在新兴市场中，政府持有的资产尤其庞大。这样调整之后的股份数量被称为"流通股"，其中"流通"指的是随时可以购买的股票的数量。

16. 需要充分披露的是，我是智慧树投资公司的高级投资策略顾问，这是一家发行基本面加权ETF的公司。

17. 基本面加权指数的构建过程是：假设选择盈利作为衡量公司价值的指标，E表示指数中包括的所有股票的总美元盈利，E_j表示其中某只股票j的盈利，那么股票j在基本面指数中的权重就等于E_j/E，表示它在总盈利中的占比，而不像市值加权指数那样计算它在总市值中的占比。

18. Robert D. Arnott, Jason C. Hsu, and Philip Moore, "Fundamental Indexation," *Financial Analysts Journal* 61, no. 2 (March/April 2005).
19. Henry Fernandez, "Straight Talk," *Journal of Indexes* (July/August 2007).
20. Robert Jones, "Earnings Basis for Weighting Stock Portfolios," *Pensions and Investments,* August 6, 1990.
21. Paul C. Wood and Richard E. Evans, "Fundamental Profit-Based Equity Indexation," *Journal of Indexes,* second (2003).
22. Robert D. Arnott, Jason C. Hsu, and Philip Moore, "Fundamental Indexation." *Financial Analysts Journal* 61, no. 2 (2005).

第28章

1. John Maynard Keynes, *A Tract on Monetary Reform,* London: Macmillan, 1924, 80.
2. Quoted in Linda Grant, "Striking out at Wall Street," *U.S. News & World Report* (June 20, 1994), 58.
3. John Maynard Keynes, *The General Theory of Employment, Interest, and Money,* New York: Harcourt, Brace & World, 1965, First Harbinger Edition, 158. (The book was originally published in 1936 by Macmillan & Co.)

致谢 ACKNOWLEDGMENTS

想要把所有曾为《股市长线法宝》做出过贡献的个人和机构——罗列出来不太现实,但有一个人是格外重要的:杰里米·施瓦茨(Jeremy Schwartz)。他是我在沃顿商学院的明星学生,目前在智慧树投资公司担任全球首席投资官。

2001年,当我写第4版时,我邀请杰里米来担任本书的首席研究助理,当时他大二,刚选修了我的沃顿商学院荣誉班。我打算分别在不同的时间段做一些复杂的风险和收益分析。在一个星期五,我给了杰里米一些数据以及我想要做什么的简要大纲,告诉他周一早上再来,我们一起讨论一下需要用什么方法来解决问题。到了周一他来了,我问他是否已经抽空看了数据,他回答道:"是的我看过了,并且事实上,我已经得到了你想要的所有结果!"他确实做到了。于是我知道,我找到了一个非常特别的人。

那时,我还在准备写另一本书《投资者的未来》(*The Future for Investors*)。虽然杰里米一心想要去澳大利亚读大三,但他还是留了下来,花了一年时间帮我做研究。就像我在《投资者的未来》里所说的那样,如果没有他的分析和鼓励,我不可能完成这本书。我们研究的许多主题都被添加到了《股市长线法宝》的后续版本里。正是基于这些原因，我要在此特别对杰里米·施瓦茨提供的帮助表示感谢。

当然，还有许多人也为第6版做出了重要的贡献。约瑟夫·阿提亚（Joseph Attia），是我的第二位首席研究助理，他工作勤奋，善于收集和处理数据，尤其是应对新的素材，他所带来的贡献是无价的。他还有一双"鹰眼"，能在经过多次审校的稿件中再次发现错误，并改进书稿中不当的表述，这让我对这位年轻人的期望更上了一层楼。

伦敦商学院的埃罗伊·迪姆森（Elroy Dimson）非常慷慨地为我提供了他的研究和相关资料。他著有《乐观主义者的胜利》（*Triumph of the Optimists*，2000）这本书，书中对全球市场所做的研究，就像我对美国市场的研究一样。DWS美洲公司的首席投资官大卫·比安科（David Bianco），向我提供了标普的利润率数据，并与我就这个话题进行了多次探讨。

埃里卡·迪卡洛（Erica DiCarlo）为我的ESG投资章节提供了重要的背景信息，洛克菲勒资产管理公司（Rockefeller Asset Management）的总裁兼首席投资官凯西·克拉克（Casey Clark）为我提供了ESG的收益数据。智慧树投资公司的现代阿尔法（Modern Alpha）部门总监任丽倩（音，Liqian Ren），进行了一系列蒙特卡罗（Monte Carlo）仿真实验，来探索和分析怎样的股债配置更适合未来的投资组合。智慧树的研究助理马特·瓦格纳（Matt Wagner）在评估回购和海外市场方面提供了有益的支持。我还要感谢罗伯特·伊博森（Robert Ibbotson）和雅可夫·阿米哈德（Yakov Amihud）为我提供了他们的流通股收益数据。

同样重要的是，我在沃顿商学院的同事罗伯特·斯坦博（Robert Stambaugh）为所有涉及因子投资和ESG的章节提供了宝贵的资料。他总是在百忙之中快速且全面地回应我所有的问题，也毫不吝啬地与我分享他的研究资料。

要感谢的人中，不能少的是肖恩·史密斯（Shaun Smith），虽然他没在这一版中出力，但他是第1版《股市长线法宝》的主要研究员。从第2版到第6版，书中绝大多数的图表都是基于第1版中的数据而不断更新的。

我还要感谢朱迪斯·纽林（Judith Newlin），她非常有耐心，当我花了很多时间来写新的章节时，我希望内容尽可能准确，为此她给我提供了非常有价值的建议，使这本书成为迄今为止最好、最完善的一个版本。最后，我还要感谢智慧树的管理层，尤其是首席执行官乔纳森·斯坦伯格（Jonathan Steinberg），在过去近20年的时间里为我所做的数百场演讲活动提供了支持。

3月17日星期四，早上6点半，我把本书最后一章的内容发给了编辑。当时我和家人正在英属维尔京群岛度假，我每天都是早上5点就起床，开始工作，这样可以留出更多的时间来陪伴家人。作家们应该都知道，写作这件事会给身边的人带来怎样的负担。我很感谢我的家人，尤其是我的妻子艾伦（Ellen），她给了我充足的时间来让我发挥自己的写作激情。如今已经交稿了，所以下一次的旅行，我就可以尽情去享受了。我们打算4月乘游轮穿越比利时，去参加库肯霍夫郁金香节（Keukenhof Tulip Festival），并游览在阿姆斯特丹举办的荷兰世界园艺博览会。

2022年3月